देखा सुना अनुभव मेरे अंदाज में

(सरल कविताओं का संकलन)

द्वितीय भाग

लेखक

भगवान ' स्वरुप खोसला

B.A. (4 Years), B.Ed., C. Bus. (U/T)

उर्फ बाबा भाना नाथ 'भगवान'

अध्यक्ष: भावी इंटरप्राइजेज लिमिटेड़, टोरोन्टो

सेवानिवृत अध्यापक: टोरोन्टो बोर्ड ऑफ़ एजुकेशन, टोरोन्टो

अस्वीकरण

पुस्तक की तुकबंदी हुई, लगी जैसी थी अच्छी।
काल्पनिक अधिकतम, लेना मान उसे न सच्ची।

याद दिलाये अगर किसी की, तो केवल इत्तफाक।
किसी से कोई दुश्मनी नाही किसी से हमारा साक।

बांटा सारा दुःख, दर्द, अनुभव, जो लोगों ने सुनाया।
आया गद्य में न लिखना, कर इकट्ठे पद्य है बताया।

यकीनन याद दिलाएगी, कोई बीती अपनी कहानी।
पूर्ण आस मुझे, कम दर्द लिखी कर देगी ये बानी।

विशाल दुखिये इस संसार में , बसें हर भांति के लोग।
खाये धोखा कोई यहाँ प्यार कर, लगे किसी को रोग।

कभी प्यारे थे, वो गये छोड़, जिन्दा, कोई मरणोपरांत।
झेलना पड़ा बिछोड़ा हमें, दुखी बहुत हुए फिर शांत।

साथ जिन का हर पल मिला, हुए आंखों से बड़े दूर।
हमारी आती होगी याद कभी, है उम्मीद उन्हें जरूर।

गुज़ारिश पढ़ना, दिल पर न लगाना, दूर रखना तनाव।
अस्थिर ये 'भगवान' की दुनिया, देर थोड़ी का लगाव।

प्रस्तावना

बचपन गया, न रही जवानी, आया अब बुढ़ापा।
बीते दिनों का याद, लगा, अब आने हमें सियापा।

पंजाबी, हिंदी , संस्कृत, अंग्रेजी व फ्रेंच कभी मिला,
जिंदगी अपनी पढ़, पढ़ा कर, सारी हम ने ली गवा।

अस्वस्थ हुए तो उपचार करवाया, ले हम ने ली दवा।
मुसीबत जब सर पर आयी, तब करनी पड़ी दुआ।

दुःख दर्द सब का बांटा, रुका हर काम दिया चला।
भांति कबीर खड़ बाजार में, माँगा सब का था भला।

आसान था पढ़ना, नाही पढ़ाना, सुन्दर विषय गणित।
कर लिया था किसी तरह से, हम जुटा सारी हिम्मत।

पाला पड़ा कई बाबों से, उनकी लगी सच्ची हर बात।
दिल खोल दिया दान, पूजा और की सेवा भी दिन-रात।

पाले नियम ब्रह्मचर्य के, जा गृहस्थ आश्रम, किया प्यार।
दिया सुख जितना था बस में, जो मिला, लिया स्वीकार।

खायी चोटें, सही घावों की पीड़ा, निभाया धर्म, हर बार।
मन आया अनुचित करना, सुन दिल की किया इनकार।

हुए शिकार मतभेद के हम भी, कभी पीटा न ढिंढोरा।
रूखी सुखी खा, किया गुज़ारा, संतुष्ट व्यवहार रहा मोरा।

कर रहा हूँ प्रस्तुत, कर एकत्रित, दूसरी फूलों की माला।
निराशा हीन, हँसु , हसाऊँ, बनाऊं 'भगवान' रखवाला।

विषय सूची

विषय सूची

विषय सूची

विषय सूची

विषय सूची

विषय सूची

विषय सूची

विषय सूची

दूर अँधेरे

सुस्वागतम आप का, व हृदय से अभिनंदन।
भाग दूसरे की शुरुआत, लगा माथे पर चंदन।

दूँ धन्यवाद बहुत, जो भाग पूर्व का सराहया।
आशीष दिया प्यार और मनोबल भी बढ़ाया।

पहली की तरह लिखी प्रस्तुत है ये भी रचना।
करना कर्म हमेशा अच्छे, सब बुरों से बचना।

मिले शक्ति, बल, साथ बुद्धिमता के आप को।
सुझाव, कुछ करने से पहले, तोल व नाप लो।

ठंडा रहे स्वभाव आप का और खुश रखे ईश्वर।
फले फूले समस्त परिवार, चमके आप का घर।

लहराएँ खुशियां चार चुफेरे दिन प्रति रात सवेरे।
कृपाये 'भगवान', हो सदा चानना, रहें दूर अँधेरे।

फुर्ती में कम

मिले, दे सुख, बहुत दुःख, साथ में गम भी थे।
भोले, भाले 'भगवान' कम हम तो फुर्ती में थे।

टली न घड़ी

टिट बिट गप-शप सुना कोई चुटकुला।
दे, अंदर से हंसा, दिखा कोई तो कला।

भिखारी ने माँगा, बोला कुछ सदा नया।
अवश्य रहेगी तेरे ऊपर ईश्वर की दया।

भरमाया कह बाबे, सिर दिया था हिला।
बन हमारा सेवक होगा तेरा सदा भला।

पचा न अच्छी तरह, था डाला जो पेट में।
क्यों मार डाला हम को हमारे ही फेट ने?

करते टुनटुन गोपाल, थे रह हम से दूर।
दिन बदले ज्यों ही, वे लगे बोलने हुज़ूर।

नज़र न मिलाते थे, हमारे साथ जो कभी।
वे आस पास हमारे लगे मंडराने थे सभी।

सेवकी मौजूद जिन रहती सर्वत्र थी बड़ी।
टली होनी न 'भगवान' जब आ गई घड़ी।

जवाब न पाया

था रहा पूछता रोजाना, जवाब कभी न पाया।
हो परेशान लिखे गीत, उन्हें तरणम में गाया।

किया धारण मौन, मुदित बाद किसी बुलाया।
बेहद, गया खर्च में, व खत्म हो गया सरमाया।

सोये, किया विश्राम, बजी घंटी, फून उठाया।
मिला, मुंह अंदर डाला, उसे दांतों ने चबाया।

प्रेम प्यार से पाले बच्चे, सदा गोदी में बिठाया।
हाथ जोड़े बड़ों के आगे, सर को भी झुकाया।

किस्मत की बद नसीबी, पूजा पाठ करवाया।
रहे सुमिरन से वंचित, जन्म अनमोल गवाया।

देखा चारों ओर, मिला जितना ज्ञान वो पाया।
पड़ प्यार में देखा, चाहा जैसा लुत्फ न आया।

हितैषी बना हर कोई, पश्चात उस बहकाया।
कृपा 'भगवान' बेअंत, पार उसका न पाया।

होते उदास

खायी जो बथेरी, अब ले न सकूँ चीनी।
छोड़ चुका चाय, नहीं आती अब पीनी।

दूर हुआ नमक भी, करना पड़ा त्याग।
सो समय पर पाऊँ, नाही सकता जाग।

करते चैक डाक्टर सप्ताह के हर वार।
देती घरेलू लक्ष्मी, उन्हीं को ही दुत्कार।

प्रबल इच्छा, परन्तु कर सकता न प्यार।
है मायावी दुनिया, कौन किसी का यार।

जोड़े जो खज़ाने, कई उस के हकदार।
चाहें पैदाइशी हिस्सा, करते हैं व्यापार।

संभालें ख़ुद को, समय नहीं उन पास।

रोना रोने आते सारे, होते जब उदास।

करते भजन, हैं सब, रख पूर्ण विश्वास।
माया 'भगवान' तेरी, आई न थी रास।

फल कर्मों का

दुःख में लगा, है फल कर्मों का, याद आया।
सुख में मस्त पूर्ण तौर पे, खर्च माल गवाया।

जवानी में मापे भूले, सिर अपने प्यार चढ़ाया।
बच्चों का फिर सुन रोना धोना, मगज खपाया।

बुढ़ापा आया, रोगों ने घेरा, पीड़ा दर्द उठाया।
डाक्टरों, हकीमों, चक्र कभी वैद्यों के लगाया।

ईश्वर छोड़ा, पूजे बाबे, मुरशिद अपना बनाया।
त्यागी जन सेवा व परिवार उनका ही रिझाया।

भिखारी को दी न चवनी, सब उन्हें पकड़ाया।
माना, दर्श उनके दुर्लभ, मन अपना बहलाया।

वफादारी निभाई पूरी, सुन अपशब्द न पाया।
सुने प्रवचन उनके वो ही, औरों को ठुकराया।

कर प्यार, साथ प्यार, बिन प्यार, काम चलाया।
अजब 'भगवान' की सृष्टि, सर्वत्र उसकी माया।

पड़ी जरूरत

मत पूछो क्यों भड़के, कैसे खोया, क्या पाया।
जिस की पड़ी जरूरत उसका ही गुण गाया।

लिया स्थान इंच एक. फिर पूरा पाँव फैलाया।
अगर कही न मानी किसी, कच्चा ही चबाया।

राज किया हमेशा, और सब पर धाक जमाया।
धर्म, कर्म सब बिसारा, दीन अपने ही चलाया।

प्यार किया जिस से, जब चाहा उसे ठुकराया।
बदनाम हो हर स्थल पर, अच्छा नाम कमाया।

हक कइयों का मारा, इकट्ठा किया सरमाया।
महल बनाये कई नगरी, गुलाम हरेक बनाया।

इज्जत, आदर, सम्मान, हम बिन मांगे ही पाया।
गुण 'भगवान' साथ सब. रल मिल हमारा गाया।

कोई न लाभ

समाप्त, हुई पढ़ाई, लिखाई, रोजगार न जॉब।
दासानुदास बनाया बाबे, हुआ तनिक न लाभ।

प्यार, लगा दिल निभाया, पूरा मिला न आधा।
देखने में थे हम गृहस्थी, बने वास्तव में साधा।

सुनी, सुनायी सब की, दिन में भी, लिए ख्वाब।
थे अंदरूनी खोखले, दिखा वैसे करते साहिब।

राधे राधे, नमस्ते, नमस्कार, सुना सीता राम।
छोड़ा ये सब, जपा, दिया बाबे जो सच्चा नाम।

सुख में मंडराया करते, पास बथेरे सुबह शाम।
नजदीक नज़र, दुःख में, विरले ही आये काम।

पैसे जैसा कोई न मित्र, सदैव आया हमें ख्याल।
पराये बने सखे हमारे, पास जब तक रहा माल।

कर हर पल सेवा बाबे की, अगर चाहे कल्याण।
जग में केवल वे, सुना हम, थे अवतार 'भगवान'।

कसमें वादे

नज़रें साथ, मिला के देखीं, हुए बाद शर्मिंदा।
वर्ष साथ प्यार, कुछ गुजारे, सुनी फिर निंदा।

नहीं याद, कसमें वादे, किए जो सब भुलाये।
बायें अगर हो जाना, हैं चुनने लगे अब दायें।

जिन से पाली दुश्मनी, सज्जन अपने बनाये।
करें, मन जो चाहे, रास्ता उचित न अपनायें।

करना खर्च, नहीं बचाना, आदत ऐसी पाली।
शॉपिंग में, वक्त बिताएं, रहते नहीं हैं खाली।

वे चुस्त, और हम सुस्त, रब ने योग मिलाये।
करें वार शेरनी जैसा, पूरी दिखने में हैं गाय।

मिला साथ अवश्य, तथापि रहना पड़े अकेले।

जो हुआ, उसे स्वीकारा, और सभी पल झेले।

करनी बहस हुई फजूल, जीत कभी नहीं पाए।
आगे 'भगवान', सर झुकाये, सारे फर्ज निभाये।

प्यार में सौदेबाज़ी

दुनिया स्वार्थी वास्तव में सब, स्त्री, क्या मर्द।
जले, देख सुखी को, बांटे दुखियों का न दर्द।

हर कार्य में, बहुत, पाना चाहती है मुनाफा।
बिन झिझक ले लेती, घूस से भरा लिफाफा।

कहने को बहुत धार्मिक, रखे श्रद्धा से उपवास।
असमर्थता में तोड़ देती, ये पल भर में विश्वास।

भूले भलाई, झगड़े में जाये, देना किसे सम्मान?
शिष्टाचार निभाना कैसे, दे शीर्षक पे व्याख्यान।

करने प्यार में सौदेबाज़ी भी लग जाती, बिन शर्म।
शैतान जागृत जब हो जाये, स्मरण रहे नहीं धर्म।

बच कर, रहना हर पल, नहीं तनिक यहां आसान।
बन अलग से जाता नया प्रति दिन कोई 'भगवान'।

दूर प्लान

सुनी, घर में होती, जब औरों ने कलह।
बिन मांगे दी उन्होंने बहुत हमें सलाह।

थे न जानते होना, था इतना न आसान।
दूर 'भगवान' नतीजा, हरेक रहा प्लान।

खुलते राज़

हम जिंदगी में देखे, खुलते कई राज़।
हुए नज़र से ओहले, था जिन पे नाज़।

यार मतलबी बथेरे, थे अस्वार्थी कम।
देर तक, साथ उन, पाया न था जम।

प्रेम प्यार बड़ा कर, रहे पछताते हम।
दुःख की बदौलत, रहीं आँखें भी नम।

घर में सब से छोटे, मानी हर की बात।
किसी तरह बिताते दिन हर और रात।

हुक्म चलना किसी पर, आया न कभी।
नाजायज लाभ उठाते, हम से रहे सभी।

कुदरत के देखे, थे हम ने, कई कमाल।
खायी रूखी मिस्सी, साथ सब्जी के दाल।

घूमे देश देशांतर, अमेरिका क्या नेपाल।
सर्व शक्ति 'भगवान', हम पे रहा दयाल।

विभिन्न जीवन

जब करने के प्यार, दिन हमारे आये थे।
चाहा तो होना बहुत, खुश हो न पाए थे।

जीवन होगा विभिन्न, औरों से, सोचा था।
भावी प्रबल, बच न सके, वही लोचा था।

हो सका जैसे, जिन्दगी हम ने गुजारी थी।
अक्सर बहार आई, दिन केवल चार की।

बना रखा संतुलन, आई आंधियां थीं बढ़ीं।
एक के बाद बिपता, आ दूसरी हुई खड़ी।

किया, मिला जो भी काम, कमाए पैसे दो।
दिन किसी तरह काटे, व गए रात को सो।

उतरा, चढ़ाव जिंदगी में, आया था बड़ा।
नया सूर्य नित दिन, रात चाँद भी था चढ़ा।

दिन गर्मी के बीते कभी आये सियाल के।
रखा, यहां 'भगवान', हर समय संभाल के।

तोला नापा

तोला पूरे तौर से, हर तरफ से नापा।
मिला, त्रुटि किसी का, कहीं न छापा।

करवा चुप औरों ने, आगे बात बढ़ाई।
दो को पास बिठाया, जोड़ी थी बनाई।

जान पहचान में लगा, वक्त था ज्यादा।
हर प्रकार की जीवन में आई थी बाधा।

वो गलत, सही दूसरा, दोनों की सोच।
मध्यम मार्ग कठिन, आती रही खरोच।

पास रह कर भी, मिला दूरी का साथ।
मिले माया के झंझट, लम्बे जिस हाथ।

बैठ साथ चिंतन प्रभु भी हो नहीं पाया।
मन आया, लिखा, खुद को गा सुनाया।

आदर, सत्कार, हुआ दूर करना प्रणाम।
किसी तरह निभाई, की कृपा 'भगवान'।

भव्य महल

चाहा नहीं, सज्ज जाते, सच्चे हमारे भी दरबार।
जयकार लगाते भक्तजन, वे रल मिल बारंबार।

हेतु पाने हमारे दर्शन, लम्बी लग जाती कतार।
प्रवचन भगवादारी देते, कर पेश अपने विचार।

आता देश देशांतर से बुलावा, करते हम इनकार।
हद से ज्यादा, हमें मिलता, सभी भक्तों का प्यार।

रोजाना नेता गण भी आते,हमारा करते वे दीदार।
टीवी पर प्रति दिन करते, वे प्राइम समय सत्कार।

महल, हर नगर में, भव्य हमारे, देते भक्त उसार।
वे परम इष्ट हमें बना लेते, हम बनते न उन के यार।

जो हम कहते, स्वीकार वे लेते, डालते गले में हार।
हर दुखिया माया चढ़ाता, बेड़ा लगता न चाहे पार।

आजीवन गुलाम हजारों होते, वे सोचते देंगे तार।
बेचारे भूल 'भगवान' को जाते, वे पा कृपा हमार।

स्थिति भयानक

रूठा माहौल शांति का, तबदीली आई अचानक।
वातावरण हुआ दूषित, हुई स्थिति बड़ी भयानक।

बिन वजह किसी, पड़ा देखना, खड़ा हुआ बवाल।
कुछेक कारण, आया सामने, न सोचा जो कमाल।

विभाजन हो गया जनता का, युद्ध रेखा को डाल।
लगी साजिश शायद कोई या सोची समझी चाल।

जल्द, है उम्मीद, होगी ठंडी, और बंद भड़कना।
बयान 'भगवन' उलट दिल का होगा न धड़कना।

पाया सब कुछ

कर प्यार. था लगता, हम लिया पा सब कुछ।
दुःख, दर्द, झेलनी पीड़ा, रोना, रहना न खुश।

बात हर पर पश्चात, गिला सुनने में सदा आई।
माँ, बाप, ताये, चाचे, दूर, बहन, पास न भाई।

यार और दोस्त को भी, था करा दिया नकारा।
दोष फिर भी निकाला, सदा सब ने ही हमारा।

पंडित न आस पास, थी कुंडली जिन मिलाई।
नज़र नाही आये विचोले, थी जिन की भलाई।

छुड़वाये सारे, कर हमें, दिया उन्होंने अकेला।
सुधरेगा समय, विचारा, बहुत ही हुआ कवेला।

किया हर यत्न, बखेरा नहीं, संभाल सब रखा।
मानी हर बात उनकी, नौ ख़रीद दिया लखा।

विदुषी संग संयोग, था मिला, कभी विद्वान का।
काटी उम्र उन साथ, प्रभाव रहा 'भगवान' का।

पायी संतुष्टि

संकोच हुआ भीख देने में, पायी संतुष्टि दे दान।
जिस को चाहा दिल से, उसी ने किया परेशान।

चलते रहे सही पथ पर, नहीं हुए थे डांवांडोल।
छुपे राज़ आये सामने, जब दिए समय ने खोल।

विश्वास घात, हुआ पछतावा, आंधी पश्चात आई।
युद्ध रेखा फिर हुई निर्धारित, सामने थी वे आई।

मध्यस्थता के हुए यत्न कर पाए दोनों न स्वीकार।
किसी तरह साथ उनके निकल दिन गए दो चार।

मामला दिल, बड़ा पेचीदा, पायी जीत हुई न हार।
दयालु 'भगवान', न जाने कैसे, कायम रखा प्यार।

रुद्र रूप

चिंता धन कभी बच्चों की, बहुत हमें सताती थी।
दृष्टि, सोच, हमारी, चली न जाने, कहाँ जाती थी।

हर तरह की दुविधा, आ अपने पाँव फैलाती थी।
देती दर्द, बहुत ही पीड़ा, मुश्किल सही जाती थी।

सज्जन अपने, बन शत्रु, हमें रुद्र रूप दिखाते थे।
ताजे पाये घाव पर, नमक अक्सर छिड़के जाते थे।

रहते दूर कोसों हम से, निमंत्रण पर भी न आते थे।
दुःख ने घेरा हमें, जान कर, वे फूले नहीं समाते थे।

भरी दुनिया में देखा, दिया किसी नहीं सहारा था।
सुनता जो हाल हमारा हो जाता नौ दो ग्यारह था।

कुदरत ने सदा दिखाया, बहुत अजब नज़ारा था।
अशांत होता, जब कोई, चढ़ता उसका पारा था।

केवल बना प्रभु हमारा, वो पूर्ण सत करतारा था।
नहीं शिकवा कोई 'भगवान', जीवन तो न्यारा था।

बिगड़ी औलाद

लिया सुन कान एक, दिया निकाल दूसरे।
पढ़ाई का हर दिन, कैसे निकाला, पूछते।

स्मरण रखना था जो सब, रहा न था याद।
थे शायद हम बिगड़ी माँ बाप की औलाद।

खा कर, मार रोजाना, था पूरा ढीठ हो गया।
ऊपर हँड़ियों के ढांचे, काफी मीट हो गया।

दिल, मोम का न रहा, हो बहुत गया सख्त।
कभी छुट्टी भी न ली, था ऐसा वो कमबख्त।

आते सालाना इम्तिहान, दि न हरेक खास।
न मालूम हर साल, था कैसे होता रहा पास।

हमें, बीच में मिले बाबे, जिन जीता विश्वास।
कर दिमाग की धुलाई, था बनाया उन दास।

था प्यार में पड़ देखा, बहुत बुरा हुआ हाल।
बेचारे का 'भगवान' को भी आया न ख्याल।

वाजिब प्यार

हुआ वाजिब करना प्यार, पश्चात पछताना।
हो शिकार, दीवानगी, पागलपन आ जाना।

दुहराया गया किस्सा चला जो आया पुराना।
हुआ खर्च पूर्व में, था कल जो हुआ कमाना।

पालने की चिंता, फिक्र क्या सोचेगा जमाना।
किसी तरह, जैसे तैसे, घर का, हुआ चलाना।

रही महंगाई बढ़ती, मुश्किल हो गया खाना।
पापड़ हर वेला, ढंग को सीख लिया टपाना।

जल्द हो गया, वृद्ध अवस्था का चले आना।
दवाइयां लिखे डाक्टर, घर में पड़ता लाना।

आँखें दिखाई सब ने, दस्तूर लगा सुहाना।
जोड़ हाथ आगे 'भगवन' सर पड़ा झुकाना।

जाना सब को

मिली शांति इबादत कर किसी को पूजा।
ईश्वर एक कहा सब, कभी किसी न दूजा।

अलग नाम से बिठाया हर, अपने दिल में।
आरती उतारी साथ सब भक्तों ने मिल के।

आया जो, जाना उस ने, है सब को मालूम।
तथापि देना प्रवचन, बने रोज, नए मजमून।

गा कर, गीत सुनाये, कथा किसी ने हम को।
सुनी सब किन्तु कोई मिटा न पाया गम को।

मिले बाबे पूजनीय, सुना वे ईश्वर के अवतार।
दिया उन उपदेश हमें, जपना कैसे करतार।

काम के, पश्चात पाया, हो वो भी गए शिकार।
भांति हर देखा, उन्हें भी, होते अक्सर बीमार।

डूबते भक्त को देख, उन्होंने लगा देना था पार।
करा ख़ुद न करा न सके, 'भगवान' तेरा दीदार।

मिली घृणा

प्यार में, कर प्यार, मिली प्यार से ही घृणा।
बात अगर कोई न मानी, सुनी हम ने वरना।

विश्वास, यक़ीन, भरोसा. रहा तनिक न ज़रा।
करेगा परख 'भगवान', खोटा कौन था ख़रा।

हमेशा खपना

माफिक आई हमें हकीकत नाही कोई सपना।
बिन वजह ही क्या बताऊं पड़ा हमेशा खपना।

बोला पहन के धोती कोई महंगी बहुत सी पैंट।
इत्र लगा कहा किसी ने, पश्चिम में बिकती सेंट।

अच्छे करवा परम, बालों के या डलवा कुंडल।
पायी शांति सम्पूर्ण. बन साधु. पकड़ कमंडल।

सुना हमें भी था प्यार से, केवल मैं तेरी. तू मेरा।
प्रकाश दिखाने वालों ने भी दिखाया हमें हनेरा।

पैसे की रही बहुत जरूरत हर पल हमें सताती।
मुश्किल से कर रहा गुजारा, शहरी क्या देहाती।

चरखा चला, बनाया धागा, अच्छा सा, मेरी दादी।
नेतागण लड़ा चुनाव, बनी पहन, उस की खादी।

पेट भर दिन काटे सब, सदा रहा न कोई निरोगी।
दलाल 'भगवान' कहा बाबे ने, बन बेटे मेरा योगी।

चिड़िया का नाम

प्यार, किस चिड़िया का नाम, मालूम न था।
घुस जाता, कोई हृदय में, इतना रूम न था।

मिलाई आँख किसी से न पकड़ी कलाई थी।
रहा फासला दूर सदा, हाथ किस के चूमता।

होगी लक्ष्मी की वर्षा, इंतज़ार किया हमेशा।
किस्मत का चक्र अजीब, था हर पल घूमता।

गिला, शिकवा, न शिकायत, आसरे उस सब।
पा पावन दर्शन बाबे के, हो प्रसन्न रहा झूमता।

उलटा, सीधा शौक, कभी सका पाल न कोई।
मौन, एकांत में विराज, कर भजन रहा घूरता।

होनी न टली, हुआ सब, आने पर अपना वक्त।
लगाना पड़ा गले, था सामने चेहरा जब हूर का।

कोशिश की हर, साथ बंधन उनके निभाने की।
ठीक मौन 'भगवान', बोल हर उन्हें न मंजूर था।

हर शहर में

हो महल हर शहर में, देखा सपना था।
करेंगे कृपा बाबे, ज्ञान बड़ा टपना था।

लगे सेवा में दिन रात, भाग्यशाली हम।
मान हुक्म इलाही हर, नाम जपना था।

बंद किया, धर्म स्थान, और कहीं जाना।
है कैसे रिझाना, हर तरकीब लभना था।

है तन, मन, धन सब उन का, लगा गाने।
लुटा कर सब, पछताया, पड़ा खपना था।

प्रवचन सुनता बारंबार, वो ही, श्रद्धा से।
रहा करता प्रचार, कोई और रब न था।

छोड़ काज हर, भागा, मानी आज्ञा हरेक।
सर दर्द उठाना, सुमिरन नहीं करना था।

अपनो की छोड़, चिंता उनकी ही करता।
कर प्रशंसा 'भगवान', बंद मुंह रखना था।

व्यवस्था गरीब

उथल-पुथल बहुत, ख़ुशी नसीब न हुई।
आएंगे दिन अच्छे, दुआएं कबूल न हुईं।

अच्छा किया लिए सब, हुआ तथापि बुरा।
रही दूर, किरण आशा की, क़रीब न हुई।

किए यत्न सब ताकि रहे हरेक खुश यहाँ।

न जाने तो भी हालत बड़ी अजीब ही हुई।

पुण्य कमाये सदा, रखे कुकर्म सभी दूर।
दिखते, धनी बड़े, व्यवस्था ग़रीब सी हुई।

उम्र गुज़ारी, माँगा 'भगवान' से न कुछ।
माया बाबों को भी प्यारी, बलीव न हुई।

लगता बियाबान

फर्ज साथ वफादारी, रखना पड़ा मौन।
हम कौन, वे ख़ामख़ाह, गो, वैंट, गौण।

मुश्किल समझ पाना, प्यार मनोविज्ञान।
होता कठिन लेना, और गुप्त देना दान।

भरा घर पूरा, लगता फिर भी बियाबान।
प्रेम, प्यार, दुश्वार, बस चलना सीना तान।

पढ़े, लिखे बहुत, स्वीकारते, सब विद्वान।
बाबे के बने सेवक, नहीं हुआ कल्याण।

चावल, पूरी, रोटी, खा परांठे कभी नान।
रहे कतराते, किसी के, लिए न एहसान।

विचार, कई बनाये, किए फॉलो वे प्लान।
श्रद्धा, अटूट विश्वास, रहे ऊपर 'भगवान'।

पास न ठहरे

गूंगे, अंधे प्यार में, हुए कभी बहरे।
चाहत वाले हुए दूर, पास न ठहरे।

अंदर संभाला सब, प्रतीत हुए सूखे।
पड़े बोल भी सुनने, कइयों से रूखे।

दी आजादी पूरी, था कभी न रोका।
लाभ उठाया सब, मिला जब मौका।

नखरे रहे उठाते, थी जितनी क्षमता।
वंचित रहे प्यार से, बच्चे बिन ममता।

बिगड़ने का पास, रहता था मसाला।
करना सुधार, कभी आया न ख़याल।

ईश्वर दिया सब, की प्यार में कंजूसी।
उम्मीद बरकरार किन्तु रही मायूसी।

प्यार में प्यार, पड़ा हर तरह से महंगा।
चाहा जब 'भगवान', पड़ा देखना ठेंगा।

क्रमानुसार पुन

ऋतु ग्रीष्म हुई समाप्त, सियाल आ गया।
पड़ेंगे वस्त्र, गर्म पहनने, ख्याल आ गया।

हाथ पर दस्ताने, व मफलर रख सर पर।
चले करने हम नौकरी, छोड़ अपना घर।

लगी ठंडी हवा, और निकली मुंह से भाप।
खांसी लग गई तगड़ी, चढ़ा कभी था ताप।

डाक्टरों के वारे न्यारे, दिखी वहां पर भीड़।
दवाइयों की हमेशा, थी रही सभी को नीड।

लगवाए टीके, सब ने, कोविड़ कभी फ्लू के।
बैठें इर्दगिर्द जला आग, हैं जुड़े जैसे गलू से।

लोहड़ी, बसंत, होली भी, समय पर आई थी।
लौट गर्मी क्रमानुसार 'भगवान' पुनः आई थी।

प्यार में नफरत

समय, था हम विचारा, होगा हमारे भी वल।
इंतज़ार रहे करते, काश आ जाता वो कल।

हालात न बदले, साथ में गए बीत कई वर्ष।
बचाते कुछ कैसे, हम रोक पाये, न थे खर्च।

ठोस और कोई वाजिब, उठा पाए न कदम।
प्रेम प्यार में भी 'भगवान', नफरत न थी कम।

हुआ परेशान

पाया ज्ञान श्री बाबे जी का, लगाने लगे ध्यान।
सेवा की, बड़ी ख़ुशी से, व हुए बड़े परेशान।

विचार, अपने बारे कम, वास्ते उनके ज्यादा।
कभी कर न पाए यहां पे, बना जो भी इरादा।

तन, मन, व धन पर, उन जताया अपना हक।
बन जाते हम भी बाबा, ग़र होती अपनी लक।

काफी हिस्सा, जीवन का, लिए उनके बिताया।
मानी हर आज्ञा उनकी, जीवन व्यर्थ में गवाया।

कर यत्न, साम्राज्य उनका, हर जगह फैलाया।
पूजा, की आरती, गा भजन शिष्य धर्म निभाया।

सर दर्द हर उनकी, प्रसन्नता से, स्वयं ही झेली।
धोबी, वकील, मुनीम, बावर्ची, बन गए थे तेली।

अहसास हुआ इक दिन, असंभव मोक्ष कल्याण।
भुलाया सब, बाबा भी, पाया अंदर ही 'भगवान'।

मिले साथी

लिया जन्म, मिले कई, रिश्ते व नाती।
हुए बड़े थोड़े तो मिले और भी साथी।

फटकारा व दी आशीष पिता, माता।
भुला सब, बने कई, विद्वान व ज्ञाता।

ईश्वर की न जरूरत, कह उन भरमाया।
नहीं कुछ भी अपना, फ़ैली सर्वत्र माया।

पा दर्शन भक्त, अमीर बाबे को बनाया।
था जो पास चढ़ाया, गुण भी सदा गाया।

अच्छा तो कृपा बाबे, अन्यथा क्रम फल।
दूर सोच विचार, कोई और तो नहीं छल।

कर अपनो को विमुख, सखा उन्हें बनाया।
'भगवान' नहीं, जयकार उन्हीं का लगाया।

अंदर दबायी

बुराई करनी न आई, भलाई मिली।
चाह मीठे की हुई तो खटाई मिली।

प्यार करने को ऐसी मलाई मिली।
मन भायी न जो, वो कलाई मिली।

बहुत दूर, सीधी साधी, गोलाई मिली।
इच्छा जताई न जो, वो सफाई मिली।

सदा बात हरेक अंदर दबायी मिली।
हैं कायम 'भगवान', न तबाही मिली।

फलने लगे

साथ उन, ज्यों ही हम चलने लगे।
वादे, जो कभी पाए, वे टलने लगे।

हर बार, हुआ अहसास, दूरी भली।
बैठ हाथों को अकेले मसलने लगे।

काश जा पाते कहीं और ही सुकून।
कर चिंता फिक्र दिन निकलने लगे।

आती होगी अवश्य, उन्हें भी याद।
बात हो जाती बंद जब, लड़ने लगे।

सुने सब, रहें चुप, बहुत ही खराब।
ऐसे हर पल 'भगवान', फलने लगे।

रही न लोड

टेका चरणों में माथा, कीं बातें हाथ जोड़।
उन हमें दिखाया, अजीब जिंदगी में मोड़।

रखा, उन पूछा, सरमाया कितना है जोड़।
खाली जेब हमारी, उन्हें दिखे कई करोड़।

सेवा चौबीस घंटे रोज, की जिन लिए दौड़।
लगे, वास्तव में, समझने वे, स्वयं को गौड़।

बन दासानुदास, देना मशवरा, दिया छोड़।
बना 'भगवान' हमारा, रही उन की न लोड।

लगी फूलने सांसा

लेट के सोए, खड़ पिया, बैठ विश्राम।
सुस्ती के मारे, किया और नहीं काम।

हुए धूम्रपान से जिगर, व फेफड़े जाम।
किया जो मन आया, ले सुबह से शाम।

सुख बाबे चरनी पाया, वो ही थे महान।
पाया, विरासत में जो, दिया उन्हें दान।

न पाया प्यार में जो चाहा, हुए परेशान।
लगी फूलने सांसा, याद आये 'भगवान'।

माया लगे न सही

चाल, खूब सराही, उनकी, कभी सूरति।
सब उन्होंने नकारा, थे कर न पाए पूर्ति।

आंखें आकर्षित, सुंदरता केश की बताई।
की अनसुनी उन बात, कभी नज़र चुराई।

माना कहा उनका हर व किया सब कुछ।
हमारे काम से, आश्चर्य, हुए कभी न खुश।

कठिन हुआ साथ रहना, छोड़ते भी नहीं।
माया 'भगवान' की ऐसी, लगे जो न सही।

ख़ौफ़ सताता

अपना लुटा सब कुछ, हुए जिन के हम।
नजदीक उन, इजाजत जाने की न अब।

सह, निभा, हो सके जैसे कैसे, कहते सब।
ख़ौफ़ 'भगवान' का सताता, होने दे न दूर।

उलटी दिखे चाल

छोड़ नाजुकता सारी, होना पड़ा सख्त।
चाहा जान से, सुना उन्हीं से, कमबख्त।

संगत, अच्छी बुरी का, पड़ गया प्रभाव।
क्या नहीं सहना पड़ा, मत पूछो जनाब।

आता विचार नहीं अब, कोई भी ख्वाब।
करने की बात का लगे कोई नहीं लाभ।

कर सब देखा और लड़ा बैठे हर युक्त।
फल करने का प्यार, बच्चे लिया भुगत।

हुआ, था न जो सोचा, कुछ ऐसा कमाल।
सीधी न 'भगवान', दिखे उलटी ही चाल।

दिखाई पीठ

सुंदर लगा कोई, नाही हम को भद्दा।
उल्लू सुना हम ने, था किसी से गधा।

भावना जैसी उनकी, वैसा था विचार।
करता, कैसे घृणा, सीखा जिस प्यार।

करनी आई ठगी, न व्यापारे उधार।
दिन, फिर भी कटे, जीवन के चार।

पापड़ हर तरह के वेले, जोड़ी माया।
चाचा, मौसा, बना फूफा, कोई ताया।

कहने को यार बथेरे, दिखाई उन पीठ।
ठंडी उन में पायी, हुआ करती थी हीट।

नाराज वे अकस्मात, बोलचाल भी बंद।
मिर्च जैसा स्वाद, जिह्वा चखी जब खंड।

हाथ जोड़, मनाया ईश्वर, समय निकाल।
सिवाय तेरे 'भगवान' किसी पूछा न हाल।

दोषी बेकसूर

साथ जिन पले, वे मजबूर हो गए।
एक एक कर, हम से दूर हो गए।

शिकवा, शिकायत, गिला न बड़ा।
लगा पैदा अचानक गुरूर हो गये।

हमें भी अब, कभी आते नहीं याद।
लिए हम, जैसे दरख्त, खजूर गए।

परस्पर दुःख, सुख के, भागी न रहे।
हम दोषी 'भगवान' बेकसूर हो गए।

परिवार की पूजा

बन बाबा, देखा हम भी, खुशहाली थी।
भजन, आरती, गजल सुनी कव्वाली थी।

मोहित श्रद्धालुओं की कतारें करती थीं।
लक्ष्मी आ चरनी कोष हमारा भरती थी।

छप्पन प्रकार का पका पकाया लाती थीं।
महिमा हमारी, गायी रल मिल, जाती थी।

आ टोलियाँ नेतागण की भी मंडराती थीं।
दान दक्षिणा बिन मांगे ही चली आती थी।

लगायी हर पल जयकार, हमारी जाती थी।
दर्शन दुर्लभ, मुनादी भी करवाई जाती थी।

चरण डालो, घर हमारे, चिट्ठियां आतीं थीं।
साथ में टिकटें फर्स्ट क्लास चलीं आतीं थीं।

होते भव्य स्वागत, सवारी जहां भी जाती थी।
तुलना, साथ परमात्मा, की हमारी जाती थी।

ट्यूने बॉलीवुड, मनोरंजन हमारा करती थीं।
होते विभिन्न नृत्य, सभाएं हमारी सजती थीं।

आज्ञा, देते जो हम, पालना हुआ करती थी।
पग जिधर भी रखते, पावन होती धरती थी।

बिन याचना, हर इच्छा पूरी हमारी होती थी।
निर्विघ्न, हों सम्पन्न कार्य, सेवकी न सोती थी।

आय हमारी, खर्च औरों का, ख़ुशी होती थी।
रहता बेफिक्र माहौल, पेट की वृद्धि होती थी।

हम जैसा और कहीं न, खूब प्रशंसा होती थी।
विदाई समय मनहूस, दिखती संगत रोती थी।

साथ हमारे, परिवार सारे की, पूजा होती थी।
घर होने लगे, कांड हमारे, किस्मत खोटी थी।

ऊपर कभी, आन पड़ती, कानून की सोटी थी।
माथे जनता, तथापि 'भगवान', टेकती कोटि थी।

तनिक न सेम

बिठाया उन्हें दिल में प्यार और प्रेम से।
लगे दिखने अलग से, तनिक न सेम थे।

दिखा दिमाग में फ़ितूर भर, आया ऐसा।
भर दिया फक्कड़, तनिक मिले फेम ने।

और सब लगे नज़र आने उन्हें चींटियां।
हम चूमा दिग्रेनेस, करने लगे क्लेम थे।

भाषा मधुर, मीठी, हुई अति दूर उन से।
थे छुपाते कुछ वे या सताये गए शेम से।

राज़ होंगे गहरे, मालूम शायद उन को।
मनवा लेते, बात हरेक, करते बलेम थे।

थकान से भरे, यकीनन चिंता के घेरे में।
नाम जिस का आये आगे, करते फ्रेम थे।

आस ऊपर ईश्वर, कल्याण करेगा वो ही।
उपासक 'भगवान', समझ न पाते, गेम थे।

ख़ुशी दूर

दिया न कभी किन्तु धोखा मिला था।
मुहब्बत में भी, कुछ ऐसा सिला था।

पछताए कर प्यार, चैन से न सोये थे।
दुःखी हुए बहुत, दिल भर के रोये थे।

करना था हमें बहुत, कर न सके थे।
विश्राम करना कठिन, रहते थके थे।

सोच, और विचार, निहाल किया था।
खड़ हर पल प्यार, बवाल किया था।

भूत पर रोष, भविष्य चिंता देता था।
ख़ुशी वर्तमान हर, कर दूर देता था।

किसी तरह जिंद कटी जा रही थी।
हर दर्द, पीड़ा भी सही जा रही थी।

हटे पीछे नाही बढ़ आगे ही पाए थे।
हर ऋतु में 'भगवान' गुण तेरे गाये थे।

पैसे चार

क्या हो रहा, दुनिया में, करना पड़े विचार।
जान की कीमत 'भगवन' अब न पैसे चार।

नाम की लूट

जपो बोले सब, प्रभु का सदा नाम।
उल्टा या पुठा, करो कोई न काम।

गरीबों की मदद, दिल करना लगा।
धोखे से बचना, और नहीं देना दगा।

पुण्य कमाना व रखने पाप सभी दूर।
बनाएगा बिगड़ी वो, आप की जरूर।

सत्कार जो आये, करना उसका सदा।
प्रेम पूर्वक आये वक्त पर करना विदा।

वाणी. अपनी में प्रेम व प्यार को मिला।
अपशब्द रखने दूर, नहीं करना गिला।

करना. सत की संगत, झूठ की छोड़ना।
करनी आपो आपनी, दिल नहीं तोड़ना।

केवल ईश्वर ही एक सच, शेष सब झूठ।
लूट लेना बेशक, 'भगवान' नाम की लूट।

प्यार में देखा

पड़ प्यार में देखा, रहे नहीं धनवान।
था, ईश्वर का भी, छूट गया गुणगान।

जोड़ने पड़े हाथ और करना प्रणाम।
न मालूम सुबह, और हुई कब शाम।

जिन्हें चाहा झट से दे दिया उन दान।
बारे सब, पल हर, भरे उन्होंने कान।

चैन भरी निंद्रा नाही ले पाया विश्राम।
मौन व्रत जब टूटा, नहीं लगा विराम।

हर अवसर ह्रदय पर, चलते रहे बाण।
तथापि हमारी बसी उन में रही जान।

बाबे आशीष से, सोचा होगा कल्याण।
दर्शन पाना उनका, कार्य लगा महान।

हुई कड़वी बहुत, रही मीठी न जबान।
भुलाया जिसे, याद वो आया 'भगवान'।

माने कभी न हार

लगे, धन कमाने, था होना हमें अमीर।
जोड़ हरेक पाई, बना ली हम जागीर।

फिर पड़ प्यार में देखा, हुई वो आधा।
बदला प्यार नफरत में, हुई पैदा बाधा।

दौलत में अधिकार, सब ने आ जताया।
मिला जो पकाया, कर शुक्र हम खाया।

बाबों ने बताया, हर जीने का हमें सार।
करवाई उन सेवा, भुला दिया करतार।

पुराने छूटे, नए भी रूठे, कहाँ तसल्ली।
रोये न कुरलाये, चुप बैठा काका बल्ली।

करे पुण्य, ले नाम, टेके माथा बारंबार।
रहे डटा वे 'भगवान', माने कभी न हार।

प्यार अपनाया

प्यार मिला, जैसा भी, उसको अपनाया।
हालात हर में, साथ दिया और निभाया।

दिया सुख, पाया दुःख, ख़ुशी से भोगा।
करने दी उन्हें मन मर्जी, कभी न रोका।

फिर भी प्यार को, हुई न कभी तसल्ली।
कुदरती रंग बदले, थे देखे काके बल्ली।

सोये हुए, पाया उन्हें, कभी नहीं जगाया।
उन जान हमें कमज़ोर, बहुत ही दबाया।

बिन वजूहात रही होती बीच कलह थी।
हमारी, होता ऐसे क्यों, जानती बला थी।

किसी तरह, वर्ष कई, साथ उनके बीते।
अक्सर राधे श्याम याद राम आये सीते।

है डांवांडोल भंवर में, अब हमारी नैया।
हर पल स्मरण 'भगवान', आते हैं भैया।

कर गुलामी

दे बाबा ने ज्ञान रूहानी, अपना गुलाम बनाया था।
कर गुलामी निरंतर, हर भक्त ने लुत्फ उठाया था।

प्रभु छोड़ा, धर्म कर्म भी, सदा उन्हें ही, निहारा था।
ईश्वर के अवतार बताता, हर किस्मत का मारा था।

भजन गाने, उतारनी आरती, करनी कीर्ति बखान।
करना प्रचार दिन रात, कहना सदा वे ही हैं महान।

पूजना उन्हें दिन, रात, और बन रहना भांति साध।
अंग्रेजी में, अगर हाथ तंग, तो जा करना अनुवाद।

हर सुविधा उन्हें, बिन हिचकिचाहट, करना प्रदान।
बोल सुनना वो ही बारंबार, नहीं देना थकने कान।

धन्य बाबे भाग्यवान, बनते, बिन परिश्रम धनवान।
भक्तन वास्ते पूजनीय, नीचे जिन के हैं 'भगवान'।

बेगाना घर

मुसकुराया करते हम थे, अपने अंदाज में।
पूर्ण दिल, था रहता साफ़, कोई न राज़ थे।

बने जो अपने साथी, रूठा करते जिन से।
क्षण अगले खेला करते, भुला सब मन से।

कक्षा में हमें अचानक, स्पर्धा ने फिर घेरा।
आदेश, आ प्रथम, मासूम जिस का चेहरा।

मंजिल कठिन पानी, कर परिश्रम, हर हारा।
हुआ उत्तीर्ण तरह किसी, हर वर्ष ये बेचारा।

यौवन अवस्था आई, हुई समाप्त न पढ़ाई।
लक्ष्मी की दिक्कत, जिम्मेदारी हर निभाई।

वेले सारे पापड़ और जोड़े पैसे जो कमाए।
प्यार ने दी दस्तक, काम अपने वे न आये।

छुड़वाए उस सारे, किया स्वयं पर निर्भर।
रहा 'भगवान' न अपना, हुआ बेगाना घर।

एकाग्र मन

काश पढ़ाई, लिखाई हम से एकाग्र मन से होती।
सोना, चांदी, हीरे कई पास हमारे भी होते मोती।

सूट, बूट पहन के चलते, दूर रहती हम से धोती।
उद्‌घाटन, हम किया करते, जगाते पावन ज्योति।

इज्जत, अग़ल बग़ल में पाते, कहीं होती न ठगाती।
पोते, पोती होते हमारे और कहीं पे दोहते, दोहती।

जबान हमारे में शिकवा, शिकायत कभी न होती।
पाते कृपालु 'भगवान' से एक हम भी लम्बी चोटी।

बीती जिंदगी कैसे

अध्यापक पूछा, बताते क्या, कुछ न याद।
बिन फरियाद पड़ा खाना थप्पड़ हमें बाद।

रोज़ाना किस्सा, ये स्कूल में गया दुहराया।
आश्चर्य घर में हम, किसी को नहीं बताया।

किसी तरह, दिन एक, पाया हम छुटकारा।
विश्वविद्यालय में दाखिला, बुरा हाल हमारा।

किसी तरह, खोपड़ी अपनी में, कुछ डाला।
दो तीन लीं डिग्रियां, लगा पाया ज्ञान आला।

बड़ी छोटी नौकरी कोई, हमारे हाथ न आई।
मुश्किल से किया गुजारा जोड़ी कुछ कमाई।

था दबाव, सर पर, भरा फिर भी गया तारोपा।
रह मौन सहा सब कुछ, जो भी गया था थोपा।

बच्चे आये तो जश्न मनाये, देखा फिर अंधकार।
बीती जिंदगी कैसे 'भगवन', करूं अब विचार।

काटा वक्त

रुचि वान धर्म कर्म में, जपते रहे नाम।
नहाते व करते वंदना, सुबह हर शाम।

आदर सम्मान देते, सुनते बोल करारे।
प्यार कर, प्यार न पाया, हुए दूर प्यारे।

मिला जो सराहा व स्वयं स्वीकारा दोष।
फिर भी पाया सर्वत्र, केवल हम ने रोष।

प्रेम का व्यवहार, फिर भी गया रगड़ा।
किया खुश प्रसन्न, मिलता रहा झगड़ा।

बोली. वाणी मोहनी, मीठी जैसे मिठाई।

लगी कड़वी किसी को भांति थी खटाई।

आना जाना अकेले, रहना भी पड़ा वैसे।
क्रमण फल, हालात सदा बनते रहे ऐसे।

सब स्वीकारा, काटा वक्त, जैसा आया।
लीला 'भगवान', मिथ्या जग, सब माया।

फल कई गुणा

शुभ मुहूर्त आया, लिया बाबा जी से नाम।
आज्ञा मिली फिर जैसी, वैसा किया काम।

दूर शिकवा, शिकायत व हर रखी गिला।
खायी जूठन व पिया चरणामृत जो मिला।

दिन, रात, लगा ज़ोर किया उनका प्रचार।
जिसे चुना उन, करने उसी से लगे प्यार।

छोड़ ईश्वर, उन्हें माना ब्रह्मा, विष्णु, महेश।
बच्चे उन देवी देवता कोई अवतार गणेश।

आते जाते बारंबार, किया उनको प्रणाम।
सिरे चढ़ी ऐसी खुमारी, की सेवा सरेआम।

जितना नहाये फल उस से गुणा कई पाया।
खूब चेले हर को निचोड़ा, जान उन पराया।

कोई खोपड़ी में आयी, जब किसी के बात।
फल स्वरूप पड़ी कहानी उसको थी लात।

गाये भजन लिख, दिखाई किसी करामात।
पछताए 'भगवान' जिन कुछ आया न हाथ।

अनुकूल पल

वे रस्में मुहब्बत, अब देते नहीं निभाने।
सलीके जिन इस के सिखाये थे कभी।

बदलाव बहुत, बर्ताव उन में, है आया।
सब्ज बाज़ कभी दिखाए थे जिन सभी।

आता विचार, शायद मार लेंगे पलटी।
अनुकूल पल पाएंगे 'भगवन; जभी वे।

बन बाबे भक्त

प्रभु पाना, बन बाबे भक्त, आया ख्याल।
कर कृपा, दिया ज्ञान, जब वे हुए दयाल।

तुरंत शुरू गुलामी, दासानुदास गए बन।
हुआ सारा उन का तन, मन, व सब धन।

मानी हरेक आज्ञा और सारे किए काम।
स्वयं, उठाया कष्ट, कराया उन्हें विश्राम।

सब लोग लगें पीछे उनके, किया प्रचार।
आश्वासन में है खोट, आया नहीं विचार।

हुआ परिवार में, उनके जो, मानी लीला।
अपने छोड़े, पूजा उनका, सारा कबीला।

तीन, दशक से ऊपर, परिवार वो निहारा।
सुख, चैन को किया कुर्बान, कभी न हारा।

बदले में. दे खिताब रावण का, उन नवाजा।
मैं तुच्छ मानव 'भगवान', ठहरे वे महाराजा।

उजाड़ी हर पाई

लेटे, उठे, बैठे, चले, दौड़ कभी लगाई।
बन सेवक, गरीब किसी की, न भलाई।

माना धरती न चपटी, मापी नहीं गोलाई।
सबक मियां का रहा न याद, मार खायी।

नमकीन, चखी जीभ ने साधा कभी मिठाई।
चटनी, रायता, पानी जीरा व अच्छी खटाई।

सत श्री अकाल, नमस्ते, सलाम कभी बुलाई।
गुड़ मॉर्निंग, राधे राधे, वारी श्री राम भी आई।

पड़ते रहे बाबे चरनी, ज्योत हर वक्त जगाई।
बैठ साध संगत में, कीर्ति उनकी, सदा गायी।

हुई कभी न पूरी, उम्मीद जो उन से लगाई।
आवाज थी जिन की धीमी सुनी पश्चात हाई।

घूम फिर के देखा, उजाड़ी अपनी हर पाई।
मासी चाची 'भगवान' बोल किसी को ताई।

नाज़ थे

मिले प्यार पर, हुए हमें भी, नाज़ थे।
करने पड़े सब, जो किए न काज थे।

वातावरण नया, लगा उन्हें न अच्छा।
मौसम, उन बदला, आये न बाज़ थे।

छुपाना, न था कुछ, हो गये मजबूर।
रखने लगे रोजाना वे हम से राज़ थे।

हुकूमत को संभाला, बोल ऊंचे स्वर।
करने लगे दूर, अचानक ही लाज थे।

सभ्यता भुलाई, पहना जो मन आया।
नए बदल पहने, हर दिन, लिबास थे।

की अवहेलना, जब चाहा, मुंह खोला।
कोई फिक्र न फाके, रस्म रिवाज के।

किसी तरह उन साथ, वर्ष कई गुजारे।
बदले हमेशा 'भगवन' उन मिजाज थे।

घृणा हर ओर

जीवन में ऐसा अलग देखा हम दौर।
केवल प्यार की बातें, घृणा हर ओर।

साधु बने स्वादु, कर रहे उलटे काम।
ईश्वर का दर्जा पाते, सुबह और शाम।

भाई बहनों में भी देखी, होती तकरार।
स्वार्थी बहुत दुनिया में, विरला ही यार।

धर्म की बातें, माफिक पापी व्यवहार।
धोखा दें वो ही, किया जिन पे एतबार।

पैसे की महिमा, गायी जाए, बारंबार।
झगड़े कभी लड़ाई, खैर करें करतार।

जग सरायें भक्तों, दिन रहना यहां चार।
बाबों की कृपा, सुना, लगाती बेड़ा पार।

बन जाते रिश्ते, नाते सब, अपने ही शत्रु।
बंद होंगी 'भगवान' आँखें, बहा देंगे अश्रु।

घूरती निगाहें

ऊंचे स्वर, घूरती निगाहें, साथ में नाराजगी।
ऐसे हुई न थी शुरुआत, है स्मरण आज भी।

सेवा भाव के साथ लगाव, लगता हुआ दूर।
नफरती व्यवहार, रहा न प्यार अब भरपूर।

दोषी बिन प्रमाण करना घोषित बना असूल।
स्वभाव, बहुत गर्म, कभी वो होता नहीं कूल।

शिकवा, शिकायत, गिला करें, हर से तुरंत।
आशीष उन्हें प्राप्त, दी किसी पूजनीय संत।

मर्जी के मालिक, कभी सुनते नहीं, और की।
हिम्मत कहाँ, मुंह से ध्वनि निकले शौहर की।

पल हर क्षण, बहुत खर्चा व हो रहा दान जी।
बाबे उन महान, दें मोक्ष, करते कल्याण जी।

हर झरे में झांकी प्रभु की, है उन पहचान ली।
रही जरूरत कोई अब न, उन्हें 'भगवान' की।

दुविधाएं झेलीं

बन आये, खाये हम ने, हर तरह के आहार।
ऋतु बदली, तो हम ने देखी, आई जो बहार।

की नाशुक्रों की गुलामी, बिन किसी आभार।
कुदरत ने हमें सिखाया, जीवन का हर सार।

नहीं चाहा, तो भी उठाया, सारा हम ने भार।
जीना सुख चैन से छोड़ा, रहे खाते हम मार।

खेली जैसी सी भी बाज़ी, मिली उसी में हार।
बाबों से ले लिया ज्ञान, देंगे हमें सोचा वे तार।

प्यार में भी, पड़ा पछताना, हमें था बारंबार।
अच्छा वक्त शीघ्र आएगा, रहे करते इंतज़ार।

कर्तव्य हर निभाया, दुविधाएं झेलीं कई हज़ार।
लिखे जीवन में शांति के थे उस ने दिन न चार।

वफ़ादारी, निभायी दिल से, सुनना पड़ा गद्दार।
विश्वास में धोखा 'भगवान', थे हम न होशियार।

आया ऐसा दौर

सपनों की क्या, हकीकत ,कुछ और है।
धड़कता नहीं दिल, आया ऐसा दौर है।

दौड़ न सकूं आगे, पीछा लगे चौड़ है।
अचानक ही आया, ऐसा अब मोड़ है।

रहना पड़े चुप, कहना हो गया दुश्वार।
रखना पड़ता दबा, अपना हर विचार।

रही लड़ने की न हिम्मत, बंद जबान।
बचपन को ढूँढूँ, जब से हुआ जवान।

करना चाहा बहुत, कर न पाया कुछ।
सुख दूर, गम पास, हो न पाया खुश।

प्यार में पड़, कैसे जिंदगी सवार ली।
दोषी 'भगवान' मैं, मर्जी सरकार की।

दिल्ली दूरस्थ

बनाया खूब हमें उस ने, था नाही बदसूरत।
रही हर वक्त उसकी, पड़ती हमें जरूरत।

जो भी चाहा, निकला जल्द न उस का मुहूर्त।
रही हर मंज़िल 'भगवान', जैसे दिल्ली दूरस्थ।

बन गए बाबा

मेहनत से कठिन कमाना, बंद कर दिया ढाबा।
हुए, फिर भी मालामाल, ज्यों ही बन गए बाबा।

लैला, हीर, जुलिएट, बनना, किसी था साहिबा।
नुकसान की नहीं गुंजाइश, चाहा सब ने लाभा।

नेता, हर वर्ग के व्यापारी, बने तुरंत हमारे दासा।
लगती नजदीकी अच्छी, था बनना, हमारे खासा।

गोपनीय ज्ञान, सर्वप्रिय, सच्चा, सब को लागा।
विषय, विकार की निंद्रा से, लगा हरेक जागा।

हुए सम्मेलन, कई आयोजित, भक्त दूर से आये।
तन, मन, धन, सब जुटाया, हम बने नहीं सहाये।

परिवार हमारे, भाँति और, विवादों के लपेटे आये।
हर काण्ड अंधविश्वास में सब कह लीला ठुकराये।

मजे में, पल हमारे गुजरे, स्वर्ग, बहिश्त सब भोगा।
मोटी तोंद, फिर भी 'भगवान', कर दिखाया योगा।

पूर्ण विद्वान

पढ़े लिखे कुछ ज्यादा न थे किसी काम के।
बाबे किस्मत से बन बैठे हम भी थे नाम के।

देते प्रवचन भक्तों को, करते कभी विश्राम थे।
उच्च सिंहासन पर बैठते, थे पूरी हम शान से।

हर भक्त के सदा बस्ते, केवल हम में प्राण थे।
लेते आश्वासन मोक्ष का, बिन किसी प्रमाण वे।

अवतार ईश्वर के हम, व मालिक सच्चे ज्ञान के।
सब, चरनी हमारी पड़ते, और रख देते दान थे।

गाते भजन हमारे, आरती उतारते सुबह शाम थे।
प्रचार किया सदा करते, बन जाते उम्र गुलाम थे।

करुणामय, कृपालु, ज्ञानी, श्रेष्ठ हम पूर्ण विद्वान थे।
उनके और न कोई, एक हम, केवल 'भगवान' थे।

नया भूचाल

अचानक बीच भक्तों के नया भूचाल आ गया।
नेता बन देखना, श्री बाबे को, ख्याल आ गया।

पार्टी एक पुरानी की उन्होंने ले ली सदस्यता।
भजन छोड़ गीत राष्ट्री, दृश्य कमाल छा गया।

किसी तरह उन्हें भी चुनावी मिल गई टिकट।
मिला भक्तों का सहयोग, खूब माल आ गया।

जितना समझा आसान, था मैदान न उतना।
पराजित दो तीन बार, बहुत बवाल आ गया।

आज नहीं तो कल, सोचा रण बाबे लेंगे जीत।
वर्षा ऋतु ग्रीष्म, शीतल, सियाल भी आ गया।

हासिल हुई जीत, कभी कबाड़ी मिला उन्हें पद।
पहन खादी का पहनावा बदलना चाल आ गया।

हुई न जब संतुष्टि, तब्दील कर लिया, उन दल।
हो लक्ष्य पूर्ण, 'भगवान', फेंकना बाल आ गया।

अपने अंदाज़ में

काबिलीयत पर अपनी, पूरा हमें नाज़ है।
प्रश्नोत्तर में रहें मौन, आते हम न बाज़ हैं।

गुजारा. वक्त सारा, अपने ही अंदाज़ में।
बताना कुछ न वाजिब, सुरक्षित राज़ हैं।

गद्दी पे विराज, सुशोभित हम भी आज।
मौसम हमारे हक में, दूर रहती लाज है।

विवश सहयोगी हमारे, करें कैसे खाज़।
ढोलक के साथ हमारी, बजाते साज हैं।

बीड़ा, जो उठाया, हो जायेगा कभी पूरा।
ऊपर 'भगवान' छोड़ा, उसका काज है।

अपना सनम

बनाया, छोड़ सब, जिन्हें अपना था सनम।
लूटा सुख, चैन उन्होंने, दिए बहुत ही गम।

करते रहे, लिए जिन, बिन भेदभाव, सब कर्म।
बिपता में देंगे, वो ही न साथ, निकला था मर्म।

कर हर क्षण सेवा, निभाया अपना था हम धर्म।
अनुचित सुनाये उन्हीं ने बोल, बिन किसी शर्म।

शब्द प्यार का अर्थ रहा न याद, गए भूल थे वे।
जीवन में हम ही उनके, शायद, न अनुकूल थे।

बात हमारी हरेक में त्रुटि, रही आती उन्हें नज़र।
लगना. हमें लगा पराया, अपना होता था जो घर।

उन्हें घृणा, आश्चर्य, होने खून, अपने से ही लगी।
भावना अंदर उन, न मालूम क्यों ऐसी थी जगी।

मार्ग, रखना जो था दूर, अपनाया, वोही रास्ता।
दे ईसा, वाह गुरु, 'भगवान', व खुदा का वास्ता।

माया विशाल

निशुल्क में बांटा ज्ञान, कैसे फिर मालामाल।
चमत्कार सांचे नाम का, अलौकिक कमाल।

हो ख़ुश बने दानी, सब बाद में किया मलाल।
बिपतायें, आयीं जब सर पे, पूछा बाबे न हाल।

संभाला सब भक्तों का, छुड़वा कर मायाजाल।
दर्श दिया निकाल समय उन, हुए जब दयाल।

प्रेम धर्म व सत्य सहित, पेश आये न हर काल।
दिखाई सीधी अपनी, कभी उन्होंने, टेढ़ी चाल।

वाहन चाहे कीमती, और सजे चंगे चोखे थाल।
लिए भक्तों के टांगें, रूखी रोटी, कटोरी दाल।

मुकुट पहनावे कृष्ण के, स्वयं बनते नहीं ग्वाल।
क्यों भोगते हैं विलासिता, होता न कभी सवाल।

गाते भक्त भजन, आरती, मिला वे ताल से ताल।
माया 'भगवान' आप की, वाक्य में बड़ी विशाल।

दर्शाई कला

प्यार से दूर, फिर भी न गिला।
खिलना था गुल, वो तो खिला।

बदले प्यार, पायी अजीब सिला।
चाहा जो कुछ, वो सब न मिला।

आश्रम गृहस्थ, बन गया किला।
बदली तहसील था नाही जिला।

शब्द बाण से रहा चढ़ता चिला।
घाव अदृश्य, दर्द भरपूर मिला।

सब्र का घुट, पीया, दिया पिला।
गम, चिंता, फिक्र भी था खिला।

थी न हैसियत, ख़रीद लिया विला।
था चाहा जो भी, दिया ईश्वर दिला।

दर्शाई सारी अपनी उन्होंने कला।
सही 'भगवान' जाने, उन की बला।

वचन पालना

तापमान, बहुत अधिक, तन, बदन सर्द।

आई मौसम बहार, हम को बख्शी दर्द।

कभी सीखा न जो किसी से, हुआ खड़ा।
हमें हर बात पर सुनना 'वरना' था पड़ा।

ख़ुशी कम, दुःख ज्यादा, झेले शरीर ने।
मिली घात भी हमें, पूजनीय फ़कीर से।

दिल छलनी हुआ प्यार के चले तीर से।
हस्तक्षेप से इनकार, कर दिया, पीर ने।

आ गया, लगा वक्त तब आर पार का।
पल कयामत का समीप टू न फॉर था।

खेले खेल उन सब, अपना लगा ज़ोर थे।
रहे बांदे, हम तो साथ, ईश्वर की डोर से।

किसी तरह, होनी का, हो गया था टालना।
लगी देर 'भगवान' वचन का हुआ पालना।

घबराया दिल

अंधविश्वास में पछताये, कर कभी भरोसा।
नफरती पकवान, किसी आगे ला परोसा।

दुखित हुए बहुत, तोड़ा जब, किसी ने वादा।
न मालूम बोझ उनका, क्यों हम ने था लादा।

भूलना पड़ा लिए हमेशा, स्मरण उन्हें न रखा।
बदला समय, उन स्वाद, उसी दवा का चखा।

छोड़ दिया सब प्रभु पर, माना लेगा वो हिसाब।
रंजिश की पास हम, थी होती, कोई न किताब।

हम रिश्तों से ज्यादा, देखा, वास्ते लक्ष्मी प्यार।
परिवार बाबे भी न वंचित, जिसे पूजता संसार।

कारावास, बन बंदी, भोगी बैठ घर बिन कसूर।
वैसे गृहस्थी के हम मुखिया, बुलाये जाते हुज़ूर।

घबराया दिल, जब हमारा, आयी ईश्वर की याद।
रायता 'भगवन' फ़ैल गया, साथ में और सलाद।

पावन लीला

करते कैसे खरमस्ती, आया नहीं ख्याल।

अचानक, मिले बाबे, करुणामय, दयाल।

भूत, वर्त, भविष्य, करवा लिया उन नाम।
तुरत पाते ही आज्ञा, कर दिया हर काम।

पढ़ना, लिखना छोड़, बने दासों के दास।
लुटा दिया उन पे सब, रखा कुछ न पास।

उन्हें ईश्वर से कहीं ऊपर रहे देते सम्मान।
श्रद्धा सहित दिल से, थे रहे गाते गुणगान।

क़ुकर्म सब उनके, ली मान पावन लीला।
बटता देखा हम, उनका बारंबार कबीला।

कृष्ण हम उनको माना रूप कभी जगदीश।
सुने अध्यात्मिक प्रवचन कभी उनकी स्पीच।

उन्होंने दिए कारण कई, हुए दूर और त्यागा।
जीवन हमारा 'भगवान', विचित्र सा था सागा।

हम सरदार हैं

हैं, आराधनीय बाबे हम, सच्चे दरबार के।
पीछे सेना भक्तों की, और हम सरदार हैं।

आये आंच न हम ऊपर, रहें खबरदार हैं।
पावन, दिव्य धंधे, चलते हमारे व्यापार हैं।

दर्शन पा, होना धन्य, खड़ते कई कतार में।
चरण कमलों में, चढ़ा लक्ष्मी, पाते प्यार हैं।

वचन हमारे बना मंत्र, सिर झुका स्वीकारते।
चित्र हमारे सजा घर में, हर पल वे निहारते।

दुख फल कर्मों का, सुख में कृपा हमार है।
लड़ झगड़ वे देते सेवा, सदा रहते तैयार हैं।

तन हमारा, मनुष्य रूप में, ईश्वर रूप मानते।
हमारे जैसा, और न कोई, वे जिस को जानते।

हो प्रचार हर जगह, वे पहुँचते दिशाएँ चार हैं।
करते 'भगवान' कृपा, हम ऊपर अपरंपार हैं।

नौकर बना दिया

लाडला जो साहिब, उसे नौकर बना दिया।

गिरा प्यार में, जब वे, सब कुछ भुला दिया।

घर में, रह न पाया, कठिन बाहर, था रहना।
मुंह से जो भी बोले, लगता अच्छा न कहना।

करे रसत को इकट्ठा, कभी खाए जो बनावे।
उदासी व खुशहाली के गीत मन में ही गावे।

आमदनी बहुत ही कम, खर्चा हद से ज्यादा।
ब्याजी कर्ज से हो गुजारा, बना लेवे वे इरादा।

प्रधान खुद, किन्तु घर चला पाये नहीं हुकूमत।
कर ले बात किसी से, कभी पड़ती न जरूरत।

बच्चे, आये ज्यों ही, उस लगाव साथ उन बढ़ाया।
पाई हर उस ने जोड़ी, विद्यालय अच्छे में पढ़ाया।

हुआ, अचानक अकेला, वार करने लगा बुढ़ापा।
आगे 'भगवान' लगा रोने, खो बैठा अपना आपा।

मामला पेचीदा

करना पड़ा साथ जिन, न तैयार था।
मामला बहुत पेचीदा, था प्यार का।

रखा गया राज़, रहा छुपा सार था।
रुख बदल न पाया, वे सरकार का।

बदलेगा माहौल, विचारना बेकार था।
ठंडा कभी गर्म, मूड के अनुसार था।

रौनक की तमन्ना, दुर्लभ दीदार था।
होता क्रोधित चेहरा, खाता खार था।

हाँ जब चाहता, मिलता इनकार था।
दूर खुशहाली, व वादा इकरार का।

दो व दो तीन, पांच हुआ न चार था।
आता अवसर, आर, कभी पार का।

शरीर, जवाब लगा देने, बीमार था।
मेहर 'भगवान', करता करतार था।

सुमिरन कर

उजाड़ना धन खूब, कभी देना दान था।

पढ़ाया पाठ, दिया जिन आत्म ज्ञान था।

पीड़ा युक्त तन, लिये बाबे बलवान था।
सज्जन हुए शत्रु, बाबा सखा महान था।

कर आजीवन सेवा, होना कल्याण था।
निरंतर कर देखी, जब तक जवान था।

करनी, आज्ञा पालन, गाना गुणगान था।
कर लेना मन एकाग्र, लगाना ध्यान था।

करते कर्म, मान सब, धर्म विद्यमान था।
था बाबे मज़ाक उड़ाया, हर इंसान का।

कर वर्षों की पढ़ाई, हुआ न विद्वान था।
भक्तों लिये सर्वोच्च, बाबे का स्थान था।

अपशब्द सुन न पाते, किसी जबान का।
सुमिरन कर हारे, मिला न 'भगवान' था।

बहुत गवाई

आवश्यकता अनुसार लक्ष्मी, हाथ न आई।
था व्यय करना न सीखा, बहुत सारी गवाई।

ठगा, चुराया, दिया धोखा, झपट कभी मारी।
ले कर्ज, बन मोमना, कभी उतारी न उधारी।

पेट काट परिवार का, देते जिन को रहे दान।
आशीष दूर, पल हरेक, रहे करते, वे परेशान।

बाबत मोक्ष, आश्चर्यजनक, ज्यों ही, पाया ज्ञान।
लगे सुनने सब, रह मौन, रख कर, बंद जबान।

जैसी मिली खा ली रोटी, साथ में सब्जी, दाल।
बचपन बीता, जवानी, फिर उड़ गये, थे बाल।

बच्चों की, सताया चिंता, मोह माया का जाल।
ओढ़ भगवा, बन जा महात्मा, आते थे ख्याल।

बेग, स्टील, कर बोरो, हर हासिल किया माल।
चलानी पड़ी 'भगवन' गाड़ी गर्मी क्या सियाल।

बाबे मज़ेदार

कृपालु, दयालु, श्रीबाबे बड़े देखे मज़ेदार।

करने दंडवत आते रोज़, चेले कई हजार।

प्रवचनों को सुनते, बुलाते जय जयकार।
दर्श बहुत ही दुर्लभ, जिसे पाते बारंबार।

जूठन व चरणामृत, लगा देता बेड़ा पार।
बिन मत भेद के बाबे, देते सब को तार।

भ्रमण करने जाते, व घूमते दिशाएं चार।
ज्ञान के, सागर बाबे भी, हो जाते बीमार।

धर्मी, परमार्थी, बने नेता, नहीं मानते हार।
दुनिया तुच्छ, बस उच्च, उन का परिवार।

कहीं से आये लक्ष्मी, नहीं करते इनकार।
भक्त, हटें न पीछे, सब करते, उन्हें प्यार।

हो सकते, हैं खोटे, उन्हें आये नहीं विचार।
सर्व श्रेष्ठ 'भगवान', सिर्फ बाबे का दरबार।

चढ़ गया पारा

साधारण वार्ता हो न पायी, चढ़ गया पारा।
बाद धारण कर मौन, मुंह बंद रहा हमारा।

गम चिंता, फिक्र, हो तन्हा, लेने पड़े हौंके।
कर अनगिनत प्यार, थे मिले हमें न मौके।

कर मध्यस्थता, रुख रफ्तार, किसी न रोके।
जागृत अवस्था में विचारें, हुए संतुष्ट सो के।

हल उचित, जो वाजिब, उसको न अपनाया।
समझा जो भी धर्म, पूरे दिल से उसे निभाया।

था माना. जिन को हितैषी, चक्र उन चलाया।
अर्ध अंग, कर दिया भंग, और जंग मंडराया।

लक्ष्मी आती, फिर चली जाती, बनी न साढ़ी।
रखी दूर कर प्रयत्न लड़ाई, वरना होती ढाढ़ी।

शांति, अमन, और चैन, कर पाये, न स्थापित।
सदा बिन बुलाये 'भगवन', आती रही आफत।

तुच्छ हर नमाना

मिले पूजनीय बाबे, ऊपर ईश्वर उन्हें माना।

चित, कर एकाग्र, सुना, लगाया पूर्ण ध्याना।

धुन फिल्म पे भजन, शुरू किया था गाना।
वो पल भी, आखिर आया, लिया जब ज्ञाना।

मिटा अस्तित्व अपना, उन में हुआ समाना।
धन ऊपर खुद नहीं, लिये उन हुआ लगाना।

प्रचारक, अनुवादक, चरण भी कभी दबाना।
की दासानुदास ने सेवा, हो गया तन पुराना।

मीठे शब्दों में आशीष न कभी सुनी सराहना।
आई समझ अंत में, था उनको काम चलाना।

थे बिगड़ने का अक्सर, कोई ढूंढ लेते बहाना।
शिष्टाचार में देते उत्तर, न आया जबाँ चलाना।

सर्व श्रेष्ठ वे दुनिया में, तुच्छ हरेक और नमाना।
मानव शरीर उनका, था न अवतार 'भगवाना'।

रोजे चंद

बहारे प्यार देखी, वो रोजे चंद ही रही।
आई, व चले गई, समय लगा जब सही।

की हाँ की चेष्टा, किन्तु सुनना पड़ा नहीं।
हो निराश किया सब, उन चाहा जो वही।

आस लौटने की न छोड़ी, कायम वे रही।
काफ़ी, चाय, दूध, कभी बनाई, हम दहीं।

झांकी नर्क, कभी स्वर्ग की. देख ली यहीं।
खोया दिमागी संतुलन, आती बिपता रही।

दिखे इर्दगिर्द सब, पास फिर भी, वे नहीं।
होता बुरा अच्छा गर भूल जाते हम कहीं।

वार्ता करनी कठिन शायद सीखी न कभी।
दाव कोमल पेच लगा देख लिए हम सभी।

गुप्त नहीं रखा, रही न बात, दबी की दबी।
पूजे बाबे लगातार और 'भगवान' भी कभी।

आया वेला

कर प्यार, सब खेला, आया जब वेला।

था पाया अनुभव, हुआ किन्तु कवेला।

किस्से सुने चुनवे, शामिल मजनू, लैला।
झुका आगे बाबे, कर दंडवत हर चेला।

दिल खोल हुआ खर्च, रहा जेबीं न धेला।
हुई तफरी, बिन चाहे, रहा देखता, मेला।

भूले गुल्ली डंडा, चलाना हाथ से गुलेला।
लगा लगने स्वादिष्ट, कड़वा उसे करेला।

अपने महल में ही बंदी, लगता उसे जेला।
सर्प दिखें चार चुफेरे, नेवला लड़े अकेला।

मक्खन, घी, वास्ते चिकनाहट कभी तेला।
लगे, हर और से बाण, ख़ुशी से उन्हें झेला।

कहा सब, हैं व्यस्त, दिखा हरेक ही वेहला।
जरूरत पर 'भगवान' पास कोई न सहेला।

अँखियों में नीर

बने हम बाबे, पायी अच्छी थी तक़दीर।
हुआ दर्श दुर्लभ, देखा अँखियों में नीर।
परिवार में गम बटवारे, बन लड़े वज़ीर।
लगे न कहीं 'भगवान', छोड़े जो थे तीर।

बने चेले, गुलाम हमारे, थे जो, बहुत वीर।
अवतार, समय के हम, लिए किसी पीर।
छप्पन भोज, आये हलवे, पूरी साथ खीर।
सीने कई 'भगवान' थे गए. फिर भी चीर।

हम उच्च, शेष तुच्छ, था पैदा हुआ वजूद।
सब काग, हंस हम, अलग करते जो दूध।
गिरफ्त में. जो भी आए, भूले सुध, व बुद्ध।
लिए आज्ञा पालन 'भगवान', जाते वे कूद।

हुए जुदा

दर्शन दिया ईश न दिखा हमें ख़ुदा।
मिला जो साथ हुए उन से भी जुदा।

झेले दुःख, दर्द, सारे साथ हमसफर।
दिलाई याद 'भगवान' तेरी उन सदा।

और न दूजा

बड़े हुए ज्यों ही, हमें आने लगा गुरूर।
बना चेलों ने, बाबा, किया हमें मशहूर।

जब भी लगता मौका, सुनते थे प्रवचन।
गा, आरती हमारी, रोज मनाते, वे जश्न।

सेवा में तन, मन, थे लगाते, बहुत धन।
अवसर कोई छोड़ते, नाही कोई क्षण।

करेंगे प्रचार हमारा, खायी उन कसम।
श्रद्धा लग्न से रहे निभाते, हरेक वे रस्म।

विदाई के वक्त पर, थीं होती आँखें नम।
कमी जरूर रही होगी, होते थे बहु गम।

चित्र आगे खड़, थे प्रति दिन करते पूजा।
सिवा हम, कोई नज़र, आता था न दूजा।

था सच्चा नाम और पाया कृष्ण का ज्ञान।
नर रूप में हम ही, थे अवतार 'भगवान'।

किया भरोसा

जीना मुश्किल बिन, कर प्यार भी देखा।
हर पूर्व जन्म का हमें, चुकाना था लेखा।

शर्मीली ज़बान देखी, निकल लम्बी आई।
खर्च बहुत ज्यादा, कम होती थी कमायी।

कम बोल और रह चुप, थी साथ निभाई।
बनी वजह थी क्या, कभी समझ न आई।

हम पर कम पूरा औरों पर किया भरोसा।
हर बात पर 'भगवान' न जाने क्यों कोसा।

ख़िताबे गद्दार

हंस कर समय निकाला गाते रहे गीत।
बदलाव पड़ा लाना, मिले ज्यों ही मीत।
तोड़नी तो चाही, हम तोड़ न पाये प्रीत।
रहे हारते 'भगवन' थी भाग्य में न जीत।

बांटा दर्द, किया बिन स्वार्थ के उपचार।

दिया आदर, सत्कार, व ढेर सारा प्यार।
जीवन के हरेक, हमें रहे समझाता सार।
पुकारते रहे, 'भगवान', मिले हमें न यार।

भागे पीछे लक्ष्मी, कदम दूर रही वो चार।
होंगे कर्म अवश्य खोटे, आते रहे विचार।
मिली न वे गई संभाली, दिया उस विसार।
पहना हम भगवा 'भगवन' से किया प्यार।

गोल, वर्ग, त्रिकोण, चतुर्भुज, आयताकार।
रेखा गणित के दृश्य, कई और भी, देखे यार।
बीज गणित की महिमा भी सुनी थी कई बार।
चक्र वृति ब्याज से 'भगवन' दूना कर्ज़ उधार।

जिंदगी में, पड़ा देखना, सब कुछ, करीब से।
ज्यादा माल वाले भी पाए, बहुत ही ग़रीब थे।
सोते चैन से, नाही खाते पीते, ऐसे नसीब थे।
शाहाना पहरावे में भी,'भगवन' वे अजीब थे।

आया, गर्मी में पसीना, लगी सर्दी में नहीं ठंड।
दो पैसे जब हाथ में आए, सिर पर चढ़ा घमंड।
शरीर हुआ रोगी तो खानी वर्जित हुई थी खंड।
जन्म, पूर्व के कर्म, पड़े भोगने 'भगवन', दण्ड।

की बहुत, सोच विचार, था तनिक हुआ, न लाभ।
चढ़ सर पे, हर कोई बोला, जैसे वो ही हो नवाब।
किया खामखां था पैदा, बिन वजह किसी तनाव।
रहे झाड़ते सब 'भगवन' अपना हरेक पे रुआब।

कमाए मेहनत के दो पैसे, हम कभी लिया उधार।
बड़ी मुश्किल से गुजारा, हमेशा होता रहा हमार।
तथापि. बाबे परिवार की सेवा, रहे करते हर बार।
कृपा नाशुक्रों की 'भगवन', ख़िताब मिला गद्दार।

हुआ आज़ाद

आ बीच प्यार के, खड़ी हुई थी दीवार।
मुआवजा न पूरा, था जिस का हकदार।
मार पीठ पीछे चाबुक, किया ऐसा वार।
आशीष 'भगवन', हमें देती थी सरकार।

विराजे बाबे, पाया उन, माया का भंडार।
आये चैक मणि आर्डर व पैसे वाया तार।
करनी सेवा, बने केवल, जीवन के सार।
करता जो 'भगवान' हो जाता था बीमार।

भारत भूमि पावन, है कई बाबों के हाथ।
अनेक, अंध विश्वासी, हैं देते उनका साथ।
दे कर दिलासे झूठे, किया करते अनाथ।
छोड़ने,'भगवान', नहीं देते, चेलों के तात।

दिया भगवे वाले ने नाम, जपो दिन रात।
गा भजन उतारो आरती, सुनो मेरी बात।
दुःख सुख, है कर्म फल, श्रवण कर पात।
बाबे सेवक 'भगवान' खा सकता न मात।

पित्त, कफ, शरीर को, दिया दुःख, वात।
वजह, मानसिक तनाव, हमारे ख्यालात।
दासानुदास बाबे की पीड़ा हर छूट जात।
कल्याण हेतु 'भगवन' पड़ती जिन्हें लात।

लिखना बाबत बाबे, ले कर कदम दवात।
बाबे परिवार पूजना, सप्ताह के दिन सात।
न्यारी लीलाएं उनकी, हों जैसे भी हालात।
जब भी चाहें 'भगवन', लगा सकते वे वाट।

ले ज्ञान बाबे का, ढूँढने चरणों में लगे सुख।
बिन भोजन हुई न तृप्ति, लगती रही भुख।
आज्ञा कभी मिले फरमान, आगे बेटे झुक।
करो सेवा 'भगवान' मिले कितना भी दुःख।

सोचा न था किसी, हुआ घर बाबे में फौलाद।
महाभारत अजीब सी, की पैदा उस औलाद।
हर पूजनीय तोड़ के रिश्ते, हुआ था आज़ाद।
खोल नई दुकान 'भगवान' करें बाप को याद।

दबाव लाभ

था वर्जित कभी करना, पड़ा करने का दबाव।
किस कारण हुआ ये वाजिब तर्क मिले जवाब।

हुआ सफल तो बदले, इकरार मिला इनकार।
टूटा दिल, झेली हानि तनिक 'भगवन' न लाभ।

काटा

पूजा हम ने दिल से, था पढ़ा कभी कलाम।
नमस्ते, सत श्री अकाल, की आदाब सलाम।

करना पड़ा हम को, दुनिया का सारा काम।
भाग्य से नाम हमारा, रहा स्वरूप 'भगवान'।

आसरे तेरे बंदा

हालत, खस्ता हो जाती, अपनी इस संसार में।
पड़ता आलसियों से पाला, हमें खड़ कतार में।

दाखिला स्कूल में लेना, बन जाती थी मजबूरी।
आसान न होती मिलनी, थी चाहिए जो मंजूरी।

बाहर कहीं जाना, तो चक्र विजे का भी सताये।
करना, पड़ता इंतजार, कर कुछ कभी न पाये।

पश्चात बुकिंग व टिकट, थी जल्दी से न मिलती।
हर पल के रोने धोने, तबीयत कभी न खिलती।

पहुंचे, ज्यों ही हम क्लास में, ऊपर पड़ा, दबाव।
घर वालों को रहती चिंता, पैसा कर देगा बर्बाद।

थक, टूट के सोना वाजिब, निद्रा दूर रहे न आये।
होता आवश्यक पेट भरना, हिम्मत जुटा न पाये।

आएगी, कब खुशहाली और छूट जायेगा, ये धंधा।
मेहर नज़र की 'भगवान' चाह, है आसरे तेरे बंदा।

पास न हूर

वंचित प्यार से, है रहना पड़ता दूर।
रोये बैठ रांझा, मिली जिसे नहीं हूर।

पड़ा पहनना भगवा, हुआ था मंजूर।
चाह होगी पूरी, लगा उसे था जरूर।

चाहा जिस प्यार, पाया उस ने गुरूर।
टूटा घमंड, कभी चकना हुआ न चूर।

बदल जाएंगे दिन, लगा रखे हैं आस।
देंगे बाबे आशीष, बन जाता है दास।

गति समय की न रुके, डली जाए उम्र।
सोचे बारे भविष्य, कोई आती न खबर।

जुटाये हर, वे यत्न, हो कोई नहीं लाभ।
उत्तर, चाहे वे शीघ्र, मिले नहीं जवाब।

कराये उपाय बड़े, दे कभी रहा दान।
काम आये 'भगवन' बाबे का न ज्ञान।

पाया ज्ञान

पढ़ी भाषा अंग्रेजी, संस्कृत बड़ी महान।
अध्यात्मिक बाबे का भी, पाया था ज्ञान।

पढ़, लिख हम रोए, बन बाबे गए विद्वान।
भव्य हरेक क्षेत्र में, बढ़ी थी उनकी शान।

रिश्ते नाते झूठे सब, बसती बाबे में जान।
राज नेता, उन पीछे, वे भी चाहें कल्याण।

बुद्धिजीवी हर कोई, है आगे उन नादान।
अनुयायी हर, दे त्याग, हो जाता आसान।

मधुर उन आगे पर्दे, कड़वी पीछे जबान।
फिर भी हालात हर में श्रीबाबे ही महान।

ऊट-पटांग कहें जो, सुनो लगा कर कान।
तन मन की सेवा, कर दंडवत, दे दो दान।

प्रचार बाबे का बढ़े, रोजाना करना प्लान।
कलियुग के, रब हैं, अवतार वे 'भगवान'।

मारी लत

थी सुनी लोगों की, नाही , हम भक्त की।
तन कमज़ोर, वाणी बहुत ही सख्त थी।

बेशर्मों की श्रवण कभी हरेक ठगत की।
चाल, उलटी दिखी, हमें इस जगत की।

कीमत पानी की ज्यादा, कम रक्त की।
संभाली दमड़ी, किसी लुटाई लखत थी।

ख़रीदी महंगी, किसी विचारी लगत थी।
हक से कठिन घर किसी के मुफ्त की।

तार, चिट्ठी, कबूतर जरूरत न ख़त की।
वार्ता तत्काल होती, है सुविधा वक्त की।

है सब मोह माया, मिली बाबे से मत थी।
कर उन की ही सेवा, मिल पानी गत थी।

कुटिया, आश्रम, व मालकियत, मट की।

बना चेला 'भगवन' मारी बाबे ने लत थी।

कर टाक

कर वरजिश बेटे, मत रुक, चल भाग।
देगा संगीत भी सहारा, सुन कोई राग।

पाए हंस की वृति, त्याग करे जो काग।
बढ़ा शाने परिवार, कर दूर, हर दाग।

पूज मुझे, बोले बाबे, सींच कर मेरे बाग।
हरेक नींद उड़ाई, चैन से सका न जाग।

दुःख देने वाले दूर, मांगा करते थे लाग।
स्वादिष्ट मक्की रोटी, साथ लेते थे साग।

है घूस प्रचलित, सरकारी हरेक, विभाग।
हाथ अपना कंडे, लगाना पड़ता दिमाग।

फिक्र, चिंता सताये, होतीं नाड़ियां कलाग।
रोक कोई न पाये, बायोलॉजिकल क्लाक।

झगड़ना छोड़, निकालो हल, कर के टाक।
लड़ते फजूल 'भगवन' जवान, बूढ़े, जवाक।

भरपूर गम

कर विश्वास प्यार में, थे पछताये हम।
मिले ज्यों ही झटके, भरपूर पाये गम।

लगे थे, जो उचित, निकाले वो ही हल।
ख़ुश व हो प्रसन्न, कभी निकले न पल।

होगा विरोध, था हमें, पहले ही मालूम।
दूरदर्शी बुद्धि पास, हम नाही मासूम।

तपस्या के माहौल, रहे बनते प्यार में।
वातावरण अनुकूल, दूर रखे, यार ने।

किया तत्काल सब, था जो अपने वस।
कड़वा भी चखा, परोसा गया जो रस।

स्पष्ट, निर्मल, व साफ़ हुआ दृश्य न प्रतीत।
वार्ता भी दिल खोल, थी हो पायी न स्वीट।

फेसबुक, इंस्टाग्राम, हम रहे करते टवीट।
कठिन हम 'भगवान', फिर भी झेली हीट।

कमजोर तगड़ा

सुलह सफाई कम, हर ओर है झगड़ा।
दिल वाला कमज़ोर भी, लड़े हो तगड़ा।

वार्ता करनी लगे न अच्छी, हो मुश्किल।
तबाही ही मन भावे, नहीं निकलता हल।

अकड़न हो ग़र सवार, मैदान छोड़ें कैसे।
आयें नौबतें मरन मरावन की, लुटाते पैसे।

हो जाये अगर शुरू, हो नजदीक न अंत।
ढूंढें बाबा, पीर, फ़कीर, योगी , कोई संत।

देखने वाले लें लुत्फ, हितैषी क्या हमदर्दी।
हैं अजनबियों की तुरंत, पहन लेते वे वर्दी।

फैसला समय के हाथ, केवल वोही करता।
क्रमण फल अधिकतर, हर यहीं पर भरता।

बैठ जाते सब, हो मौन, जब रहता न चारा।
नहीं आसान, 'भगवान', पा लेना छुटकारा।

ज्ञान अनमोल

बन बैठे हम बाबा, दिया दुकान नया खोल।
भक्त किए इकट्ठे, और दिया ज्ञान अनमोल।

आज्ञा मानी उन हमारी, हुए वे बहुत विभोर।
काम मिटाये उन सब, लगा पूर्ण अपना ज़ोर।

गाते भजन, उतारते आरती, करते हैं प्रचार।
चढ़ायें चरनी हमारी माया, वे ले क़र्ज़ उधार।

घर बार कई छोड़ा, दिया जीवन का भी दान।
हम उन्हें जता हक़ हमेशा रहे करते परेशान।

पढ़े, लिखे हैं चेले हमारे, अशिक्षित, हम विद्वान।
रल मिल सब बोलते, बाबे हमारे, हैं बड़े महान।

देश देशांतर उन घूम, बढ़ाई हमारी सदा शान।
की, निशुल्क में सेवा, थे जब तक घट में प्राण।

हो, मोह माया से रहित, की अर्पण अपनी जान।
बने लिये उन, केवल हम. नर रूप में 'भगवान'।

मचाता धूम

घर में, सभी से छोटा, था पूर्ण मासूम।
पहुँचता जिधर, था उधर मचाता धूम।

मान लेते थे सच्च, झूठ मेरा भी सब।
जो भी कभी मांगता, ला देते थे तब।

ज्यों ही आया दिन बुरा, स्कूल में गया।
मास्टर मारा थप्पड़, उसे आई न दया।

शिकायत घर की रोज़, हुई वो फ़जूल।
किस्मत माड़ी, थी पड़ी, करनी कबूल।

रोया पल हर, रहना कठिन, बहुत वहां।
निकम्मा ये माहौल, होगा न जाने कहाँ।

की फिनिश पढ़ाई तो मनाया खूब जश्न।
करेगा अब, आगे क्या, हर पूछा ये प्रश्न।

नौकरी मामूली जो मिली, कर ली मंजूर।
इच्छाए 'भगवन', प्यार भी किया जरूर।

शिफ्ट से रिफ्ट

फोकस ज्ञान से सुना बाबे का शिफ्ट हो गया।
पैदा परिवार में, बड़ा अचानक रिफ्ट हो गया।

पड़ा काम देव का प्रभाव बाबा ड्रिफ्ट हो गया।
गोरी आकर्षित किया चमड़ी वे लिफ्ट हो गया।

ऐसा शोक माहौल महाकाल का गिफ्ट हो गया।
बटा संयुक्त सच्चा दरबार नीचे क्लिफ्ट हो गया।

बराबर खड़ा नया दरबार कार्य स्विफ्ट हो गया।
मचाई लक्ष्मी हफड़ा दफड़ी ऐसे थ्रिफ्ट हो गया।

बिखरा दरबार, संगत में पैदाइशे निफ्ट हो गया।
माँ को पूर्वी बाबे दुत्कारा, विचित्र टिफ्ट हो गया।

बना, कारन शोर शराबा, सर्वत्र विफ्ट हो गया।
कसरत, व्यायाम, सेवा, प्यारे, जविफट हो गया।

निकले, कुछेक साल, एक और, ट्विस्ट हो गया।
कठिन पकड़े रखना, 'भगवान', रिस्ट हो गया।

हरेक जैसा साध

मांगी ग़रीब भीख, कह माफ़ कर, निकला बंदा।
अमीर ने किया आग्रह साथ ख़ुशी से पाया चंदा।

दान, डोनेशन, सेवा, सब्सिडी, माँगा किसी कर्ज।
दे जितना भी सका कोई, दिया, निभा उस, फर्ज़।

बने आत्म निर्भर हरेक चाहा, रहे दूर अच्छे दिन।
पाप, पुण्य में फर्क न जाना, और किए, कई सिन।

कर प्यार, हर पछताया, मुंह बंद, चुप, रखा मौन।
नेता सब घर, घूमते पाए, आये जब कभी थे चोन।

पैसे पास तो यार बथेरे, था न जानता, शायद कोई।
न पास तो मत पूछना दुर्गति कितनी किस से होई।

दिखी माया तो बनाया परम, बाबे दरबार ने भक्त।
वरना तेवर वहाँ पर, सब के, थे देखे, हम ने सख्त।

भुलाया, सुख में जिसे, उसे ही दुःख में किया याद।
श्रेणी, विभिन्न न, 'भगवन', हरेक जैसा, था मैं साध।

खुला नहीं नकाब

कर प्यार, हुआ कैसे रहना, क्या बताएं?
निकले न मुंह से बात, लब हम ने दबाये।

चल रहा था सत्याग्रह, जब घर को ख़रीदा।
मार्ग मिला न सीधा, था सफर बाद पेचीदा।

हों, रुकावटें दूर सारी, कई युक्त थे लड़ाये।
आशा निराशा में बदली, कोई हाय न बाय।

कबूल किया, हुआ अकेला, रास्ते को नापा।
करना क्या, था उन भी युद्ध स्थल को मापा।

अंदर से नहीं लगा, था ऊपर से पड़ा प्रभाव।
था पूरी तौर से 'भगवान', नहीं खुला, नकाब।

खो गया

प्रेम, चाहत बड़ी, प्यार भी, उन साथ हो गया।
हरेक जिंदगी में कोई, न जाने, कैसे खो गया।

वार्तालाप, सुलभ न होई, बहार ऐसी आ गई।
सुनना चाहे, सुने न कोई, दौर ऐसा, आ गया।

दिन रात कर मेहनत, था गुजारा शुरू हुआ।
गाड़ी चलती कैसे रही, हर कोई घबरा गया।

निपटाते रहे नए झंझट, बिन तुक के शौक थे।
सर पर मंडराए बादल, तूफ़ान ऐसा आ गया।

कभी निकलेगा हल, सब आशा पर हैं ज़ी रहे।
'भगवान' छोड़ वक्त, बाबे पूजन का आ गया।

अच्छी वाट

सुबह, दोपहर, शाम, रहे ढूँढते जिसे रात।
विचारा भी, हर पल, सप्ताह के दिन सात।

क़द, भार, चाल चलन, नाही पूछी थी जात।
साथ लिखी थी जिस, बन गई उसी से बात।

अफरा तफरी में पहुंचे, ले कर हम बारात।
इर्दगिर्द अग्नि के, लिए साथ उस, फेरे सात।

तवा वास्ते रोटी, पड़ी निकालनी फिर परात।
पकवान खाये बैठ, मिली ईश्वर की, हर दात।

किसी तरह, जैसे भी, लिए वर्ष, कई थे काट।
लगनी थी, लगी 'भगवान' अपनी अच्छी वाट।

रंग जमा

कड़वी हम पायी, चाही जो मीठी जबान।
काटा, भांति कैंची, कभी तीखी तलवार।

निकले शब्द मुंह से, लगे जैसे तिरछे तीर।
राजा बना कोई बेगम, बन गए हम वज़ीर।

लगाया उन पहले, फिर किया जख्मी दिल।
थी ऐसी साथ उनके, किस्मत हमारी मिल।

औरों जैसी हमारी, बन पायी कभी न टीम।
सारा भार उठाया, हम खुद ही बने मुनीम।

टेका माथा, मारा सलूट, व जोड़े, दोनों हाथ।
जैसा चाहा, 'भगवान', था मिला न वैसा साथ।

सदा मेहरबान

बन पाए दास किसी के, रखा दास न दासी।
रोज़ पक्का पकाया हम, किन्तु खाया बासी।

काम किया चौबीस घंटे, मास वर्ष के बारह।
मिले हमें कई बाशिंदे, हुए जो नौ दो ग्यारह।

बीती जिंदगी अच्छी, अब बहुत डीगें मैं मारां।
वास्तव में, थी चाही जैसी, आयीं न वो बहारां।

प्रेम किया जिस से, बिगड़े, मिला जब मौका।
जाने दिया अपनी राह पे, हम कभी न रोका।

नियम तोड़े सारे हम, साथ मिलत हर बढ़ाई।
बनाया, अजनबी उस, पकड़ाई जिस कलाई।

ईश्वर संग नाता न तोड़ा, रहा सदा मेहरबान।
बिन मांगे दिया सब, की कृपा उस 'भगवान'।

डूबे कभी मरे

डूबे प्यार में कभी मरे पैसे के लिए।
वास्ते अपने क्यों हम कभी न जिए।

रोना पड़ा बहुत, कभी हंस हम लिए।
घुट सब्र के 'भगवान', काफी थे पिए।

अवश्य मिलेंगे

युद्ध लड़ाई करते देखे, पास आत्म जिन ज्ञान।
बड़े से ले छोटे, सभी सदस्य, थे उनके महान।

जन का करेंगे, जिन किया अपना न कल्याण।
प्रस्तुत किया जिन खुद को, हों जैसे वे विद्वान।

ज्ञान दाता जगत में वे केवल, मानो बिन प्रमाण।
सेवा करना हर हाल में, चाहे पड़े होना परेशान।

नाम जपना, सुमिरन करना, लगाते रहना ध्यान।
मरण पश्चात मिल जायेंगे, भक्तों तुम्हें 'भगवान'।

न पास थी

प्यार और से नहीं, क्यों उस से किया?
वो प्यारे की कदर, कर सकती न थी।

जिस लिए दिया तन, मन और धन लगा।
उसे, ऐसे प्यारे की, कभी जरूरत न थी।

प्यार के बोल भी, उसके अंदर मुंह रहे।
निकल पाते अगर, होनी और बात थी।

प्यार कैसा कहाँ, जो उस था रखा संभाल।
वे रहती चुपचाप पास, होती नहीं साथ थी।

करते वंदना ईश्वर की, हम कभी एक पल।
देखा 'भगवान' हमें अकेला, वो न पास थी।

खायी क्वाथ

किसी तरह निभायी, पकड़ा जिस का हाथ।
हर काम में उनका, था मिल पाया न साथ।

दूर रह हम गुजारे, हर सप्ताह के दिन सात।
ख़ुशी से बिता न पाए, थे कभी कोई भी रात।

जहाँ भी उन्होंने चाहा, अकस्मात लगाई घात।
समझे न समझा ही पाए, उन्हें कोई हम बात।

निडर इतने, भय से रहित, वे मार देते थे लात।
अजनबी बनाया जल्द, हुआ करते थे हम तात।

अमन को रखा कायम, सदा खाते रहे हम मात।
कफ, पित्त, कभी हम को बीमार किया था वात।

कब्जा किया, दिल पर, फिर ऐसा किया अनाथ।
शूर वीरता व बहादुरी की, उन पा रखी थी दात।

उन त्याग, प्रभु की इच्छा, ली और कोई जमात।
हम कर भरोसा 'भगवान', थी खायी मिली क्वाथ।

जपें रोजाना

ज्यों ही दिल का हुआ सौदा, वे बने सरकार थे।
हुक्म उन से लगे हमें मिलने, थे कई प्रकार के।

रहे आज्ञा पालन करते, मिलती हमें जो उनकी।
कसर, ज़रा न छोड़ी, कमी होती रही, धन की।

प्रसन्न फिर भी हुए न वे, थे दिखते रोते ही रहे।
नखरे उन के, था कोई न चारा, सहते हम रहे।

सदा समाया उन में पाया, बहुत ही हम गुरूर।
प्रेम, प्यार से, साथ में रहना, था न उन्हें मंजूर।

शिकवे बहुत शिकायत, नजदीक आये न प्यार।
हुए बेचैन, समय बदलेगा, पड़ी करनी इंतज़ार।

है इंतजार, अब भी जारी, टूटती जा रही है आस।
रहना अब भी टिप टाप, व पहनना, हाई क्लास।

स्वच्छ, साफ़, सुथरा चाहें, अंदर और वो बाहर।
जपें 'भगवान' नाम प्रति दिन, मोह माया विसार।

बिन वजह गुमान

आ रहा यहां कोई चला जा रहा है।
राग भैरवी भी कोई बैठ गा रहा है।

यात्री हर यहाँ, व दुनिया, रैन बसेरा।
फिर भी हर यहाँ, करता मेरा, मेरा।

विश्राम करना कब, क्यों नहीं आया?
दिमाग अपना सब, बेहतर ही पाया।

बात कम जिरह बहुत बाद में करना।
कसर निकाल अगली, पिछली धरना।

हलाल की होती, बड़ी मुश्किल कमाई।
हरेक जाए पकड़ा, दे सकता न सफाई।

करूँ क्या बताऊं, दिख पहले ही जाता।
कैसा, किस ने, किस से, रखना है नाता।

देवता को, पूजना कब, व कैसे देवी माता।
बिताने वर्ष के मास, सप्ताह के दिन साता।

सब को बिन वजह, हम देखा हुआ गुमान।

हुआ अंत में वो ही, श्री चाहा जो 'भगवान'।

खबर न ली

की नौकरी, व व्यवसाय, बने छोटे नेता भी।
ज़ोर पड़ा, कर ली शादी, बने अच्छे बेटा सी।

रहा न साहब, बना गुलाम, पल भर में था जी।
थे घुट सब्र के, बोले अपने सारे, हम को पी।

मिला जो भी, खाया, चबाया, और लिया था पी।
सोडा, लस्सी, काफ़ी, पानी, कभी गर्मा गर्म टी।

बोलने न दिया कभी किसी ने, सुनना पड़ा शी।
डालडा घर अधिकतर देखा, दूर देसी रहा घी।

नाम किया हम, अपना पैदा, हुआ जो होना सी।
थे रहे अकेले 'भगवन', ख़बर कभी किसी न ली।

वार जानलेवा

किया कुछ ज्यादा, हुआ कभी थोड़ा।
आया कभी बाज़, नाही किसी मोड़ा।

टूटा दिल, जब भी, गया यत्न से जोड़ा।
भागने को तैयार, था हुआ फिर गोड़ा।

थी राह तंग, मार्ग न हुआ कभी चौड़ा।
बिन वजह के हरेक, खाया था हथौड़ा।

शब्दन वार जान लेवा, लगे जैसा कोड़ा।
मौन बैठा, 'भगवान', चल पाया न दौड़ा।

मुड़े न दुबारा

अच्छा, बुरा जैसा भी, बीता वक्त हमारा।
लिया सब ने, दिया हमें, विरले ही सहारा।

आय कम, खर्च ज्यादा, लेना पड़ा उधारा।
खुश रह, जीना सीखा, और किया गुज़ारा।

हुए संतुष्ट, किया काम, बोझ उठाया सारा।
मिला प्यार, स्वीकारा, अनुभव मिला न्यारा।

साधारण प्रश्न, उत्तर रहित, ऊपर चढ़ा पारा।
मेल मिलाप, हुआ कठिन, कर यत्न हर हारा।

बाबे ने दिया ज्ञान, और दिखाया खूब नज़ारा।
बनाया दासानुदास, हमारे फिर बजाए बारह।

गा भजन, उतारी आरती, सुने प्रवचन हज़ारा।
प्राप्ति कोई, हो न पायी, किस्मत शायद मारा।

चिंता छोड़ी, आशा हरेक, मुड़े, न फिर दुबारा।
हुए व्याकुल, खटखटाया, 'भगवान' तेरा द्वारा।

अर्थव्यवस्था मंद

माँ, बाप को लगी अच्छी न थी भाई।
नहीं माना बेटा, उस ने, जान लुटाई।

नाप तोल के देखा, किस में है भलाई।
शान शौकत से, उसी की डोली आई।

संयुक्त परिवार, न अच्छा, दीवार लगाई।
वक्त आया थी तब अच्छी जबान चलाई।

मापें, बिखरे बैठे, जमीन की सब गोलाई।
स्थिर अवस्था सोचें किस ने आन हिलाई।

बदला वातावरण, अगली ने धाक जमाई।
चुप रह, बुने स्वेटर, करता कोई सिलाई।

हुई, अर्थव्यवस्था मंदी, रोजाना ही धुलाई।
बने हवाई किल्ला, पीछे कुआँ, आगे खाई।

दुखी उसी से, पकड़ी जिस की, थी कलाई।
माया 'भगवान' तेरी, तनिक समझ न आई।

बने सूली

मिलेंगी हूरें सत्तर, समझाते रहे मुल्ला।
मोक्ष पाएंगे सेवक बाबे के, नहीं भूला।

पेट ने मांगी रोटी, पड़ा चलाना चूल्हा।
गर्मी मारे, ठंडक चाहिए, होना कूला।

बच्चों को जरूरत, चाहिए उन्हें झूला।
जितनी दी जेब इजाजत, उसे कबूला।

अंक, आये अच्छे, नहीं समाया फूला।
सुनीं कथाएं, पृथ्वीराज कभी नरूला।

किसी तरह, बिता ली जिंदगी स्थूला।
लड़ाया दिमाग, और खेला था हूला।

टूटे की, हुई मरम्मत, पकड़ कर टूला।
कृपाये 'भगवान', बना सूली का सूला।

होता सत्यानाश

मिले शख़्सियत वाले, आये हमें न रास।
किस्मत में था, बन जाना, उन के ख़ास।

किया सब न्योक्षावर, जा बैठे उन पास।
बिन किसी छानबीन, किया था विश्वास।

मालिक बन बैठे, लिया बना हमें दास।
अपने ही घर से, पड़ा लेना था वनवास।

जब भी चाहते हमारी, लगा देते क्लास।
भूल जाते पेट को चारा, चाहिए था घास।

नमक कम कभी ज्यादा डाल देते थे चास।
रह मौन, संग उन बीते, कई वर्षों के मास।

ख़ुशी के माहौल का, हुआ करता सत्यानाश।
शब्दावली, घातक उनकी, रखते न उपवास।

रखते व्यस्त स्वयं को, हथौड़ा, पकड़ पलास।
अराधे 'भगवान' भी अकेले, सहा जो न जात।

लक्ष्मी बिन अधूरा

पाठशाला प्रवेश, सीखी देवनागरी वर्णमाला।
अंक सौ तक सीखे पहाड़ा दो से बीस वाला।

तख़्ती पर लिखना सीखा, फिर उसे मिटाना।
गणित प्रश्न स्लेट ऊपर निकालना व बुझाना।

सामाजिक शिक्षा, भूगोल, और पढ़ा इतिहास।
मानव एक दूसरे का शत्रु, हुआ न था विश्वास।

चित्र साथ, सुनी कहानियां, करनी पड़ीं वे याद।
पाया ज्ञान पूर्वजों का, थी जिन की हम औलाद।

चित्र न कला संगीत की हम को किसी सिखाई।
दबाव बहुत रहा सिर पर, थी बुद्धि उस हिलाई।

खेलों के लिए निकाल हम, समय कभी न पाए।
मेहनत करते हारे, हमारे परिणाम ऐसे थे आये।

किसी तरह मार्ग अपना हम, कर लिया था पूरा।
लक्ष्मी बिन 'भगवान', हुआ ज्ञात, था सब अधूरा।

बिन झिझक

दिया सब था जो पास, बिन किसी झिझक।
स्वीकारा जो भी मिला, लिया हमेशा रिस्क।

धीरे, धीरे, मौसम प्यार में भी आई तब्दील।
ठुकराया टकराव, दी लगा, लबों की सील।

ठहरे फिर भी दोषी, था सब ने हमें नकारा।
आश्चर्य हालत हर में, रह साथ हुआ गुज़ारा।

इतिहास गलत, शास्त्र तर्क, फल नहीं पाए।
अपने हुए पराये, शत्रु, सज्जन बन के आये।

सिद्ध हुई, थी कहावत, चिराग तले अँधेरा।
हुए खुद रंक, धनी औरों को, किया बथेरा।

प्यार में घृणा बहुत, प्रेम कम ही, वहां पाया।
दानी खाक शाह बन बैठे, और सब गवाया।

अंदर और बाहर, हम ने, विभिन्न ही देखा।
विचारा, पास 'भगवान' होगा सब का लेखा।

अनुकूल परिणाम

मन बहलाया, हम कर बातें, झूठी सच्ची।
लगीं बुरी बहुत, किसी को, बड़ी अच्छी।

मुकाबले में बराबर वाले, थे ऊपर, नीचे।
शूरवीर पर मार, किसी कायर की पीछे।

ज़बान रस, लाते देखा, अनुकूल परिणाम।
पहले तोल, बाद में बोल, ले हरी का नाम।

नियंत्रण, क्रोध पर कर, ले आना मुस्कान।

एकाग्र मन से पढ़ रोज़, बन जाना विद्वान।

मान लेना, ग़रीबों की सेवा, करे कल्याण।
आत्म निर्भर बनाना ताकि मांगे वे न दान।

नेता बनते शत्रु देखे, कमज़ोर हुए बलवान।
प्यार में भी नफरत, पाया अनुभव, व ज्ञान।

तर्क, वितर्क, टिप्पणी, हो सर्व समिति से हल।
जपो नाम 'भगवान', हरेक बीते ख़ुशी से पल।

भविष्य कोयला

लगा कर ध्यान पढ़ना, मास्टर ने बोला था।
राज़ हर मजमून का अच्छा उस खोला था।

की धुलाई कई बार व रंगा हमारा चोला था।
फट जाया करता भरा बारूद का गोला था।

काम आया ईश कभी पंडित नाही मौला था।
माशा पड़ा पल्ले हमारे नाही कभी तोला था।

थप्पड़ खाया जोरदार, पड़ा कभी न पोला था।
मेहनत बावजूद भविष्य, सोना न कोयला था।

शरारती शरीर, दिल फिर भी, पाया भोला था।
नालायक हम 'भगवान', हर तरफ ये रौला था।

रहे मस्त

कमा कर दो पैसे, घर ले आते थे रसत।
होते कब्ज शिकार, थे आते कभी दस्त।

समान बड़ा महंगा, था होता वो न सस्त।
फिर भी किया गुज़ारा, और रहे थे मस्त।

रख खुद को अक्सर, सके हम न व्यस्त।
फाड़ी रहे हमेशा, थे चाहते आना फर्स्ट।

सर्व माना धर्म श्रेष्ठ, दूर रखी सदा लस्ट।
बाबे की सेवा करना, लगा हमें था मस्ट।

मेहनत, कर परिश्रम, उठाते रहे थे डस्ट।
थे कर काम थक जाते, रोज़ हमारे हस्त।

चार चुफेरे रल मिल, किया करते थे गश्त।
हो जाती हालत हमारी प्रति दिन थी खस्त।

किया जो कर पाये, था लगने दिया न रस्ट।
कृपाये 'भगवान' बचाया, होने दिया न नष्ट।

श्रद्धा पूरी

जनता झुकेगी, सुनो, झुकाने वाला चाहिए।
सीख लेगी, हर नाच, सिखाने वाला चाहिए।

रखेगी दिली श्रद्धा पूरी, प्रेम बढ़ाना चाहिए।
विद्रोह होगा 'भगवान', नहीं दबाना चाहिए।

उद्योगपति नवाब

देखी पढ़, हर पोथी, कुछ हुआ न लाभ।
अच्छा ग़र लिबास , हरेक बोला साहिब।

ऊपर कुर्सी जब बैठे, सुनने लगे जनाब।
रुका आगे, था देखा, नाही कभी ख्वाब।

उद्योगपति, नौकर बन नाही पाए नवाब।
कवि बने हम लेखक, छपी नहीं किताब।

मुनीम, हकीम, मियां, लिया दिया गुलाब।
जैसा जिस चाहा, उस दिया, हमें ख़िताब।

पूर्ण नेता बन, आज़ादी, व माँगा इंकलाब।
लिए गरीब के पैसा, व अच्छी खासी जॉब।

लगे हुकूमत करने, बड़े पड़ने लगे दबाव।
संसद में हम बैठे, देना आया नहीं जवाब।

खाये चने, बटुरे हम, छुप के कभी कबाब।
ऊट-पटांग खा 'भगवन', हुआ पेट ख़राब।

वचन पुराने

अच्छा वक्त, तो पल सब सुहाने लगते हैं।
दूर हो जाती लज्जा, सब दीवाने लगते हैं।

दिखें लोग चीटियां, धाक जमाने लगते हैं।
बुद्धिमान बन जाते, स्वयं, सयाने लगते हैं।

निचोड़ खून पराया, धन कमाने लगते हैं।
ख़ौफ़ 'भगवान' के, वचन पुराने लगते हैं।

सखा न पराया

माना सखा न कोई, हर यहाँ पराया था।
लिखा हुआ, औरों का, हम भी गाया था।

स्वार्थी हर मतलबी, बने दास माया का।
गलत संगत में पड़, हम सब गवाया था।

गए भागे पीछे बाबे, जब उन बुलाया था।
पूजा दिन रात, दिल से उन्हें लगाया था।

रखा पूर्ण अंधविश्वास, फिर पछताया था।
अनुचित फल, सेवा का, उन से पाया था।

लगा ज़ोर पूरा हमें, चाहा जिस दबाया था।
देखा समय, धर्म अपना, हम निभाया था।

नादानी में, जयकार, जिन का बुलाया था।
हुआ ज्ञात चक्र, उन पीछे पीठ चलाया था।

मान आज्ञा जिस प्यार को हम अपनाया था।
विचार घृणात्मक,'भगवान', उन में पाया था।

अक्सर लाल

जिंदगी बिताई अपनी, हम ने इस तरह।
झंडा, अक्सर दिखा लाल, कभी न हरा।

रुकावटें, आईं बारंबार, निपटना पड़ा।
मसला नया कोई पश्चात, होता था खड़ा।

नसीहत देने वालों ने किए पैदा कई गम।
कर सुमिरन बोले बाबे, जब तक है दम।

करना भजन, पेट था भूखा, माना नहीं।
अमृत पीने से काश भर जाता वे कहीं।

कर मेहनत सख्त, जो कमाए पैसे दो।
हिस्सेदार कई आये, बोले मुझे भी दो।

कमाई बड़ी थोड़ी, ज्यादा खर्च हुआ।
कर लेते उलटे काम, इरादा न हुआ।

बिताई जिंदगी हम, फिर भी हंस कर।
भोग लिया 'भगवन', अब तो बस कर।

अनुसार जरूरत

पाठशाला, भारत की, व विद्यालय महा।
भरपूर अत्याचार, कर प्रवेश हम सहा।

प्रोत्साहन दे न पाए, हरेक किया जलील।
कामचोर, आलसी, निकम्मा, दी दलील।

लम्बू, खर दिमाग, कहा लगा उन्होंने ज़ोर।
भावना होगी आहत, नहीं किया कभी गौर।

सफल न होगा, रहे बोलते, हमें वे बारंबार।
अहिंसक देश में, प्रयोग हिंसा का, मेरे यार।

उत्तीर्ण हुए जब, वे बोले, अंक अच्छे न आये।
छुटकारा पाया तो लगा जैसे गंगा हम नहाये।

विदेश पहुंचे तो देखा, दृश्य बहुत ही निराला।
पढ़ो चाहे ना ही, था वहां कोई न कहने वाला।

छुट्टी रो पीट, इक दिन हम. वहां से भी पायी।
दिया 'भगवान', अनुसार जरूरत, बन सहाई।

हुए बस्ट

पैदा हम ने अपना भी नेम कर लिया।
मिला जो संभाला, वो फ्रेम कर लिया।

जिंदगी के कभी, समझ पाए न असूल।
जिस ने भी चाहा, था बनाया हमें फूल।

लिखाई, पढ़ाई अति कठिन तो भी करी।
रही झंडी सदा लाल कभी दिखी न हरी।

कर पाए कोई काम, कभी हम थे न खास।
बना लिया उच्च बाबे, था हम को भी दास।

हम नेता भी बने ले बहुमत व पूर्ण विश्वास।
मकसद जीवन का, थे कर पाये न तलाश।

चिंता, फिक्र, फाका, था अड़चनों का ज़ोर।
जब कुछ से, हम निपटे, हो पैदा गईं, और।

मन मत, रावण, सुने शब्द कभी पथ से भ्रष्ट।
की कृपा 'भगवान', देख लिए, हुए सब बस्ट।

नैन साथ मिलाये

पीछे चल चक्र, हम जिस लगाए थे।
हुए ख़ुश, प्रसन्न, काम वे न आये थे।

आया वक्त, छोड़ हैलो सुने बाये थे।
हुए सब खर्च, जितने हम कमाए थे।

सब्र के घुट बहुत, उन्होंने पिलाये थे।
नैन, कभी साथ, जिन हम मिलाये थे।

शब्द बाण भी उन, कई चलाये थे।
गाली देने से बाज़ भी वे न आये थे।

उन के न रहे हम, हो गए पराये थे।
कोशिश की किंतु समझ न पाए थे।

प्यार में जो न सोचा, हम कहलाये थे।
इच्छा 'भगवान', रोक कभी न पाए थे।

लम्बी कतारां

सांझ सवेरे जोड़ हाथ, हम उसे पुकारा।
दर्द सहा सब, रहा स्थिर विश्वास हमारा।

नहीं मतलब ठुकराया, सब रहा न प्यारा।
खा मात, था सीखा, हम ने सबक करारा।

था पास जिन के सब, उन्होंने हमें नकारा।
फंस गया, जाल में उनके, शायद बेचारा।

लक्ष्मी लिए रोना पीटना, था प्रचलित यारा।
जर, जोरू, जमीं के बेटे, हों झगड़ें ग्यारह।

दान, चंदा, उपहार, पड़ते नोट देने हज़ारां।
बाबे 'भगवान' विराजें, दर्शन लिये कतारां।

पा निर्देश नचाया

थी अति कठिन फिर भी कर ली पढ़ाई।
लगी नौकरी ज्यों ही, चली आई लुगाई।

घर में रहना, लगा न अच्छा, हम भी भागे।
दुनिया में, हुए अकेले, सब बनावटी लागे।

अपने पांवों पर हमें, खड़ा होना न आया।
जैसी उस ने धुन बजाई, उस ऊपर गाया।

स्वीकारा, जो उस चाहा, फिर भी झगड़ा।
लड़ उस से न पाया, बहुत था, वैसे तगड़ा।

अपनो ने छोड़ साथ हमारा, ख़ुशी मनाई।
सहा हम ने, सब रह चुप, हुई ऐसे भलाई।

दूध फटे का बन गया पनीर, डाल खटाई।
हुआ ठीक. तो पिया, साथ उस ली मलाई।

ख़ुशी से रहना साथ, शायद कभी न आया।
नाचे पा 'भगवन' निर्देश उस बहुत नचाया।

निबंध श्रेष्ठ

सीखा बहुत, निबंध श्रेष्ठ, लिखना नहीं आया।
भूगोल, इतिहास, गणित, विज्ञान दूर भगाया।

आश्चर्य समय, फिर भी, दिन एक ऐसा आया।
लगा दीवार पर डिग्रियां, घर को हम सजाया।

बाहर गए, लगे ढूंढने, नौकरी मिली, न कोई।
दुर्गति अपनी अच्छी, पढ़, लिख कर भी होई।

नहीं मिली, तो शुरू किया, हम ने भी पढ़ाना।
जैसे तैसे, लगे हम भी, ढंग अपने को टपाना।

हुए आबाद, तो बना लिया, अपना आशियाना।
सुनना सब, कहना कब, और पैसे दो कमाना।

बड़े हो गए, बच्चे जब, लगे धाक, वे भी जमाने।
सुन उनकी, 'भगवान' हम, बुढ़ापा लगे बिताने।

मार्ग सीधा

हो सकी हैलो कभी, हम से नाही हाये।
मार्ग सीधा अपनाया, मुड़े दाएं, न बाएं।

पढ़ाई का दबाव, फिर भी काम अधूरा।
खायी मार मास्टर की, सुना कुत्ता, सूरा।

समय आया जब, तो मिला हमें छुटकारा।
मिला न जब रोजगार, था हरेक दुत्कारा।

बिन धन, दौलत के रहना, हम करते क्या?
अकड़न में फिर भी, बिन शर्म किसी हया।

कर ले शादी तू भी, फिर मिली हमें सलाह।
लिख, पढ़ी कविताएँ, व बोले खुद ही वाह।

आया समय अनुकूल, अभी थे न हम तैयार।
चाहत, न थी बिलकुल, फिर भी किया प्यार।

कइयों से बिगड़ी, होना उन से, पड़ गया दूर।
था विकल्प 'भगवन' न और, हुए हम मजबूर।

महल हवा में

हो कर खुश, पल हर हम, बिताते रहे।
जलने वालों को, खूब हम, जलाते रहे।

निचल्ले, बैठ न सके, थे जो सताते रहे।
अफवाहें ऊट-पटांग की, फैलाते रहे।

दिलासा पा, हम दिल को, बहलाते रहे।
अनुसार मौसम के, गीत हम, गाते रहे।

शरीर को रखा स्वच्छ, रोज़ नहाते रहे।
अतर फ्लेर , ऊपर उसके, लगाते रहे।

याद रखे हम गुण, अवगुण भुलाते रहे।
महल हवा में अति सुंदर, थे बनाते रहे।

न चाहा, खपना कभी, लोग खपाते रहे।
रूखी, मिसी, जो मिली, उसे खाते रहे।

ध्यान, प्रभु का किया, भक्त कहलाते रहे।
मिले वाहन को 'भगवन', हम चलाते रहे।

गिरते प्यार में

गिर जाते हम प्यार में, तबीयत न थी।
करना क्या बाद, किसी नसीहत न दी।

मुंह से निकला शब्द कमाने तीर हुआ।
गर्मी का परिणाम स्वरूप तासीर हुआ।

आय कम, खर्च ज्यादा, रोकड़ न मिले।
ऊपर से मुसीबत, शिकवे व बहुत गिले।

लड़ाई, झगड़ा न हो, शांति, स्थापित रहे।
सब झेलना पड़ा, हुए, जुल्म वो हम सहे।

मालिक अब न रहा, गुलाम घर में हुआ।
मानी हरेक बात, बद नाम फिर भी हुआ।

कर सका शायद खुश, खुद भी न सका।
जुटाता हिम्मत रहा, इकट्ठा करता टका।

सुकून अंत में, भीतर अपने ही, पाने लगा।
लिखता 'भगवान' गीत, स्वयं ही गाने लगा।

बिगाड़ते हालात

हुई अचानक, हमारी, जिन से मुलाक़ात।
हमें, ले जानी पड़ी, थी घर उनके, बरात।

जागे दिन फिर किसी, नाही सो पाए रात।
कर पाए दिल खोल, कभी उन से न बात।

लगे लिखने चिट्ठी, पकड़ कलम व दवात।
किसी तरह बिताते, सप्ताह के दिन सात।

थी ईश्वर ने बख्शी, उन्हें अच्छी करामात।
हुआ जितना भी संभव, रहे खाते, थे मात।

जब चाहें, बदलें तेवर, बिगाड़ देते हालात।
बाण, शब्दों के 'भगवान', कर देते थे घात।

अंग्रेजी गुलाबी

पश्चिम में कद छोटा, पूर्व में, हम लम्बे थे।
रंग अलग, अंग्रेजी गुलाबी, मिलते गमें थे।

चौंसठ भाषा सुन कर, किया हम गुजारा।
ठंड काफी में था जीना, बुरा हाल हमारा।

कोई किसी से, था न मतलब, दृश्य अजब।
सड़कें, इमारत साफ़, बड़ी सुंदर व गजब।

मंदिर एक गुरुद्वारा, देखी स्कूले हिंदी मूवी।
एक दुकान बेचे मसाले, थी शहर की खूबी।

सफेद चमड़ी, मदिरा पीती व कभी सिगरेट।
मधुर बोल, निकलते मुंह से उनके, झटपट।

करता चिंता घर की, नाही कोई बाहर की।
लगा गले, नाचने में जनता, सारी माहिर थी।

अपनाते कैसे ये संस्कृती, काम से रखा काम।
एकांत में सुमरा, था लिया 'भगवान' का नाम।

प्रतिदिन नए

दिल लगा कर देखा, निकला जो परिणाम।
अज्ञानी कर प्यार, हो जाते, देखे थे विद्वान।

करें रोष, दें कभी दोष, बना कड़वी जबान।
लड़ सके, न कोई, चाहे कितना भी बलवान।

होता नित प्रतिदिन प्रोजेक्ट नए का निर्माण।
कर कोशिश, हर हारा, हुआ नहीं कल्याण।

जो जब चाहे, मुंह मोड़ ले, चल दे सीना तान।
विचित्र देखी, लीला तेरी, पश्चिम में 'भगवान'।

रखा न संभाल

जीवन में, कई हम ने, देखे थे कमाल।
चैन से जी न पाए, था ऐसा मायाजाल।

कर पाए फरमाइशें, हम कभी न पूरी।
दिखाई हमें रोज़, कइयों ने, टेढ़ी चाल।

यत्न कर हम ने, था रख लिया नियंत्रण।
मिली, खायी हम ने, सब्जी, रोटी, दाल।

खुश प्रसन्न सभी को, थे कर हम न पाये।
स्वयं को भी किया, था न किसी निहाल।

सोच विचार कैसे करते, मत गई थी मारी।
हुए सफ़ेद, लगे झड़ने, सिर के सारे बाल।

कमाया जो उजाड़ा, किया न कोई विचार।
बुढ़ापे लिए भी रखा, हम न कुछ संभाल।

जरूरत पड़ी तो लगे वंदना, हम भी करने।
कृपा 'भगवान' लक्ष्मी, हुआ पैदा फिर लाल।

सरासर गलत

जो कहूं, है सत्य वो ही, सुनना तर्क, थे न जानते।
मार, हर इच्छा अपनी, वो जो कहते, उसे मानते।

सही या सरासर गलत, गर वो कहें पड़े मानना।
अच्छा सबक वे सिखाते, निकाल तथ्य ज्ञान का।

हम अनाड़ी, वे विशेषज्ञ, हैं सक्षम, लेने में निर्णय।
हो अवश्य तुरंत कहें जो, सुने हमारी कौन विनय।

किए यत्न, रहें खुश प्रसन्न, की अपनी न परवाह।
मुंह से शब्द जो निकले, थी उन में, न कोई वाह।

बनाया जिन्हें कभी अपना, हटा पाते कैसे लगाव।
झेला सब, नुकसान बहुत, हुआ तनिक न लाभ।

मन की, या मानूँ दिल की, जिस पर, उनका राज।
बिताया घरेलू जीवन 'भगवान', पूरा अब भी नाज़।

जीवन मरुस्थल

विचारा, बारे कल, आज, कल, हर पल।
धारण किया मौन, किसी से कभी गल।

बैठे किसी के साथ, दिए कभी हम चल।
परख हरेक देखा, था विरला अपने वल।

जिस ने जब चाहा, दी उधेड़ हमारी खल।
बना दुविधायों से हमारा जीवन मरुस्थल।

पड़ी गर्मी, हुई बारिश, आया कभी, सियाल।
सिवाय तेरे 'भगवन', कोई हुआ नहीं दयाल।

मोह माया

प्यार में भाला, केवल सभी ने माल।
साथ हम भी होगा, आया न ख्याल।

कर देखा हम भी, हुआ जब लगाव।
विभिन्न ऊपर, जब पड़ने लगे दबाव।

प्रश्न कर के हारा, मिला नहीं जवाब।
सुधरेगा माहौल, थे आते हमें ख्वाब।

आश्चर्य, दशक चार, बीत गए हैं साथ।
गवाया सब अपना, किए खाली हाथ।

करें मुकाम हासिल, जिन के हम तात।
जो चाहें वे करते, कोई सुनते नहीं बात।

हो अपने में मस्त, लगाते अब हम ध्यान।
मोह माया त्यागी, ऊपर छोड़ा 'भगवान'।

रक्षक रब

जीवन का मकसद, किस लिया था लब।
हसा कभी रोया, वक्त आया जैसा जब।

दिया ज्ञान हमें बहुत, लगा विद्वान थे सब।
रक्षक केवल 'भगवान', बने हमारे थे रब।

माहौल मज़ेदार

किया भरोसा, सब पर, संदेह न किया।
जरूरत से ज्यादा, अधिकार भी दिया।

मशवरा जिस माँगा, पुकारा और दिया।
फिर जताया बाद न अहंकार ही किया।

संसाधन जुटा, इकट्ठा परिवार था किया।
मुक़ाबला भी हर से, ललकार के किया।

चारा जब न कोई, खड़ा दीवार को किया।
बटवारा था जब वाजिब, इनकार न किया।

प्यार ने. ज्यों ही मुंह मोड़ा, इकरार न किया।
हुए कोसो दूर उन से, कभी विचार न किया।

बाबे जब, हम पे भड़के, उन्हें विसार था दिया।
पीछा छुड़वाया अपना, फिर सत्कार न किया।

लगा, जो भी हमें उचित, वो सरकार, था किया।
हंस हंसा 'भगवान', माहौल मज़ेदार कर दिया।

कर्म प्रभाव

देखा दिल लगा, मान लिया, अपना था।
टूटा हुआ, मालूम पराया, न अपना था।

मरहम ढूंढी, हर जगह, उपलब्ध न हुई।
बात. मामूली, खामोशी, तो भी शुरू हुई।

कर लिए, यत्न हज़ार, कोई न फायदा था।
रास्ता समांतर, फासला बीच अलहदा था।

फेंक तो दिया, होना दूर, ख्याल आता था।
मुश्किल फिर भी बहुत, टूटा न नाता था।

संभला, जिस संभाला, वो मुरली वाला था।
रखा मुंह को बंद, जैसे लगा कोई ताला था।

पूर्व के कर्म न भूले, उन डाला बड़ा प्रभाव।
पूछा. जब भी प्रश्न, उचित मिला नहीं जवाब।

किया, जो लगा परमार्थ, तो भी गए मांजे थे।
थी फूट आपस में 'भगवन', कुछ न साझे थे।

बहाना हज़ार

पैदा कर ली चाहत, फिर किया प्यार था।
तय हुआ सफर, करना पड़ा इंतज़ार था।

मिलाया, दिल से दिल, किया इकरार था।
आया भविष्य जब, सुना हम, इनकार था।

बेड़ियों ने जकड़ा ऐसा, किस को पुकारता।
नज़र बाबे की, दिखी बदली, बिन उदारता।

छोड़ ख्वाहिश जीत की, रहा हमेशा हारता।
साथ रहना कठिन, फिर भी रहा निहारता।

असूल तोड़ दिए सारे, दिल दुखाया यार था।

दिया दगा उस ने भी, लगाना जिस पार था।

हल, निकालना चाहा, यत्न हरेक बेकार था।
दी शिक्षा उल्टी ही , अवतार जो करतार था।

रहे पास, फिर भी दूर, बहाना कई हज़ार था।
आतिशबाजी 'भगवन', शुरू हो गया वार था।

बिताये लई

बीती जैसी भी अपनी, साथ बिताये लई थी।
न जाने किस दिशा में, करी कमाई गई थी।

रोज पैदा कोई विपदा, हुआ करती नई थी।
रह शांत हर निपटाई, पड़ी करनी सही थी।

सुननी पड़ी हर बात, जो औरों ने कही थी।
स्वदेश की हर घटना, पहुँच विदेश गई थी।

थी होनी जो बात, वो तो हो कर ही रही थी।
हाँ में उत्तर हम चाहा, मिली किन्तु नहीं थी।

जाना जिसे, जहाँ न चाहा, पहुंची वे वहीं थी।
पनीर दूध का 'भगवान', बनानी तो दहीं थी।

गुस्से से लाल

लाली मेरे लाल की, रहती सदा थी लाल।
देखने मैं जब उसे गई, गुस्से से हुई लाल।

बुजुर्गों ने दसिया, ऐ तां, केवल मायाजाल।
लिखी भोगी 'भगवान', कीता जिस ऐ हाल।

गुजारा माया बिन

लगता रहा जो हमें उचित, वो ही काम किया था।
नाश्ता प्राता, दोपहर लंच, डिन्नर शाम किया था।

मालूम हो गया था, नहीं गुजारा हमारा माया बिन।
पैसे दो कमाये, कर मेहनत, हम ने भी रात, दिन।

भाग कर गए, आया जब भी, मालिक का पैगाम।
गए, कुता घुमाने, कभी संभाली, घोड़े की लगाम।

घर में पले, लाड़ प्यार से, कहलाते, छोटे वीर थे।
गुलाम सही महने में बनाया, फिर हमारी हीर ने।

झेली ठंडक, बारिश में भीगे, सही गर्मी की लोह।
नखरे उन के, रहे उठाते, रख मौन और चुप हो।

कही उन की व जिद्द बच्चों की, थे रहे मानते हर।
हो सका, हम से जितना, खर्च उन पर, दिया ज़र।

परमार्थ के, हर काम, करने से भी, थे पीछे न हटे।
सही पथ ही अपनाये 'भगवन', रहे उस पे ही डटे।

धर्म पालन

रूखी, किसी चुपड़ी, साथ खायी दाल के।
जा, फाइव स्टार में धौंस, दिखाई माल ने।

खुश रहा नाही प्रसन्न, यहाँ हरेक हाल में।
सदा चल कोई न पाया, यहां सीधी चाल से।

धर्म पालन हमेशा करना, रहा दूर ख्याल से।
बाबा जी ने पूछा, क्यों फसा है मायाजाल में।

गर्मी में, आया पसीना, सर्दी लगी, सियाल में।
थप्पड़ हर ऋतु में मारे मास्टर हमारी गाल पे।

सैकड़ों नित होते रहे पैदा, पड़े देखने बवाल थे।
पड़ा उन से निपटना 'भगवान', हर हमें हाल में।

दे सद्ध बुद्धि

साइकिल कभी सवारी की हम कार की।
पहुँचते रोज़ स्कूल, खानी पड़ती मार थी।

आसान न था पढ़ना, लिखना, करना याद।
किस्मत में नहीं था भगवा, बन जाना साध।

थी होनी, समय पर पैदा, हुई अपनी औलाद।
पायी पढ़ शोहरत, की दौलत किसी बरबाद।

जवानी गयी, बुढ़ापा आया, बदले ख्यालात ।
दिन चिंता कर बीते, व जाग कर सारी रात।

है सब कुछ फिर भी संतुष्टि तनिक न पास।

प्रसन्न नहीं, देख न पाऊं, रहते कई उदास।

मंत्र उचार, कर आराधना, लगाऊं मैं ध्यान।
प्रार्थना, दे सद्ध बुद्धि, सब को मेरे 'भगवान'।

माया न राम

माया में ऐसा फंसा, किया सुमिरन, जपा था नाम।
सुबह से दोपहर हुई, फिर आई, सब देखा शाम।

आस्तिक था, बना नास्तिक, भरा पेट, कर काम।
याद संकट में आये 'भगवन', माया मिली न राम।

मुश्किल बड़ा

प्रातः कठिन उठना, दिन जाग रात को सोना।
था, मुश्किल और भी, कपड़े, गंदे बर्तन धोना।

होता न आसान बोलना, कुछ उत्तर में कहना।
कष्टदायक होता, दुःख मिला, प्यार में सहना।

खुशामद मालिक की करना, व झिड़कें खाना।
देनी गालियां पीठ पीछे, सीस सामने झुकाना।

प्रवचन, बाबे के सुनना, दिल में उन्हें बिठाना।
अंधविश्वास में 'भगवान' रिझाना, सब भुलाना।

जगत स्वप्न

गिरा, प्यार में ज्यों ही, गीत ख़ुशी का गाया।
भूला, अपना आप सब, फूला नहीं समाया।

खाये फिर झटके, दुःख अच्छा ख़ासा पाया।
करे क्या वे बेचारा, कोई सोच उसे न आया।

बची एक न कौड़ी, खर्च हुआ, सब कमाया।
कर मनन दिन, व रात, प्यार में सब गवाया।

रहना मुश्किल, करता क्या, हक सब जमाया।
आये याद 'भगवन', ये जगत स्वप्न, सब माया।

विभाजित हुआ

बनना क्या, हो कर बड़े, करते रहे प्लान।
लपेटे अपने में लिया, दे बाबे, सच्चा ज्ञान।

पढ़ाई में, कम थी रुचि, बने हम प्रचारक।
पूजनीय परिवार के, थे बनाने हमें स्मारक।

जब आएं, की उनकी सेवा, दिल लगा कर।
की पालन आज्ञा हरेक, ज़ोर पूरा लगा कर।

प्रवाह अपनी छोड़, झगड़े उनके थे निपटाए।
भूखे रहे, भोग श्री बाबे, जब तक नहीं लगाए।

दरबार उच्च भी होता रहा विभाजित बारंबार।
दिव्य निकला औरों जैसा. उनका भी परिवार।

हर सेवक देखा हम, बहुत बुढ़ापे में पछताया।
परिवार बाबे, न ज्ञान आत्म, काम उनके आया।

हो रोग गृहस्थ, हर बिन उपचार, किया गुज़ारा।
कर सुमिरन, होगा अच्छा, श्री बाबे ने फ़रमाया।

बड़े दुर्लभ बाबे दर्शन, हर चाहे, किन्तु पाए कैसे।
पीड़ित शरीर 'भगवन' और खाली जेब बिन पैसे।

फिक्र न चिंता

चला करते थे हम टौर से, होती आलीशान।
चाहता था, हर बनाना, हमें अपना मेहमान।

करते अकड़ना के प्रदर्शन, देते कभी ज्ञान।
रहते खुश, अपनी मौज़ में, हम वैसे नादान।

फिक्र थी न कोई चिंता, स्वयं में रहते मस्त।
बाहर ख़रीदते ईंधन, कभी कबाड़ी हम रस्त।

अचानक पड़ी, ऊपर जिम्मेदारी, तो घबराये।
मांगी जब सहायता 'भगवान', दूर सब थे पाए।

ज्यादा देखा लोभ

बिन, नाही साथ प्यार के, रह सके थे हम।
कोई वक्त न आया, दिया न जिस ने गम।

करना अगर चाहते तो कर लेते हम बहुत।
हर तमन्ना अपनी की हम देखी होती मौत।

भूत की यादें, चिंता भविष्य की, रहीं सताती।
मांग लिए धन व दौलत, चारों ओर से आती।

कर लिया इकट्ठा पैसा, फिर भी हुए न खुश।
जो देता, हमें तसल्ली, हम किया वो न कुछ।

उठाया, मासूमियत हमारी का, हरेक ने लाभ।
उस भी न छोड़ा, मेम बनाया था जिसे साहिब।

तेंगड़ा, हर कोई और उस हम पर झाड़ा रोब।
कम नहीं ज्यादा, था प्रस्तुत देखा हम ने लोभ।

उधार, चंदा, भीख, शुल्क, माँगा किसी था दान।
जितना नहाये हम, उतना, फल दिया 'भगवान'।

धनी बथेरे

पढ़ी पोथियाँ, हम ने, पाया बहुत ज्ञान।
फिर सब को बताया, हुए हम विद्वान।

मल, जो हम मारी, दिखाया पत्र प्रमाण।
थी, बढ़ाई जिस ने, कुछ तो हमारी शान।

करना. तो चाहा, किया न कुछ महान।
धनी हुए बथेरे, हमारे फोलो कर प्लान।

मिले हमें बाबे, था करना जिन कल्याण।
मार्ग हम अपनाया, मिले नहीं 'भगवान'।

महंगाई के चर्चे

भोजन में तरकारी, किसी लिए न दाल।
ग़रीब जोड़े हर दमड़ी, बाबे मालामाल।

महंगाई के, बड़े चर्चे, लगे पड़ा है काल।
पास लक्ष्मी, 'भगवान', तो अनोखी चाल।

सब खेल

सब खेलें, खेल देखीं थी चाहिए जो, न खेली।
जिंद हमारी 'भगवन', थी विचित्र एक पहेली।

अच्छा धर्म

मत, पूछो कब, क्या, यार कर हम बैठे थे।
प्यार किया इनकार, जिस से, कर बैठे थे।

कड़वी, सुनने में आयी, मधुर, जो बानी थी।
बनने को महत्वपूर्ण, हमारी भी कहानी थी।

ज्यादा बीता न अरसा, दृश्य हुआ न्यारा था।
लगा होना, रह साथ, मुश्किल ही गुज़ारा था।

होती रहती, पागलपन की, सब हदें भी पार।
आपस में, बीच की बातें, हो पायीं न विस्तार।

रुसे को मना लेना, किसी को नहीं आया था।
धर्म, जिसे जैसा लगा अच्छा, उस निभाया था।

उड़ा दोनों ओर से विश्वास, वो रहा न पूरा था।
हुआ कोई भी विशेष न काम, रहा अधूरा था।

हुई अलग से इबादत शुरू, जिसे न विचारा था।
नहीं छोड़े हम 'भगवान', वो ही हुआ हमारा था।

रहने लिए, पड़ा ढूंढना, हमें भी था स्थान।
घर भी रहा न अपना, बन गए थे मेहमान।

पूर्णता जो था खाली, उसे जल्द भर दिया।
टूट, फूट जो भी देखी, मरम्मत उसे किया।

हद से ज्यादा, रहे लगाते, सदा हम छलांग।
गाए हम ने, समय अनुसार बने जो थे सांग।

सब किया था लिए जिस, आया उसे न रास।
विचार आये बारंबार, किया था क्यों विश्वास।

हाथ तंग, शांति भंग, ऊपर हर तरह का रंग।
बिन वजह 'भगवन', छिड़ रोजाना जाती जंग।

मसला सुलझाया

मानी हरेक बात, दूर फिर भी रहा प्यार।
समझ जीवन का पाए, हम कभी न सार।

धारण किया मौन और रखी बंद जबान।
मेन्टल टोर्चरर थे बने और कभी शैतान।

प्रभु का, आया जैसा, हम करते रहे ध्यान।
हर मसला सुलझाया, कर कृपा 'भगवान'।

हालात बिगड़े

उम्र गुजारी सेवा में, हुआ बाबे से लगाव।
भू स्थल खुद, सिंहासन पर विराजे नवाब।

बनाते स्वयं जैसा, वे भेद बिन किसी भाव।
कठिन बताना कितना, दिया गुलामी लाभ।

जैसा आया वक्त, वैसा लगाया उन्होंने दाव।
निशुल्क में अनेक चेले, जो करते हर जॉब।

खर्च हमारे, आय उन की, साथ बड़े रुआब।
क्यों न बने हम भी बाबे, थे आने लगे ख़्वाब।

उठ गए, जब श्रीबाबे, दुख हुआ बहुत जनाब।
बच्ची छोड़, हुए बच्चे आगे, करने को फैलाव।

काम देव किया असर, हालात बिगड़े साहिब।
बने बाबे और भी 'भगवन', लगा पीछे वे माब।

लक्ष्मी का घाटा

बिन प्यार पड़ेगा रहना, आया करती सोच।
शर्म, लज्जा, कभी हया, न करने देती खोज़।

पढ़ाई, लिखाई, लक्ष्मी के घाटे, रहते थे रोज़।
उठाने ऊपर पड़ते, थे हम को, काफी बोझ।

अमीर होने का सपना हो कभी सका न पूरा।
की कोशिश, बड़े आगे, फिर भी रहा अधूरा।

धीरे से, पाँव हम ने पसार, कमाई रोटी रोजी।
कभी प्रेम, प्यार, संतुष्टि, हमें दे सके न मौजी।

अपनी बताई बच्चों ने, हमारी पीड़ा न जानी।
बड़े कद, उम्र में छोटे, वे फिर भी महा ज्ञानी।

गुज़ारी, जिंद हम सारी, हो खुश कभी उदास।
हम 'भगवान' नहीं डगमगाये, था पूर्ण विश्वास।

माया न्यारी

लिखा ख़ुश ख़त, हम रहे करते, मीना कारी।
फिर भी मार मास्टर की, पड़ती हमें करारी।

छोड़नी पड़ी, जिस से भी लगाई हम ने यारी।
लगानी डुबकी पानी में न आई हम को तारी।

दुर्दशा औरों जैसी, होती हर पल रही हमारी।
कभी न चाहा फिर भी, थी जल्दी आती वारी।

नाम राम का जपा कभी, हम ने कृष्ण मुरारी।
गाये भजन मन लगा कर व रखी बोली प्यारी।

साथ संगत हम आरती, थी रल मिल के उतारी।
'भगवान' आप की माया, सर्वत्र, देखी थी न्यारी।

वो ही पालन हार

बना उच्च का बाबा, कोई सच्ची सरकार।
दर्शन भक्तों ने पाये, कृपा हुई जब अपार।

सजे सिंहासन राजसी पे, लग गया दरबार।
प्रवचन मनोरंजन सहित, सुने कान हमार।

आदर सत्कार से पूजा, दिया उन को प्यार।
मानी हर आज्ञा किन्तु थे दूर, शब्द आभार।

दलदल में फंसे कैसे, थे आते रहते विचार।
हुआ ज्ञात, केवल 'भगवान' ही, पालन हार।

निभाया धर्म

गुस्सा, क्रोध जब आया, होना पड़ गया गर्म।
जैसे लगा अच्छा, अपना हरेक निभाया धर्म।

था तय हरेक पर पहुँचा, जान न पाया मर्म।
दो टके, हो जाये कमाई, किए सभी ने कर्म।

विश्वास घात, संदेह प्यार में, किए किसी भ्रम।
बोले शब्द अनुचित कई, 'भगवान', बिन शर्म।

रखा न थाम

उठा लिया, लगा जो भी अच्छा, पूछा न था दाम।
चाहा, जो न कभी करना, पड़ा करना हमें काम।

आ बसे से नगर में, हम भी, छोड़ दिया था ग्राम।
शरीर बिगाड़ा, मेहनत करते, हम ने सुबह, शाम।

जग में हुआ, जैसे भी, पैदा, कर लिया हम नाम।
रस फल, पी दहीं की लस्सी, रखा दूर था जाम।

हाथ, जिसे पकड़ाया अपना, नहीं रखा, उस थाम।
छिड़े युद्ध, नए नित, 'भगवान', टिका नहीं विराम।

उत्तर नाप कर

भाग्य हमारे भी इक दिन, ऐसे थे जगे।
छोड़ सब, साथ किसी, रहने हम लगे।

शिकायत उन्हें, साथ हरेक, होने लगी।
किस्मत हमारी, साथ ऐसे,उनके जगी।

आया विचार, चाहा, बांद लेना बिस्तर।
कारन संस्कार, मन न माना, ऐसा कर।

इकट्ठे साथ, जिस के, बन रहना था एक।
नखरे उनके हम को, पड़े उठाने अनेक।

सभ्य रूप से, कभी हुई, उन से नहीं बात।
कर परिश्रम, बीते दिन, कठिनता से रात।

किया उन, फिर बिन विचारे, अपना हित।
माना शत्रु जिन्हें, बनाया फिर से उन्हें मित।

किया सब, पीछे पीठ, रह चुप, उन्होंने चाप।
उत्तर देना पड़ा, 'भगवन', पूरा हम को नाप।

पाया इशारा

ज्यों ही बने बाबे, रुआब हो गया हमारा।
लुटाया सब, भक्तों ने, जब पाया इशारा।

सब छोड़ चले आये वे, पाने हमारे दर्शन।
उन्हें हम जैसा, था और नहीं, कोई प्यारा।

भाग कर, हुआ आना, हम जहां भी जाएं।
सुन प्रवचन, था पाया, अच्छा उन नज़ारा।

बन दासों के दास, पाते सुखों का खज़ाना।
भाग्यवान मान खुद को, कहें मिला सहारा।

इच्छा हरेक हमारी, तुरत कर देते वे पूरी।
बिन कहे, करते सेवा, संभाल देते खलारा।

मान, सम्मान, इज्जत, आदर, रब से ऊपर।
अच्छे लगे उन्हें हम, देखें अवतार करतारा।

श्रद्धा उन, खूब चढ़ावा, लक्ष्मी की न कमी।
कृपा 'भगवान', बिन खर्च, फलता व्यापारा।

कई बेदर्दी

घूम फिर, देख ली दुनिया, गर्मी, कहीं थी सर्दी।
बोली विभिन्न, अलग पोशाकें, देखे कई बेदर्दी।

शरीर का ढांचा, हर जगह, एक जैसा ही पाया।
जिन्दा था, हर कोई, उसे सांस जब तक आया।

कृपालुता, दयालुता, हमें बहुत, सभी थी दिखाई।
श्रीमान, जनाब, चाचा, ताया, कहा किसी ने भाई।

लस्सी, चाय, बीयर, रम, थी परोस, किसी पिलाई।
मासी, भाभी, चाची, बोला हम ने, किसी को ताई।

सिर पर रखा हाथ, आशीष हम ने किसी से पायी।
जोड़े, मिलाये हाथ, कहा हैलो, था किसी को हाई।

पीया दूध ठंडा, गर्म कर पड़ी खानी कभी मलाई।
मधुर वार्ता, रहे करते हम, मिली गाली भी खायी।

प्यार में भी देखा, हुकूमत बिन न्यायशास्त्र चलाई।
थे माया के इच्छुक 'भगवन', ससुर, बहन, व भाई।

आँख चुरा ले

मिले आदर, रहे दूर हानि, व सदा हो लाभ।
भरना, पेट किसी तरह, मुश्किल पानी जॉब।

आँख चुरा ले, जरूरत में, सेवक क्या नवाब।
समय अनुकूल, 'भगवान', होता ऐसे साहिब।

आपन कोई नहीं

दर्द शरीर में, होती पीड़ा, कोई अंग न सही।
निःसंकोच कर देखी हम ने, हरेक जो कही।

हुआ साथ हमारे भी, चाहा जो ईश्वर, था वही।
बिन 'भगवान', देखा बनता अपना कोई नहीं।

गया लांग

पाया चेहरा सुंदर, बाजू व दो हरेक थी टांग।
लुत्फ उठाया, पी मदिरा, खा किसी ने, भांग।

दे कर घूंसे, की रक्षा, किसी ने, मार के डांग।
बंद आंख से की इबादत लगा किसी ने बांग।

कद छोटा सा पाया किसी ने बहुत ही लांग।
धीरे से चले पग से, थी मारी किसी छलांग।

रो कम पीड़ा की अपनी, गा किसी ने सांग।
दुरुस्त हर चाहा करना, हुआ फिर भी रांग।

चाची मारा, माँ, मौसी, ताई, दिया सब टांग।
मजा उन्हें चखाता, यदि किंग होता मैं कांग।

गद्दे मखमली पे बैठे, सोये ऊपर निवार पलंग।
किस तरह वक्त हमारे 'भगवान' गये सब लंग।

मरणोपरांत मोक्ष

आँखें, कान, बंद, उल्टी कर के जुबान।
एकांत में अकेले, था लगाने लगा ध्यान।

जपी, श्वास की माला, साथ में पावन नाम।
भृकुटि में देखा, माना प्रकाश, आलीशान।

सुनी, दायें कान से अनहद, पा सच्चा ज्ञान।
लगेगी कभी समाधि, कहा महात्मा महान।

सुना, करना उन की सेवा, चाहे ग़र कल्याण।
मरणोपरांत मिले मोक्ष, बोले कृपा मेरी जान।

हर कण का वो मालिक, करनी पड़ी पहचान।
सोचा शक्तिशाली उन जैसा, न होगा बलवान।

कर अर्पण तन, मन, धन, रहा देता पुण्य दान।
समय के केवल वो ही, लगे अवतार 'भगवान'।

बख्शी जून

खाली जेब, हाथ में, था फिर भी आईफोन।
देखने चलचित्र, सुननी बॉलीवुड की ट्यून।

पाना, जो भी चाहा, पा उसको, न सका सून।
सौभाग्य से 'भगवान' थी बख्शी, मनुष्य जून।

ठन ठन गोपाल

दिया ज्ञान कर कृपा, बाबा दयाल हो गया।
कर हर जेब वो खाली, मालामाल हो गया।

चंगा चोखा खाएं स्वयं, लंगर दाल हो गया।
दे कर प्रवचन व्यतीत, हरेक साल हो गया।

सर्वत्र अंधविश्वास, अंत मायाजाल हो गया।
रहा भक्त न घर का, वो फुटबाल हो गया।

जूठन बने प्रसाद, चरणामृत नाल हो गया।
बहुत, दासुनदासों का, बुरा हाल हो गया।

परिवार लिए ऐश, वाजिब ख्याल हो गया।
है, क्यों ऐसे, वर्जित पूछना सवाल हो गया।

सर्वशक्तिमान, अवतार महाकाल हो गया।
समय ज्यों ही पलटा, खड़ा बवाल हो गया।

बने, नित दिन बाबे, ऐसा कमाल हो गया।
फिर ठन ठन 'भगवान', गोपाल हो गया।

दुखिया हर

शुरू साथ जिन के, हमारा रहना हुआ।
माफ़िक़ आया उन्हें, था न खेला जुआ।

फिर भी साथ बीते वर्ष कई, मन मार के।
हुए ख़ुशी के नसीब, दिन न हमें चार थे।

रहे बोल बदलते, देखा प्रति दिन, यार के।
किया निर्वाह चैन से, नाही कभी प्यार से।

भविष्य उज्ज्वल न दिखा, रहे अंधकार में।
दुखिया हर कोई 'भगवान', इस संसार में।

अत्यंत दुख

गम, चिंता, परिवार सताये कभी बच्चों की।
दिया जीने नहीं कभी, कृपा बाबे सच्चे की।

सहनशीलता मिली, नाही पा सके प्यार से।
हुई संतुष्टि भी न, किसी बाबे के दीदार से।

सब उन पे अपना, थे सदैव हम लुटाते रहे।
दुःख पाते, गीत लिखते नया, और गाते रहे।

लाड बड़े से पले, हम भी, किसी के जाये थे।
अत्यंत कर, 'भगवन', प्यार दुख हम पाए थे।

कोई पालन हार

कान लगा सुनो भक्तो, है जीवन का क्या सार।
बाबे सेवक बनना, करना कोई और न विचार।

सच्चा, उच्चा, पावन, केवल उनका ही दरबार।
पहुँचना वहाँ, है अनिवार्य, सब जाना बारंबार।

सेवा करना रात, दिन, बेशक पड़े होना बीमार।
टूटे पीठ, चाहे आप की, रहना सब उठाते भार।

चारों और फैले ख्याति, है वाजिब करना प्रचार।
मरना जीना लिए उन, और से करना नहीं प्यार।

दें जैसी भी ख़िदमत, करना उसे, लेना स्वीकार।
बिन प्रयास आप की नैया, लगा देंगे भव से पार।

घर बाबे का कला कलंदर, मान लीला, लेना यार।
उन जैसा 'भगवान', न कोई, कहीं भी पालन हार।

आनंद इलाही

आनंद इलाही, भक्तों ने बाबे दर्श से पाया।
बने सेवक, छोड़े अपने, सखा उन्हें बनाया।

जितना नहाये, लगा फल, ज्यादा ही पाया।
पिया चरणामृत, 'भगवान', झूठन भी खाया।

रुख हवा का

था रुख हवा का, ज्यों ही, ईश्वर मोड़ दिया।
तार अचानक, उस संग, किसी जोड़ दिया।

अपने रहे न वस में, हो लोट गये कभी पोट।
था, व्यापक तो भी वहां, दिखा कोई न खोट।

साथ चलने लगे उन, फिर गिरना शुरू हुआ।
भांति और हमारा, साथ में फिरना नहीं हुआ।

सत-बचन, सदा बोले उन, सुनते जो हम रहे।
पय जब जैसा चाहा उन, ला के देते उन्हें रहे।

संग्राम, बिन चुनौती, होता दरबार में था रहा।
हर मन ही मन में हो चिंतित, रोता वहां रहा।

आदत हसाने की सब को, रखी थी पाल कर।
थे हसा, कुछ को ही पाए, वो भी, संभाल कर।

बात तो करनी चाही बहुत, कभी पाये न कर।
सदा नाम जप के कहा, लेगा दुःख वो ही हर।

किसी तरह करते, जिंदगी व्यतीत, अपनी रहे।
लगे हम जिन्हें न अच्छे, मरते उन पर ही रहे।

कर नेकी दरिया में डाल, था सुना हम कभी।
की कहावत हम ने सच्ची, रहे देखते थे सभी।

पूजा जिन को था हर पल, हम खुदा मान कर।
पड़ा दूर, उन्हीं से होना, उनको पहचान कर।

दिल. लगा जिन का था साफ़, काला वो हुआ।
हमारा, करते सेवा उनकी, दिवाला ही हुआ।

मान अमृत, लिया जो, निकला वास्तव में विष।
शक्ल मोमना, कम काफरा, थी ऐसी न विश।

हुआ, साथ रहना असंभव, होने दूर भी न दिया।
था नसीब में, जागते रहना, उन सोने नहीं दिया।

अच्छा कुछ न उन्हें लगा, ठहरा हमारा ही दोष।
प्रगट सदा रहे करते, मुंह खोल वे, अपना रोष।

कोई निकाला न शब्द मुंह से, चुपचाप ही रहे।
ताकतवर, बन कमज़ोर, छानते ख़ाक हम रहे।

हम मालिक थे घर के, बने उसी में ही मेहमान।
कर कुछ, कभी न पाए, थे कहने को पहलवान।

परास्त प्यार से पड़ा होना, उठा पाए न धनुष।
दया धर्म, हम अपना कर, बिताये कई थे वर्ष।

सुख त्याग, भोगना दुख, था कार्य न आसान।
पराये सब, अपना न कोई, बस श्री 'भगवान'।

अच्छी पहचान

तगड़े बड़े, लगा हमें, हों जैसे बलवान।
पढ़ लिख कर रात, दिन, हुए थे विद्वान।

आस पास, हर ओर, थी अच्छी पहचान।
दिया जो 'भगवान' ने, किया उसे प्रवाण।

मौसम, प्यार में देखे, गर्म कभी थे सर्द।
हर दुःखी, रो सुनाया, सारा अपना दर्द।

मौन पड़ा झेलना, आदाब हुई न सलाम।
मालियत से दे इस्तीफा, हुए हम गुलाम।

याददाश्त हुई कमज़ोर, काजू न बादाम।
बिन वजह लड़ाई, हुई सुबह कभी शाम।

मुश्किल से रह साथ, बीत गए, कई साल।
नाराज़ हुए, बैठे रहे, किसी न पूछा हाल।

काले हुए सफ़ेद, थे झड़ने लगे फिर बाल।
जवाब मिला, घुटनों से, सीधी रही न चाल।

आरोप हर लगाया, किया न किसी कबूल।
सीधे मुंह से बोलना, बिलकुल ही फजूल।

लड्डू खा के प्यार का, भर उम्र पछताया।
चैन का सांस, 'भगवान', ले कभी न पाया।

अंधविश्वास में

अंधविश्वास में कभी, किया था स्वीकार।
मना अपने मन को, कर लिया था प्यार।

पश्चात, दिन वो आया, खोना पड़ा आपा।
नित पड़ा निपटाना, नया कोई सियापा।

गलत, हम तो ठहरे, पड़ा सुनना हर बार।
इकरार चाहा तो मिला, उत्तर में इनकार।

सब दूर, कर दिए उन, बहन साथ में भाई।
पहनाये सूट कीमती, मैचिंग साथ में टाई।

रहे करते सब हमेशा, था जो भी चाहा उन।
रह चुपचाप कहा जो भी, लिया हम ने सुन।

किया काम, बिताई हर सो मुश्किल से रात।
साथ दिन, बिताये उन, हर सप्ताह के सात।

रिहाइश में, तरह किसी, गुज़र गए कई वर्ष।
क़र्ज़ सिरे चढ़ाया, किया बिन सीमा के खर्च।

अच्छे दिन आएंगे, शायद काफी अरसा बाद।
था पड़ा गम में करना, 'भगवन' तुझे ही याद।

मार्ग खला

चलना पड़ेगा, साथ किस के, मिली सलाह।
कुछ देर चली किश्ती, बनना पड़ा मल्लाह।

समय शीघ्र, खायी पलटी, शुरू हुई कलह।
चुप चाप, सहा सब, लगा उसी में था भला।

किया जो भी, उन चाहा, बिन दिए इत्तिला।
स्वार्थियों की दुनिया, दिल था दिया जला।

संस्कार वश, ढूँढा मार्ग, वो भी उन्हें खला।
कह अमृत, 'भगवन', विष को दिया पिला।

होओगे ख़राब

मशवरा, बिन मांगे, सब ने दिया जनाब।
खेलो कूदोगे केवल, हो जाओगे ख़राब।

पढ़ लिख हर पल, रहा पड़ता था दबाव।
बेटे उनके ने जैसे, बन जाना, था नवाब।

हुए फ़ारिग कब , ढूंढ पाए कोई न जॉब।
छोटा मोटी करी, कहीं से लिया जवाब।

दिखे लोगों को हम. हों जैसे कोई साहिब।
कर कृपा 'भगवान', पूर्ण कर दिए, ख़्वाब।

अनोखी शान

बाबा भक्तों के पूजनीय, करें उन्हें प्रणाम।
इच्छा उन क जान के, हर करते वे काम।

प्रथम वे आराधनीय, जो बांटते सच्चा नाम।
आरती सब श्रद्धालु, उतार रहें सुबह शाम।

दुर्लभ दर्शन उनके, पाता केवल, भाग्यवान।
लगती फूँक उसे, भक्त आगे करे जो कान।

उन जैसा कोई और नहीं, रखे अनोखी शान।
तभी तो भक्त दिल खोल, उन्हें दे रहें हैं दान।

मरणोपरांत है यकीन, अवश्य होगा कल्याण।
कलयुग में उनके बाबे, हैं अवतार 'भगवान'।

देखा सब तमाशा

चाहा जो हुआ देर से, नहीं छोड़ी हम आशा।
मदद करने आया विरला, देखते रहे तमाशा।

थी चाहिए हरेक को माया, सुनना पड़ा ख़ासा।
मुंह से वादे किए बहुत, दिया किसी दिलासा।

जीत विश्वास बाबे ने, बना लिया अपना दासा।
वक्त बदला जब, पड़ा उन पर भी उल्टा पासा।

डाले चारे, आगे हमारे, न कभी किसी ने घासा।
कड़ी मेहनत 'भगवन' बारह करनी पड़ी मासा।

जेबें खाली

बैठ चुगली करें नंद की, कहीं कोई बाबे की।
निंदा घरेलू चूल्हे की, और कहीं, हो ढाबे की।

प्रश्नोत्तर मिले कभी न, इंतज़ार रहे, जवाबे की।
रहें जेबें खाली किन्तु फिर भी चाल नवाबे की।

हो हानि, चाहे न कोई, चाहत रखे हर लाभे की।
भाषा सख्त बोली जाये, माझे कहीं दोआबे की।

दिखे दुकान में बैठा, फेरी लगाए कोई छाबे की।
नशा प्यार का चढ़ता, जैसे पी हो बोतल नाबे की।
सही अर्थ की, कर याचना, करे इबादत काबे की।
चक्रवर्ती, बनेंगे राजा, है 'भगवान' बात ख्वाबे की।

दबी की दबी

बात रह जाती सारी दबी की दबी।
ग़र मुंह से बताते न हम को कभी।

वे वक्त आया था ऐसा छुपा न सके।
भरोसा ग़ैरों पर हुआ उन्हें था जबी।

हिला ड़ाला था विश्वास को घात कर।
भूला न पाया हूँ, जो किया उन अभी।

कर दिया क्यों ख़ुद को ही पर्दा नशीं।
बात बिगड़ेगी क्या उन न सोचा कभी।

समय बलवान था, ज्ञान महाभारत का।
युद्ध करते शुरू, था वाजिब नाही सही।

लेना, कूटनीति हर का, था पड़ा आसरा।
गलती 'भगवान' वरना थी हो जानी बड़ी।

साम्राज्य बनाया

जिस चाहा, बन बाबा, बनाया साम्राज्य विशाल।
चंगा चोखा खा परोसा, दी भक्तों को रोटी दाल।

गरीबों भी, चढ़ा सेवा, किया बाबे को मालामाल।
भूखे भक्त, रहे सोते, बाबे को आया नहीं ख्याल।

सब से करवा सेवा, परिवार बाबे, हुआ निहाल।
स्वर्ग अभिलाषी प्रेमियों पर, हुए न बाबे दयाल।

अंध विश्वासी चेलों ने, उखड़वाई ख़ुशी से खाल।
गाये भजन, विचार, होगा उनका न बांका बाल।

की उम्र भर सेवा, बाबे की समझ न आई चाल।
जीते जी न छूटा,'भगवान', घेरे रखा, मायाजाल।

कुदरत विचित्र

श्री बाबे की, इंतज़ार में, भक्तों ने दीप जलाये।

प्रकाश देख, प्रसन्न हुए, अंधकार उन फैलाये।

निराशा में डूबे वे, किसी काम के, रह न पाये।
कुदरत विचित्र 'भगवन', वे रति समझ न पाये।

लिखे निबंध

बिन पैसे, जीना मुश्किल, लिखे, निबंध विद्यार्थी।
पंडित, मौला, ज्योतिष, बने माहिर कोई शास्त्री।

कहने को, हज़ारों जग में. बन जाते जो परमार्थी।
लेकिन भरना पेट उन्हें भी, बने मजबूरन स्वार्थी।

व्यवहार, एक जैसा दर्शाया, विदेशी. क्या भारती।
रहे खाली खोपड़ी 'भगवन' लक्ष्मी हाय पुकारती।

कागा कहलाये

कर कृपा बारंबार, बाबा जी, दर्शन देने आये।
है दुर्भाग्य हरेक उस का, वंचित जो रह जाए।

बनाये किसी बहाने, की कइयों हेलो नाही बाए।
मन उचाट कर, वे 'भगवान', कागा ही कहलाये।

किया न कल्याण

जिन से आस लगाई, किया न उन कल्याण।
थे वैसे बाबे उच्च के कहा सब ने बड़े महान।

सुना दुनिया में और न कोई दे सकता ज्ञान।
हैं केवल आये यहाँ वे, ले अवतार 'भगवान'।

अंगुली छोड़ी

बाबा, जब हम बने, शुभ थी आई घड़ी।
नाम खुमारी, सभी भक्तों को, थी चढ़ी।

तिलक लगा बैठे गद्दी पे हम आराम से।
ख़लकत गिनती में थी हद से वहां बड़ी।

राजसी लिबास , व पहन स्वर्ण मुकुट में।
कमान संभाली, हम थी, पकड़ के कड़ी।

श्रद्धा विश्वास भक्तों का था हम पे अटूट।
दर्शन पाना हमारा, थी जनता सब खड़ी।

घर वालों ने भी हमें था दिया पूरा सम्मान।
आवश्यकता उनको हमारी, थी तब पड़ी।

लगा अचानक हमें भी, रोग जब प्यार का।
अंगुली छोड़ी 'भगवान' उन फिर न फड़ी।

मंजिल हुई दूर

डगमगाए, कदम प्यार में, मंजिल हो गई दूर।
देखी नफरत, घृणा, रंजिश,'भगवन' हुई भरपूर।

कुछ न हाथ

स्कूल में हुआ जाना, था आया कभी न पढ़ना।
समय हुआ, जब प्यार का, आया वो न करना।

ज्यों ही मिला, साथ किसी का, लगा हुए अनाथ।
गवाया, पास था जो 'भगवन', कुछ रहा न हाथ।

उज्ज्वल काले

भूत याद कर भविष्य की चिंता, वर्तमान बिगाड़ा।
हजाम करवाई राजे से, व बढ़ा लिया कभी धाड़ा।

वस्त्र नवीन, महंगे ज्यादा, सिलवा, तन पर डाले।
मिले कई ऊपरी उज्ज्वल,'भगवन', मन के काले।

सूना घर बार

कर प्यार कमाया ऐसा हम ने अपना नाम।
राधा, घर में आई एक, फिर पश्चात में राम।

वृद्ध अवस्था का, हुआ आना, सूना घर बार।
प्यार से सन्नाटा 'भगवान' दिया जिस ने मार।

बलशाली पैसा

ताकत से भी बलशाली पास जो निकला पैसा।
हर पल किया प्यार ने, कुछ हमारा ऐसा तैसा।

प्यार वाली, गुम हुई, दिखी कहीं, फिर न गली।
आई, तबदीली 'भगवन', पश्चात अपनी न चली।

बदल वितर्क

स्वर्ग का वादा, मिला रहने को नर्क।
बाबे दरबार की सेवा, पड़ा न फर्क।

ज्ञान, नाम, सच्चा, दिये उन्होंने तर्क।
मिष्ठान फिर खाये, लगा उन्होंने वर्क।

बेड़ा, जब लगा होने, उन का था ग़र्क़।
बदले फिर बाबे 'भगवान' सभी विर्तक।

रोये चिल्लाये

उजाड़ा, था जो भी जोड़ा, रहा कुछ न पास।
ख़ुशी में झूमते, शायद कम ही दिखे उदास।

नहीं, जब तक टूटा, हम बहुत किया विश्वास।
रोये चिल्लाये 'भगवन', था अक्सर लिया हास।

दुविधा दूर

अपनी नहीं, करी चिंता, हम ने औरों की।
दुविधा सब की हर, दूर कर दी फौरन थी।

खीर, हलवा, पूरी, रखी साथ मिठाई भी।
चुपड़ के रोटी, घी से 'भगवन' खायी थी।

मायावी मोह

अपना, कभी पराया बनाया, लोगों ने।
बुढ़ापे में सताया, बिन बुलाये रोगों ने।

बच्चों से आशा, पड़ी लगानी छोड़ी थी।
मायावी मोह जंजीर 'भगवन' तोड़ी थी।

जगत में रहना

पाठशाला से, ज्यों ही, पास करी थी दसवीं।
कालज फिर था जाना, पड़ी खर्चनी लक्ष्मी।

और लगे, दस साल, हम बन निकले विद्वान।
जगत में, कैसे रहना, हमें आया न 'भगवान'।

विद्वान हो गया

हर बच्चा बाबे का, बहुत कृपा निधान, हो गया।
भक्तों लिए पूजनीय ज्ञानी और विद्वान हो गया।

लगाये, लड़ाई हर घर में, ऐसा बलवान हो गया।
दुकान हर अपनी खोले, भक्त परेशान हो गया।

शादी हरेक रचाई, स्वार्थी, बड़ा शैतान हो गया।
छोड़ घर, बाहर निकला, खाली मैदान हो गया।

युद्ध, आपस में घमासान, भाई बहनों में हो गया।
बाप नाम का ले सहारा, हरेक 'भगवान' हो गया।

मेम कोई साहिब

रखा दूर, फिर कर प्यार, मिली थी मत।
फिर सुना सब माया, लगने लगा ये सत।

लिखी फिर शायरी व किया सब समर्पण।
किया जिस से प्यार, उसी दिखाया दर्पण।

हुआ करता, था कभी, वो बंद हुआ मिलाप।
कहने लगे, सुन मियां, रास्ते अपने को नाप।

हुई बहुत प्यार में हानि, तनिक हुआ न लाभ।
मेम, प्यार में 'भगवन', बन गया कोई साहिब।

घृणा नाही प्यार

बतायें किसे, साथ बैठ के, आते जो विचार।
आ सुन ले, कोई बात, रहे हम न हकदार।

घृणा किसी से, नाही हम कर सके थे प्यार।
बहुत 'भगवान' का चाहा, हुआ नहीं दीदार।

परम भक्त

ईश्वर के साथ, हमें था मिलना, करते रहे सर्च।
निशुल्क में, ज्ञान बाबे का, लगा न होगा खर्च।

सुने भाषण रोजाना, पड़ा उनकी जाना शरण।
दिन, रात बीता सेवा में, लगा तन, मन, व धन।

परम भक्त बनाया, था कर दिमाग धुलाई हुज़ूर।
नकार न सके हम, किया प्रचार उन का जरूर।

कर तकरीरें बारे उन, दिया करता आरती उतार।
कहता, ठोक बजा, थे समय के केवल वे अवतार।

कारनामे जब आये सामने, असंतुलित हुए हज़ार।
परिवार पावन 'भगवन', हुआ विभाजित, बारंबार।

पड़ा खींचना

पड़ा हमें खींचना, करना किसी को पुश।
की कोशिश, हम बथेरी, हुए सब न खुश।

रखी दाढ़ी, लम्बी हम ने, अपनी कभी मुछ।
बाबे व चेले 'भगवान', फिर भी किया कुछ।

दिल संभाला

हालात, हुए ऐसे, कि बीमार हो गया।
दबाव पड़ा इतना कि तैयार हो गया।

देता तर्क हर वितर्क, बेकार हो गया।
देखा तक न जिसे, वो हमार हो गया।

छोड़ डिजनि, ख्वाब हरिद्वार हो गया।
दिल फिर संभाला, और प्यार हो गया।

बाद में जो चाहा उन, करतार हो गया।
ऐसा अच्छा 'भगवान', व्यवहार हो गया।

बनाई तर्ज़

साथ जिस न चाहा, उसी से, हुआ लगाव।
प्रश्न जब भी हम पूछा, मिला नहीं जवाब।

किसी तरह निभाया, समझा अपना फर्ज़।
फिर बनाया महल एक, चढ़ा सर पे कर्ज़।

मनमुटाव रहा चलता, नाम न जाना मर्ज।
की न बात खुल कर, कोई उन्हें न ग़र्ज।

हड़ बीती बताते, रहे करते शिकायत दर्ज।
दिल 'भगवान' बहलाते, नई बना कर तर्ज़।

सदा परेशान

काट लिए, दिन, रात, चुपके से कई साल।
बड़े दिखाए प्रति दिन, उन्होंने हमें कमाल।

पाया सब, रोटी, कपड़ा, वाहन, व मकान।
न जाने, क्यों फिर भी, वे रहे सदा परेशान।

जो कुछ भी वे चाहते, थे करते बिन पलान।
बाबे में उन देखा, सदैव ही रूप 'भगवान'।

बदला तापमान

ठंडा चंदा, सूर्य गर्म, बदलता रहा तापमान।
बिन हम, बोले बाबा, होगा तेरा न कल्याण।

होगा प्रकाश भक्तो, लो हम से आत्म ज्ञान।
कलयुग में वे बोले, हम अवतार 'भगवान'।

शर्म ने मारा

करने से ख़ुद को रोका, आ सके न बाज।
प्रेम प्यार मुहब्बत में, थे पाए हज़ारों राज़।

हया, शर्म ने हमें मारा, आती रही थी लाज।
किया, मिले जो भी, हमें करने को थे काज।

हो सुशोभित, चढ़े थे घोड़ी, सिर पे था ताज।
साथ शान शौकत 'भगवन', है अब भी नाज़।

बजायी धुन

छोड़ पाप, कमाये पुण्य, बजायी अच्छी धुन।
बुरे छोड़, सदा हम, देखे सब में उचित गुण।

वास्ते हमारे, आलसी बहुत, हरेक लिए चुन।
जिस भी चाहा, लिया सिर हमारा, उस मुन।

लुटाया जिस पर, अपना सब कुछ, प्यार में।
दूर रखा हमेशा हमें उन, स्वयं के दीदार से।

चतुर बहस में न हम, बहुत वैसे होशियार थे।
अचूक औरों जैसे, पास, न कोई हथियार थे।

मात हम को, पड़ी खानी, आखिर में हार के।

बुधु द्वार 'भगवान' के पहुँच बोले, हमें तार दे।

विचित्र महिमा

चिताए, अकड़े, रो कर भी, उन दिखाया।
भीतर उन, था क्या गुजरे, समझ न पाया।

रहा दूर, हुआ पास उन, जब कभी बुलाया।
चलाई उन अपनी हमेशा, हमें खूब दबाया।

लिया कर्ज़, और था, जो भी पास, वो गवाया।
डूबे रहे विचारों में, आ किसी न था हिलाया।

जो भी लगा, अच्छा उनको, हम ने वो खाया।
विचित्र महिमा, 'भगवान', भेद किसी न पाया।

जेब शुन

रहे मौन, बोला जो, लिया उसे सुन।
मत पूछो बजी, कैसे प्यार की धुन।

हम में नहीं, समाये उन्हीं में थे गुण।
बुद्धि भ्रष्ट शायद, लिया हमें जो चुन।

जब चाहा, लिया उन, सिर को मुन।
दूर 'भगवान' राम, हुई जेब भी शुन।

मिली जफ़ा

सीखा निकालना नुकसान कितना नफ़ा?
बात, छोटी बड़ी, हर पर हो जाना खफा।

करनी सीखी और चाही बदले में वफ़ा।
फिर भी 'भगवान' हर पल मिली जफ़ा।

पाप धोना

हंसने की, उम्र बीती, शुरू, रोना हुआ था।
इक दिन किसी का हमें भी होना हुआ था।

जागे तो मिला दर्द ही, जिस की, थी न चेष्टा।
बड़ा, क्या बताऊँ कठिन सोना भी हुआ था।

बीती, सुनने को हमारी, हुआ न कोई तैयार।
संतुलन, रख सका न कायम, खोना हुआ था।

रख मौन, पड़ा बिताना, सदा अपना हर पल।
कर्म फल 'भगवान', पापों का धोना हुआ था।

आवे न लाज

बाबे संत हमारे भी बन नेता करें राज।
दल बदलते, उन्हें भी, आए नहीं लाज।

भजन कम, गा रहे राष्ट्र भक्ति के गीत।
चाहें सब, सेवक बनें, उन्हें बनायें मीत।

उद्योग पति, बने नेता, व कभी वे साध।
'भगवान' ही जाने क्या होगा अब बाद।

काम से संतुष्ट

चल जब न पाते, मंडराया करते हम।
चलने लगे ज्यों ही मिलने लगे थे गम।

जाते स्कूल में पढ़ने, खाने को थी मार।
परीक्षा जब भी देते, आते अंक थे कम।

काम धंधे से, कभी हो नहीं पाए संतुष्ट।
पी लेते चाय व लस्सी, रखते दूर थे रम।

प्यार के मामले में ज्यों ही हुआ पड़ना।
अक्ल नहीं सब ने था देखा हमारा चम।

खाना, आबादी भी, पूरी हुई, इक दिन।
गाड़ी रुक न जाए, करना पड़ा था श्रम।

कोशिश की सदा पूरी, हुए खुश न सब।
जुटाते, रहे करते, जितना पास था दम।

धर्मार्थी. बन के जीये, कभी दिया न दुःख।
देखा, 'भगवान', भरपूर बीच सब के तम।

सुना डफर

हमसफ़र बना कर, करना पड़ा सफर,
सुननी पड़ीं बातें, था सुना कभी डफर।

छोड़ी, जिन लिए दुनिया, वे रहने लगे दूर,
बनना 'भगवन' मालिक, था न उन्हें मंजूर।

हाल हमारा

बिन परों के ही उड़ना हमारा हुआ।
कभी न चाहा, वो हाल हमारा हुआ।

बन गया शत्रु, वो ही, जो प्यारा हुआ।
कभी न चाहा, वो हाल, हमारा हुआ।

लगे साथ हमारे, सब ही न्यारा हुआ।
कभी न चाहा, वो हाल, हमारा हुआ।

मरे जिस पर, वो ही न सहारा हुआ।
कभी न चाहा, वो हाल हमारा हुआ।

ख़ुशी से रहना, न साथ गवारा हुआ।
कभी न चाहा, वो हाल हमारा हुआ।

जाना मंदिर 'भगवन' गुरुद्वारा हुआ।
कभी न चाहा, वो हाल, हमारा हुआ।

मदारी के बंदर

शहर छोड़े लुधियाना, अमृतसर, क्या जलंधर।
माथा टेका दुर्गायाने, कभी जा कर, हर मंदिर।

किया सूर्य नमस्कार, पूर्णिमा का भी देखा चंद्र।
थे प्यार में, 'भगवन,' जैसे मदारी के हम बंदर।

आज्ञा परम धर्म

नौकरी नाही कोई पास धंधा, विश्राम करते हैं।
बस, बन बैठे, बाबे हम, भक्त प्रणाम करते हैं।

देते निशुल्क में ज्ञान, दिया जो कृष्ण अर्जुन को।
धनी, हो गए ज्यादा, हम ही ऐसा काम करते हैं।

चल जाता हर पे जादू, आये जो भी शरण हमारी।
मारे किस्मत के, विचारें वे, हम कल्याण करते हैं।

हो जाते हैं, सब तैयार, वे सर्व करने को न्योछावर।
कोष अपने में, ड़ाल हम, उनका सम्मान करते हैं।

माननी, आज्ञा हर हमारी, बनता परम धर्म उनका।
सोते, निश्चित हो कर हम, और उठ स्नान करते हैं।

मालिक, हर लोक के हम, और अवतार ईश्वर का।
पावन, वंश हमारा, 'भगवन', रोज़, गुलाम बनते हैं।

हिलना हुआ

गुल खिलना था जो, उस का खिलना हुआ।
रहना जिस ने था दूर, उस से मिलना हुआ।

बोलना वर्जित लगा, मौन जब रख न सके।
बात कुछ भी न हो, तो भी बिगड़ना हुआ।

किसी बिपता ने घेरा, रोजाना हमें आन कर।
दलदल में ऐसे फंसे, कठिन निकलना हुआ।

बिन मतलब के ही, साथ उन, झगड़ना हुआ।
पकड़ने कान, जोड़ हाथ, नाक रगड़ना हुआ।

चोटें खाते रहे, हुए अचानक, जब हम पे वार।
संयम खोया, 'भगवन', दिल का हिलना हुआ।

गुणगान कर

था बैठना पड़ा मेहमान, घर अपने में ही बन।
बोले आ कर हमें बाबे, सब अपना दान कर।

मेरी, छोड़ ईश्वर की भक्ति, लगा सेवा में तन।
प्रचार मेरे में हर पल, लगा पास सारा जो ज़र।

इकट्ठा कर, चाहे ले कर्ज़, और खर्च सारा धन।
गा भजन, उतार आरती, और गुणगान भी कर।

रख मुझ में श्रद्धा, लगा लग्न, व सौंप दे मुझे मन।
पी चरणामृत मेरा, और स्वीकार, जूठन भी कर।

ढोंगी सब, सच्चा मैं ही यहाँ, है और न कोई जन।
उम्र भर 'भगवन', बन मेरा गुलाम, तू जायेगा तर।

खज़ाने कुबेर

सब्जी, रोटी, सैलद, खायी हम थी दाल।
कई सात्विक जीवन, दिखाये थे कमाल।

ऋतु वर्षा, गर्मी, व झेलना पड़ा सियाल।
मेहनत हर पल, न पल्ले फिर भी माल।

सीधी देखी, कभी बड़ी टेढ़ी, हम ने चाल।
फोकट में हम ने, उतरवाई अपनी खाल।

बाबे कहा, सुन बच्चे, ये सब है मायाजाल।
कर सेवा मेरी, चाहे अगर अपना कल्याण।

पैसा मित्र बेहतर, हर में, उच्च पाया ख्याल।
बिन जिस अति कठिन, काम हर मेरे लाल।

प्रेम, प्यार व इज्जत, मिलता आदर भी नाल।
हो पास ग़र पैसा, आयें सज्ज कर बड़े थाल।

कर लक्ष्मी की पूजा, होगी अवश्य वो दयाल।
खज़ाने कुबेर के 'भगवन', होंगे घुंघराले बाल।

पूर्व भोग

बाबे प्रवचन रहे सुनते हम भी, थे अभागे।
सो चैन से पश्चात पाए, नाही कभी जागे।

कर सेवा, आनंद, हमें आने लगा, इतना।
जब कभी मिला अवसर, तुरत हम भागे।

बचपन, व जवानी में, कृपा रही, उन की।
पास, धीरे फिर पहुंचे बहुत उन के लागे।

परम भक्त होने का, ख़िताब हम भी पाया।
सदा पीछे चले उन के, वो रहे हमारे आगे।

नफरत, किया प्यार, साथ जिस के बताया।
फिर भी इक दिन हंस के बनाये उन कागे।

भुलाया ईश्वर, व आरती, उन की ही उतारी।
प्रेम, साथ बढ़ाया, हम लिख भजन व गा के।

लगी, तथापि उन्हें अच्छी, हमारी न वफ़ादारी।
खाया पश्चात,'भगवन', पूर्व भोग उन्हें लगा के।

मुरशिद हमारे

सुने पहुँच प्रवचन, हम बाबे के द्वारे।
मुरशिद इक दिन, बन गए थे हमारे।

पड़ा, ईश्वर को भी, था हमें भुलाना।
बन दासानुदास, थे देखे बड़े नज़ारे।

ख़िदमत लगे उनकी, रोज़ थे करने।
छोड़े वो भी, हम थे जिन के दुलारे।

तत्काल किया जो भी उन्होंने बोला।
लगने लगे, हमें थे, जान से भी प्यारे।

माना, परम भक्त, और उन्होंने बेटा।
बोल मीठे, मधुर, और थे अति न्यारे।

लेना कुछ, दुनिया से, नाही था देना।
लगा. हर हाल में, बनेंगे वो ही सहारे।

पश्चात हम देखा, विचारा जो न सोचा।
बटे भक्त 'भगवान', दिशाओं में चारे।

दिशाएं चारां

पड़, प्यार में, मत पूछो, क्या हाल, हुआ हमारा।
जो चाहा किया उन, और उसे हम ने स्वीकारा।

सज्जन सब, कहा उन, हैं शत्रु, कोई नहीं प्यारा।
दिल लगी, बड़ी मुश्किल से, होता रहा गुज़ारा।

नित, नया बखेड़ा, देखने को, मिला हमें न्यारा।
किसी से, रहा न, लेना देना, क्या बताऊँ यारा?

निकाल स्वार्थ, चाहा जिस, हुआ नौ, दो, ग्यारह।
क्या करूँ, सोच न आई, रहे अक्सर बजे बारह।

बात निकली, पहुंची दूर तक, बीच दिशाएं चारां।
संतुलन खोया, डगमगाया, जीत न सका, हारा।

दर्शन पाए, परिवार बाबे के, खड़ बीच कातारां।
असंतुष्ट हुआ, लगा ढूंढने, 'भगवान' तेरा द्वारा।

बजता नगारा

बन जाते ग़र हम बाबे, रुतबा होता हमारा।
हरेक घर में होती चर्चा, बजता खूब नगारा।
हरेक घर में होती चर्चा, बजता खूब नगारा।
बन जाते ग़र हम बाबे, रुतबा होता हमारा।

घर वालों को भक्त छोड़, बनाते हमें प्यारा।
भजन, आरती गाते वे, होता अजब नज़ारा।

हरेक घर में होती चर्चा, बजता खूब नगारा।
बन जाते, ग़र हम बाबे, रुतबा होता हमारा।

दूर से आती जनता. दर्शन पाता हर बेचारा।
जा घर बताता सब को, था पाया दर्श न्यारा।
हरेक घर में, होती चर्चा, बजता खूब नगारा।
बन जाते ग़र हम बाबे, रुतबा होता हमारा।

देखने भीड़, आते नेता, दिखता हर लाचारा।
वोट कोई और ले जाये, उसे होता न गवारा।
हरेक घर में होती चर्चा, बजता खूब नगारा।
बन जाते, ग़र हम बाबे, रुतबा होता हमारा।

प्रलोभन देता, लड़ो चुनाव, वे डालते चारा।
राजनीति में, घुसते हम, अच्छा होता गुजारा।
हरेक घर में, होती चर्चा, बजता खूब नगारा।
बन जाते, ग़र हम बाबे, रुतबा होता हमारा।

भरते, देश देशान्तर, प्रथम कक्षा में उडारा।
स्वागत करता, हर कोई, दिव्य मान सितारा।
हरेक घर में होती चर्चा, बजता खूब नगारा।
बन जाते ग़र हम बाबे, रुतबा होता हमारा।

देवी, देवता घर के होते, व पावन परिवारा।
केवल हम कहलाते, 'भगवान' के अवतारा।
हरेक घर में होती चर्चा, बजता खूब नगारा।
बन जाते, ग़र हम बाबे, रुतबा होता हमारा।

आई फिर घड़ी

छुपाये रखा वर्षों भर, जो राज़ था।
होने लगा कठिन, जब ये काज़ था।

उगल दिया, वक्त उचित जब लगा।
मिला उत्तर सार्वजनिक, हुआ दगा।

चलना आगे कैसे, आन न जान कर।
लिया रुख, नाह का, सीना तान कर।

भूत, भविष्य, विचारा वर्तमान काल में।
बची न कोई, चला बैठे, हर वे चाल थे।

बीच में, कोई और, उन आने न दिया।
प्रकाश करता जो था पास न वो दीया।

नाह रहे करते, हाँ की, आई फिर घड़ी।
आसान कहाँ, आ मुसीबतें हुई थीं खड़ी।

आ गया, वो दिन, रहा जो, काफी दूर था।
ये ही 'भगवान' को, शायद हुआ मंजूर था।

तन्हा अचानक

हम, त्याग सब, जब से, थे उन के हो गए।
भरी दुनिया में तन्हा भी अचानक हो गए।

ख़बर, रही अपनी, नाही किसी और की।
प्यार हुआ दूर, घृणा में सब पल खो गए।

ख़ुशी संग बाँट लेते, वो भी तमन्ना न रही।
बड़ी मुश्किल से, नींद जब आई, सो गए।

इनकार पाया, सुख दे न सके, न जाने क्यों।
लिया मशवरा, गैरों का, और बेगाने हो गए।

हितैषी कौन, असली पहचान, हमें न रही।
जिस चाहा, उठाया लाभ, व वे परे हो गए।

उड़ गया विश्वास, अब, हिम्मत भी न रही।
घाव मिले इतने, हर जगह, जख़्मी हो गए।

बिन 'भगवान' हमारा, कोइ अपना न बना।
बिसारा जगत हम, बन बाबे उसके हो गए।

निकली आह

पड़ जिस के प्यार में, करनी थी वाह।
मजबूरन, रह साथ उन, निकली आह।

हुए शिकवे, शिकायत, व ढेर सी गिला।
हर बार, तरह किसी, ढूंढी उन कलह।

होता क्या, प्यार में, जाने उनकी, बला।
फैलाई घृणा सर्वत्र, अपना किया भला।

वर्तमान में अच्छा, था लगता कभी बुरा।
जो कहूँ, कर वो, रही मिलती थी सलाह।

मन भाया, खाया, खिलाया, दिया पिला।
प्यार से दूर,'भगवान', किया, क्या मिला?

अगर कृपा होगी

सुन, प्रवचन बाबा जी के, पाएं भक्त आनंद।
सिवा उन, किसी की सेवा, पर लगे प्रतिबंध।

जयकार सब लगाते, बच्चे, बूढ़े, और जवान।
जोड़ें हाथ, सर निवायें, दंडवत करते प्रणाम।

पाने दर्शन हमारे, बोले बाबे, आना बारंबार।
है दुनिया में केवल सच्चा, उनका ही दरबार।

मोक्ष, सेवक पा लेंगे, अगर कृपा होगी हमारी।
ख़ुश भक्तो पल हर रखना हमें उम्र भर सारी।

दिल खोल, मिलना जब भी, देना हम को दान।
कलयुग में केवल हम ही हैं, अवतार 'भगवान'।

फेल हो गए

खेलने के, खेल बंद, खुद खेल हो गए।
पड़े प्यार में ज्यों ही, हम फेल हो गए।

दरवाजे, बंद घर के, लगा जेल हो गए।
दिलदार के हुक्म, हम से मेल हो गए।

कूदें और चिल्लाएं अगर कवेल हो गए।
हथौड़ा बने शब्द, जरूरतें तेल हो गए।

पर्चे, बाबत हम, जगह कई मेल हो गए।
थे कृपाये 'भगवान' से, हम बेल हो गए।

वास्तव में सही

खायी, पकती रोटी, सब्जी, दाल, व दहीं।
रह घर में, किया गुज़ारा, गए दूर न कहीं।

साथ मिला उन्हीं का. लगे अच्छे जो नहीं।
बात बढ़ती रही आगे, मिट पायी न कहीं।

हो दुःखी, दिन काटे, थे न वास्तव में सही।
सुनी किसी ने बात, नाही हमारी जो कही।

थी लिखी किस्मत में जो भी, हो के वे रही।
दिशा, जिस में, था जाना, गाड़ी, उधर गई।
वक्त आएगा, अच्छा आस हमेशा लगी रही।
हर मास बीता 'भगवान', जनवरी कभी मई।

बिन पड़ताल

बाबे का, लिया ज्ञान, कृपालु वे दयाल।
अंध किया विश्वास, परख न पड़ताल।

कर प्रचार 'भगवान', किया मालामाल।
वक्त, बहुत गवाया, आया फिर ख्याल.

बात न्यारी

बन बाबे, जब हम विराजे, हुई बात न्यारी।
माया की बही गंगा, व लगाई हम ने तारी।

दे ज्ञान निःशुल्क में, हम किए कई कृतार्थ।
हर भक्त की लग गयी, सच्ची हम से यारी।

भांति औरों की, हो गये हम भी बड़े अमीर।
नेता पास लगे मंडराने, प्रसिद्धि हुई हमारी।

देश, देशांतर से लगे, आने हम को भी न्योते।
आय हमारी, खर्च उनके, मिटी दुविधा सारी।

लग झगड़, हर चाहे, करनी सेवा दिल लगा।
दर्श पाने, त्वचा परिवार की, उन्हें लगे प्यारी।

हर शहर में, महल हमारे, करते रहें स्थापित।
माने, आज्ञा हर वो, वरना खायें वे डाँट हमारी।

तन, मन, धन, अपना सारा, करें हमें समर्पित।
छोड़ के अपने 'भगवन', है पीछे हर नर नारी।

मिली तसल्ली

हमें दुनिया, क्या मिली, बाबे से भी न तसल्ली।
जिस किसी ने चाहा, थी उड़ाई, हमारी खिल्ली।

कहा हम को कंजूस, हमें शेख किसी ने चिली।
ठोक पाये हम 'भगवान', स्वयं कहीं न किल्ली।

अरबी घोड़ा

बड़ी ख़ुशी से, नाता जिन, हमारे साथ जोड़ा था।

पड़ा उन्हीं हाथों से, दिन एक सर पे हथौड़ा था।

मुसीबत एक के बाद दूसरी, आती मंडराती थी।
रुख हवाओं का भी ईश्वर, कुछ ऐसे मरोड़ा था।

लेते सांस सुख, चैन से, बड़ी मुश्किल होती थी।
हो बेचैन, निकल बाहर, दिशा हर में, दौड़ा था।

विशेषज्ञ मनोविज्ञान, असमर्थता बड़ी सताती थी।
भागना पड़ता रोजाना, अरबी न कोई घोड़ा था।

भीड़ हर ओर, शोर ज्यादा, हुई गायब, शांति थी।
दिल नाजुक, बिन किसी परिहार, उन तोड़ा था।

मिलेगा साधन अवश्य, ध्वनि, अंदर से, आती थी।
रुकावट, हर पग ही आगे, दस्तक देता रोड़ा था।

दुविधा, हर तरह की, आ सिर, हमारा खाती थी।
हमें बिन वजह 'भगवन', सहना पड़ता कोड़ा था।

धूप में सड़ा

थे किस्मत में वो, उन का होना पड़ा।
हसा करते थे, रोज़, बहुत रोना पड़ा।

नियंत्रण, स्थापित हुआ, उनका कड़ा।
मन में, आई ज्यों ही उनके, टूटा घड़ा।

कांड न जाने क्यों, था शुरू हुआ बड़ा।
दोष, हर बार हमेशा, हम पे गया मढ़ा।

लेटना, बैठना, कभी होना पड़ा था खड़ा।
चम, सर्दी में ठंडा, था कभी धूप में सड़ा।

बिन वजह, वक़्त हर, गुस्सा उन को चढ़ा।
बिन 'भगवान' हाथ हमारा, किसी न फड़ा।

छत्र छाया

मिला मौका, जिन साथ, हमें दिल बहलाने का।
पराये, अपने हो कर भी, अब नज़र वे आते हैं।

भुलाई, सारी दुनिया थी, लिए जिन, कभी हम।
असहमति हर बात पर अब, हम को जताते हैं।

मानी हर रज़ा उनकी, रही संतुष्टि फिर भी दूर।
इच्छा रखते थे जो कल, विपरीत अब बताते हैं।

चाहते जिन्हें, थे पास, न देखना, कभी आँगन में।
अचानक घंटे चौबीस वे गुण अब उनके गाते हैं।

हो गई, खून अपने से ही, घृणा, अब उन्हें इतनी,
अब, छोड़ उन्हें अकेला, चले, कहीं और जाते हैं।

नुक्स हर बात में हमारा, निकालने में बड़े माहिर।
शांति वे ढूँढ़ न पाते, होते दुखी, हमें भी सताते हैं।

बिता रहे हैं, बची जिन्दगी, उनकी छत्र, छाया में।
दिया, 'भगवान', सब, न जाने और क्या चाहते हैं?

ढूंढ ही लेते

लाया जाता, जिन्हें घर में, सुंदर डाल कर जेवर।
हैं जल्द दिखाने लगते, अपने बदले वो ही तेवर।

अलग रिहाइश, पा कर भी, होती नहीं तसल्ली।
लगें अच्छे ननद, ससुर, सास, जेठ, नाही देवर।

खाने, पीने को, बाहर का चाहिए, उन्हें महंगा।
गजरेले, राज भोग, मीठा हलवा, अमृती, घेवर।

मखमली गद्दे, सिल्की साड़ी, तगड़ी, रानी हार।
करते, फज़ूल की खर्ची, व बहुत हमारी फ़ेवर।

जो मांगे, तुरंत उन्हें चाहिए, बिन किसी तकरार।
लाना परम धर्म हमारा, कभी बने थे उनके वर।

नहीं किसी का, कसूर आप का, सुनाते फैसला।
हर मुसीबत में ढूंढ लेते, आरोप लगाना हम पर।

पूजना पड़ता, ईश्वर को भी, जिस प्रकार वे चाहें।
जाते जहां चाहें 'भगवान', बिन कोई सलाह कर।

बीच दुनिया

नहीं मालूम, क्या बीच, दुनिया में, चल रहा है।
कमाया खा न सकते, कोई फ्री में पल रहा है।

पक कर आ जाते, छप्पन किसी लिए भोजन।

शिक्षित बेचारा, बैठ कहीं, पकोड़े तल रहा है।

बन जाते, हज़ारों मूर्ख, अनपढ़ भी, यहाँ नेता।
मालूम नहीं, फिर कैसे, प्रशासन चल रहा है?

दे घूस, काम चलवाना, हुआ रिवाज, प्रचलित।
आये गुस्से में जब जनता, हर घर जल रहा है।

हो परमार्थ का भला, कहने को ख़लक़त चाहे।
करना विरला चाहे, यहाँ हर हाथ मल रहा है।

रख मौन, हर सरकार से, उम्मीद लगाए बैठा।
दे त्याग पत्र, कोई नेता, दल को, बदल रहा है।

बाबों की भी यहाँ, देख ली महिमा हम न्यारी।
भरोसे उन 'भगवान', प्रत्येक नेता फल रहा है।

बहाने मिले

साथ हम जिन, लगाए रखना था दिल।
थे दूर रहने के, उन्हीं को बहाने मिले।

चर्चा बात किसी पर, कभी हो न सकी।
शिकवे, शिकायत व किए उन थे गिले।

बिता साथ उन, दिन हर, किया निर्वाह।
रहे खुश, हो साथ, नाही कभी थे खिले।

बात अपनी, हर पर, हमेशा रहे वे अड़े।
हुए टस से मस ज़रा कभी नाही वे हिले।

रखना मौन पड़ा, मजबूरी, अक्सर बनी।
लब,'भगवान', दिखे जैसे किसी ने सिले।

शहद से बेहतर

दिया ज्ञान ब्रह्मचर्य का जिन, तपस्या उनकी भंग।
सफ़ेद पोशाक ऊपर तन, हाथ पे मेहंदी का रंग।

ख़ुशी सर्वत्र, व्यय असीमित, खाएं पीएं, नाचें सब।
चाल अनोखी, मौज़ उड़ाएं, लज्जा दूर, छोड़ संग।

अर्वाचीन में, क्या होगा, रहे दूर, आता न ख्याल।
गिरगिट भांति, नहीं भनक, बदल सकता है रंग।

अलहदा रह, कर्ज़ ले, लेना सीख, करनी गुज़र।
हर मामले में, बिन बुलाये, आ कई अड़ाएंगे टंग।

सहनशीलता कितनी भी हो, कर लेगी सीमा पार।
अर्थ नहीं, निकाल अनर्थ, बेशक, छेड़ देना जंग।

ख़ुश पल पड़ेंगे ढूंढने, मध्य, फिक्र, चिंता, व गम।
कैसे, क्यों, क्या, किस कारण, विचारें मचेगी दंग।

प्यार की मिठास, शहद से बेहतर, रखे हर आस।
वृद्धावस्था, आये याद, भक्ति 'भगवान' ही है चंग।

आकर्षण औरों में

देखना, जिन्हें न चाहा, उन्हीं से, की बात थी।
छुपते व छुपाते, हुई बार कई, मुलाकात थी।

होगा, अर्वाचीन में क्या, किया कोई न फिक्र।
दबाये रखा, सब कुछ, किया कभी न जिक्र।

जालसाज़ों से लगाव, था बढ़ा फिर से लिया।
आए न बाज, मुकाम नया, खड़ा कर लिया।

भरा, फूटना था भांडा, गया फूट, एक दिन।
करना पड़ा फिर वो, आती जिस से थी घिन।

शाही जिंदगी इक तरफ, सेवा दूसरी इलाही।
दौलत अपनो पर नहीं, ऊपर गैरों ही उड़ाई।

शत्रु घर के लगे सब, आकर्षण औरों में पाया।
मुख 'भगवान' से मोड़ा, भजन बाबे का गाया।

नादानी हुई

शुरू रोजाना, नई एक, कहानी हुई।
थी ख़ुशी औरों की लगा दीवानी हुई।

रही हालत खस्ता, न कभी पुरानी हुई।
मौसम बदले किन्तु रुत न सुहानी हुई।

चाह कर भी बातें कुछ न 'भुलानी हुईं।
रहे करते चिंता फिक्र बहुत ग्लानि हुई।

स्वीकारा सब हम, बहुत नादानी हुई।
कृपा 'भगवान' ने की, कल्याणी हुई।

नया स्वांग

बनी बेगम, शौहर की, कभी ख़ास थी।
टिकी इमारत, ऊपर नींव विश्वास की।

खड़ी रही कैसे, न जाने, काफ़ी देर तक।
दौलत प्यार, रही होती, संदेह से नास थी।

रहे लगते रोजाना, बिन वजह के आरोप।
मालकियत पूरी फिर भी जिंदगी दास की।

रहे दूर, ज्यादा बच्चों से भी, रखा न लगाव।
बनाई, शरीर की उस, एक जिंदा लास थी।

राज़ रखे छुपा उस सारे, अपने मन ही मन।
दिखती, बात हर में खटाई, उसे न चास थी।

घर को बहिश्त, कभी जहन्नुम सा बना दिया।
करती किसी तरह, महल उसी में निवास थी।

उथल-पुथल, हरेक पल, नए, साथ में स्वांग।
चारा 'भगवान', जब चाहे, देती ड़ाल घास थी।

नुक्ताचीनी

कर पढ़ाई, लिखाई, बने हम भी थे विद्वान।
जीने का सबक न आया, रहे होते परेशान।

थे सुखी बहुत, जान सब, दुखी हुए बेशुमार।
थके कर बाबे की सेवा, हुआ नहीं कल्याण।

मेहनत से कुछ न पाया, ताल से मिली न ताल।
रहे सदा हम पीछे, सही वक्त सके न पहचान।

टहल कर चलना सीखा, रही मंज़िल सदा दूर।
सहनशीलता न आई, लड़े बन सब से बलवान।

कमियां औरों में देखीं, की नुक्ताचीनी हर बार।
स्वच्छ तन, अपना रखा, किया दिन, रात, स्नान।

बन नेता भी देखा, जैसा चाहा, नहीं मिला आनंद।
दे त्याग पत्र, हटे पीछे, हाथ जोड़ दोनों 'भगवान'।

मांगे हिस्सा

कहानी हर घर की, एक जैसा ही किस्सा,
मरने से पूर्व ही बच्चा, मांगे अपना हिस्सा।

प्रेम पूर्वक, रहना कठिन, लड़ने को लाचार,
प्यार नहीं पैसा ही बने, हरेक लिए व्यापार।

बन दिखाए, हरेक धर्मार्थी, पूजे अपना इष्ट,
रूठे हर छोटी बड़ी बात पर व उठाये कष्ट।

स्वार्थीपन नहीं छूटता, है भूल जाता उपकार,
जान प्यारा जो कल था, बना देवे उसे गद्दार।

ऊपर कृपा किसी बाबे की, देती उसे निहार,
सुख, दुःख सब भोगा, बच कोई न सका यार।

जीतना चाहा हरेक ने, स्वीकारनी पड़ी हार,
कर्ज़, करने गुजर वास्ते, था लेना पड़ा उधार।

किसी तरह, जिंद के, हर काट लिए दिन चार,
देखी माया श्री 'भगवान' की, साधो अपरंपार।

शौक छूटा

साथ अपने न जाने हम कि हुआ ये सही।
पड़ी, उनकी माननी, सदैव हमें जो कही।

हाँ, नाह लगता जो अच्छा, होता था वही।
जिंदगी प्रस्थिति ऐसी में, थी कटती रही।

हँसने का शौंक छूटा, आए रोना भी नहीं।
उड़े सिर के जब बाल, पड़ा लगाना दहीं।

हुआ, अहसास, रहना साथ, पड़ेगा यहीं।
बोले बाबे 'भगवान' त्याग, जा और कहीं।

सत्यानाश किया

आ दिल में बसे ऐसे, कुछ कमाल कर दिया,
माहौल हंसी, ख़ुशी, न रहा, उदास कर दिया।

बनाया उन अपना, गैरों पर विश्वास कर लिया,
हूँजा सब, किया सुरक्षित, सब पास रख लिया।

चाहा, जाना जिधर, उधर प्रवास, उन कर लिया,
कोई स्थान समय बिताने का तलाश कर लिया।

मन भाता चारा और इकट्ठा उन घास कर लिया,

निकले बाहर, जब चाहा, घर निवास कर लिया।

गुंजाइश बदलाव दिखी, मालिक दास कर लिया,
पांव पर कुल्हाड़ी 'भगवान' सत्यानाश कर लिया।

वैसे न रहे

चाहा जिन्हें ज्यादा, जिंद अपनी जान से।
लिए तेवर उन बदल, वे फिर वैसे न रहे।

नजरंदाज किया उन, हर हमारी बात को।
थे रहे झेलते, प्रसाद,'भगवान' का मान के।

बेचारा रगड़ा

रल मिल लगे साथ रहने, शुरू हो गया झगड़ा,
जीत हुई न हासिल, था हाल वैसे बड़ा तगड़ा।

दिन रात फिर वर्त मौन. अक्सर हुआ माफिक,
था बिन वजह बारंबार, गया बेचारा ही रगड़ा।

बिन सबूत, और तहक़ीक़ात, जुल्म हुए साबित,
क़ैद-ए-बा-मशक्कत पायी, गया जो न पकड़ा।

जीवन बीता किसी तरह, पड़ा झेलना ज़ोर लगा,
दिखा पत्थर 'भगवान' मोम और सहमा मुखड़ा।

भरा न पेट

मतभेद, व मनमुटाव से, भरा अपना न पेट,
जहाँ भी जाना चाहा हम पहुंचे वहां थे लेट।

छान बीन खूब की, फिर छोड़ा पूछ के रेट,
सुखी कभी हुए दुखी, ऐसा हमारा था फेट।

चक्र प्यार के, रखे दूर, व की कभी न डेट,
बिन किसी नौकरी, धंधे, दिखे हम थे सेठ।

तुरन्त चाहा, ग़र नहीं तो. छोड़ी करनी वेट,
द्वार एक बंद, तो सोचा, अनेक खुलेंगे गेट।

गठबंधन हो गया अचानक, सोल पायी मेट,
फुर्ती छूटी, हुए आलसी, निकला आगे पेट।

जन्म भूमि भूले अपनी, तहसील जिला स्टेट,
मछली कोई फँसी कभी न, रहे डालते बेट।

प्रभु की वंदना, करते हारे, दी न किसी रिबेट,
तख्ती पे लिखा 'भगवन', सवाल ऊपर स्लेट।

घेरा गम ने

रहना कैसे यहाँ पर, सीख लिया था, हम ने,
चढ़ा हर दिन, किसी फिर, घेरा नए गम ने।

हल निकालते तत्काल, अक्ल न ऐसी पायी,
बनी मासी असली कोई नाही हमारी ताई।

संतुलन खोया अपना, की कभी खूब लड़ाई,
हाथ जोड़े कभी आगे शत्रु, बनाया उसे भाई।

सबक स्मरण कर न पाए, किसी जो सिखाया,
नाच, टप, खेल, कूद के समय अपना गवाया।

होते रहे हम किसी तरह उत्तीर्ण, सोये न जागे,
रहे खड़े, बैठे, लेटे, कभी बिन वजह ही भागे।

प्रेम, प्यार से बाँधा हर, प्रयोग कच्चे किए धागे,
वो भी दिन, केवल चार ही, थे ऐसे हम अभागे।

हर काम में अपने बेगाने, आ कर, टांग अड़ाई,
मात खायी कई बार, व फिर भी अक्ल न आई।

ऊपर ईश्वर, सब छोड़ हम, करते रहे निर्वाह,
आस रखी उस पर, करेगा, सोचा वो ही भला।

ठंडा मान, छुआ जिसे, दिया उस ही हमें जला,
पता 'भगवान' उसका, तनिक भर न हमें चला।

दुःख ही दुःख

भाई, ताया, चाचा, बोला किसी ने हम को पा,
मेहनत हमें करनी पड़ती, चढ़ जाता था साह।

क्या तकलीफ़ किस को होवे जाने हमारी बला,
दिया कह अमृत हर, किन्तु जहर ही वो मिला।

भोली, भाली सूरत वालों ने भी, हमें लिया चबा,
सबक सिखाना चाहा, किन्तु हो न सके खफा।

सुख, दुःख सब का बांटा, व मिटाई हर कलह,
प्रेम पूर्वक रहना सीखा दी सब को हम सलाह।

ऊंच नीच और मत भेद से हम, रह दूर न पाए,
जिस चाहा पीछे पीठ हमारे अच्छे तीर चलाये।

प्रभु से विश्वास हटा न कभी, कितना डगमगाए,
हुआ आखिर हिसाब, व निकली सब की हाय।

लगा मार्ग जो भी अच्छा उसे ही था अपनाया,
हटे न पीछे, रहे डटे, था काफी बोझ उठाया।

जान मारी जिन के लिए, कभी न उन सराहा,
दिया सुख, उस बदले, दुःख ही हम ने पाया।

रिश्ते नाते सखे बथेरे, काम विरला ही आया,
स्वार्थी, छोड़े सारे व गुण 'भगवान' का गाया।

किया उपकार

घूम देख ली दुनिया सारी मिला न कोई सहारा,
विश्वासघाती निकला वो भी, था जो लगा प्यारा।

सब रंग दिखाए कुदरत ने, सज्जन न कोई यार,
जीत चाही यहां सब, पड़ी कहानी अक्सर हार।

पढ़ाई लिखाई हुई पूरी खत्म नाही हुआ दबाव,
माँ. बाप का लाड़ला, बन कभी न सका नवाब।

जैसे तैसे कर हम मेहनत, कमा पैसे लिए चार,
दास, नौकर, गुलाम बना हरेक किया उपकार।

साथ निभाने की खायी कसमें थी जिस हो तैयार,
होगी रोज लड़ाई, उस से, न आया कभी विचार।

था संसार में आना जाना भी कई पड़ा देखना बार,
लड़े युद्ध भी घमासान कभी हम शूरवीर बन वार।

राजनीति पेचीदा, आई न माफिक, रहा खेल न दूर,
अच्छे बुरे प्रचार ने 'भगवन', हमें भी किया मशहूर।

सुख समाचार

खबर, खुशी की तो श्रेय पाया, श्री बाबा जी ने।
अन्यथा 'भगवन' हमें फल मिला था कर्मों का।

हुआ यहां वही

बोयी कभी जो खेती, खिल रही है,
जैसे भी हम अच्छे गल ये सही है।

रोज़ पहेली नई, सामने चल आई,
विद्वान हम हर सुलझाई न गई है।

जग सपना, मुसाफिर, कुछ दिन का,
हर ग्रन्थ में बात समझाई, हमें गई है।

पढ़, लिख सब देखा, मिला न किनारा,
आना व चले जाना, होता यहां यही है।

उम्मीद रखनी छोड़ी, और संतुष्टि पाई,
गिला कोई किसी से, रहा अब नहीं है।

किया, जो मन में आया, ज़ोर लगा कर,
लिखे लेख 'भगवान' हुआ यहां वही है।

तसल्ली न हुई

कंकर कई आगे कभी पत्थर दीवार थी,
जैसे भी हुआ जिंदगी अपनी गुज़ार ली।

पढ़ने का दबाव बहुत, मुश्किल से सहा,
बचपन में बहुत कूदे, जवानी ख़ुमार थी।

निश्चिंत हो कर जीये, कभी रुकी न हंसी,
अचानक रुत आयी, करने को प्यार की।

छूटा हंसना, और बोझ फिर, पड़ा लादना,
छा गई हुकूमत सर पर, नई सरकार की।

दिए कम, मानसिक ज्यादा, लिए थे तनाव,
प्रति दिन, नई, आती, अलग ही, बहार थी।

ख़ुशी, दिया करते बच्चे, कभी चिंता, व गम,
युद्ध, लड़ाई अक्सर, आर होती थी पार की।

दिया उस हमें बहुत, तसल्ली फिर भी न हुई,
तमन्ना हुई थी न पूरी 'भगवान' के दीदार की।

कर लिया मंजूर

दौलत की भूख न मिटी, खाली खोपड़ी,
डाल पाए, पेट में, कभी रोटी न चुपड़ी।

कम किसी ने, पैसा, बटोर लिया, ज्यादा,
हराम का हम खाते, बना सके न इरादा।

आ, रोज़ कोई टकराई उलझन नई नवेली,
छोड़ी न जान हमारी, थी किसी ने अकेली।

विश्वास किया हर पर, बना कर, अंग अपना,
जिंदगी में शायद, लिखा केवल उस खपना।

सुख की सांस लिए, कुछ देर ही कभी आती,
दुविधा हर तरह की, बिन बुलाये आ सताती।

काटी, किसी तरह, जिंद अपनी बड़ी नादानी,
आया वक्त, लगी दिखनी, देह, बहुत पुरानी।

मुंह पर झूर्रियां, छाई सर पर, दूध सी सफ़ेदी,
मौलवी कह पुकारा क्षत्री, किसी हमें चतुर्वेदी।

तनहाई घर में हम ने, कुछ इस तरह की पायी,
सुना बुजुर्ग, सत्तर बहत्तर, पागल कभी शौदाई।

प्यार छोड़ा, देना प्यार, अति प्यार से किया दूर,
मान रज़ा, 'भगवान' तेरी, हम कर लिया मंजूर।

उल्लू सीधा

आस, पास, थे बथेरे, हमें जो सताते,
बैठने न देते, बिन वजह ही उठाते।

दुःख, दर्द, पीड़ा, रोज़, हमें थे बताते,
पूछते, कर बात, कितना हो कमाते।

लेते, काम फोकट में, कभी न सराहते,
जितना भी, हो सके, हो ख़ुश वे दबाते।

कर उल्लू सीधा, काम अपने को चलाते,
मूर्ख हम, जो गीत, फिर भी उनके गाते।

उच्च के बन बाबे दासानुदास हमें बनाते,
खून चूसा करते निरंतर, व सेवा करवाते।

हम जैसे कई, रहे पीछे भागे, उनके जाते,
हैं मानव शरीर में वे हरी, सभी को बताते।

सब, विश्वास अंध रखते, कच्चे चबाये जाते,
परम भक्त 'भगवन' कभी रावण कहलाते।

जपते रहे नाम

छोड़ देश पहुंचे विदेश, किया जलपान,
कमाए,वहां, दो पैसे, मारी अपनी जान।

मौज अपनी में झूमें, और रहे हम व्यस्त,
इकट्ठी कर के लाते, चाहिए थी, जो रस्त।

पेट बढ़ाया, आया जो आगे, लिया था खा,
ज़ोर लगाया, ले कर्ज भी, पूरे किए थे चा।

हमें, सर्दी कभी गर्मी ने, सताया था बहुत,
खुद में नहीं, दिखी हमें औरों में ही खोट।

ज्ञान गोपनीय, दिया श्री बाबे ने, हो दयाल,
रहे उम्र भर चरनी उन चढ़ाते फिर माल।

जिंदगी भर रहे देखते, थे हुए जो कमाल,
मिलेंगे हमें धोखे, पूर्व किया नहीं ख्याल।

पूजे श्रद्धा से देवी, देवता, लगा पूरी लगन,
नाम 'भगवान' का रहे जपते, हो हम मग्न।

महिमा अपरंपार

हरेक जगह जा देखा हम, सच्चा दरबार,
मुखिया पाये जहां, सब भक्तों का प्यार।

नाशवान माया की जरूरत, होता व्यापार,
नेता भी देखे रखते, कायम कैसे सरकार।

तन, मन, धन से करो सेवा, जीवन का सार,
करनी, जिस ने छोड़ी, बना यकीनन गद्दार।

काम काज छोड़ पहुँचते, सब नर वहां नार,
थक जाते, अस्वस्थ होते, लौट जाते वे यार।

पल अच्छे बाबे कृपा, बुरा वक्त कर्म हमार,
ऐसे नियम किस बनाये, किया नहीं विचार।

घर में नौकर चाकर बथेरे, उठाते वहां भार,
बुद्धिजीवी गाते, महिमा बाबे की अपरंपार।

बाबे वचन इलाही, वे बताते, भव से देते तार,
छोड़ 'भगवान' उन्हें निहारते, दे पूर्ण सत्कार।

नाजायज लाभ

जिंदगी में, देखे हम, खुलते कई राज़,
हुए नज़र से ओहले, था जिन पे नाज़।

यार मतलबी बथेरे, अस्वार्थी बड़े कम,
था देर तक साथ, पाया उन से न जम।

प्रेम, प्यार कर लिया, फिर पछताये हम,
दुःख की बदौलत, रहीं आँखें होती नम।

घर में थे छोटे, मानी हर की, हम ने बात,
बिताते रहे हम, हर सप्ताह के दिन सात।

हुक्म, किसी पर चलाना, हमें आया न कभी,
उठाते नाजायज ही लाभ रहे हम से थे सभी।

थे कुदरत के. देखे हम ने, अनेक ही कमाल,
साथ रूखी, सुखी, हम ने खायी सब्जी दाल।

घूमे देश देशांतर, उत्तरी अमरीका व नेपाल,
'भगवान' सर्वशक्तिमान, हम पे रहा दयाल।

दुश्मन जमाना

साथ इत्मीनान, करनी स्वयं से पड़ती बातें,
शांतिपूर्वक दिन और बीती जा रही हैं रातें।

सभी अपने हुए पराए, दुश्मन हुआ जमाना,
खुश हो कभी न पाया, जब से हुआ दीवाना।

मेहनत कर गुजारा, हमेशा होता रहा हमारा,
जिंदगी में रूप हर का हम देखा बड़ा न्यारा।

माँगा जिन, दिया उन्हें, मिला न कभी सहारा,
खुदगर्ज वे निकले, पश्चात न चाहा था दुबारा।

बस, पैदल, रिक्शा, टाँगे, कभी नीचे थीं कारां,
विदेश गए चढ़ जहाजी, हम खर्चे नोट हज़ारा।

सुकून रहित गुजारी जिंदगी, बजे रहे थे बारह,
कइयों ने निकाले मतलब व नौ दो हुए ग्यारह।

सुन लो भक्तो, हमारा अनुभव कान को लगाये,
दुःख, पीड़ा रहे सहते 'भगवान', की न थी हाय।

मिला जो जॉब

किया माड़ा मोटा काम, बना नहीं नवाब।
बदलना था वक्त, होगा पूरा लगा ख़्वाब।

हर तरफ से अचानक बहुत पड़ा दबाव।
किसी को लगा न अच्छा दिया जो जवाब।

फस गए, चक्र-व्यूह में, हानि सोचा न लाभ।
मिलेंगे फूलों के संग कांटे, गेंदा क्या गुलाब।

सर झुका स्वीकारा, स्वयं कूदे, बीच तालाब।
पी, लोगों ने समझा, कि हम रखी थी शराब।

जैसे चला, चलाया, चाहा, रखा दूर इंकलाब।
दो रोटी लिए 'भगवन' किया मिला जो जॉब।

बिन प्रेम प्यार

क्या लाभ, कर विचार, पहलवान था दादा,
नक्शे कदम, चल न सकना, जीवन सादा।

प्रति दिन के झंझट बहुत, रखा हमें व्यस्त,
नाम करते पैदा हम भी, बना नहीं इरादा।

गुज़ारने पल, कमाते दो पैसे, कहाँ आसान,
परिश्रम कठिन, वो भी करना पड़ा ज्यादा।

जरूरत अनुसार पौष्टिक व्यंजन पेट ने मांगे,
मन मारा, मिला जो, उस को ही हम खादा।

काटनी पड़ी जिंदगी अपनी, बिन प्रेम प्यार के,
किया सब जो था करना, जब देखा टूटा वादा।

बच्चे हुए, किस्मत अपनी रुआब उन जमाया,
नर किसी ने कुत्ता घर में ला कर पाला मादा।

बाबों ने. कर कृपा, दिया भक्तों को आत्म ज्ञान,
रखा उन, दूर 'भगवान' से, पूरा किया न वादा।

लख चौरासी

बाबे हमें रोजाना, मिलते रहे महान थे,
प्रवचन उन सुनाये, बहुत हमें ज्ञान के।

मन एकाग्र कर, उन बोला, बच्चे हो मग्न,
साधन बताये, है लगाना कैसे, ध्यान के।

दूर करनी, लख चौरासी, जीवन का लक्ष्य,
विराज सिंहासन, किया करते, कल्याण थे।

प्यार में न पड़ना, मुखारविंद से कहा करते,
निशुल्क में बना सेवक, लिया करते दान थे।

प्रचार मेरा करते रहना, मोक्ष पानी है अगर,
त्याग, औरों की परवाह, रहते पूरी शान से।

जग सराय कभी कहते सपना, बनना परमार्थी,
आज्ञा. हर का हो पालन, निकले जो जुबान से।

सदाचारी बन कर रहना, कहा करते थे कभी,
पूजनीय परम व बनते भक्तों के 'भगवान' थे।

दिखाया लुक

मिली हंस कर हमें ख़ुशी, नाही रो के दुःख,
भाग्य में उस लिखा था, शायद न कोई सुख।

खाते कैसे, मन भौंदा, व पहनते औरों जैसा,
जैसी आई हवा, मुताबिक़ उस, बदला रुख।

लिम्बी, पोची पड़ी करनी, उठ सुबह रोजाना,
पसंद आया जो औरों को दिखाया उन्हें लुक।

अध्यापकों के, पड़े पल्ले, बेरहम उनके दिल,
वे बोले कर सब याद, दी हर थी उन जो बुक।

प्रेम प्यार के मामलात ऐसे, तनिक थी न थोड़,
सिर मुंडवाने पड़े, हम को, रखनी कभी मूँछ।

जाना पड़ा, उधर को, थी जिधर की हमें न चाह,
राह अपनाई वो, खैंची ओर जिस किसी ने पूँछ।

लगा बाबे सेवा में तन, मन, धन, बिता दी जिंदगी,
किया 'भगवान' अति दूर, पास बुढ़ापे में न कुछ।

तोड़े रिश्ते

बड़ी मुश्किल से, था जो भी कमाया,
खर्चा कम, ज्यादा जोड़, उसे बचाया।

फिर पड़ प्यार में. काफी उसे लुटाया,
पश्चाताप ने घेरा, गया जब ठुकराया।

ईश्वर छोड़ा, बाबे चरनी, सीस झुकाया,
तारीफों के पुल बांदे, जयकार लगाया।

बच्चों की परवरिश में भी बहुत लगाया,
हाथ पीले किए जब, लगा गंग नहाया।

बुढ़ापे में बात न पूछी, रुआब जमाया,
अपनो ने तोड़े रिश्ते, किया उन पराया।

सुख नहीं, हरेक, जाम दुःख का पिलाया,
भरी महफ़िल में भी, ख़ुद को तन्हा पाया।

वृद्धाश्रम में दिन हम काटे, समय बिताया,
अपने आप से की बातें, 'भगवान' रिझाया।

स्वार्थ सर्वत्र

तेईस गया, चौबीस आया, रंग कैसा लाएगा?
दुनिया में, युद्ध छिड़े, बंद कैसे कर पायेगा?

घृणा, नफरत, फ़ैली हर तरफ, इस संसार में,
जगा प्यार की ज्योति, मिटा उसे क्या पायेगा?

कुकर्म छुड़वा, सध कर्म की, दिखा अहमियत,
हर दिल में, ये कितना, प्रेम भाव बढ़ा पायेगा?

लालच लिए झूठ, पाप मिले देखने को जो रोज़।
स्वार्थ सर्वत्र फैला यहां जो, मिटा उसे ये पायेगा?

मिट जायेगा, माहौल जश्न का, कुछ ही दिन में,
रोजमर्रा की जिंदगी में ये हर भूल सब जायेगा।

भूल जायेगा नाचना गाना हकीकत ही मंडराएगी,
रोना धोना रहेगा वैसा, ये कुछ बदल क्या पायेगा?

चिंता के घेरे से निकलना कठिन, होगा न आसान,
सुख चैन से 'भगवन' हर, पचा क्या भोजन पायेगा?

डाला सवाल

विंटर, समर, हर वर्ष, आती रही फाल।
मिरेकल बड़ा न कोई देखा हम समाल।

बिन वजह. देखे हम ने, मचते कई बवाल।
अहिंसा में कान लाल कभी होते रहे गाल।

धन, दौलत, लक्ष्मी, चाहिए सब को माल।
पचा चाहें न सकें, दूध, सब्जी, रोटी, दाल।

कटु बचन करें घात, आया न कभी ख्याल।
हर तरफ, सुने प्रवचन, है फैला मायाजाल।

जिस साथ भी बैठे हम, उस डाला था सवाल।
थी देखी पश्चात उसकी, बदलती हम ने चाल।

प्यार में भी, पड़ कर देखा, उड़े थे हमारे बाल।
ताल से मिल पायी कभी न उन से हमारी ताल।

भूत, व्रत में स्मरण किया चिंतित भविष्य काल।
कभी, कर कृपा 'भगवान', किया हमें निहाल।

प्यार में घृणा

चाहा जो करना, था किया, दिल मार के।
झेलना पड़ा सब हमें, आखिर में हार के।

कई किस्से बनते ऐसे, रोजाना प्यार के।
शत्रु बने देखें हम, जो कभी होते यार थे।

अंधेपन में स्वीकारा, हम बिन विचार के।
माना उन्हें, पश्चात फेंका जिन, उतार के।

कह कभी किसी से पाते, थे न विस्तार से।
वे पूजा पाठ करवाते, लगा पाते न पार थे।

प्रेम प्यार में घृणा, मिली हमें धिक्कार थी।
चाहा 'भगवान', हुई किन्तु बाबे दीदार थी।

बदलेगा मौसम

नाह कर हारा, फिर करना पड़ा प्यार।
कुछ दिन गुजरे, सुननी पड़ी धिक्कार।

होगा अच्छा सोचा व रखी सदा उम्मीद।
हुआ जो भी झेला, थे लिए न जिस तैयार।

करने को पास था बहुत, रहा दूर हर कर्म।
बदलेगा मौसम अवश्य, आता रहा विचार।

अगर दिन था ठंड एक तो आये अनेक गर्म।
मार्ग बहुत ही लम्बा, पड़ा चलना था टू फार।

कोई हल वार्ता से निकला, नाही रह कर मौन।
पाली पीने की आदत, नाही कभी गए थे बार।

कभी मुंह से कुछ न बोला, रखा सब ही अंदर।
कृपा बिन चाहे श्री बाबा थे रहे करते अपरंपार।

जीवन के किसी तरह, कहूँ कैसे, बीते वर्ष पचास।
डगमगाई 'भगवान' नैया, लगा पाया, कोई न पार।

बे जुबान हो गए

अचानक स्कूल पड़ा जाना, हैरान हो गए।
वहां पढ़ लिख कई पोथियाँ विद्वान हो गए।

था कईयों का व्यवहार, वहां आया न पसंद।
बड़े, बदौलत वातावरण, हम शैतान हो गए।

वहां करना पड़ा जो भी था सिखाया मास्टर।
रामायण, गीता, महाभारत, व पुराण खो गए।

नहीं स्मरण हुआ कभी हमें पढ़ाया गया पाठ।
आयोजित वहां बारंबार, थे इम्तिहान हो गए।

घर वालों को चाहिए थे, अवल देखने को अंक।
कठिन ला पाए न हम जब, थे बे जुबान हो गए।

रोजाना रो धो कर ही अपनी गुजरी थी जिंदगी।
मित्र कभी दुश्मनों के हम पर अहसान हो गए।

जागे, सोये, दौड़े, कूदे, लगे कभी. करने थे योग।
आत्मा का दे बाबे हमें ज्ञान पूर्ण 'भगवान' हो गए।

लड्डू विवाह का

लड्डू विवाह का परोसा खाया हम ने भी था।
तत्पश्चात पड़ा प्रभाव, थे लगे लिखने कविता।

खुद लिखी, पढ़ी गायी, व रिकॉर्डिंग सुन ली।
बजा बॉलीवुड के गानों की थी कभी धुन ली।

चाय लस्सी शर्बत के भर हम, पीये थे गिलास।
अक्सर प्रसन्न न ज्यादा, रहना पड़ा था उदास।

अचानक अति हुए दूर, सदा रहते थे जो पास।
चंद दिन में समाप्त, था सारा हो गया उल्लास।

जपा कृष्ण और राम, हम, सुनी कभी टायें टायें।
कान हो गए थे बेहरे, कइयों की सुन हाय, हाय।

करने पड़े क्रियाकर्म, हुए जब, अपनों के देहांत।
उचाट मन बहुत और कुछ दिन रहा था अशांत।

बाबों की कृपा न छूटी, थे होती सदा रही हम पर।
हटे पीछे न 'भगवन' सताते रहे वे भी थे जम कर।

रहे न खास

मन हुआ उचाट, रहे न खास थे।
साथ वे जरूर, किन्तु न पास थे।

छोड़ दी हम, अब करनी प्रतीक्षा।
तनिक भर पात्र, रहे न विश्वास के।

दोष भी, उन्हें, दे सके, हम न कभी।
किसी तरह, साथ गुजरे उनचास थे।

बदल जायेंगे कभी, उम्मीद ही रही।
हुक्म हर माना रहे बन हम दास थे।

गिले, शिकवे, शिकायत, बहुत उन्हें।
आजादी खुदमुख़्तारी सदा पास थी।

कहीं का न छोड़ा, हुए पूर्णतया सफल।
रखा करते 'भगवान', कभी उपवास थे।

जख्म न भरे

खुश रहने का मौका अक्सर ही मिला,
जुल्म होते रहे और हम भी सहते रहे।

पुराना वक्त जो बीता याद आता रहा,
पूर्व के, जख्म न भरे, रहे मिलते नए।

थी दिल लगा कर, जिनकी इबादत करी,
नजदीक कभी न हुए और दूर वो न गए।

था दिया छोड़ लिए जिन, हम सारा जहाँ,
थे जैसे उनके कभी हम, अब वैसे न रहे।

चाहते लेना था इंच, लिया पूरा उन मील,
दिखाने धौंस वे लगे, नज़र आता न भय।

काट ली साथ उन, हो सका जैसे भी जिंद,
साथ गमों ने न छोड़ा, सहचर बन वे रहे।

ज्ञान आया न काम, बिगड़ा वर्त व भविष्य,
मौन दिखे 'भगवान', उन्हें हम, ध्याते रहे।

डाला घी

रखा, प्यार को दूर, घृणा उन्होंने दी।
आग लगी ऐसी, सब बीच, डाला घी।

हर बार उन जताया, मी ही बस मी।
हर बात, हार हम, कर स्वीकार ली।

खा साथ बैठ अब, ले सकते नाही टी।
हर काम की शुरुआत, अकेले ही की।

प्रशंसा में, शब्द एक, हम सुनते रहे शी।
था रहा मन में हमारे आता, लैट इट बी।

किस्मत कुछ अच्छी, लिखी न उसने थी।
नफरत दी, घर में बथेरी, बाहर सुना जी।

प्यार की स्वयं भूले, हमें भुलाई ऐ बी सी।
बंदी घर में हमें बनाया, हो गए खुद फ्री।

ठहरे दोषी हम, बिन सबूत, थे हुए न बरी।
हाथ रख सर पर 'भगवान', कृपा थी करी।

फिर से रब

वादा जन्म सात का किया जिन कभी।
साथ एक भी निभाना, कठिन हो गया।

प्यार चाहते थे हो हरेक पल और घड़ी।
पास उन के अब आना गज़ब हो गया।

बनाया अपना और छोड़ा कहीं का नहीं।
पराया उनके ही लिए, अब सब हो गया।

लगे आँखों में खड़कने थे जो उनके कभी।
शख्स वोही 'भगवान' फिर से रब हो गया।

प्यार में शर्मिंदे

घर अपने में, बड़े, हम शिंदे रहे।
आया यौवन, प्यार में शर्मिंदे रहे।

थी पढ़ाई, किसी तरह, पूरी करी।
चिंताओं ने घेरा बहुत, हुए न फ्री।

पांचों उंगलियां रहीं, घी में न थीं।
मुँह मुलाहजा, सलाम की सभी।

जब आया वक्त, घिर गए प्यार में।
पर ऐसे कटे, बंदी भी बने हार के।

प्यार में दिन कटे अभी न चार थे।
दूर अपने दिखे, और सब यार थे।

हमें धुन साथ उनकी पड़ा नाचना।
रहा अपना नहीं, गैर उन का बना।

गुजरे साथ, वर्ष कई, बिन प्यार के।
डूब पाए, 'भगवान', न लगे पार थे।

सवाल बथेरे

किस्मत में, जो भी था, यकीनन वही मिला।
प्यार खत्म, फिर शिकवा शुरू हुआ गिला।

फासला बड़ा, बहाने, आये सुनने में बहुत।
ठंडे पड़ गए वो ही, थे हुआ करते जो हौट।

कर आपसी बातचीत, निकला हल न कोई।

कर प्यार हालत, अच्छी कहाँ, बुरी ही होई।

सुन लेते वे किसी की, लगे अच्छे न विचार।
इकरार, किया करते, अब बराबर इनकार।

आये जो उन के मन, लगता उन को है सत।
गल बात कम, फून बंद, वर्जित हो गए खत।

गया प्यार, पैसे से तोला, लगा के, पूरा हिसाब।
सवाल बथेरे किन्तु किसी का, मिला न जवाब।

कर प्यार, क्या कमाया, चांदनी दिन की चार।
सुने प्रवचन बाबत 'भगवान', लग पाए न पार।

चाहत अधूरी

रही चाहत अधूरी, साकार हुआ नहीं सपना।
पराया किया सब ने, था बनाया जिन अपना।

बहार का मिला जो भी, था पड़ा उसे चखना।
अवश्य आएगा दिन, सोच होगा जो सुलखना।

दिया बाबा जी ने ज्ञान, बोले इसे छुपाये रखना।
आज्ञा हर मेरी माननी, प्रेम से कहा था मखना।

काल करोना का आया, मुंह को पड़ा ढकना।
खर्च इलाज ने माँगा, खाली जेब, पास लख न।

मौन धारण कर बैठे, सत नाम हमें पड़ा जपना।
खो गए, कहाँ, कैसे, की मुनादी, हुआ न लभना।

जिस चाहा लाभ उठाया, रहा पास हम कख न।
दुःख, दर्द, पीड़ा, सुनी न किसी, दूर था तकना।

लगे बन अनुयायी छड़पने, गुरु, मिला था टपना।
थी किस्मत 'भगवान' मनहूस, पड़ता रहा खपना।

छिड़ी महाभारत

किस्सा. साथ अपने भी भयानक हो गया।
अपना, जिसे न देखा, अचानक हो गया।

लुटा दिया भूत, भविष्य, व सारा वर्तमान।
बेवकूफी का नशा, सयानपन में खो गया।

हम, रखा न कुछ छुपा, उगल दिया सब।
विश्वास बदले संदेह, था व्यापक हो गया।

छिड़ी बिन वजह महाभारत, न जाने क्यों।
गायब मिठास, कड़क उच्चारण हो गया।

दी बाबों ने आशीष, सहानुभूति के साथ।
लगा, दूर 'भगवान' मेरा, मुझ से, हो गया।

मुखातिब हुए

कहने को संत, रहते थे नवाबों से।
पड़ा था हमारा वाह, ऐसे बाबो से।

खाते फाइव स्टार, कभी ढाबों में।
करते बहुत कमाई, बिन जाबों से।

प्रत्यक्ष रूप, मिलते कभी ख्वाबों में।
मुखातिब हुआ करते, थे वे माबों से।

मतलब होता केवल, अपने लाभों से।
सेवा करवाते 'भगवन', वे रुआबों से।

लगाते घात

किया जिन्हें प्यार, खायी उन्हीं से मात।
थे पाँव छू जो लगे गले, मारें अब लात।

हैं पास, नज़र से दूर, बने ईद का चाँद।
कटते साथ उन , सप्ताह के दिन सात।

हैं. चुप रहते अधिकतर, रखते वर्त मौन।
वे करने को चाहें, कोई शायद नहीं बात।

कर यत्न हर हारे, हुआ तनिक न सुधार।
जब कभी चाहें बोलें, व लगा देते हैं घात।

दर्द शरीर में पीड़ा, वे बताते हैं कई रोग।
विश्राम लिए नीचे, सदैव रहती उन खाट।

गुस्से से भरपूर, रहें पास, उनके मिज़ाज।
ढूँढा 'भगवान' सर्वत्र, मिली कहीं न काट।

बल से शक्ति

श्री बाबे जी के चमचों ने, हमें समझाया था।
बाबा उन, कलयुग में ले अवतार आया था।

पास उन केवल खज़ाना, ईश्वरीय ज्ञान का।
लगा देखने में वो पुरुष, हमें भी महान था।

दिया अर्जुन को जो कृष्ण, सुना वो बांटता।
सिवाय उन, राह न कोई यहां और जानता।

दिन रात, बारे उन, सुना हम, व्याख्यान था।
सिंहासन पर वे, या चित्र उन विराजमान था।

वेद, शास्त्र के निचोड़, रखे आगे, विद्वान था।
बहुत शक्तिशाली, दरबार भी, आलीशान था।

बिन छानबीन किसी, किया सब परवान था।
अपना तन, मन, व धन, किया उन्हें दान था।

बचपन व जवानी, लगा दिया, उनके नाम था।
कांड उनके देखे जब, दर ढूँढा,'भगवान' का।

गैरों से प्रेम

देखने में साथ बहुत, वैसे दूर हैं।
बिता रहे वक्त, अपने गुरूर में।

करें मनमानी, और जताते हक।
न सोचें कभी हमारी, मजबूर हैं।

गैरों से प्रेम, अपनों से न वास्ता।
हिदायत बाबों से, लेते जरूर हैं।

पाँव अपने कुल्हाड़ी, मारते खुद।
प्यार 'भगवान', उन से भरपूर है।

दल बदला

बन बैठे हम बाबे, इकट्ठा माल हो गया।
बिन वेतन हर अनुयायी, दलाल हो गया।

हुई बिन खर्च हर सुविधा, सदा हमें प्राप्त।
हर नेता, हमें टेके माथा, कमाल हो गया।

शादी रचाई, और किए बच्चे, हम भी पैदा।
बनाया पावन परिवार, प्रभु दयाल हो गया।

राजनीति में भी, जमाया हम अपना पाँव।
पराजित हुए जब, धांधली बवाल हो गया।

जुआ खेलने की लत, रही फिर भी कायम।
पद मिला, सफल हमारा अभियान हो गया।

पार्टी ने छीनी, व जब की कुर्सी न वापिस।
दल बदला, और कहा, टेढ़ा चाल हो गया।

भक्तों ने दिया, हमारा छोड़ा कभी न साथ।
बुरा 'भगवान' यद्यपि उन का हाल हो गया।

दिशा हीन

लगी माना जिसे लाटरी वास्तव में जुआ था।
प्यार, धीरे से शुरू, पूरा फिर बंद हुआ था।

कभी वार्तालाप, ठीक तरह से हो न पाया था।
संतुलन अपना, बिन वजह, हम ने गवाया था।

हाथ पैर मारे, किया हर यत्न, राह न मिली थी।
लगाया ज़ोर बहुत, मुरझायी खेती न खिली थी।

विश्वास, व आस्था हुए विभिन्न, कुछ ऐसे बटे थे।
हुई युद्ध रेखा निर्धारित, अचानक दोनों डटे थे।

शांति प्रस्ताव ठुकराया फिर स्वीकार किया था।
इकरार को भुलाया हर बार, इनकार किया था।

दिशा हीन. लगता जीवन का, आ गया मोड़ था।
बहुत लम्बा, वो 'भगवान', और काफी चौड़ था।

पल आये बथेरे

शान शौकत से जिसे, अपना बनाया था।
किया, लाड़ प्यार और सर पे चढ़ाया था।

अच्छा लगा न तनिक, हमारा उन्हें बर्ताव।
लगे निकाल हमें देने, रोज़ वे नए खिताब।

वे भूल गए ईश्वर को, जिस सब रचाया था।
बिन सोचे समझे उन, हमें खूब सताया था।

सहा सब हम ने, ताकि, रहे शांति बेक़रार।
किया वर्षों भर हम, बहुत अपना बुरा हाल।

कभी कबाड़ी, लगी अच्छी, उनकी न मर्जी।
खड़ा होना पड़ा विरुद, हो मजबूर सर जी।

पलटने को, तख्त उनका, हुआ जब तैयार।
गया, किसी तरह रुक, दिन केवल था चार।

कारण बाबों की कृपा, आये पल ऐसे बथेरे।
चांदनी 'भगवान' हुई दूर, प्रातः दिखे अँधेरे।

दिन बहार के

भूलते नहीं, आ रहें हैं याद, दिन बहार के।
भूला भटका करते, पास बैठते थे यार के।

आएंगे, दिन अच्छे, थे रहते, हम इंतजार में।
तन, मन, धन, लगा देते, बाबे के दरबार में।

गए बीत, पल वो सारे, थे रखे जो निहार के।
आये जीवन में कुछ रोज़, थे अरसे प्यार के।

धर्म ऊपर सुने व्याख्यान भी बड़े विस्तार से।
अवतार विष्णु, कहा किसी, वे थे करतार के।

स्वार्थ उन में भी देखा, जुटे जो, प्रभु प्रचार में।
स्वरूप देखने में जो रखते, सच्चे सरकार के।

लक्ष्मी, नगद नारायण, मायावी, जहां भंडार थे।
प्रचलित हर स्थान वारे न्यारे, उसी परिवार के।

स्वस्थ तो पास मंडराते, दूर सब, ग़र बीमार थे।
फल कर्मों का पाया 'भगवान', हम हकदार थे।

आटे न दाल के

उल्फत नाही ज़र से, हुए मालामाल थे।
भाव मालूम, आटे न कभी, हुए दाल के।

जो भी मिले हम को, बड़े ही कमाल थे।
कर इस्तेमाल छोड़ा हमें, अपने हाल पे।

होते रहे, अनुभव वर्षा, गर्मी, सियाल के।
हैं याद, थप्पड़ लगे जो मास्टर के गाल पे।

वूल, लैदर, कोट, पहने कभी हम खाल थे।
निकलो बोले बाबे 'भगवान', मायाजाल से।

माया नगरी

प्यार में, क्या बताऊँ हम कैसी खायी मार?
सब अपने हुए पराये, दूर हम से सारे यार।

लिए सफ़र, साधन स्थानीय, नीचे कभी कार।
माया नगरी में सच्चे, थे 'भगवान' ही करतार।

नजदीक काल

प्रेम, प्यार, और की मुहब्बत, पाया क्या हम?
हर बार किस्मत में, बस लिखा था पाना गम।

फेर सिर पे हाथ, वे महसूस करते रहे थे बाल।
था दूर नहीं नजदीक, हमेशा रहा अपने काल।

नहीं मालूम इतने बीते साथ उन के कैसे साल।
थे अनाड़ी 'भगवान', समझ पाए न कभी चाल।

कमाया दूर

संगी साथी सारे व मतलब के अनुयायी।
समय जैसा आया उन कीर्ति वैसी गायी।

साथ देने का, उन दिया सदा आश्वासन।
वक्त बदला, विपरीत दिया, उन भाषण।

दक्षिणा, चंदा, शुल्क, माँगा किसी दान।
बाबे दें ज्ञान, मरणोपरांत करें कल्याण।

चलाया प्यार ने चक्र, छोड़े अपने सारे।
दी प्यार फिर नफरत, थे दुर्भाग्य हमारे।

कमाया, हुआ दूर, आया औरों के काम।
जपने लगे 'भगवान', हम तेरा फिर नाम।

चरनी रख

जैसी जिंदगी में चाही, मिली वैसी न हमें लक।
आगे जो भी गया परोसा, उसी को लिया चख।

भगवा पहने जिसे देखा, सर चरनी दिया रख।
जो भी मन आया 'भगवान', था दिया वो बक।

क्रमण फल

किस्मत कई साथ, हमारे भी छल किए।
चाहा जिन्हें ज्यादा वो ही छोड़ चल दिए।

लुत्फ पाया बहुत, उन रह औरों के पास।

फिर लगा बिन वजह ही दल बदल लिए।

रहें वे खुश प्रसन्न, मिले जहां उन्हें सुकून।
स्मरण न उन्हें, साथ कुदरत जो पल दिए।

पूजा, पाठ व हवन, हरेक कर देखा जाप।
टल पायी न होनी, प्रभु क्रमण फल दिए।

विवश हैं, अब हम, बिन उनके रहने को।
ज्वाला नहीं बुझती, अर्पण कई जल किए।

जिंदगी अस्थाई, यहां रहना बन मुसाफ़िर।
वक्त आया जब, छीन 'भगवान' बल लिए।

होना खाक

पत्थर दिल से मिले, क्या इत्तफाक था।
वार्ता करना कठिन, बीच में लाक था।

आपस में नज़रें भी, मिल न पायीं कभी।
रहे सीरियस सदा, गया बन मज़ाक था।

मामला आगे बड़ा, नाह. सुनी न किसी।
विश्वास अंध मजबूत दिया तब रॉक था।

होना था, बिन कहे हाँ, मेल हो ही गया।
मौन अवस्था में जीवन, गायब टाक था।

अलग परिभाषा, धर्म आला, बनाये सब।
बन दासानुदास मान आज्ञा का वाक था।

पूंजी उड़ी, थी जोड़ी जो पास, वो न रही।
दूरी बुलंद 'भगवान', होना पड़ा खाक था।

वार अचानक

हैं पास उनके, फिर भी तनहाई।
हंसना दुश्वार, किस्मत ऐसी पायी।
वक्त, बदलेगा जरूर, रखी आशा।
दिल टूटा नहीं, बस मिली निराशा।

दोषी हम, माहिर वे, करें न सिद्ध।
चाहें जो होवे, रहे कायम है जिद्द।
बिन अस्त्र, शस्त्र, हों वार अचानक।
हो जाती,'भगवान', स्थिति भयानक।

सेवा सरेआम

शुभ मुहूर्त आया, लिया बाबा जी से नाम।
आज्ञा मिली फिर जैसी, वैसा किया काम।

दूर शिकवा, शिकायत, व रखी हर गिला।
खायी जूठन, व पिया चरणामृत जो मिला।

दिन रात, लगा ज़ोर, उनका किया प्रचार।
थे जिसे चुन लाए वे, किया उसी से प्यार।

छोड़ ईश्वर, माना उन्हें, ब्रह्मा, विष्णु, महेश।
बच्चे भी, देवी, देवता, कोई अवतार गणेश।

आते जाते, बारंबार, किया सब को प्रणाम।
थी चढ़ी ऐसी खुमारी, बने सेवक, सरेआम।

जितना नहाये, फल उस से, कई गुणा पाया।
हरेक चेले को खूब निचोड़ा, जान उन पराया।

कोई खोपड़ी में आयी, जब भी किसी के बात।
फल स्वरूप, 'भगवान', खानी पड़ी, उसे लात।

भ्रष्ट विचार

पढ़ना पड़ा रोज़, हमें दिल को मार के।
डाल, दिमाग में पाए, थे न विस्तार से।

मार ली थी इक दिन, बाज़ी किसी तरह।
दूर सोचा 'भगवान', आये भ्रष्ट विचार थे।

फल मिलेगा

पीछे अध्यात्म में कभी हम भी न रहे।
गलत, दुरुस्त की हो गई पहचान थी।

झूठ, सच्च, बाबत पुण्य, पाप विचार।
कर्म फल मिलेगा, 'भगवान' का भय।

आनंद पाया

धार्मिक विचार वाले, पाए हम संस्कार थे।
अक्सर और भी हम को, आये विचार थे।

पढ़ने में आलसी, थे बहुत, वैसे होशियार।

कारण शर्म और धर्म, रहा दूर अति प्यार।

पड़ा बाल अवस्था में, जिम्मेवारी का ज़ोर।
युद्ध हुआ देशों में, दो बार आया था दौर।

कालेज से निकले, किया मुल्क तबादला।
विदेश पढ़ना, रहना, था कमानाही भला।

थी, गर्म स्थल के निवासी के नीचे पाँव बर्फ।
ओपरा सब कुछ व अपने किस्मत न तरफ।

किसी तरह हम काटे, कई पढ़ लिख वर्ष थे।
दिन काश देखने को मिलते, हमें भी हर्ष के।

हँसे साथ में पूरे बल से, सभी को हंसाया था।
बिठा 'भगवान' को, दिल में, आनंद पाया था।

हंसे कभी रोये

मानी बात, कर ली शादी, पड़ा जब दबाव।
हुआ फिर कुछ ऐसा, था न देखा जो ख्वाब।

मिल प्रश्नोत्तर में पाया, उन से कोई न जवाब।
अपनों से कम, था ज्यादा औरन संग लगाव।

ला पटका, किस्मत ने, निकली मुंह से आह।
लिखा पढ़ा, किया मनन, खुद ही बोली वाह।

जब हाँ में चाहा उत्तर, हमें सुननी पड़ी नाह।
उम्मीद, सुधार की रखते, जाने उनकी बला।

क्या औरों को लेना देना, खुद हंसे कभी रोये।
करना पड़ा किनारा, चाहे 'भगवान' जो होये।

मन से गौर

जेब में कुछ, जब अपने माल आ गया।
खर्च कहाँ करना, हमें ख्याल आ गया।

बदली वेष, भूषा और अपनी चाल भी।
मिलने लगी सलाम, हर पूछा हाल भी।

दान, चंदा, लेने वालों की, दिखी कतार।
विक्रेताओं से भी, बुरा हाल हुआ हमार।

मशवरा देने को कई, बिन बुलाये आ गए।
लगे व्यापार करने के साधन बताने वे नए।

रिश्ते नाते, सुना दुःख, लगे डालने सवाल।
कैसा, देखा हम भी, यहां होता मायाजाल।

शक्ल न जिन की देखी, नजदीकी वे बहुत।
आरती उतारें, जगा कई बत्तियों की ज्योत।

लक्ष्मी का प्रभाव, हरेक देखा हम की ओर।
करना पड़ा, 'भगवान', एकाग्र मन से गौर।

आँखें नम

सोची जैसी विचारी, बिता पाए न जिंदगी।
करनी थी अवश्य, हम कर पाए न बंदगी।

सिवाय अंध विश्वास, कुछ भी रहा न पास।
बिन किए छान बीन, बनना पड़ा था दास।

तन अपना मन और लगा सारा दिया धन।
रहना, बन उम्र गुलाम, लेना पड़ा था प्रण।

खिलाये शाही भोज, छककर डाल गर्म घी।
बनाया चरणामृत, व लिया रोजाना उसे पी।

दिन, रात, पल हर, हम रहे करते गुणगान।
किया छोटी, बड़ी, हरेक विभूति को प्रणाम।

मिला हुक्म जो भी, बिन झिझक, किया वही।
बैठ भू थल, डाल पत्तल पे, लगा खाना सही।

दुःख, दर्द, पीड़ा, तथापि हमारी, हुई न कम।
हुआ 'भगवान', हाल बुरा, और आँखें भी नम।

सर झुकाया

अनुचित लगा, घर में रहना, हम ढूँढा नया साथ।
निकल जेब से गई माया, कर अपने लम्बे हाथ।

सहानुभूति हरेक दिखाई, उन बड़ी सुनाई बात।
सप्ताह हर के दिन बिताये, मुश्किल से थे सात।

थे कहने को हम बड़े चतुर, रहे खाते धोखा यार।
चकमा मिला उस से भी, था किया जिस से प्यार।

धर्मार्थी हर, बना शरणार्थी, किया अपना विकास।
बनाया गुलाम उम्र भर का, किसी ने अपना दास।

पैसे से, प्रेम सभी का, मिला देखने को अपरंपार।
रिश्ते नाते सारे भक्तो, है अनुभव, केवल व्यापार।

था बचपन, जवानी व सफर बुढ़ापे का न आसान।
मृत्यु भय सर मंडराया, थी जब तक जान में जान।

मतलब के साथी बथेरे, दूर दुःख में, हुए परेशान।
भुलाए सब, फिर सर झुकाया आगे तेरे 'भगवान'।

जाना सार

मायके से चले, व किया ससुराल में लैंड।
है याद वो दिन, थी हमारी बजी जब बैंड।

डोली के वक्त, थी सुनी अजीब सी धुन।
था लगा पल उस, सर अपना गया मुन।

बहारों ने बरसाए, थे हर प्रकार के फूल।
देख सही न पाए, पड़ी आँखों में थी धूल।

देखा, लगा होने, घड़ा ठंडा, बड़ा ही गर्म।
सही मायने में प्यार का, जाना हम ने मर्म।

शक्ति सोच की गायब, करते क्या विचार।
बाहर से, दिखे स्वस्थ, थे अंदर से, बीमार।

थे फल जन्म पूर्व के, हमें पड़े भोगने कर्म।
हुआ कठिन निभाना, हमें अपना ही धर्म।

मिला अवश्य प्यार किन्तु दूर रहा इकरार।
बड़ा 'भगवान' पर विश्वास, जाना हम सार।

कटेगी कैसे

कटेगी साथ कैसे, कोई आया न विचार।
था जिसे न करना, किया उसी से प्यार।

बातों ही बातों में, बच्चे भी हो गए चार।
मिलना था जितना, मिला नहीं सत्कार।

बाबों ने हमें समझाया, लगना कैसे पार।
हथियार से ज्यादा, होता जबान से वार।

दिए प्रवचन, बैठ सिंहासन, सजा दरबार।
दूर कर, ईश्वर को, करवाये अपने दीदार।

दिल न माना, फिर भी पूछा, सुना इनकार।
खुशी से, देखा न कभी, उन्हें करते इकरार।

बिताया जीवन, भांति बैल, बुरा हाल हमार।
कहा हर 'भगवान', थे वो ही सच्ची सरकार।

सुनी न मानी

ग्गार गें बिन प्यार, जो न चाहा था मिला।
घृणा, नफ़रत, नाराजगी, साथ में गिला।

वचन बद, ठहरे हम, जो सहते सब रहे।
तुरंत किया हम ने सब, आज्ञा देते वे रहे।

इच्छा उन की हर हुक्म इलाही मान कर।
पूरी की दिल लगा, अपनी उसे जान कर।

संशय हम पे, फिर भी, उन को होता रहा।
ख़ुशी से रह न पाया, बिन आंसू रोता रहा।

आरोप लगाते वे रहे, करता खारिज मैं रहा।
अदाह, उनकी हर पे, हमेशा मरता भी रहा।

मनवायी अपनी, सुनी न मानी, उन कभी।
राज़ छुपाते रहे कैसे, रख के बात वे दबी।

हलचल, करने को पैदा, आया जब ख्याल।
कुछ पल के लिये, 'भगवान', हुए वे दयाल।

सके न छोड़

पास हम था न इतना, थी हर चीज की थोड़।
आवश्यक चाहा बैंक में रखना, एक करोड़।

की मेहनत व यत्न बथेरे, लगा देखा हर जोड़।
हालत सुधरी हमारी नाही निकला कोई तोड़।

हटे न पीछे, रहे लगाते, हम हर तरह की दौड़।
रही 'भगवान' पे लगी आस, सके उसे न छोड़।

हर झमेला

पड़, प्यार में देखा हम भी, हर करते रहे झमेला।

हटे न पीछे, साथ निभाया, रख खुद को अकेला।

याद दिलाई, किसी कहानी, दुखी मजनू व लैला।
काम साथ, हो न पाया, किया स्वयं, हुआ कवेला।

घर में शांति, काफी चुप्पी, लगा कभी न मेला।
अपने को रखा मजबूत, जो मिला खेल, वे खेला।

दुःख बांटा सभी का, हर पुराना और नया नवेला।
जो भी मिला, स्वीकारा, 'भगवान' कृपा से, झेला।

हुआ कल्याण

कर बाबे की सेवा, काम बहुत किया महान।
अपना नहीं 'भगवन', उनका हुआ कल्याण।

पढ़े कसीदे

घूमे कभी हम झूमे, चलते रहे सीधे।
काम, धंधे से दूर, पढ़े कई कसीदे।

पौष्टिक भोजन में दाल, भात, सलाद।
अच्छे दे संस्कार, पालते रहे औलाद।

पुल उम्मीदों के, जो बांदे, हुए वे व्यर्थ।
शब्दों के विभिन्न, निकाले सब ने अर्थ।

सुख चाहा, दुःख पाया, पीड़ा के साथ।
माया को, मिली माया, लम्बे कर हाथ।

गाये गीत कभी भजन, जपा हर नाम।
मन आया जो बोला, बिन लगे विराम।

उठे, चले, भागे, सोये, किया हर काम।
जब भी मिला मौका, पा लिया विश्राम।

समय किया रोगी जब, लगा खर्च होना।
आई घड़ी अनुचित, पड़ा 'भगवान' रोना।

किया कल्याण

कर ग्रहण संतुलित भोज दिया वैध मशवरा।
सूखे मेवे, फल, सब्जी रंग जिस का हो हरा।

करना कसरत, चलना पैदल, खाने के बाद।
भूलना मत हिदायत, सदा बोले रखना याद।

उन सोने जल्दी उठने का भी दिया आदेश।
रहना हर पल खुश, दूर घर से, रख क्लेश।

हुआ वर्जित, नमक, चीनी, बाहर का भोजन।
छुड़वा उन मिठाई, किया हमारा कल्याणम।

सैकड़ों तरह के परहेज भी, उन लिख डाले।
खाने कौन से बीज बताये, चुनी हुई ही दालें।

कर सब देखा फिर भी हम पाया न आराम।
बोले बाबा कर सुमिरन, जप अब सीताराम।

तनहाई में गुजार ले उम्र, कर यहां क्या लेना।
अलग 'भगवान' एक दिन होगी तोते से मैना।

हिल न सके

हकीकत उन सुनाई, तोड़ मरोड़ कर।
सहना मुश्किल, नियन्त्रण पर न रोक।

रखना, पड़ा मौन, कई बार, कुछ रोज़।
दिल का मसला 'भगवान', हिल न सके।

मरोड़ के

अपनाया था जिन्हें, संसार सारा छोड़ कर।
रहने न दिया कहीं का दिल उन तोड़ कर।

हो आपस में बात नाही मार्फत किसी के।
पेश शुभ समय पर भी वे आये मरोड़ के।

ढंग का व्यवहार, रहता कुछ ही देर था।
पाया वरदान 'भगवन, शायद गौड़ का।

पेश तुरंत

बच्चे भांति, करते जिद्द, जाते अड़ थे वो।
बात तनिक पर चिल्लाते, जाते सड़ थे वो।

जो चाहें, हो पेश तुरंत, आंखें, दिखाते वो।
ख़ुद न करने के बहाने, होते पास उन सौ।

रहा करते विश्वास अंध पर, सदा, लीन वो।
पाएंगे अवश्य,'भगवान', कल्याण कभी वो।

व्यर्थ गवाया

बाबों के, चक्र में पड़, पाया नहीं, गवाया है।
प्रभु से तोड़ के नाता, जीवन व्यर्थ बताया है।

भजन आरती गायी उनकी, प्रचार बढ़ाया है।
तन, मन, से की सेवा, चढ़ाया, जो कमाया है।

ईश्वर से मान के ऊपर, अपना इष्ट बनाया है।
दुःख व दर्द खुद झेले, उन्हें सुख पहुँचाया है।

देखे. जब कर्म न्यारे, अद्भुत लीला, बताया है।
गुलाम बनना 'भगवान' दिव्य संदेश ठहराया है।

अकेला बावले

स्वीकारा जिन, कभी था, हरेक के सामने।
छुड़वा सारे, हैं कहते, बैठ अकेला बावले।

पश्चात बंद

नहीं आया. खाना पकाना, मिटाते कैसे भूख।
काने जैसा हुआ शरीर, बिलकुल गया सूख।

दौलत की रही दिक्कत, हमें आया न बचाना।
बिन जरूरत के ही, दस्तक जा देते मयखाना।

प्रत्येक जगह, खाया धोखा, छोड़ा करना विश्वास।
नाजायज लाभ, सब उठाया, बनाया अपना दास।

गए पढ़ने लिखने, कमजोरी दिया हमारा साथ।
मांगी जब हम सहायता, बढ़ाया किसी न हाथ।

सरकार से, जब पड़ा काम, देनी पड़ी तब घूस।
छोड़ देश, पहुंचे अमरीका, कनेडा कभी रूस।

बिन प्यार, थे हंसते खेलते, हुआ पश्चात वे बंद।
लगी माँ सासु अच्छी, न अपनी किसी को नंद।

बाबे दे कर ज्ञान हमें, बहुत काम किया महान?
पूजा करवाई अपनी, व छुड़वा दिया 'भगवान'।

बदनसीबी वक्त

रोजाना, संवरते संवारते, थे खुद को हम रहे।
टिपणियाँ की औरों ने, थे सुनते उन्हें हम रहे।

जिंदगी हमारी में दिलचस्पी हर किसी ने ली।
स्वयं, लगा देते आग, फिर डालते उस में घी।

लगा हिम्मत बढ़ आगे, सहायता किसी न की।
बदनसीबी के वक्त, तशरीफ़ उनकी, दूर थी।

समय बदला ज्यों ही, सब मंडराए आस पास।
अचानक लगे नजदीकी बनने, अपने वे ख़ास।

सोचते होंगे अवश्य, याद कुछ, हमें होगा नहीं।
जो भी दिल उनके में था, लगा तनिक न सही।

आदर सत्कार भाव से, बनानी दूरी उन से पड़ी।
बूझी न जाने क्यों उन फिर दिखाई अपनी सड़ी?

थी समय की मांग, पड़ा रखना, उन से फासला।
किया शुक्र 'भगवान' का, था दिया जिस आसरा।

सब खाक

की नौकरी मुश्किल से, चलाया किसी धंधा।
बन बाबा, लिया दान, किया इकट्ठा, था चंदा।

सदा गरीब, अमीर सब आ, हमारे छुए पाँव।
जो भी आया, उसका, हम केवल पूछा गाँव।

परम भक्त बनाये, कई हजारों, भोले, भाले।
चरणामृत पिलाया, बोला कभी, जूठन खा ले।

सेवा करते, हो गए हमारे अनुयायी सब खाक।
हमें हर दिन 'भगवन' हुई **आमदनी** कई लाख।

मिली न खास

थे सुख में जश्न न मनाये, बैठे दुःख में हो उदास।
दुविधाओं ने घेरे रखा, मिली मदद, हमें न खास।

समृद्ध लगे थे औरों को, था कुछ ज्यादा न पास।
हँसे व रहे हंसाते, पूर्ण 'भगवान पर रख विश्वास।

पूजा पाठ अकेले

हुए जब बड़े, लगे बहुत आने बदलाव।
सूची बड़ी लम्बी, लिख पाऊं न जनाब।

मुंहासे कारण हार्मोन, चर्म हुआ खराब।
इलाज करा सब हारा, गए वे न साहिब।

मोटी रकम कमानी, हम लेते रहे ख्वाब।
कठिन नौकरी पानी, बन पाया न नवाब।

ज़ोर लगा सारा किया सब हम को तैयार।
थी दुर्दशा करवानी, किया हम भी प्यार।

खर्च ज्यादा, आय कम, लेना पड़ा उधार।
करी कड़ी मेहनत, थी मानी कभी न हार।

स्वार्थी मिले बथेरे, वि रला ही सज्जन, यार।
चिंता फिक्र में गुजरे, दिन हमारे कई बार।

किये पूजा, पाठ अकेले, मिला जब इनकार।
रखा 'भगवान' से नाता, रहे जपते निरंकार।

और न सूजा

त्याग प्यार बन, बोले बाबे, हमारा भक्त।
दिन रात कर गुलामी, बहा अपना रक्त।

ये जगत, है केवल सराय, रहना दो रोज़।
माया से, छुटकारे की, पास हमारे खोज।

सच्चा सुख, दे हमारी चरनी, आ उसे पा ले।
कर प्रचार हमारा, नाम भी, अच्छा कमा ले।

मन लगा, सहित श्रद्धा के, कर हमारी पूजा।
बना हमारा जो भी, कुछ और उसे न सूजा।

कृपा दृष्टि हमारी, पड़ भक्त जिस पर जावे।
उठत बैठत, सोवत जागत, गुण हमारे गावे।

खावे जूठन हो प्रसंन्न, बना पीवे चरणामृत।
मरणोपरांत, करे विश्वास, पा लेवेगा वो गत।

दिन रात, करे कमायी, ला चरनी रखे दान।
छोड़ सब, लगे मानने, हम को ही 'भगवान'।

मन भरमाया

प्रवचन पावन सुनाये बाबे ने, मन भरमाया।
लग मगर उन 'भगवान', बहुत हम गवाया।

सेवा में लगाया

की कृपा बाबे, दर्शन सौभाग्य से पाया।
तन, मन, व धन से हम ने उन्हें रिझाया।

रिश्ते नाते हमारे, सभी फिर हुए पराये।
सिवा बाबे परिवार, कुछ नज़र न आया।

लगा जीना, मरना लिए उनके ही अच्छा।
काम चले उनका, कर्ज भी खूब उठाया।

आज्ञा उनकी हर का, किया सदा पालन।
वफादार, बन उनका, पूरा फर्ज निभाया।

त्यागा ईश्वर, भक्ति उनकी, सिर्फ कीनी।
आरती उतारी उनकी, भजन भी गाया।

हो जाए, हर हम जैसा, देता रहा भाषण।
त्याग, सुखमय जीवन, प्रचार हम बढ़ाया।

बाद तीस वर्षों, जानी उन की असलियत।
हटे पीछे 'भगवान', रास उन्हें नहीं आया।

मिला न सुराख

प्यार बढ़ा इतना, सीमा पार हो गई।
घृणा में बदला तो उन्हें लगा न सही।

थी वजह क्या, कोई मिला न सुराख।
कोशिश की हर, किए यत्न भी लाख।

बड़ा बहुत तनाव, दिल भी गया टूट।
होता रहा पश्चात, जो किया उन्हें सूट।

आ मध्यस्थता, करे कोई, था न मंजूर।
ऐसे बुद्धी वाले, दिए किस्मत ने हुज़ूर।

करते पूजा बाबे की, व रहते हैं व्यस्त।
ठुकरा प्यार 'भगवान' रहते बड़े मस्त।

दुर्भाग्य हमारे

जागो हिन्दुओं, यत्न कर रहे बाबे सारे।
रहा सोया, फिर भी, तो दुर्भाग्य हमारे।

गाता गीत, सुनाये कथा कोई दिन रात।
खराब होंगे हालात, अगर बनी न बात।

ऊंच. नीच को भुलाना, समय की मांग।
नहीं हुआ फिर भी, तो होगा सब राँग।

बनो साथी, एक दूसरे के, सच्चे दिल से।
दिखाना प्रसन्नता, अपनी, उन्हें मिल के।

करोगे राज हर पर, मानवता दर्शा कर।
भागेगी नफरत, अपनी, दुम दबा कर।

भेदभाव मिटा के, सब को गले लगाना।
करना मिसाल पैदा, देखे जिसे जमाना।

निभाना शिष्टाचार, पूरे आदर सम्मान से।
रहे दूर न 'भगवान', कोई किसी ज्ञान से।

रहे फाड़ी

कर सब, देख लिया, लड़ाई भी ढाढ़ी।
निकल पाए कभी न आगे, रहे फाड़ी।

पैसे कमाने सीखे न रखा उन्हें संभाल।
उजाड़ दिया जब मन में आया ख्याल।

लगे करने प्यार, किया सब न्योछावर।
मालिक बना नौकर, हुआ पराया घर।

आमदनी कम खर्च ज्यादा, करते क्या?
तर्स खाया किसी, की नाही कभी दया।

काण्ड मिला प्रतिदिन देखने को नया।
शर्म किसी को आई, नाही कभी हया।

पाया रईस फिर भी सभी ने, हमें यहाँ।
जिधर भी पहुंचे, मिले भगवा वाले वहां।

ठीक से चल पाए, नाही, किया ध्यान।
बहुत मनाया हम, रहे रूठे 'भगवान'।

विरुद्ध बलवान

उम्मीदें छोड़ीं. हम लगानी, नहीं लिया अहसान।
नाही डाला बोझा किसी पर, हुए स्वयं परेशान।

डटे रहे, हटे न पीछे, खड़े विरुद्ध, बन बलवान।
की कृपा हम पर हमेशा, करुणामय 'भगवान'।

अति परेशान

जागो, भारत जोड़ो, हो जायो, एक, सुना।
भ्रष्ट, रही होती बुद्धि, फिर भी कई गुणा।

शोर मचाया सब, करो अपना कल्याण।
करो योग, जपो नाम, ले लो आत्म ज्ञान।

पापड़ वेले सारे हम, मिली नहीं संतुष्टि।
सही मार्ग सब बताया, करते कैसे पुष्टि।

जीवन काटा जैसे तैसे, रखे दूर विचार।
दे ज्ञान बोले बाबे, हमारा बन जा साध।

पढ़ा पढ़ाया, काम न आया, गाये गीत।
जिन्हें चाहा दिल से, हमारे बने न मीत।

चिंताओं ने घेरा ,व किया अति परेशान।
उम्मीदों पर पानी, ऐसा दृश्य 'भगवान'।

कुदरत करामात

ली छुट्टी, छोड़ी करनी, मेहनत दिन सात।
घूम फिर हम देखी, कुदरत की करामात।

थके टूटे, जब लौट आये, जैट लैग ने मारा।
निंद्रा हुई न पूरी, कर कुछ न सका बेचारा।

मुश्किल से एडजस्ट किया, डेली रूटीन में।
हिसाब किए पैसे और किसी की जमीन के।

बैठ आराम सोचा, क्यों न सब छोड़, मैं करूँ।
और प्रभु नाम, कर मन एकाग्र, शांति से जपूँ।

जेब टटोली, खाली पायी, खर्चे कई हज़ार।
करेंगे, गुजारा कैसे, विचार आया बारंबार।

सेवा निवृत्त, होना कठिन, करता रहा काम।
परिश्रम, शुरू सुबह से, अंत में आती शाम।

कर व्यायाम, खा भोजन, लेटता बिस्तर पर।
करता आगे 'भगवान', अर्ज, दूर दरिद्र कर।

मसला गंभीर

करना प्यार में, नहीं जो चाहा, सब वो पड़ा।
मसला गंभीर कोई फिर भी हुआ आ खड़ा।

रहे शांति बनी, स्वीकारा सब, हम ने हार के।
इच्छाएं, रखनी पड़ीं अधूरी, मन को मार के।

मात सदा खायी, किया यद्यपि सब विचार के।
पूजा 'भगवान' व दिया दान, दूर रहे दीदार थे।

बिन सहारे

ढूंढा उसे, नहीं मिला कहीं, हम हारे।
जैसे आये, वैसे जाना, रहे बिन सहारे।

दिया उन्होंने धोखा, लगे जो बड़े प्यारे।
कुदरत ने यहां दिखाये हमें सब नजारे।

टेका माथा, पहुंचे, हर मंदिर, व गुरुद्वारे।
सुनी बानी, कथा, शब्द, भजन हम सारे।

हुआ महफिलों में कभी जाना, दृश्य न्यारे।
किया भरोसा 'भगवन', न जाने किस बारे।

हक जमाने

कर परिश्रम पैसे जोड़े, जो दो चार।
आये हक जमाने, उसी पे कई यार।

लेने को इर्दगिर्द, साधारण व ख़ास।
जरूरत में दिखा न कोई हमें पास।

त्यागी आशा, संभाला खुद, सब कुछ।
सिवा 'भगवान', किया किसी न खुश।

पहले चूज

छोड़ भारत बसे कनेडा, गए अमरीका रूस।
घूम वहां, वक्त गुज़ारा, जगह को पहले चूज।

मनमुटाव न जाने, हमें देखने में क्यों आया।
जैसा मिला जहां भी जो, डाल पेट में खाया।

होती राजनीति हर देश में कैसी, हम ने देखी।
हर चलाई अपनी ही, और रोटी उस ने सेंकी।

हो निराश, छोड़ सब, हमें पड़ा लगाना ध्यान।
वाह गुरु, सतनाम, कभी बोला, जय 'भगवान'।

रास्ते सीधे

आज नहीं तो कल, निकलेगा, कोई हल।
छोड़ दे झंझट माया के, रास्ते सीधे चल।

पाप कमाया, लूटा, मारा, कइयों का हक।
नाशवान धन किया इकट्ठा, ऐसी थी लक।

सुख चाहा, दिया दुःख, किए कई परेशान।
नहा गंगा में, पायी संतुष्टि, दिया कुछ दान।

मन में आया, उसे अपनाया, किया जो सूट।
निःसंकोच, लगा उचित तो पड़ा बोलना झूठ।

पूर्व कर्मों का खाया, आगे का सोचा न प्राणी।
वैसे याद किये सब ग्रंथ व दिखाया बन ज्ञानी।

मुसीबत को झेल न पाया, समय जब विपरीत।
चार चुफेरे रहा देखता, सब दूर, कोई न मीत।

जिम्मेवारियाँ नहीं निपटाईं, बना बाबे का दास।
तन, मन, धन से की सेवा 'भगवन' रख विश्वास।

रक्त स्थान

उत्तर, न मिलने की सूरत, बंद हुए सवाल।
रक्त स्थान स्वयं भरे, मन आये जो ख्याल।

जाना किधर, करना क्या, करते रहे विचार।
खेल इंतज़ार का 'भगवान', पड़ी माननी हार।

नंबर वन

आना था, इस दुनिया में, आ गए हम।
जब से होश संभाली, सताने लगे गम।

युद्ध मुसीबतों से, लगा पूरा किया दम।

सूरत हमारी, किसी परखी हमारी चर्म।

जालिम, धर्मार्थी बन रहना, होते हैं यम।
रखना बुराइयां दूर, सिगरेट शराब रम।

मरना न किसी ऊपर, देख उसका तन।
दिल शादी पहले देना अपना नाही मन।

संभाल सारा रखना, कमाया हुआ धन।
रोज़, स्कूल जा पढ़ना, दूर रखना फन।

इज्जत, सत्कार दे, बन जाना नंबर वन।
करना पूजा पाठ, होंगे 'भगवान' प्रसन्न।

दिल दूर

हम आ बसे विदेश में, बड़े मजबूर हैं।
बनना पड़ता, साहिब कभी मजदूर हैं।

घंटे हरेक का मिलता वेतन, दस्तूर है।
देने वाले की आँखों में, होता गुरूर है।

सब आस पास किन्तु दिल रहे दूर है।
यादें वतन, अक्सर, सताती जरूर हैं।

सभ्यता में, बहुत ही, अंतर मशहूर है।
नाच पड़ता नाचना हर भाँति मयूर है।

गधा लिए काम, पड़ता बनना लंगूर है।
कारण सर्दी, लाल रक्त, लगे संदूर है।

खुश रहे, यहां शोहर, न उसकी हूर है।
ढूंढ़ना पड़ता 'भगवन' हमें, तेरा नूर है।

प्यार व्यापार

अब होता नहीं जैसा शुरू, उन प्यार किया था।
हाल में इकरार नहीं, उन्होंने इनकार दिया था।

जो भी चाहा, हो खुश, हमारी सरकार किया था।
मुद्दत बाद, अगर मन आया तो दीदार दिया था।

दर्शन, शायद हर पल, उन्हें निराकार दिया था।
बिन झिझक, सपना हर, उन साकार किया था।
यत्न, बिगड़े पर्यावरण, उन बारंबार किया था।
प्यार नहीं, 'भगवान', लगता, व्यापार किया था।

अक्सर कलह

ढूंढा बहुत, मिला जीवन का न सार।
मैं ही महारथी, कहा बाबे, दूं गा तार।

दी सांत्वना सब , मुसीबत जब आई।
ज्यादा इस, किसी और नहीं निभाई।

समय आया अच्छा, भूला दुःख दर्द।
गर्मी किया गर्म हमें, व सर्दी ने सर्द।

किश्ती रही डगमगाती, अक्सर कलह।
संचालन सही होता, मिला नहीं मल्लाह।

हर आये वक्त में, रहे करते गुणगान।
रक्षा की हमारी, दे आशीष, 'भगवान'।

न पाए

थके रहे, हम दिन भर, सो रात न पाए।
पीड़ित हुए, जब भी, चिल्ला रति न पाए।

लेट, बिस्तर पर पाना, जब चाहा विश्राम।
घंटी मार चले आये, बिन बुलाये मेहमान।

खातिरदारी की उनकी, व पूछी चाय वाय।
हुआ प्रस्थान ज्यों ही, मुंह से निकली हाय।

हाथ जोड़े, प्रभु आगे, निंद्रा रानी, फिर आई।
किसी तरह 'भगवान', हम शेष रात बिताई।

छोड़ दुनिया

आया वक्त रहे न आम, बन गए ख़ास थे।
प्यार के, छोड़ दुनिया सारी, हम पास थे।

आया समय ऐसा, आने उसे, लगे न रास थे।
संदेह बात हर पर, हुए दूर बहुत विश्वास थे।

हुए शब्द कड़वे, अब बोल, रहे न चास के।
पड़ा, रहना प्यासा, दिन लगे आने त्रास के।

बताना कठिन, वो पल कैसे बिताये दास ने।

जकड़ रखा, किस्मत ने, था लगा फांस के।

बिन परहेज़ हुक्म सुनाते, बन जाते बॉस वे।
डालते समय पे 'भगवन' चारा और घास थे।

दुखी सब लोगा

बरती एहतियात हर, तन को लगा, फिर भी रोगा।
दवाई, दी गोली, करवाया किसी, हम से था योगा।

डाक्टर, हकीम, वैद्य, दिये सब, मशवरे हम को।
सुनी बानी चित से, हुआ मालूम, दुखी सब लोगा।

पल दो ख़ुशी के जब भी, जिंदगी हमारी में आये।
भूला 'भगवान' तब, रहा सोया, था कभी न जागा।

आजाद थे

रहना साथ किसी, आया नहीं मिल कर।
नाही चाहना, लगा मन और दिल कर।

सहन शीलता रही दूर, यकीनन कोस।
मार डाला शब्दों ने, किए पैदा थे रोस।

बाहर वालों, राज किया, गुलाम बनाया।
सोने की चिड़िया अफसोस रही न भैया।

बटे रहे परिवार, भाषा और जातिवाद में।
अक्ल कभी न आई, वैसे हम आजाद थे।

स्वार्थ अपना, ऊपर सब के, हम को भाया।
तलवे चाटे, किसी को माखन कभी लगाया।

ग़ैरों से खतरा कम, रहा अपनो से ज्यादा।
न जाने, भांति गधे, बोझ क्यों हमेशा लादा।

प्रभु को छोड़ा, इष्ट हर मानव कोई बनाया।
जगत में अवतार 'भगवान' का उसे बताया।

रखा स्वस्थ

बनेंगे प्रधान, था सोचा हम, अथवा मंत्री।
किस्मत में लिखा था, पड़ा बनना संतरी।

हक की कमाई कम, हुई ऊपर से ज्यादा।
कर कृपा, रखा स्वस्थ, 'भगवान', धन्वंतरि।

उद्देश्य अलग

बड़े परिश्रम से दिन गुजरे, कठिनता से रात।
बहुत कुछ चाहा करना, नहीं बनी कोई बात।

हमें देना था जिन्होंने, उन्हीं से मिला न साथ।
पकड़ी, जो कलाई, किया पीछे उसी ने हाथ।

उद्देश्य हुए अलग और पैदा बहाने भी साठ।
शुरू व कहाँ अंत, फूल की पंखुड़ियां आठ।

स्वाभिमान, रख कायम, दिखाई सब ने ठाठ।
वश भाग्य कभी दुर्भाग्य, पड़ी सब को लाठ।

सराहा काम, किसी ने, मिली कइयों से दात।
कारण मतभेद, गई मारी, कइयों से थी लात।

उम्र बिताई सारी, नहीं याद, कब हुए अनाथ।
वर्ण 'भगवान', किसी पूछी हम से हमारी जात।

उड़ा सहारा

अच्छा अब अथवा था तब, होता जब कुंवारा।
नज़र लगी, कुछ ऐसी, अचानक उड़ा सहारा।

अब दूर उन्हीं से, कभी लगता था जिन्हें प्यारा।
देखने में तो भला, बुरा वास्तव में हाल हमारा।

पाया मैं लुत्फ अजीब, देख प्रश्नवाचक नज़ारा।
निःसंकोच खाया घास और मिला जो भी चारा।

कर धारण मौन, सुना सब, बना बड़ा लाचारा।
शब्द ग़र मुंह निकाला, चढ़ा देखा ऊपर पारा।

हाँ में हाँ, रहा मिलाता, बन बेबस एक बेचारा।
उम्र कैद की नौबत, भुगते किस्मत का मारा।

उड़े बाल, पेट फिर फूला भांति किसी गुब्बारा।
बना था हीरो, हेरोइन का, एक बेनाम सितारा।

रहा करता, कहा गया जो, मन लगा, काम सारा।
मुश्किल से, 'भगवान', साथ में होता रहा गुज़ारा।

बर्बाद हुए

छोड़ माँ बाप को अकेला, हम आज़ाद हुए थे।
ले आसरा प्यार का, लगे हम भी बर्बाद हुए थे।

साथ होने लगीं थीं हटकेलियाँ, प्रतिदिन ही नई।
लिए मनोरंजन, लगे सुनने, कई शंखनाद हुए थे।

गुजरा वक्त, न कोई ज्यादा, लगे, चुभने थे उन्हें।
वे कर घर से दूर 'भगवन', हमारे न साथ हुए थे।

करनी कवायद

महल, अवश्य बना लेते, खरीद पाये न धरती।
किया मिल्ट्री में, पैसे की हमें जरूरत ने भर्ती।

करनी देश की सेवा, बहुत अच्छा मिला काम।
वाह गुरु, अल्लाह, कभी मुंह से निकला राम।

करनी पड़ी कवायद, रहना हमेशा पड़ा सतर्क।
तान अपना सीना चलना और करना बेड़ा ग़र्क़।

लोभी नेताओं का भी, सदा करना पड़ा सम्मान।
खड़ सीमा पर हर ऋतु में शत्रु का रखना ध्यान।

बिन बुलाये, आती मौत, होती उस से मुलाकात।
छुट्टी न अवकाश, नौकरी चौबीस घंटे दिन रात।

लड़ना कैसे युद्ध, कला के दाव. हरेक सीखे पेच।
थे ब्रह्मा, विष्णु, आ जाया करते याद कभी महेश।

बिन टैक्स. मनोरंजन, हुआ करता हमें. उपलब्ध।
पल भय रहित, गुजारे 'भगवान', रहा देखता रब।

निगरानी पूरी

कहाँ, गया वो, संभाल रखा था जो, कभी कमाया।
सब जो कर मेहनत किया इकट्ठा, नज़र न आया।

जिसे अपनो से छुपाये रखा, थी की निगरानी पूरी।
रखा मुंह को बंद हमेशा, था लगा ये कर्म जरूरी।

निकला मुंह से सत्य, पूर्ण विवरण भी नहीं बताया।
लुटा जाता ही देखा, अपना सब कुछ हुआ पराया।

दाने पर मोहर न अपनी, जिस रलिया, उस खाया।
हाथ में डाली 'भगवान' न रेखा , आया जो गवाया।

की फरियाद

दुःख हरेक का सारा बाँटा, किसी का न कम।
व्यस्त औरों के चक्र में, प्रसन्न हो न पाए हम।

किया जिक्र बाबों ने, कहा देख परम प्रकाश।
हर आज्ञा मानी उनकी, दूर कर न सके तम।

मल कर साबुन, रहे धोते, शरीर रोज़ बारंबार।
मैल, शायद निकला, खुश्क अवश्य हुआ चर्म।

हो अमन चैन सर्वत्र शांति, की प्रभु से फरियाद।
तथापि पड़ा लड़ना, था पास जब तक, रहा दम।

होगा, जीवन में अच्छा ही, थी पाली मानता सदा।
चिंता, फिक्र, फाका, हमें अक्सर, घेरे रखा गम।

कद बच्चों का बढ़ आया, लिया उन, सब संभाल।
अजीब व्यवहार उनका, आँखें कर देता था नम।

बदले प्यार के, मिलता प्यार, कोई होता न गिला।
कोई हाथ हमारे 'भगवन', पकड़ाता न कभी रम।

पश्चात सेवा

हमें बाबा जी ने सच्चा, पावन दे दिया था ज्ञान।
पश्चात बीती सेवा में उमरिया, लगा नहीं ध्यान।

गा भजन, उतार आरती, चरणामृत किया पान।
साथी 'भगवान' गए उठ, उनका हुआ कल्याण।

प्यार में ठंडक

मिली प्यार में थी ठंडक, मुताबिक न ख्याल के।
हुए नसीब में महसूस, न कभी झोंके सियाल से।

हाज़िर प्रतिदिन, रोजाना हुए सैकड़ों बवाल थे।
भोजन यकीनन मिला करते, रहे सजे थाल में।

ताल, साथ हमारे न मिले कभी उनके ताल थे।
काला प्रतीत हुआ करता, हर पल था दाल में।

रखी न कभी सीधी, टेढ़ी रहे चलते चाल थे।
मिलता, किसी प्रश्न का न उत्तर, देते टाल थे।

किसी तरह बच्चे हुए जो पैदा, उन दिये पाल थे।
विशेषज्ञ, हर काम में निपुण, उड़ा देते माल थे।

लेते बाबों से नसीहत, झंझट सब मायाजाल के।
हो पराजित, हम छोड़े ऊपर 'भगवान' हाल थे।

शेर को चूहा

चिंताएं घेरे रखतीं, आस पास मंडराती हैं।
रखती अति दूर निद्रा, बहुत ही सताती हैं।

कटते दिन किसी तरह. कट रात जाती है।
एकाग्र रहे न मन, स्थिति बन ही जाती है।

समस्या ज़र, जमीं, जोरू की दिखाती है।
शेर को भी,'भगवान', लघु चूहा बनाती है।

उठाया जोखिम

उठाया, हर जोखिम, कमाये पैसे दो चार।
मोल दुनिया ने डाला, परख पूर्व होशियार।

देश को, जरूरत हमारी, लगता थी नहीं।
अपना ही, सब सोचा, उन्हें लगा जो सही।

धर्म के ठेकेदारों ने भी, किया चाहा जो।
कितना भी दिया, कहा उन्होंने और दो।

घर वालों के भी शोक, हुए न कभी कम।
झोली में उन डाले, मन आये जितने गम।

बाबे बनाया सेवक, होगा कहा कल्याण।
विमुख कर प्रभु से, बन बैठे वे 'भगवान।

जिंदा लाश

बनाया उन उल्लू, किया जिन पर विश्वास।
कहने को स्वामी, वास्तव में, उन के दास।

हुआ इच्छा से विचारना न पहनना लिबास।
जो भी चाहें, वे करें, दें न लगने कभी भास।

बोलने की न इजाजत, बड़ी सुन आवे हाँस।
क्रमण फल लगे हमें, जिस लिया था फांस।

रोकते करने से न हम, साथ में ले लेते काश।
छुप के जो किया, क्यों पर्दा उस किया पाश?

अच्छे भले शरीर की, बन गई थी, जिंदा लाश।
निभी 'भगवन', थी मुश्किल से, ओ माई गाश।

हर प्रकार से

लिया देख, सब यहां, हम इस संसार में।
व्यस्त रहे, करते सेवा, कभी व्यापार में।

खराब किया, हुए अस्वस्थ, थे पड़ प्यार में।
इकरार कुछ अरसा फिर मारा इनकार ने।

चक्र खाते, होते विचलित, दिशाओं चार में।
संतुलन खोते, खड़ न पाते, गिरते हार के।

मधुर फिर बातें होतीं मीठी, मोहनी तार से।
जब कर अलग से पूजा, मित्र मिलते बार में।

सीखा बच कर रहना, खाना नाही विचार के।
मन पढ़ने, हमें न आये, क्यों न अपने यार के?

पाला धर्म, किया पुण्य, पाप सब, रखे फार थे।
घर आये, सुनी डांट, बहुत, अपनी सरकार से।

झुके आगे भगवा, टेके माथे, पूजा हर प्रकार से।
किए यत्न, ढूँढा 'भगवान' किन्तु हुए न दीदार थे।

गगन तक

करना बहुत कुछ, लगाए रखी थी आस।
पहुंचेगा गगन तक, था सब को विश्वास।

शायद मालिक की इच्छा, बने हम दास।
आम बनाया सब, अपना किसी ने खास।

पूरी लग्न से की पढ़ाई, हर वर्ष हुए पास।
उम्मीद लगाई जब, डाली किसी न घास।

सहे बोल कड़वे, पूर्ण वाणी में रखी चास।
प्यार दिया जिसे, आया उसी को न रास।

बिन वजह रहे लगाते, थे अपनी वे क्लास।
लगा, कई बार हमें, सत्य होने वाला नास।

पल जीवन में कई आये, किया जिन त्रास।
अनुभव माड़ा 'भगवन', बन जब गए बॉस।

मुंह को मुलाहजा

मिलता सलाम सर को, व रहा मुंह को मुलाहजा।
जब तक मतलब, कहा सब, आ पास, व बैठ जा।

क्रमण फल या थी मिली, किसी जुल्म की सजा।
दिया किसी झुनझुना, कहा, इसे आराम से बजा।

चाक से सलेट, लिखा तख्ती पे ले कलम व दवात।
थे दिन रात बिताये, हर सप्ताह के हम ने भी सात।

रोजाना मुश्किलें हजारों आईं, पड़ा हमें था खपना।
जिंदगी बड़ी छोटी, जग सराय, सुना केवल सपना।

पैसा कमाया, खर्चा कम, बचा कर, पड़ा संभालना।
माँगे किसी कर्ज, बना कई बहाने, था पड़ा टालना।

गिरा, प्यार में ऐसा, उठा न फिर, ले उस जान ली।
दी शिक्षा बाबे, बना दास, कर पूंजी इकट्ठी दान की।

गाये भजन, किया आज्ञा का पालन, उतारी आरती।
वे विद्वान, किया 'भगवान' न प्रश्न, थे नादान भारती।

वृद्ध अवस्था

शादी का किस्सा, बहुत मलाल हो गया।
ला दूल्हा घर लक्ष्मी, मालामाल हो गया।

तदुपरांत शुरू रोज़, नया बवाल हो गया।
महसूस, ग्रीष्म ऋतु में, सियाल हो गया।

हुई कंजूसी खत्म, मियाँ दयाल हो गया।
रहा न सीधा, पश्चात, टेढ़ा चाल हो गया।

लगा करने प्यार, शायद निहाल हो गया।
बालिका गोद में उस कभी बाल हो गया।

काला लगने लगा कुछ बीच दाल हो गया।
लगा होने क्रोधित, बूथा उस लाल हो गया।

साथ में रहते बीता जब कई साल हो गया।
सोचा आस पास वालों, ये कमाल हो गया।

आ वृद्ध अवस्था ने घेरा, बुरा हाल हो गया।
कमाता पुण्य, 'भगवान', धर्म पाल हो गया।

वृद्धि करे ज्ञान

नया वर्ष प्रभु हो अच्छा, कर प्रार्थना परवान।
स्वास्थ्य अच्छा, बढ़े लक्ष्मी व वृद्धि करें ज्ञान।

रही आशाएं जो अधूरी, हों शीघ्र सभी पूरी।
छप्पन पदार्थ, हों उपलब्ध, कुछेक तंदूरी।

दुःख. दरिद्र रहे दूर, और हो शांति का वास।
मीठी बानी बोले हरेक, जो भी बैठे आ पास।

कृपा दृष्टि रही बनी, सदैव सब पर प्रभु तेरी।
दूर दोगले, रहें धोखेबाज़, दिखे न हेरा फेरी।

युद्ध लड़ाइयां हो जाएं बंद सब, हो सर्वत्र चैन।
ईर्षा, नफरत और घृणा का, बने कोई न फैन।

हो इंसानियत बुलंद, हर जगह, शुक्र सब मनाएँ।
मिल जुल कर एक स्वर में, प्रभु कीर्ति, तेरी गायें।

प्यार बढ़े, गुजरें इज्जत, आदर, सम्मान से पल।
जोड़ हाथ गुजारिश 'भगवान', निकले सदा हल।

ग़र पास हो

जिंदगी नहीं आसान, सब झेला जाता है।
जो कभी न सोचा, खेल, वे खेला जाता है।

कर विश्वास पढ़े पछताना, टूटता नाता है।
बीतता हर सप्ताह, दिन जिस में साता है।

खोज रहस्य जीवन का, सुनने में आता है।
सत्य, रहता बहुत दूर, ढोंग पाया जाता है।

मतलब का प्यार, यहाँ, छुड़वाया जाता है।
बिन किसी वजूहात, दोष लगाया जाता है।

कर प्रशंसा, पीछे चाबुक, चलाया जाता है।
प्रभाव वक्त, बाप गधा भी बनाया जाता है।

पैसे की महिमा भारी, रोज़ कमाया जाता है।
ग़र पास हो खूब, 'भगवान' बनाया जाता है।

जो भी मिला

कर प्रेम प्यार उन से हमें जो भी मिला है।
याद हरेक शिकवा और हम को गिला है।
याद हरेक शिकवा और हम को गिला है।

भुलाये सब अपने, जिन की हम खातिर।
बसाया घर अलग, लगे अब वो किला है।
याद हरेक शिकवा और हम को गिला है।

रहने की सदा चंचल, जिन पाली आदत।
दिया प्यार उसे, अनुभव फिर न हिला है।
याद हरेक शिकवा और हम को गिला है।

खाया पका, पहना लगा जो उन्हें अच्छा।
पा निर्देशन उन का, बताये रास्ते चला है।
याद हरेक शिकवा और हम को गिला है।

इबादत, एक साथ करते, हुआ असंभव।
ले प्यार में दिल उन, दिया ऐसा सिला है।
याद हरेक शिकवा और हम को गिला है।

मिली डांटें

ढूंढने निकले नौकरी, बन गए सरदार थे।
दो पैसे की कर ली कमाई, हुए बीमार थे।

लौट अवकाश से हम दिन बिताये चार थे।
कठिन दिल लगाना, कहें कैसे विस्तार से।

खाना चंगा चोखा चाहा साथ प्रेम प्यार के।
खाया रख मौन, जो मिला, नुक्स हज़ार थे।

की सेवा, मिली डांटें, अपने ही परिवार से।
भागे घर से कई बार, व फिर लौटे हार के।

थी हिदायत, पड़ना किसी चक्र न नार के।
संभल के चलना, विश्वास करना न यार पे।

अचानक मिले बाबे, लिया मान, वे तारते।
सच्चे बोले हमें चेले, दलाल वे करतार के।

भव सागर से सुना, लगाते, केवल पार वे।
लगा जीने का 'भगवन', जानते वे सार थे।

प्रेम रस

जाये पंडित पास, नहीं पति वस में।
बोलता, नहीं कभी साथ, मेरे हंस के।

चले जाता, जब चाहे, वे बिना दस के।
मैं अब पकड़ना न चाहूँ, उसे नस के।

ऐसे किस्मत में लिखे, प्रभु प्रेम रस थे।
शिकायत 'भगवान', पकड़े न कस के।

उधेड़े टुकड़े

किया हरेक तंग, छोड़ा नहीं अपने हाल पे।
मिली गर्मी में ठंड, न गरमाइश सियाल में।

सब्जी, भात, दो फुलके साथ खाये दाल के।
जिस चाहा, उधेड़े टुकड़े, हमारी खाल के।

मिले बाबे, बोले हमें, निकलो मायाजाल से।
करो सेवा, पायो मोक्ष, छोड़ो चक्र काल के।

प्यार में पड़ के देखा मिले खाने को थाल थे।
वाकिफ हो न पाए हम, छुपाई गई चाल से।

क्रोधित हुए, उन्हें पाया, देखे बूथे भी लाल थे।
सही उत्तर मिल न पाया, सीधे पूछे सवाल थे।

उलटा बच्चों का रवैया, थप्पड़ खाये गाल पे।
मानी उन न कभी हमारी, वे रहे सदा टालते।

कोई न चारा, निभाया फर्ज, रहे उन्हें पालते।
आया वक्त, भागे 'भगवन', डाल जेब माल वे।

वैसा न फला

छोड़ घर बार अपना, जिस पीछे चला।
उसी ने ही हमारा कभी चाहा न भला।

मारता फूँक, छाछ को, दूध का जला।
देख हंसा हरेक, हम को ज़रा न खला।

बना लिया इरादा बिन किए ही सलाह।
पश्चात होनी थी, अवश्य, हो गई कलह।

जैसा चाहा, देखा, बीज वैसा न फला।
वक्त आना था, 'भगवान', वो न टला।

मुंह पर लगाम

शिकारी ने शिकार बिछाया, हम किया न ध्यान।
अति पूजनीय बाबे, दिया जिन, निशुल्क में ज्ञान।

तत्पश्चात तन, मन, धन अपना, उनके हुआ नाम।
लगे प्रचार उनका करने, मुंह पर लगी न लगाम।

आत्म बोध हुआ ऐसा, परिवार वो ही लगा महान।
प्रभु से, बहुत ही ऊपर, और न जैसे कोई विद्वान।

बनाया चरणामृत उन का, रोजाना किया वो पान।
जरूरत पड़ती तो यकीनन, वार अपनी देते जान।

जुटे रहे सेवा में उनकी, देखी सुबह न कभी शाम।
जपा सहित श्रद्धा से निरंतर, मिला पावन जो नाम।

टूटा विश्वास, लड़ाई झगड़े से, करते कैसे गुणगान।
कर न सकते, हुआ प्रतीत, वे किसी का कल्याण।

मिला जैसा आश्वासन, निकला वैसा न परिणाम।
आये सामने, कांड थे भारी, वजन में, काफी ग्राम।

तनिक भिन्न, न औरों से, शक्तिशाली न बलवान।
पीछा, छुड़वा लेते 'भगवान', था वो भी न आसान।

बिपता को दावत

हर किया, सब वही, थी लगी, जिस में भलाई।
रखा उपवास, कई बार, डाली मुंह में मिठाई।

साधा पचाना कठिन, मिर्च, मसाले, दूर खटाई।
बात किसी को कड़वी न पसंद मीठी ही आई।

देखे लिए पैसे के लड़ते, सखे बहन, और भाई।
रही सुख सदा, फिर भी, उन की, मांगती माई।

सारा लगा मौके पर ज़ोर जबान हरेक चलाई।
दी बिपता को दावत और चली तुरंत वो आई।

कर प्यार भी देखा, निभी निभ जैसी भी पायी।
पड़ा रखना मौन, रक्त दबाव, पारा हुआ हाई।

हुई दिन रात मेहनत से, पैसे चार की कमाई।
पाया लक्ष्मी को चंचल, वो घर में रह न पायी।

धूम्रपान, पी मदिरा, किसी खेल जुआ लुटाई।
ले सेवा में 'भगवान' की श्री बाबे बहुत कमाई।

प्रेम जाल

कठिन बचना, प्रेम जाल से, करे क्या संसारी?
ऐसे सिलसिले में अप्रसन्न, कोई नहीं आभारी।

आसान डूबना इस में बहुत, लगती नहीं तारी।
सुख चैन मिल न पाये, देखा ढूंढ दिशायें चारीं।

अनुभव की बातें, सुनो साधो, हुई दुर्दशा हमारी।
शत्रुता सा बर्ताव मिला, पड़ी खानी चोट करारी।

कर देखा, भजन और सेवा, पहुँच बाबे दरबारी।
बुद्धिमता भी काम न आई, मति पूरी गई मारी।

जीत न पाए, एक बार भी, बाज़ी हरेक हम हारी।
तनिक झुटा न पाए हिम्मत, लगा क्षीण हुई सारी।

मनमुटाव कभी हट न पाता, करें गिला नर नारी।
आज खुश और दुखी कल, आती सभी की बारी।

मधुर बानी हो जाती गायब, निकले मुंह से खारी।
छोड़ झंझट, 'भगवान' सारे, पड़ी निभानी, यारी।

पंख कट गए

बिताया समय स्कूल में, था हम ने, घड़ी वाच कर।
बड़े पेट को घटाया, कर डाइट रोजाना नाच कर।

आसान था न घर से निकलना, सोये हम रहते थे।
इस भरी दुनिया में, अक्सर, हम खोये से रहते थे।

बाबे चरनी, माथा टेका, था रूप रब का मान कर।
कोई जांच पड़ताल नाही चरित्र उसका जान कर।

किया दिल से, प्यार उसे, था करने को कहा सब।
महसूस हुआ, पंख कट गए, बड़े हम, आगे जब।

बाण घातक, चिड़िया चरित्र के, रहे होते बारंबार।
कोई न चारा, रह चुप, स्वीकार करनी पड़ी हार।

मिले मतलबी दुनिया में, सज्जन विरला कोई यार।
साथ माया लक्ष्मी, निःसंदेह, बहुत सभी को प्यार।

लगाया हरेक दाव, जब कभी, मिला जिसे मौका।
यहाँ हर बार 'भगवान', हमें, खाना पड़ा था धोखा।

याद बारंबार

बन गए नौकर यहां कभी, हम भी सरदार।
लगा एकाग्र मन से फिर किया था व्यापार।

दुश्मन, सज्जन, कुछ बना अपने लिए यार।
मिले हमें बाबे, महिमा जिन की अपरंपार।

पड़े प्यार में हम जब, पड़ी सुननी तकरार।
आस जीत की छोड़, थे रहे मानते हम हार।

हुए बच्चे युवा, दर्शाये अजीब उन आसार।
सुने किसी की न एक, थे सुनाने लगे चार।

थे रियासत किसी के, हम राजा न कुमार।
पड़ा बैठना फिर भी लगा हम को दरबार।

राय साहिब किसी ने कहा, हम को चमार।
रहे आते सब 'भगवान', याद हमें बारंबार।

निश्चित काल

आया, जेब में न जो, खर्च वो भी दिया माल।
ईश्वर कृपा से खायी, रोटी, सब्जी और दाल।

करी बाबों की सेवा, सजाये उन लिए थाल।
की अच्छी तरह हर पल देख उन की भाल।

आज्ञा हर मानी, किया कभी उन्हें न सवाल।
कोई घोटाला तो नहीं, कभी आया न ख्याल।

बिता उमरिया दी सा,री, उड़ गए देखे बाल।
था निश्चित 'भगवान', आना हरेक का काल।

फट गया दूध

समय काश बिताते साथ उन, हम हंस कर।
दूरी शीघ्र ली बना, पकड़ना छोड़ कस कर।

था प्यार न जाने क्यों उन्हें न आने लगा रास।
फट अकस्मात गया दूध, नहीं होता विश्वास।

कारण, समय का प्रकोप, सहनशक्ति आ गई।
किया सब फिर सोच विचार, लगा जो था सही।

बिखर जाने को था सब, क्ष ण आये कई बार।
बना हर बार बहाना, टला, आर हुआ न पार।

नीचे छत एक, तरह किसी, दिन कटे जा रहें हैं।
माहौल अमन 'भगवान', पटाके फटे जा रहे हैं।

गिरना संभलना

गिरना पड़ा, कई बार, तत्पश्चात संभलना।
सीख लेते पहले ही, था आया न समझना।

मासूमियत हमारी का उठाया हरेक लाभ।
प्रश्न करते बहुत, देना हमें आया न जवाब।

पढ़ाई चल रही कैसी, क्यों हमें पूछते थे वो?
लगते जैसे चाचे, ताये, मामे, मौसे हमारे हों।

पड़ना, प्यार में मत, दिया करते थे नसीहत।
पड़ेगी, वरना मार, खुश हो जायेगी तबीयत।

बड़े हो कर, हमें कहते, बनना तुझे है नवाब।
बहुत अच्छा हम कह देते, मेहरबानी जनाब।

मान कर, उन की बातें, कोसों रहे प्यार से दूर।
थी डिग्रियां दो, तीन भी कर हासिल ली हुज़ूर।

कमा फिर पैसे लेते दो, था हमारा न नसीब।
धन की किस्मत में कमी, पड़ा रहना गरीब।

कर मेहनत फिर भी कुछ जोड़ा जो कमाया।
लिए अपने नहीं, काम वो औरों के ही आया।

देने वाले कम, लेने को, पास मंडराते ज्यादा।

जैसे महल महान किसी के थे हम शाहज़ादा।

कर ले शादी बच्चे, थी लगी मिलने हमें सलाह।
जिसे देखा न भाला, कर उस से लिया विवाह।

पहनवाई व पहना दी, उसकी उँगली में मुंदरी।
बनाया उल्लू फिर अच्छा, हमें उस विश्व सुंदरी।

जाऊं आगे या पीछे, हर पल आने लगे विचार।
मत हिल, टिका रह बच्चे, हर बोला समझदार।

साथ बुरी अवस्था में ऊपर तीन के बीते दशक।
हर वक्त का रोना धोना, और करते रहना शक।

होगा साथ, अवश्य कुछ ऐसा, था पूर्व ही जानता।
जकड़ बच्चों ने रखा, रही पूर्ण पनपती उदारता।

अपनी नहीं, आ जाती, चिंताएं उन की थी सताने।
फरमाइशें पूरी करनी पड़तीं, पड़ते सुनने बहाने।

लगाया बल अपना सारा, व योग्य उन्हें बनाया।
दिन आया, किया गर्व, हूँ मैं बाप, उन्हें बताया।

पड़ गया उन पर भी ज्यों ही जिम्मेदारी का बोझ।
सुखी कम, दुःखी बहुत, लगे नज़र, आने वे रोज़।

रोता हर प्यार में, फिर भी कोई आता नहीं बाज।
रोग प्रेम, प्यार, मुहब्बत के, कोई है नहीं इलाज।

करने वाला पछताए, भरता, जो न करे, वो आहें।
मांगे दुआ ईश्वर से, पकड़वा हाथ, कभी दो बाहें।

अर्जी कर स्वीकार, मुराद प्रभु जब करता है पूरी।
चांदनी 'भगवान', रहेगी दिन ज्यादा, नहीं जरूरी।

अर्ध न चौथाई

करने लगे प्यार, दुनिया को छोड़ा था।
साथ किसी रिश्ता हम ने भी जोड़ा था।

बनाया जिसे अर्ध अंग, वे न बने चौथाई।
था बनना जिन्होंने, वो भी बने न सहाई।

रहे ख़्वाबों में डूबे, निकला कोई न अर्थ।
लगा हमें कई बार, साथ रहना था व्यर्थ।

संभाला दिल, ली मान, कभी न मनवाई।
बचाया 'भगवान', निश्चय होना था शोदाई।

पूर्ण विश्वास

तेवर बदल लिए पड़ोसी, बोले दोष हमारा है।
छुपा खुद की नाकामियां, हमें उस नकारा है।

भुला, पुरानी मित्रता हमारी, लगा बटोरने पैसे।
समझ हमें बेवकूफ लम्बा उस पांव पसारा है।

होती, क्रिया की प्रतिक्रिया, लगता वो न जाने।
ऊपर तोड़, सदियों के नाते, कुकर्म विचारा है।

खेल, खेलना साथ हमारे, खेले जैसी इच्छा उस।
नहीं हम भी जुल्म कभी, किसी का स्वीकारा है।

टिट फार होती टैट, है बच्चा, जो उस न सीखा।
मिठास छोड़ अब पेश हम उसे करना खारा है।

सामना कठिनता का अब पड़ेगा करना सब को।
देश भक्ति रही पुकार, देश हमें अपना प्यारा है।

इंतज़ार उस दिन का, अक्ल जब उस को आये।
जग इस में, पूर्ण हमें विश्वास, 'भगवान' हमारा है।

भगवान करीब

जिंदगी अपनी भी, इक अद्‌भुत कहानी है।
गाथा गत वर्षों की, कर तुकबंदी सुनानी है।

घर में, हुआ पैदा छोटा, रुआब हमारा था।
प्यार देता हमें हरेक, थप्पड़ भी करारा था।

अचानक खुद को कक्षा पहली में पाया था।
अपना वहां न कोई, देखा हरेक पराया था।

लिखता तख्ती पर, ख़ुश खत की बीमारी थी।
थे अध्यापक अप्रसन्न, किस्मत बद हमारी थी।

पाठशाला में करते क्या, आ घर न बताया था।
जिस का भी लगता ज़ोर, खूब उस चबाया था।

एक एक कर वहां, हम ने, वर्ष हरेक काटा था।

शत प्रतिशत न लाता, जीवन में बहुत घाटा था।

किसी तरह, चले मार्ग पर, तय किया आधा था।
कमा लेने अब पैसे दो, दिल में बना इरादा था।

धक्के खाये बारंबार, किस्मत को भी, कोसा था।
सहायता करता कोई, राइस, मामा न मौसा था।

खेल. जैसा पड़ा खेलना, दिल लगा के खेला था।
पापड़ वेले कई हम ने, मिले दुखों को झेला था।

बचपन बाबे की सेवा में, जवानी भी लगाई थी।
प्रचार उनका करने में, लगा अपनी भलाई थी।

रहना प्यार से दूर, सबक हरेक हमें पढ़ाया था।
वक्त बदला, कर शादी, हर ले रिश्ता आया था।

पड़ा असर, रसूख का दबाव, लिए सात फेरे थे।
हुए सब दूर फिर वे जल्द, कभी होते जो मेरे थे।

रोना धोना, बच्चे का, सहना मुश्किल से होता था।
बहुत रात जागना उसे पसंद, दिन में वे सोता था।

होनी उसकी भी तरह हमारी, वैसी ही कहानी है।
पूर्व नहीं लगता पश्चिम में, जिंदगी उस बितानी है।

साथ बुढ़ापे में हमराज का भी हमें नसीब न हुआ।
हुए जब दूर हम से सब करीब 'भगवान' ही हुआ।

समाप्त आवा

करवाई सेवा निरंतर, दिन, सप्ताह के साता।
दे आदेश बाबा परम पूजनीय, साथ में माता।

हुए बीमार करते सेवा, कभी खोली न जबाँ।
रहे उतारते आरती व झुकते आगे सर निवा।

कल्याण, मरणोपरांत व समाप्त आवा गमन।
बीता जन्म, कर गुलामी, खिले उनके चमन।

देखा वहाँ कई कुछ, माना जो सच्चा दरबार।
हुआ बटवारा, बिखर गया, पावन वो परिवार।

चेलों का, बहुत बुरा हाल, खो बैठे कई आपा।
क्या मिला कर के सेवा, तोला किसी ने नापा।

जिन की खातिर उन, हर अपने को ठुकराया।
हटे पीछे जब ख़िताब रावण का उन से पाया।

दासानुदास, बन के देखा, जिन का, उम्र सारी।
चकित हुए 'भगवन' जान के मत गई थी मारी।

सेवा में व्यस्त

किया श्रद्धा साथ लग्न आस्था रख पूर्ण विश्वास।
सुनाये प्रवचन जिन, बनाया उन, अपना दास।

तन, मन, धन, लिया उन, रहा कुछ न पास।
सेवा में रखा व्यस्त, हर साल के बारह मास।

रहे खून निचोड़ते, मिटा पाए न अपनी त्रास।
अनगिनित अनुयायी, मुखिया उन बड़े ख़ास।

हो जाये स्थल हर पूजनीय, करें जहाँ निवास।
कड़वी जिन की बोली, ज़रा बीच में न चास।

शक्तिशाली, हैं इतने, सर्व कर सकते वे नास।
देखा बहुत पछताता, जाता जाल में जो फांस।

बनाते सब को गुलाम, बन खुद जाते वे बॉस।
भाग्यशाली को 'भगवान', आया करते वे रास।

गुजर करनी

बन गए हमारे दुश्मन, वो अब यार न रहे।
दूर प्रेम, थे जितने बीच में, वो प्यार न रहे।

ईश्वर हमें दिखाया, था जो न देखना कभी।
हुआ क्लोज़ होना मुश्किल, टु फॉर ही रहे।

कर कोशिश हर हारे, मिला कोई न सुकून।
मिलने थे तार संग तार, पास वो तार न रहे।

सीख ली, गुजर करनी, हम भी उनके बिन।
लगा, थे रिश्ते जो साथ, दिन वो चार ही रहे।

हुए दुविधाओं के मुकाबले, अपने बलबूते पे।
था चाहा बहुत, दीदार दूर, 'भगवान' के रहे।

बिखर सारी गई

श्री बाबे पास पहुंचे, सच्चा पाया वो दरबार।
हूँ महारथी मैं, बोले, ऊपर हम के सब वार।

हम ख़िदमत में उन की फिर लुटाई जिंदगी।
त्यागी, करी ईश्वर की कभी, हम ने न बंदगी।

उम्र भर जोया, अंत में, कहने लगे, हमें गद्दार।
कभी प्रेम, बहुत ज्यादा, हुआ करता था प्यार।

चला चक्र समय का, पड़ी सुननी थी दहाड़।
जैसे दरबार बाबे, कोई, गिर गया हो पहाड़।

बहुत हुआ, आया किन्तु बाहर, केवल कुछ।
परिवार बाबे के सदस्य, नाही चेले थे खुश।

अर्श पर पूर्व में थे, दिखे सब गिरे भू स्थल पर।
अंतरराष्ट्रीय महलों के निवासी, वे बेचारे बेघर।

तत्पश्चात, अलग से, खुलीं दुकानें, और भी कई।
तितर-बितर जनता 'भगवान', बिखर सारी गई।

हुआ न ख़ुश

दिल लगा सुन लो सब, हमारी भी दास्तां।
थे बिन प्यार खुश, था न किसी से वास्ता।

ज़ोर लगा पूरा, तत्पश्चात, आई वो भी घड़ी।
सिर, जुड़ गए दोनों, गर्मी ऊपर थी कड़ी।

आगे बढ़, बोला मन, दिल माना ही नहीं।
करना तो चाहा किन्तु कुछ लगा न सही।

देखा न जिसे कभी, कहता मैं उसे क्या?
छोड़ झंझट निकला, तप करने को गया।

ज्यों ही हुआ खत्म, आगे बात फिर बढ़ी।
ख़ुमारी नाम हुई दूर, प्रेम प्यार की चढ़ी।

उत्तीर्ण न हुआ, शाबाश अवश्य थी मिली।
कली खिलनी थी जो, समय आने पे खिली।

बीते वर्ष कई, समझ कभी, आया न कुछ।
हसाने वाला, 'भगवान', स्वयं हुआ न ख़ुश।

विचित्र बदलाव

खुशामद में रात, और बीतते थे दिन।
रह वे भी न सकते थे कहते मेरे बिन।

समय बलवान, दिखा विचित्र बदलाव।
हर बात पर 'भगवान',आने लगी घिन।

नहीं मालूम

मान, देगा प्यार सुख, सुना फरमान था।
पूर्ण गारंटी स्थाई, आया फिर तूफ़ान था।

किस्मत चंगी, अथवा माड़ी, नहीं मालूम।
होता रहा गुज़ारा, आशीष 'भगवान' का।

होगा सुना भला

लिए देख कर पढ़ाई, अहंकार बहुत हुआ।
मिल जाए कहीं नौकरी, पड़ी करनी दुआ।

दे कर इंटरव्यू हर बार, होना पड़ा मायूस।
मजाक बना मुहल्ले में, आई ऐसी थी हवा।

पेट भरने की खातिर, रहा हाथ पांव मारता।
रहा न कुछ, था जो पास, वो भी दिया गवा।

था आसान न काम का मिलना, मंज़िल दूर।
करता रहा, बाबों की सेवा, आगे सिर निवा।

था मुद्दत बाद, दिया जब किस्मत हमरा साथ।
लगा कदर, बढ़ चढ़ करने, हर हमारी कला।

किसी तरह हम, थे बंधन प्यार के में भी पड़े।
कर विरोध न सके पायी जबरदस्त थी सलाह।

आसरे प्रभु, अपनी हम ने, ली काट उमरिया।
दे दान, कमा पुण्य 'भगवान', होगा सुना भला।

हुए समर्थ

मिले जब से बाबे, मालिक ज्ञान के।

पहले से ज्यादा, हुए हम परेशान थे।

अपनी नहीं, चिंता उन की, हमें रही।
सुना कहने को वैसे, वे बड़े महान थे।

श्रद्धा भाव सहित बीता, सेवा में जीवन।
बैठ सिंहासन रखते, वे मीठी जबान थे।

गुलाम बने दुनिया, उन का था मकसद।
करने कहाँ पर सम्मेलन, बनते प्लान थे।

आमदनी उन, व खर्चा अनुयायियों का।
दिल. खोल के उन्हें सब, दे देते दान थे।

वाजिब होती शादी, परिवार बाबे के लिये।
हो आज्ञा पालन, सुनते भक्तों के कान थे।

भेजेंगे स्वर्ग या नर्क में, होगा जहाँ उचित।
थे सुनाते, प्रवचन पावन, सब को शान से।

त्यागा कइयों, व सदस्य उनके परिवार ने।
थे असमर्थ श्री बाबे, अवतार 'भगवान' के।

लक्ष्मी छुपाना

अगर न मिलते, दिल दुखाना होता था।
मिलते जब वो, वक्त सुहाना होता था।

ग़रीब, हो करीब, बने रईस, नसीब से।
लक्ष्मी को, 'भगवान', छुपाना होता था।

बात घुमाई

गर्मी किया बेहोश, सर्दी से मार खायी।
तैरे पानी में, कभी हीट, घर में चलाई।

ऐ-सी से ठंडी हवा, पंखे की टकराई।
ऋतु वर्षा न छोड़ा, बाढ़ तक दिखाई।

भूचाल जब हिलाया, गिरे बीच खाई।
निकल लावे, थी बड़ी, तलखी मचाई।

कृपाये दंगे, बने सज्जन, दुश्मन भाई।
खाने को अपनी, नसीब हुई न कमाई।

की बाबों की सेवा, पारमार्थिक भलाई।
सेहत लिये उन, हम अपनी थी गवाई।

चाय, लस्सी, शर्बत, पा दूध में मलाई।
भोजन साथ चटनी, लेनी पड़ी खटाई।

रहे साथ, थी पकड़ी जिन की कलाई।
हुआ न संवाद सीधा, उन बात घुमाई।

प्यार की बूटी, जो थोड़ी बहुत पिलाई।
कई बार मिलावट, नज़र उसी में आई।

बच्चों से कभी रखी, नाही आस लगाई।
प्रेम, प्यार को बांटा, हुई तथापि लड़ाई।

बोयी थी जो फसल, उसकी हुई कटाई।
नया रंग भगवान', प्रति दिन वो ले आई।

बन मलंग

चड़े जिंदगी में, रहे दूर कुछ रंग।
सफल हुए, बुरे पास न आये संग।

दूर धूम्रपान, मदिरा, रही और भंग।
किए खुश सब, अपनाया ऐसा ढंग।

चैन था असंभव, हरेक अढ़ाई टंग।
बीता जीवन अपना, बने हम मलंग।

नहीं लगाईं, मन बुराइयां, देखी चंग।
मिले न 'भगवान', सुने बहुत सत्संग।

सुगंधे प्यार

मिलना हुआ निश्चित, ऊपर दोनों था दबाव।
सुगंधे प्यार फ़ैली, हुआ चारों तरफ फैलाव।
काश होता संवाद, प्रश्न हर पा लेता जवाब।
प्यार में 'भगवान' दिन बड़े आते रहे खराब।

बनाया जिन्हें अपना, दर्द बांटा हम हरेक।
संदेह उन में, हर पल, कायम रहे अनेक।
शके निगाह, न छोड़ा, पड़ी थी हर तरफ।
जा द्वार 'भगवान' के, दिया माथा वहां टेक।

मीठा ऊपर से प्यार, कड़वा अंदर से और।
मिला माप में सदा कम, था चाहा उन मोर।
रहा मनोरंजन दूर, होना बड़ा पड़ा था बोर।
हुआ कैसे ये 'भगवान', किया कभी न गौर।

रहस्य प्रेम, प्यार का, कभी किसी न खोला।
बादशाह, बेगी बेगम, व गुलाम होता गोला।
काम हर में, निपुण जो, बनता हरफनमौला।
माशा 'भगवान' घड़ी किसी, बनता वे तोला।

रास्ता प्यार, है टेड़ा, अपनाता फिर भी, हर।
हो किराये का ही चाहे, ढूंढ लेता कोई घर।
मिले जो भी, चबा लेवे, उड़े बिन किसी पर।
मेहनत निरंतर 'भगवन', जोड़ पाता न ज़र।

मौन धारण कर वे, क्या कुछ न बता रहे थे?
चुप हम भी रह, खुद को सताये जा रहे थे।
दर और कोई, कहीं ढूंढो, कह जता रहे थे।
शत्रु वो 'भगवान', सज्जन अपने बना रहे थे।

करते भक्ति

छोड़ झंझट जग के, सिर अपने बिठाए बाबे।
कर औलाद, दूर 'भगवन', कर रहें हैं भक्ति।

चला न धंधा

पास नौकरी, न कोई धंधा, बने थे बाबे।
सुनाईं श्लोक चौपाइयाँ, थे ठाठ नवाबे।
मुकुट स्वर्ण और लिबास राजसी फाबे।
लक्ष्मी युक्त ,'भगवान', सरकार ख्वाबे।

जद्दी पुष्टि गद्दी बैठ, दें हम आत्म ज्ञान।
बदौलत भक्तन, हम ही केवल महान।
व्याख्यान, फिर दर्श से हो इकट्ठा दान।
कलयुगी परमार्थी, कहलाएं 'भगवान'।

अंध विश्वासी, मानी आज्ञा, पूछा न वाई।
परम सुख, देती सेवा, बात थी दुहराई।
लक्ष्मी दिक्क्त टूटे तन, होश उन गवाई।
लगे उन्हें 'भगवन' कर रहे नेक कमाई।

खून बेच, पायी रोटी, पक्की किसी खायी।
क्या कहेंगे सोचा, न शर्म किसी को आई।
लाई लोई, क्या करेगा कोई, किसी ठाना।
उपासना बाबे भगवान', शिक्षा किसी पाई।

बाबों की, कारन कोरोना, हुई तपस्या भंग।
सत्संग दर्श से आमदनी आनी हो गयी बंद।
प्रदर्शन, शक्ति नाम, कर वर्चुली कभी पाते।
फीका अब, 'भगवन' जो चढ़ा कभी था रंग।

दिन, रात, भजन सुमिरन, कभी कर साधना।
भला सब का सदा मांगा, कर हम ने प्रार्थना।
मानव इष्ट भी सुना हम, हो पूर्ण गये थे भ्रष्ट।
दरबार अस्थिर 'भगवन, देखा हआ था कष्ट।

गृहस्थी धर्म

क्या पड़ प्यार में, कैसे बताऊं, हालत हुई हमारी?
सुकून से रहना हुआ न वाजिब, हुई रोज़ तकरारी।

सुनी फ़रमाइश, व स्वीकारा, माना हर फरमान।
घात सहे, उन्हें देते कैसे, थी आखिर अपनी जान।

कलम मार भी करनी, कभी लगी उन्हें न अच्छी।
बारंबार, मात थी खायी, बात झूठी नहीं, है सच्ची।

बहस, करने में माहिर, ठहरे हम तो छात्र विज्ञान।
विदुषी एक से, कर शादी जिसे बनना था विद्वान।

होवे कुछ कहीं भी, दोष सदा सिर अपने प आया।
लगना पड़ा नीचे उनके और दिन हर गया दबाया।

करें ग़लत, रोकना असंभव, था रोजाना का धंधा।
सामने शेरनी ताकतवर, निर्बल, नाजुक, एक बंदा।

हुआ जैसे कैसे, गृहस्थी धर्म, कर विचार निभाया।
भूला था जो, स्मरण, 'भगवान', वो फिर था आया।

पूरी न हुई

हुआ जितना मन से जपा उसका नाम।
तृप्ति हो पाई न पूरी, होते रहे परेशान।

हर कार्य में देखा रूकावट हमेशा आई।
वचन, देने वाले बहुत, वे हुए नहीं सहाई।

सुखमय शांत वातावरण कभी न आया।
खूब मेहनत कर भी, मुआवजा न पाया।

ईश्वर धंधे करें जो, शैतान ने कई मिलाये।
प्रकाश दिखाने वाले, स्वयं अँधेरे में पाये।

प्यार भी मिला, नाम का, हकीकत में कम।
खुशियां बनिस्पत, दिए काफी उस ने गम।

चिंता, फ़िक्र, दर्द, पीड़ा, आदि हमें सताया।
पायी राहत देर में यद्यपि उपचार करवाया।

हंसी, ख़ुशी रहे बांटते, थी जो काम न आई।
रूखी, सूखी, किस्मत में वो भी पच न पायी।

आये दुःख, हुए दूर. हूँ उस का शुक्रगुजार।
जान गया,'भगवान' की महिमा, अपरम्पार।

मल मार बैठे

खर्च हुआ कितना, कितनी मची तबाही।
पूछने वालों ने पूछा, कुछ बताया नाही ।

सीधी राह, नहीं अपनायी, पुठी चले राहीं।
मल मार बैठे, बने केवल 'भगवान' सहाई।

पाया वियोग

त्यागे अपने, वारा प्यार पर था सब।
तुरंत किया, दिया आदेश उन जब।

लगा बल सारा की हर पल खुशामद।
खुश हुए न कभी, दी उन सर में दर्द।

बनाना दर्द को भी पड़ा अपनी जागीर।
हम भी, भाँति कई, थे बन गए फ़कीर।

पूरी, हुई न तसल्ली, रहे फिर भी डांटते।
जवाब देना तो चाहा, सदैव रहे शांत थे।

अपनो से शत्रुता, लगाएं, दुश्मनों से यारी।
नफरत पालते कैसे, कभी लगती न प्यारी।

सीखा, घर एक में रहना, केवल स्वयं साथ।
लगता उन्हें करंट, जब छू कभी लेता हाथ।

किया प्यार, पाया वियोग, हम ने इनाम में।
पूजे 'भगवान' पश्चात, अलहदा परिणाम में।

कल्याणकारी

निकले, घर से बाहर, बने वीर थे।
आँखों से चलाये, किसी ने तीर थे।
छोड़ दी बादशाहत, बने वज़ीर थे।
फिर रांजे 'भगवन' बनाया हीर ने।

करि पढ़ाई, प्यार में काम न आई थी।
हर प्यार में, लगा, डुगडुगी बजाई थी।
सहना, चुप रहना, थे दोनों ही कठिन।
भूले सुध, 'भगवान', होश न आई थी।

कभी जो न सोचा, मेरे राम कर दिया।
था जपना शुरू, मिला नाम कर दिया।
बाबे, व नुमाइंदों को प्रणाम कर दिया।
था प्रचार 'भगवान' हर ग्राम कर दिया।

मालिक त्रिलोकी, जरूरत उन्हें धन की।
सेवा बाबे की करना, इच्छा हर जन की।
दर्शन उनके पाने, है देश देशांतर जाना।
हो प्रसन्न 'भगवान', जूठन उनकी खाना।

त्यागा, किया अर्पण, कुछ अपने न पास।
लगन संग बाबे लगी, हमरी भी थी ख़ास।
दर्श दिये हमें उन, पहन राजसी लिबास।
दे उन ज्ञान 'भगवन' बना लिया था दास।

मिला जो खाया, बिछा बिस्तर ऊपर घास।
कल्याणकारी सुख, सच्चा था ऐसा विश्वास।
दिन रात की सेवा, बन परम भक्त व दास।
फिर भी 'भगवन' उन्हें आया कभी न रास।

मोड़ पये

वर्षों बिताये, साथ जिन, छोड़ वे गए।
दिल जिन से था लगाया, तोड़ वे गए।

जीवन में, कई कारण, लेने मोड़ पये।
कितने प्रतिदिन, न जाने जुल्म थे सहे।

अच्छे दिन आयेंगे, रखते सोच भी रहे।
बहुत बाबत अर्वाचीन हम देखे थे भय।

हुई बच्चों की चिंता, शोरगुल उन किए।
जलाये 'भगवन', लिए उन, हम थे दीये।

असंतुलित संसार

कोरोना प्रभाव, असंतुलित किया संसार।
धर्म स्थान सभी बंद, भाइयों करो विचार।
मासक, मुख बाबे पर, बंद सत्संग प्रचार।
इच्छा 'भगवान', झुके, मानी सब ने हार।

वेंटिलेटर, ऑक्सीजन, न मिले कहीं दवाई।
जाना बाहर वर्जित, होवे कैसे कोई कमाई?
जाना आना हुआ बंद, है सोने में कठिनाई।
गम की 'भगवान', बूटी अच्छी घोट पिलाई।

सुंदरता मारा, कड़क की किसी को भूख ने।
किया बोल असंतुष्ट, स्वभाव किसी रुख से।
किए हवन, पाठ, पूजा, जगाये दीये, धूप थे।
मिले कम 'भगवान' नर्म, रहे अनेक सूकते।

बातें बहुत, बड़ी सीं, दी सुनाई, हमें ज़ोर से।
सत बचन, महाराज, कहा हम बिन गौर के।
बदल अच्छी देते तकदीर, शायद वो और थे।
मिला देते, हमें भगवान', दूर रहे, वो दौर थे।

उठा बाप, छोटा, बड़ा, पश्चात मंझला भी बबा।
सच्चे ज्ञान का असर हुआ, किसी पे भी न रबा।
लिया जो जिस हाथ आया, बस बेचारा ही दबा।
रोये, सूजा सज्जा,'भगवान' कभी कबाड़ी खबा।

छोड़ा भक्तों ने ईश्वर, बनाया बाबे को ही देवा।
लगा तन, मन, धन, उन की, रहे करते वे सेवा।
खीर मीठी काजू बादाम और डाल उस में मेवा,
बना खिलाएं 'भगवान' कर्म फल फिर भी लेवा।

पूरे अरमान

नौकरी छूटी, किया धंधा, चला वो भी मंदा।
बन बाबा लिया शुल्क, दान कभी हम चंदा।

हर नगर में जल्द, हो गए, हमारे वारे न्यारे।
नाम हमारे बने महल, खर्च भक्त करें प्यारे।

हम विराजें, उच्च सिंहासन व प्रेमी जमीं पर।
सेवा में व्यस्त बेचारे, करते मेहनत दिन भर।

आमदनी हमारी, खर्च उनका, मानें हमें देव।
थी केवल, उन्होंने मांगी, हमारी हर दिन सेव।

प्रचार हमारा देश देशांतर रोज़ करते वे फ्री।
पक्का पकाया, आता भोजन, देसी शुद्ध घी।

चरण हमारे घर आ डालो, देवे हर निमंत्रण।
पाते आनंद वे रूहानी, कर इकट्ठा देते धन।

अच्छा हुआ, बन बाबे, पूरे कर लिए अरमान।
मानव नहीं, भक्त सारे, हमें मानते 'भगवान'।

छाया बन नवाब

समय बीता अपना, है याद खराब था।
रहा, हर सर पर छाया, बन नवाब था।
समय बीता अपना, है याद खराब था।
रहा हर, सर पर छाया, बन नवाब था।

समय, बीता अपना, है याद खराब था।
रहा हर सर पर छाया, बन नवाब था।
नहीं कसौटी पर पूरे उतरे, पूछते हमें।
देते, हमारे पास, नहीं होता जवाब था।

समय, बीता अपना, है याद खराब था।
रहा हर सर पर छाया, बन नवाब था।
किताबों से दोस्ती, कर न पाये थे हम।
पाठ्यक्रम अलग और शत्रु हिसाब था।

समय, बीता अपना, है याद खराब था।
रहा हर सर पर छाया, बन नवाब था।
भौतिक रासायनिक, व बाबत जीव के।
विषय बहुत निराले, साथ न लगाव था।

समय, बीता अपना, है याद खराब था।
रहा, हर सर पर छाया, बन नवाब था।
भूगोल, गणित, उद्योग, व शास्त्र अर्थ।
हरेक पढ़ाने वाला, झाड़ता रुआब था।

समय बीता अपना, है याद खराब था।
रहा, हर सर पर छाया, बन नवाब था।
बैठ जाते घर छोड़, मरना था बेहतर।

आँखों से घिर जाते, न ऐसा ख्वाब था।

समय बीता अपना, है याद खराब था।
रहा हर सर पर छाया, बन नवाब था।
किसी तरह, की पूरी, हम ने भी विद्या।
उतारना कर्ज़, ढूंढ नौकरी, दबाव था।

समय बीता अपना, है याद खराब था।
रहा हर सर पर छाया, बन नवाब था।
छोटी मोटी से किए, जमा दो पैसे हम।
कर लेते हम प्यार, रहा दूर ख्याल था।

समय बीता अपना, है याद खराब था।
रहा, हर सर पर छाया, बन नवाब था।
की बचपन, जवानी, समर्पित बाबे को।
पाना सुख, चरनी बाबे, ऐसा लगाव था।

समय बीता अपना, है याद खराब था।
रहा, हर सर पर छाया, बन नवाब था।
प्यार का मौसम आया, देर बड़ी बाद।
काँटों से, कटे हाथ, बिखरा गुलाब था।

समय बीता अपना, है याद खराब था।
रहा हर सर पर छाया, बन नवाब था।
किसी तरह रो पीट, हुई अपनी गुजर।
उतरा नशा सेवा का, जैसे शराब का।

समय बीता अपना, है याद खराब था।
रहा हर सर पर छाया, बन नवाब था।
चैन से चाहे बिताने, ज्यों ही दिन चार।
कोविड़ बंदि 'भगवन', घर ही जॉब था।

मचाया तहलका

बन बाबा, मैं भी जगत में, महान हो गया।
बिन किए, अध्ययन पूर्ण, विद्वान हो गया।

मिलने का समय, अगर माँगा, किसी भी।
हूँ शीघ्र मैं बहुत व्यस्त, उसे ज्ञान हो गया।

घुस बीच राजनीति में, मचाया मैं तहलका।
रहा हारता, जब जीता, पहलवान हो गया।

आया, हरेक अनुयायी को, नज़र केवल मैं।
था समय अनुकूल, मैं भी 'भगवान' हो गया।

रखते फासला

सीखा, कैसे करना प्यार, गए वे ख़ुद ही भूल।
अब रखते हैं फासला, नजदीकी नहीं क़बूल।

काश, कर बातचीत, निकल कोई जाता हल।
यत्न एकतरफा सब उन, थे कर दिए विफल।

त्यागनी पड़ी लगानी, प्यार की, उन से आस।
करनी खुशामद, हर पल, बन रहना न दास।

रास्ते अलग से, कर निश्चित, अब होते हैं तय।
बची लालसा कोई नाही दुःख किसी का भय।

बदलेगा मौसम शायद कभी आता है ख्याल।
हैं मौन अब कर खर्च पास सारा था जो माल।

किया लगा जो उन्हें अच्छा तो भी कहाँ संतुष्टि।
आरोप लगाने में माहिर, नहीं होती कभी पुष्टि।

देखे संसार और ललसाये दोनों, वर्षों से हैं एक।
जाने असलियत 'भगवान', लगे वास्तव में फेक।

पैदाइशी गरीब

बहुत हम ने देखा, होता कमाल है।
बदले सब जब, प्रभु होवे दयाल है।
बहुत हम ने देखा, होता कमाल है।
बदले सब जब, प्रभु होवे दयाल है।

वर्षों के रियाज़, किसी के फिजूल।
बेसुरा गायक भी करता निहाल है।
बहुत हम ने देखा, होता कमाल है।
बदले सब जब, प्रभु होवे दयाल है।

करे विद्वान, जा अनपढ़ के नौकरी।
खाये रूखी, सुखी, मायावी जाल है।
बहुत हम ने देखा, होता कमाल है।
बदले सब जब, प्रभु होवे दयाल है।

मेहनत की रोटी, होती नहीं नसीब।
पचा न पावे, पास जिस के माल है।

बहुत हम ने देखा, होता कमाल है।
बदले सब जब, प्रभु होवे दयाल है।

विचारों में डूबे, पैदाइशी जो गरीब।
धनी की विभिन्न, हम देखी चाल है।
बहुत हम ने देखा, होता कमाल है।
बदले सब जब, प्रभु होवे दयाल है।

हक की कमाई, हो करनी कठिन।
दो नंबरी सुगम, कहीं हर काल है।
बहुत हम ने देखा, होता कमाल है।
बदले सब जब, प्रभु होवे दयाल है।

तोतला कोई बाबा भी, दे रहा दर्श।
हो रहा हम देखा, वे मालामाल है।
बहुत हम ने देखा, होता कमाल है।
बदले सब जब, प्रभु होवे दयाल है।

राजनीति में भी अब, कूद रहे सब।
कार्य करता हर, उतरवाये खाल है।
बहुत हम ने देखा, होता कमाल है।
बदले सब जब, प्रभु होवे दयाल है।

ले प्यार, दिया प्यार, दूर थी खबर।
ऐसों की ही हमेशा, गलती दाल है।
बहुत हम ने देखा, होता कमाल है।
बदले सब जब, प्रभु होवे दयाल है।

पेट का धंधा, नचवाता, नाच अनेक।
ताल से 'भगवन', मिलती न ताल है।
बहुत हम ने देखा, होता कमाल है।
बदले सब जब, प्रभु होवे दयाल है।

पूरा गौर

पहुंचे अवस्था, अच्छी पर, हम ही दौड़ कर।
निकाला जीवन का रहस्य, सब निचोड़ कर।

लगाये पीछे अपने, बन बाबा, रुख मोड़ कर।
तथापि असंतुष्ट, की नेतागिरी, हाथ जोड़ कर।

पड़ा हारना, फिर जीते, खर्च, कई करोड़ कर।
गृहस्थियां कई उजाड़ीं, दिल नाजुक तोड़ कर।

विभाजित हुए हम भी, गए अपने, हमें छोड़ कर।
स्वार्थ बढ़ाया आगे 'भगवान' हम ने पूरा गौर कर।

आंधी आई

लिखा उस जो, था पड़ा वो पाना।
आया लगा मौसम, बड़ा सुहाना।

हुई शुरुआत, साथ शान शौकत।
विभिन्न पड़ा जीवन, हमें बिताना।

हालात बदले, किया हम निरीक्षण।
दृश्य नया, हुआ तनिक ही पुराना।

आंधी सी आई,नहीं जिसे झेल पाये।
याद नाही भूला, बना कुछ बहाना।

मोड़, रुख न पाये, चुप्पी को साधा।
मुंह बंद, पड़ा जबाँ को, था दबाना।

लतीफा बनाया, हंसी का, समय ने।
दांत तले, रख चने, पड़ा था चबाना।

सुनाते किसे दर्द, सभी व्यस्त पाये।
लिखना, पढ़ना, खुद ही पड़ा गाना।

लक्ष्मी की दिक्कत, रूहानी जुमले।
लगता कठिन, था पैसे दो कमाना।

संभले, संभाला, पी धीरज का प्याला।
और क्या करता, ठहरा खुद नमाना।

कायम, रहे संतुलन, था हमेशा चाहा।
बात हरेक सीधी को पड़ा था घुमाना।

किस्से औरों के, फिर याद आये सब।
टली न होनी, सिंहासने पड़ा बिठाना।

वातावरण विपरीत में भी हल निकाला।
न जाने क्यों, कदम पीछे हुआ हटाना।

सोचा, विचारा, प्रयास किए सारे, हारा।
था जीवन में सुख लिखा न उसने पाना।

कर हिम्मत, थे कई और भी यत्न जुटाये।
होगा 'भगवन' क्या आगे, कभी न जाना।

लक्ष्य निर्धारित

संभलना न आया कभी, अक्सर गिरते रहे।
किया न लक्ष्य निर्धारित, बाहर फिरते रहे।

गालियां, जबान से हमें दुआएं कोई दे गया।
बेशर्म भी मिले कई, तनिक जिन में न हया।

दिए रिश्ते नाते पुराने आ प्यार ने सारे तोड़।
हजार, लाख, माँगा किसी था हम से करोड़।

बन, अपना साथी, प्रेम, प्यार से रहा न कोई।
अच्छी नहीं साथ हमारे, होती रही सदा बुरी।

हक जमाना अपना, अफसोस, आया न कभी।
नतीजा, रहना पड़ा पीछे, बढ़ आगे गए सभी।

नाजायज जिस जैसा चाहा, फायदा उस लिया।
मुताबिक जरूरत नहीं, बहुत ज्यादा ही लिया।

बोल मधुर बानी से, मोह दिल को किसी लिया।
स्वीकारा, सब हम, 'भगवान', दे बिल हर दिया।

पटना पटाना

ढूँढा किसी को कभी, नाही किसी ने हमें।
था पढ़ाई का ज़ोर, तनिक पास न समय।

रात बीत जाती रोज़, फिर आती थी सुबहा।
आते, वार्षिक परिणाम, खूब होती थी वाह।

लिंग और पुल्लिंग का पाया अधूरा ही ज्ञान।
धार्मिक संस्कारों ने बढ़ाई, अपनी थी शान।

सीखा पटना, पटाना नाही सिखाया किसी ने।
रहे अपने कामों में सब, बहुत देखे बिजी थे।

वक्त आया, उस दिन, पड़ा हमें भी फंसना।
प्रभाव पड़े नक्षत्रों के, हुआ पश्चात न हंसना।

कई जिम्मेवारियों का बोझ, सर पे आ पड़ा।
लेटना, बैठना, दौड़ना, हुआ रहना भी खड़ा।

प्रसन्न रहे, हर कोई, था हर पल, किया प्रयास।
गुलाम 'भगवान' अपना बनाया किसी ने दास।

सब माया

सीख सके तौर तरीके, रहना कैसे, हमें न आया।
जिस का लगा दाव, चक्र उस ने हम पर चलाया।

नादान, अनाड़ी, भोले, भाले, मिला ज्ञान जो पाया।
हरेक पर किया विश्वास, व पश्चात बहुत पछताया।

दिया वचन जो किसी को, लगा पूरा ज़ोर निभाया।
दुःख व दर्द, सभी झेले, पायी जैसी, रही न काया।

बाबे ने प्रवचन सुनाये, बोले जग मिथ्या, सब माया।
ग़र की न सेवा मेरी, जीवन 'भगवन' व्यर्थ में पाया।

रहना फॉर

दूर रहना, बोलने वाले, कर कहने लगे प्यार।
पास कोई व्यवसाय, स्थाई नौकरी भी न यार।

दबाव बहुत उन डाला और कर लिया तैयार।
पड़ा मानना हमें जीत, नाही अपनी उसे हार।

दिल से चाहा, लाड़ लड़ाया, तथापि तकरार।
लगे, ख्याल अक्सर आने, था क्या मैं हकदार।

चुप रहा, सुना सब, अमन तो भी न बरकरार।
मुंह से शब्द जब निकलते, आर होता या पार।

लड़ाई, झगड़े, विवाद, उपद्रव, छिड़ती वार।
वातावरण बदलने में दिन केवल लगे थे चार।

बदलेंगे पल, दिन आएंगे अच्छे, अवश्य हमार।
घर भरेगा, खुशियों से, थे कर लेते हम विचार।

उथल- पुथल हुआ करती जब सुनते थे इनकार।
सुधरेगा माहौल कभी, थे नज़र आते, न आसार।

किस्मत अच्छी, थी न अपनी, रहना पड़ता फॉर।
गौड़, वाहि गुरु, 'भगवान', याद आते थे करतार।

भूलता नहीं

लिखने को बहुत मगर लिख पाता नहीं।
याद. ईश्वर की में, वक्त लगा पाता नहीं।

मार्ग दर्शी सच्चे मिलें, काफी है, मेरे लिए।

'भगवान' नाम के पाखंडी भूल पाता नहीं।

कृपा ऐसी

पढ़े नहीं स्कूल, बाबे फिर भी, हम विद्वान हो गए।
श्री एक सौ आठ लिए भक्तों के हम महान हो गए।

तन, मन, धन, की लेते सेवा, बहुत बलवान हो गए।
की कृपा 'भगवान' ऐसी, हमारे सब गुलाम हो गए।

मुंह से बाण

पश्चात शादी वे क्या करेंगे, नहीं पूर्व में बताएंगे।
बिन शस्त्र ही वार करेंगे, मुंह से बाण चलाएंगे।

सन्नाटे कुछ देर रखेंगे, मन आये तो गले लगाएंगे।
उम्र सारी याद रखेंगे, मत सोचना कभी भुलायेंगे।

वाजिब, भूख हड़तालें होंगी, इक दाना न खाएंगे।
मनोविज्ञान के विद्यार्थी, प्रयोग हरेक आजमाएंगे।

कसूर होंगे अस्वीकरणीय, दोष औरों पे लगाएंगे।
बोलेगा, अगर कोई आगे, चबा कच्चा उसे जायेंगे।

करना होगा, वक्त उसी पर, हुक्म जो फरमाएंगे।
ऊपर, नीचे, अगर हुआ तो, मानो खा ही जाएंगे।

समझेंगे, स्वयं कभी, न समझा, कुछ कभी पाएंगे।
बैठ निकट करेंगे वार्ता नाही गीत ख़ुशी के जाएंगे।

होंगे, वैसे बड़े धार्मिक, पूजा, पाठ में नहीं जाएंगे।
तोड़ेंगे, 'भगवान' से रिश्ता, बाबे मगर लग जाएंगे।

कुईं अमृत की

बाबे को कीजिये वंदना, बार बार प्रणाम।
करवाएं सेवा भक्तों से, खुद पावें विश्राम।

बाबे बड़े गोविन्द से, कर थोड़ा ले विचार।
रहने दें न चैन से, करें मरणोपरांत उदार।

कर रोज़ बाबे सेवा, मान उनका उपकार।
आरती भी कर रात, दिन, करेंगे बेड़ा पार।

भेजें ग़र नर्क में, स्वर्ग की, नहीं करना आस।
देख हरीश चंद्र, कर्तव्य निभाए जिस ख़ास।

खिला, बाबे को खाइये, रखिये चाहे उपवास।
करना खूब प्रार्थना, रहना बन के दासानुदास।

बाबे हस्ती उच्च की, सच्चा उनका ही दरबार।
आवें जावें बाई, महात्मा, मालूम जिन को सार।

बाबे बनायें चेले, और खुद बन जाते मुख्तार।
निचोड़ते खून थकते नाही बनते सज्जन यार।

दुर्लभ बाबे के दर्श, आवश्यक करना बारंबार।
कृपालु, दयालु, करेंगे इस भव से यकीनन पार।

खुद जैसा, बनाते बाबे, बिन किसी भी मत भेद।
देख बैठे बाबे सिंहासन पे, कभी करना न खेद।

पछतावा मत करना, ग़र चिड़ियाँ चुग लिया खेत।
कुईं खोदी अमृत की, तो क्या, निकली अगर रेत।

एक समय बाबे अनेक, कैसे संभव, आये विचार।
किस बाबे की, करे कोई सेवा, उतारेगा जो पार।

माँ, बाप को हक नहीं, आज्ञा देंगे. केवल बाबे देव।
'भगवाने' जरूरत ख़त्म करे, श्री बाबा जी की सेव।

सुनना वाजिब

ले खिलौने बचपन में, पायी संतुष्टि हम।
हुए तनिक बड़े, बहुत दिया पढ़ाई गम।

आयी जवानी, कर ले प्यार, चाहा दिल।
जरूरत माया की, थे चुकाने होते बिल।

कहने को हम थे, किसी से ज़रा न कम।
हृष्ट, पुष्ट, काया सुंदर, था आकर्षित चर्म।

विकार, खुश्की, सर्दी, बलगम, व जुकाम।
कई रोगों ने घेरा, विभिन्न थे उन के नाम।

क्या करते, रहना व्यस्त, पड़ता था जरूर।
होते वेहले, निकम्मे, सुनने वाजिब न हुजूर।

दिया, प्यार ने जो कुछ, कर वो लिया मंजूर।
दिया उस चकमा 'भगवान' कर सभी से दूर।

बाबे पर कुर्बान

कलयुग में, बाबे बहुत, है भरम रहा इनसान।
लेवे ज्ञान बिन सोचे, उड़ जाती फिर मुस्कान।

हर पंथ, ग्रन्थ लगे झूठा, आवें बाबे ही पहचान।
ईश्वर नहीं ऊंचे बाबे, बोले केवल वो ही महान।

दुश्मन लगे अपना, सखा बाबे परिवार बलवान।
धीरे, धीरे कर हर पाई, देता बंदा उन को दान।

गुण गावे उन के हर क्षण, भजनों में डाले जान।
नामों निशान मिटा देवे, सोचे करेंगे वे कल्याण।

वो भी क्या हो पायेगा, मांगे उस का नहीं प्रमाण।
जीते मरते करे वो ही जो बड़ा सके उनकी शान।

अति गर्व से कहे, सब को, है वे बाबे पर कुर्बान।
जाये ले कर्ज, पाये दर्श, कर रहा दंडवत प्रणाम।

होगा गुलज़ार, मिट स्वयं खाक में, बनता नमान।
पीए बना चरणामृत बाबे का, माने उन्हें 'भगवान'।

सूझा न कुछ

चला दौर जिंदगी में ऐसा, हमें सूझा न कुछ।
हर वस्तु हुई उपलब्ध, हम फिर भी न खुश।

धरमार्थी हम थे बथेरे, बसती दिल में थी सुच।
चाहा जिस जिधर 'भगवान', उधर दिया पुश।

निहाल कर

हरेक ने हमें बोला, कुछ तो कमाल कर।
दिखा नया जलवा,, सब को निहाल कर।

ठहरे हम अनाड़ी, कर उन्हें, दिखाते क्या?
खाया हम ने थप्पड़, अपनी आगे गाल कर।

हुए, फिर भी न संतुष्ट, देख ऐसी अदाकारी।
नगर में ढिंढोरा पीटा, खूब मिर्ची डाल कर।

कमज़ोर हम, बलशाली वे, क्या मुकाबला?
दे देते थे विश्राम, बूथे हमारे को लाल कर।

हम को था बनाना, उन्होंने, सृष्टि में अनोखा।
शायद, 'भगवान', उधेड़ दिल की खाल कर।

रईस नसीब से

न मिलन जिन का, दिल दुखाना होता था।
मिलते जब कभी, समय सुहाना होता था।

ग़रीब, पा कर क़रीब, बने रईस नसीब से।
लक्ष्मी को 'भगवान', सदा छुपाना होता था।

प्रभु दयाल

नाम जाना बाद, गले का, पूर्व हार हो गया।
करना पड़ा, मिली हस्ती से, प्यार हो गया।
नाम जाना बाद, गले का, पूर्व हार हो गया।
करना पड़ा, मिली हस्ती से, प्यार हो गया।

होंगे वे, सभी से आला, सुना था बाबत उन।
रहे ख़ुद, कर वे, नाही पाए किसी को खुश।
पड़ा पाला, तो पैदा, अलग विचार हो गया।
करना पड़ा, मिली हस्ती से, प्यार हो गया।

प्रश्न किया जब, उत्तर में पाया उन्हें ख़ामोश।
जब कभी, वे बोले, हमारे उड़ा दिए थे होश।
चंडी का जब भी उन चाहा, था वास हो गया।
करना पड़ा, मिली हस्ती से, प्यार हो गया।

साथ बिताये, मुश्किल से, उन्होंने कई साल।
जहाँ, जितना जब चाहा, खर्च दिया था माल।
पड़ी छोड़नी कंजूसी भी, प्रभु दयाल हो गया।
करना पड़ा, मिली हस्ती से, प्यार हो गया।

थी सहूलियत, सब मुहैया, तथापि वे परेशान।
करें लड़ाई, झगड़े, काम रल मिल,करें महान।
कारण उनके बेड़ा 'भगवान', था पार हो गया।
करना पड़ा, मिली हस्ती से, प्यार हो गया।

रही न सुगंध

थे सुने, प्यार के किस्से, हम ने भी चंद।
मुश्किलें उन सामने, पूरी सरदारी बंद।

लिखनी पड़ी शायरी, त्याग कर निबंध।
जैसी 'भगवान' पायी, रही न वो सुगंध।

सही नक्षत्र
जिंदगी का, बनाया भागी, किया निर्वाह साथ।
पूछा नाम न जिस का, क्षण देखा केवल सात।

अंगूठी पड़ीं अंगुलियों में, लगे माथे पे तिलक।
छुहारे मुंह में, साथ बर्फी, प्रस्तुत चुनी सिल्क।

हाथ में मेहँदी, बाजू में चूड़ी, डाल गले में हार।
की शादी धूम धाम से, पश्चात, सोचा बारे प्यार।

धीरे से बड़े आगे, लगा समय, दूर हो गई संग।
होनी थी, हुई, तपस्या, एक ब्रह्मचारी की भंग।

पाया पूर्ण विपरीत, तथापि, पड़ा मानना अपना।
हुए विवाद, बिन किसी कारण, अक्सर खपना।

मौन व्रत, भूख हड़ताल, बिताई तनहाई में रातें।
एक साथ हो न सकीं, पड़ी स्वयं से, करनी बातें।

कभी कबाड़ी, मिल जाता, सही नक्षत्र में इकरार।
शीघ्र डाली आदत, 'भगवान', सुनने की इनकार।

करामात उन की
बने फिर से इष्ट बाबे, पूरी गृहस्थी से उड़ी रुचि।
बढ़ी गैरों से दूरियाँ 'भगवन', करामात उन की।

दिया दबा
नसीहत मिली, जिस मार्ग की, लिया उसे अपना।
खोट न ढूँढा, कभी किसी में, दिया जो पास गवा।

दे प्यार छोटों को, सर आगे बुजुर्गों के दिया निवा।
अकड़ने के, तजुरबे मिले, जब सुनी, अजीब जबाँ।

बीच अंबर में कई उड़ते देखे, ज्यों ही लगी हवा।
दाव लगा जिस का, उस ने समय पर दिया दबा।

न जाने क्यों, अस्तित्व हमारा, कइयों को, खला।
देखा प्रदर्शन, करते हर पल, ज्ञात जैसे हर कला।

बोल सुहाने, सुना कइयों ने, विष ही, दिया पिला।
किस्मत में लिखा जो 'भगवन', यकीनन वो मिला।

शीघ्र कुछ
रहते करते खुश, है बात सच्च, मुच।
हर पल, बिन वजह, कारण न पुछ।

छीन ली, हर कला, हम से, वक्त ने।
फरियाद, 'भगवान', कर शीघ्र कुछ।

रहे प्रसन्न
खाये छप्पन भोज, चबाये नाही थे चने।
पाना, पृथ्वी पे बहिश्त, सन्यासी थे बने।

धमो धम, धोखा न ग़म, सदा रहे प्रसन्न।
कमाते भक्त 'भगवान', उड़ाते रहे हम।

शिव हमारे
गिरजा, मस्जिद, मंदिर, माथा जा टेका गुरुद्वारा।
बात न करनी आयी, शर्मीले पन ने हम को मारा।

पैसे की पड़ी जरूरत, हर पल, जीता कभी हारा।
उम्मीद रखी जिस से भी, बना वो ही नहीं सहारा।

पैदा प्रतिदिन नए झमेले, हाल बुरा हुआ हमारा।
प्रेम, प्यार ने किया दूर, चाहूँ करना नहीं दुबारा।

कर गठबंधन हुआ अहसास, अच्छा था कुंवारा।
शिव 'भगवान' हमारे, है और न कोई भी चारा।

फल भोगा
चिड़िया चरित्र, प्रभु, देखा हम भी बहुत।
धूप, अगरबत्ती, हम, कभी जगाई ज्योत।

क्रमण फल को भोगा, व पाया, मनमुटाव।
दिया प्यार 'भगवान', प्रश्नोत्तर नाही जवाब।

दिल से किया
देखी सूरत, तरह अच्छी नाही उनका चर्म।
किया सब न्योछावर, और स्वीकारे थे ग़म।

अच्छा बन सदा दिखाया, लगते रहे खराब।

फिर भी अपना रहे मानते, सदा ही जनाब।

हर दिन उन्हें बदले पाया, सुबह क्या शाम।
बड़े कहने को थे धर्मार्थी, जपते पावन नाम।

रहें दूर , चाहें बटवारा, करते न कोई गल।
नहीं चाहते शायद, निकल आये कोई हल।

बोलना कम, सुनना न ज्यादा, ऐसा व्यवहार।
अप्रसन्न 'भगवान' तथापि दिल से किया प्यार।

लिखा जो पाया

अपने आप को भूले, थे देख कर उन्हें।
बड़े प्रेम से बजाए, साथ गीत उन सुने।

चढ़ा प्यार का भूत, उतर जल्द ही गया।
देखे नित नए स्वांग, कभी कोई न दया।

पीछे मुड़ूं, जाऊं आगे, आती सोच बड़ी।
कयामत छोड़ बाएं, दाएं,आगे थी खड़ी।

निभाईं तरह किसी, साथ उन के रोजाना।
लड़ाई झगड़े का हर मिलता रहा बहाना।

अपना सब किया न्योछावर रखा न कुछ।
यत्न किए हज़ारों, कभी कर पाए न ख़ुश।

छोड़ी जीत की अभिलाषा, स्वीकारी हार।
मिलना जब भी चाहा, हो पाया न दीदार।

इकरार की त्याग इच्छा, सुना नहीं इनकार।
भाग्य में लिखा जो 'भगवान', पाया वो प्यार।

भाग्य खोटे

प्यार करने निकले, तुड़वानी पड़ीं लातें।
हुआ किस्सा पूरा, मुश्किल से कटि रातें।

हो सका जैसे भी, रहे कर्तव्य को निभाते।
धारण करना चुप्पी और सुनते रहना बातें।

नफ़ा कम, नुकसान ज्यादा, बहुत ही घाटे।
कर प्यार क्या बतायें, दिन रात कैसे काटे।

कर पाए न तसल्ली, सदैव खेचे ही थे जाते।
पेट अपना बढ़ाते, खा बाज़ार के बने परांठे।

बच्चों से दिल बहलाया, खेले, साथ उन बँटे।
लगे जब वे सताने, लगानी उन्हें पड़ीं थीं डांटें।

अच्छा नहीं, हुआ अनुभव, भाग्य हमारे खोटे।
हंसना, पूर्णता से वर्जित, हम रो भी न थे पाते।

द्वार ईश्वर का नज़र जब आता, जयकार लगाते।
कर पूजा, पाठ 'भगवान', रहे सदा, उसे मनाते।

कई ऐसे दौर

पायी, कदर नाही खटखटाया दर और।
प्रतीत, कम अंतर, हमारा न कोई ज़ोर।

व्यस्त, मस्त, चुप, मौन, बिन मचाये शोर।
पड़े प्यार में 'भगवान', कई देखे ऐसे दौर।

हुए पुराने

आये जब हम, इस जमाने में थे।
और सब बड़े, हम ही नीयाने थे।

रोने से फुरसत न मिलती कभी।
चुप कराते सभी, हम माने न थे।

धीरे से होश, हम को भी आ गयी।
तंग करना अशुभ, हु ए सयाने थे।

लगाव, बचपन से ही गैरों से पड़ा।
पड़े क्षण, साथ उन हमें बिताने थे।

बड़े हुए, हुई चिंता, लक्ष्मी की हमें।
पड़े, मेहनत से, नोट भी कमाने थे।

पूरे खड़ पाये न, अपने पैरों पे हम।
निकट दिन, लग्न मंडल के आने थे।

मुश्किल से बने, बनाया अपना जिसे।
तर्क, वितर्क, हुए साथ, सुने बहाने थे।

पढ़ते, रहें बच्चे, वे पा लें शिक्षा उत्तम।

उलटे, पलटे कर्म, बड़े दिल दुखाने थे।

शादियां रचाईं, फिर देखे, उन के बच्चे।
देखी समानताएं, हम तो, हुए पुराने थे।

आया बुढ़ापा, बिन बुलाये, हुए अस्वस्थ।
देखने डाक्टर, गीत 'भगवान' के गाने थे।

हल संभव नहीं

होते घमासान युद्ध, हर तरफ़, जनता मर रही है।
इस दुनिया में हे ईश्वर, लगता कितना कु सही है।

वार्तालाप से हल कोई, है संभव, होता अब नहीं।
क्या जान की कीमत 'भगवान' बिलकुल न रही।

बौछार दोषों की

नज़र किसी से मिलाते, रोका ख़ौफ़ ने।
आया वक्त जब तो, अपनी उम्र न रही।

रखा खोल के दिल को सम्पूर्ण शौक से।
बातें हरेक की सब, रख मौन थी सहीं'।

गिला हर पल, किस कारण, रहे करते।
किया करते ऐसा क्यों, होंगे जानते वही।

कर प्यार दूर, करते शुरुआत घृणा की।
थी पीछे वजह क्या होती, वे बताते नहीं।

किसी तरह साथ उन, थी उम्र कट गयी।
थी दोषों की प्रतिदिन, होती बौछार रही।

धारण, कर चुप्पी, जुल्म, सितम सब सहे।
बात, जाए न दूर, था लगा करना ये सही।

हरकत हर अपनी पे, उन्हें होता था नाज़।
कुछ ऐसे 'भगवान', वे जमाया करते दहीं।

हुई न संतुष्टि

मिला, स्वीकारा, दिया सब, अख्तियार में।
सम्पूर्ण हुई नहीं संतुष्टि, हम रहे इंतजार में।

बचा, उजड़ने से बाग़, सब घोड़े सवार थे।
अस्थिरता अपनाई हम 'भगवान', हार के।

करते हैं बयां

सहना दर्द, दिल को, आदत हो गई।
शायद हो ठंडा, कागजी मरहम से।

रहे न बोझ सर पर, कर देते हैं बयां।
तहजीब, और 'भगवान' पूरी शर्म से।

भक्त ख़ास

की सेवा बिन मेवा, जोश उल्लास से।
महान बाबों के, बने हम भी, दास थे।

परम भक्त हम भी, उन के ख़ास थे।
छोड़ 'भगवान', डूबे, अंधविश्वास में।

रहे व्यस्त

बुद्धिमान, ठहरे हम, निकले वे सयाने थे।
पाया ज्ञान था सब, रहे फिर भी नियाने थे।

पढ़ा नहीं पोथी में, सिखाया जो जमाने ने।
नामुराद किस्से, वे लगा हो गये पुराने थे।

खाए, घाव दिल ने, लगे सब थे निशाने पे।
आह कभी न निकली, ज़ोर पूरा लगाने से।

फटी कभी न पूरी, रहे थे व्यस्त कमाने में।
थे, पूरे निपुण, वे बात, हर हमें समझाने में।

व्याख्यान बाबों के, चुटकुले वो ही सुहाने थे।
राहे 'भगवान' सुलभ, कुंजी पावन घुमाने से।

कच्चा दिल

खाये गोते, डूबे प्यार में, थे मुश्किल से तैरे।
हुए अंधे हम 'भगवन', कभी कानों से बेहरे।

भाग्य अचानक, था लगा हमें, हमारे भी जगे थे।
मिले रूप, जैसे में भी, हम को सोहने वे लगे थे।

फिर रोजाना की तकरार, कर कच्चा दिया दिल।
कर पाया न कुछ, रहा मौन, मन बोला बेटे चिल।

किसी तरह, फिर भी साथ में, वर्ष कई गुजारे हैं।
लगता 'भगवान' के ही, केवल, रहे हम प्यारे हैं।

पी बैठ

शायद चाय, काफ़ी आती न हमें रास।
लगी वो अच्छी, जब पी बैठ उन पास।

फीकी थी, या मीठी, दिया न हम ध्यान।
चढ़ा 'भगवान' नशा, होगी जरूर ख़ास।

हर यहां मेहमान

एक इंच न दिया जिन्हें, बन बैठे वे घर वाले।
खुला रहता था जो सदा, लगे वहां अब ताले।

है उचित नहीं पूछना, कोई प्रश्न उन से अब।
हुक्म उन बरकरार है, जैसे हों कोई वे रब।

जीवन छोटा, भूल गये, है हर यहां मेहमान।
वैसे नहीं उन जैसा कोई, पैदा हुआ विद्वान।

हर निर्णय, करते छुपा कर, खुद ही वे आप।
सुझाव ठुकराते 'भगवन', चढ़े उन्हें सुन ताप।

साथ न छोड़ा

ऊपर सवार घोड़ी के, था होना पड़ा नहा के।
हम शादी को रचाया, महफ़िल पूरी सजा के।

बंधन, प्यार जरूरी, लगे निभाने हम वफ़ा थे।
बिन वजह, हालात बिगड़े, होने लगे खफा थे।

हल, हर प्रकार का ढूँढा, मुंह रखा था दबा के।
किसी तरह पल काटे, रखा पास उन लुभा के।

थे ताल मेल मिल न पाए, रखा दुखों ने जगा के।
झेली प्रति दिन नई दुविधा, सर माथे पे लगा के।

की इच्छा हर पूरी, खर्चा, रखा जोड़ जो कमा के।
ले कर्ज घर चलाया, दूर तथापि चैन सब गवा के।

रहा रोष उनको, हर किए प्रदर्शन उन कला के।
साथ उनका था न छोड़ा, निभाया सब भुला के।

गए जिधर उन्होंने चाहा, बिन मशवरा, सलाह के।
मौन रखना पड़ा 'भगवान', रहे दूर, हर कलह से।

उड़ने लगे

दो पैसे क्या कमाए, हम तो उड़ने लगे थे।
निन्यानवे के फेर में, हम भी पड़ने लगे थे।

व्यय कम, जोड़ अधिक, बन गया असूल।
लूट पाए मौज़ न कोइ, सांस चढ़ने लगे थे।

हर पल थकान का पड़ा करना था सामना।
होती, आराम की इच्छा, अर्ज करने लगे थे।

आती, निंद्रा कम, बहुत पड़ता था जागना।
रोग नए, प्रति दिन, हम को, लगने लगे थे।

मेहनती कमाऊ, बन आँखों में आये जब।
हर तरफ से, कई रिश्ते रोज़ आने लगे थे।

नहीं स्वीकारा. तथापि भरा गया था तोपा।
भुला सब, लगा दिल, प्यार करने लगे थे।

नानी दिलाई समय याद, थी देखी न कभी।
बैठ अकेले, पूजन 'भगवान', करने लगे थे।

गए फस

बहुत मिली जिंदगी में देखने को कशमकश।
सलो डाउन, कहा हर, है कुछ न अपने वश।

थे पाए कई खामोश, जिन दिया न कुछ दस।
आराम से चल बेटे, मिली शिक्षा, डु नॉट रश।

खुश हुए, हमें देख विरले, पड़ी कइयों को ग़श।
कर प्यार 'भगवान' बिपता, गए हम थे पूरे फस।

गुस्सा रोका

प्राणायाम, कपाल भाटी, कभी किया था योगा।
शरीर हमारा हृष्ट, पुष्ट, रहा नाही सदा निरोगा।

सब हकीम, और वैध जी की भी कर देखी दवा।
पूजा पाठ के साथ हवन, रहे करवाते शुद्ध हवा।

पैसे की दिक्कत ने मारा, जो पास दिया गवाये।
जिंदगी हमारी के ऊपर, थे हरेक, धाक जमाये।

हानि, नुकसान, किया बर्दाश्त, रहे सदैव मस्त।
महंगी चीजों को बिसारा, ढूंढी हर जगह सस्त।

जिस कहा, मानी उसकी, बन कर महा ज्ञानी।
गुस्सा आया, उसे रोका, मधुर मीठी रखी बानी।

फंसे, प्यार के, चक्रव्यूह में, फिर बाहर न आये।
समाधान, नज़र आये, नाही मुंह से निकली हाय।

रूखी सुखी से हुआ गुजारा, देखे सच्चे दरबार।
दुनिया 'भगवान', दिखी मतलबी, पैसे से प्यार।

सदमे दिये

था न समय अनुकूल, हरेक सदमे दिये।
फायदे जितने जिन चाहे, थे हम से लिए।

आशा हम न रखी, लगानी भी छोड़ दी।
किश्ती 'भगवान' रास्ते सीधे पे मोड़ दी।

अवश्य मिला

माथा, कान, आँख, होंठ, जिस था खींचा कभी।
सहे जबान, उनकी लम्बी से, वार सख्त सभी।

भय समाया, कोई उन में, हम को नहीं दिखा।
कान से सुना नाही पढ़ा, किसी का उन लिखा।

थे वे साथ वर्ष कई जरूर, किन्तु रहे पछताते।
आरोप मन में, जो जाए, वे अक्सर, रहे लगाते।

कली खिली वक्त पर, और फूल भी था खिला।
था लिखा भाग्य में जो हमारे, वो अवश्य मिला।

थे मनमुटाव में वे माहिर, अवसर कई आते रहे।
हम बैठ तनहाई में लिख, ख़ुद को ही सुनाते रहे।

दिल को 'तोड़ा प्रति दिन, क्यों उसे छोड़ा नहीं?
मन में आया जो भी 'भगवान', करते थे वे वही।

अपना फ़र्ज़

बन बाबा लिया देख, ख़लक़त लाख हज़ार।
सेवा करे हर कोई, चाहे बाद में पड़े बीमार।

काम, काज़ छोड़ दें, पाएं जब हमारा सन्देश।
ब्रह्मा, विष्णु कोई हमें, हैं अवतार, कहे महेश।

किसी की न सुनते, पहुंचें घर में डाल क्लेश।
माथा टेकें, चूमें पाँव, करें ज्यों ही द्वार प्रवेश।

पावन व दिव्य बने, लिए उन, हमारा परिवार।
लक्ष्मी रखे, हर आगे, हो आनंदित, पा दीदार।

जरूरतें सभी करें पूर्ण, लेना चाहे पड़े क़र्ज़।
पूजा कर रहे हर वक्त, मान अपना वे फ़र्ज़।

रिश्ते नाते त्याग अपने, वे हमारे ही बन जाएं।
खोट कोई 'भगवान', वे निकाल कभी न पाएं।

असुरक्षित स्थल

हुए असुरक्षित धर्म स्थल, अपने ही देश में।
लाये कुछ भाई हमारे पूर्व के साथ क्लेश थे।

डंडे, पास उनके, बरसाते जा रहे थे, द्वेष में।
बना तमाशा, थे कई मौजूद, वर्दी के वेश में।

बटें नहीं, रहें एक जुट, करो प्रार्थना महेश से।
पाये हर सद्ध बुद्धी 'भगवान', परम गणेश से।

शैतान नवाजा

पैदा हुए, जाने गये, नाम से हम बलवंत।
कर मेहनत, रहे कमाते, थे न इतने चंट।

मिला जो स्वीकारा, फिर भी खायी डांट।
बढ़ीं हमारी चाहतें, हुई एक न पूरी वांट।

पापड़ सभी वेले, रही जेब फिर भी खाली।
बंदा रहे बनाते, दी जिस मुंह ने हमें गाली।

पढ़ाई लिखाई में हम, रहे न किसी से कम।
दूर शराब, मदिरा, विस्की, की स्पर्श न रम।

बाबों की, करनी सेवा, था काम लगा महान।
छुटकारा चौरासी से पाना, था वाजिब प्लान।

बन कर दूल्हा भी देखा, टेस्ट किया विज्ञान।
थी मधुर पूर्व में जितनी, रही वैसी न जबान।

बाबे, और दुल्हन, रल मिल किया कल्याण।
शैतान हमें नवाजा, थे नाम से जो 'भगवान'।

भाया न वास

पड़ा करना, रिश्ता कायम, रखा पूर्ण विश्वास।
मालकियत से छुटकारा, गुलाम बने व दास।

आलोप हो गया सब, तनिक भी न रहा पास।
पल भर में आम हो गए, हुआ करते थे ख़ास।

करना, जो काम, पहना माफिक उस लिबास।
निर्धारित हुई, जो भी सीमा, की न कभी क्रास।

रही गेन की अभिलाषा, झेलनी पड़ी थी लास।
रहते कैसे, धो के हाथ, बने भूतकाल के बॉस।

की शुरू हम गिनती, रुके, पहुंचे जब पचास।
मनाई गोल्डन जुबली, दिखाई अपनी क्लास।

प्रेम पल सारे, लिखे प्रभु हमारे, आये न रास।
दिल में 'भगवान' जो बैठे, दिखा न हमें वास।

भोजन के थाल

बदलते मौसम, गर्मी, वर्षा, आ जाते सियाल थे।
लाले. हर हालात में रोटी, व पड़े रहते दाल के।

होता मुश्किल से गुजारा, कम जेब में माल थे।
आते, सज कर, बाहर से, भोजन के न थाल थे।

दिखती रोती बालिकाएं, किसी के, छोटे लाल थे।
दूर रहते जानकार, आते पूछने, कभी न हाल थे।

दिखते बूथे सड़े, सुर्ख कभी होते, उन के गाल थे।
दृश्य नज़र 'भगवान' दिखा करते कई कमाल के।

संग बाबे

सुना, लिए जन कल्याण, बाबे लिया अवतार।
चेले बन हम भी देखा, हाल बुरा हुआ हमार।

प्रवचन सुने प्रति दिन हम ने श्रद्धा से बारंबार।
रहे लगाते रल मिल, उन की ही जय जयकार।

कारण उन, रखा दूर, किया और से नहीं प्यार।
दिल लगा, हर जगह पहुंचे, बहुत किया प्रचार।

पेट व हार्मोन के झंझट, छिड़ा बाबे घर में वार।
पहली नहीं, बैठी नई दुल्हन, सज बाबे दरबार।

परिवार बढ़ा बाबे का, हुए बच्चे, पैदा होनहार।
पश्चात 'भगवन' हुआ बटवारा, बिखरा सब यार।

भाँती असफल

कुंवारा फिर हुआ विवाहित, शेष का नहीं मालूम।
किसी आयु में भी क्या बताऊं, मिला नहीं सुकून।

अपने ही घर में यकीनन, बना अजनबी व गुलाम।
कर पाया भजन संध्या, न पढ़ कभी सका कलाम।

प्रसन्न करने की, हर पल, करता, यत्न रहा हज़ारों।
भाँती कई यहाँ असफल पड़ा रहना हमें भी यारो।

कई तरह की साजिश का, था होना पड़ा शिकार।
सुनी, हर दिन, नई परिभाषा, जिस का नाम प्यार।

एक स्वर मे किसी मुद्दे पे, निकाल पाए न आवाज।
संयुक्त परिवार क्यों बट जाते, कोई तो होगा राज़।

करने को रहा पास बहुत, सब कर पाया न कुछ।
रोना वर्जित, हंस साथ न पाया, हुआ नाही खुश।

मिला जो, पायी तृप्ति उसी से, थी होनी बलवान।
दुःख के आये वक्त जब, तो याद आये 'भगवान'।

करनी खुशामद

ऊपर हम ज्यों ही, लगी होने उन की कृपा।
रहना संसार में कैसे, भूल जाना ही पड़ा था।

मतलबी दुनिया, स्वार्थी सिवा उन, हर कोई।
सच्चा, उच्चा, महा ज्ञानी, नाही और बड़ा था।

रहे बारंबार भजन, बिन सुर के ही वे सुनाते।
उम्र गुलामों को देखा, झापड़ उन जड़ा था।

ऊट-पटांग बातें उन की, होती प्रभावशाली।
टेकना, चरनी माथा, कतार में हर खड़ा था।

तन, मन, व धन के मालिक भक्तों ने माना।
जुनून सिर पे उन, बहुत अच्छा ही चढ़ा था।

परिवार पावन व दिव्य, देखा बड़ा निराला।
नियंत्रण ऊपर हर, रहता उनका कड़ा था।

चमचे, ख़ास, व आम, थे हर जगह मंडराते।
लिए खुशामद 'भगवन', लड़ना भी पड़ा था।

पढ़ाई में व्यस्त

रहे पढ़ाई में व्यस्त, कोई गा न सके गीत।
किताबों से रही दोस्ती, बनी न कोई मीत।

अचानक गर्मी का मौसम, मसूरी में सीत।
बहुत एतराज जताया, ली लगा फिर प्रीत।

थे पहली मर्तबा हारे, लगी न अच्छी जीत।
'भगवान' के थे उपासक, भू स्थल पे सीट।

जाना कयामत

बन पति, हम देख लिया, हुए कमज़ोर ज्यादा।
त्यागनी पड़ेगी पहलवानी, था अपना न इरादा।

छोड़े परांठे, चुपड़ी रोटी, गजरेला, हलवा भी।
बोले बाबा रामदेव, पानी को कभी साथ न पी।

बत्ते छोड़े, लस्सी, सिकंजवी, काफी, और चाय।
बदले नमस्कार, व राम, हाय लगे बोलने बाये।

घर की टीवी हुई बेगानी, मन चाहे सुने न गीत।
टिकी कुछ पल भी न, साथ जिस थी लगी प्रीत।

रिश्ते, नाते सब छुड़वा, जब राज्य हुआ स्थापित।
अकेला पाया ख़ुद को, होती जाना क्या कयामत।

गलत हम और वो सही, हमें सब ने पाठ पढ़ाया।
जैसे कैसे कर, फिर भी, हम वर्षों साथ निभाया।

साथ बैठ पूजा पाठ करने का भी हुआ बहिष्कार।
बाबे उन, 'भगवान' हमारे, उन्हें आया था विचार।

जुगाड़ निकाला

धूप में चश्मा, रखी, बरसात में, पास न छतरी।
लड़ना पड़ा बिन हथियार के, थे ऐसे हम खत्री।

पंडिताई करनी न आती, फिर भी लगे पढ़ाने।
दिन, रात, कर मेहनत, थे दो पैसे लगे कमाने।

करते, प्यार हम कैसे, किसी न कभी सिखाया।
जिधर चल सका जैसा, था हम ने चक्र चलाया।

हो प्रभावित बाबे के, थे पहुंचे सच्चे हम दरबार।
हमें मिली बहुत प्रशंसा, रखा चरनी जब हज़ार।

गीत गाना, कभी न आया, बने फिर भी लेखक।
पढ़ लिख कर भी पड़ा बनना केवल हमें सेवक।

राजनीति से, रहे दूर बहुत, बदला न कभी दल।
जैसे चाहे, कर काम, बना जुगाड़ निकाला हल।

रखी विजय की अभिलाषा, किया दुखी हमें हार।
सब से अच्छा, हुआ महसूस, 'भगवान' तेरा द्वार।

क्या पाया

बाबा बन, क्या हम पाया, परेशान हुए।
दिन, रात पाँव छुआए,और महान हुए।

प्रवचन दिए, गा भजन, कल्याण किए।
बनाया 'भगवान' हमारे गुणगान किए।

फल पूर्व जन्म

हो जाएगी ख़ुशहाल जिंदगी, कह, यंत्र बाबे दिया।
गाये भजन, उतारी आरती, और चरणामृत पिया।

शब्द उनके माने महा मंत्र, था दिल न कभी भरा।
परम भक्त, बन देखा हम भी, कोई अंतर न पड़ा।

था निश्चित जो होना, टला नहीं, वो होता सब रहा।
बनावट, जगत में पायी, मिला शुद्ध, न कोई ख़रा।

ऐसे जिंदगी के मोड़ पर, था कर उस दिया खड़ा।
पलड़ा प्यार, घृणा की तुलना में, लगा बहुत बड़ा।

ख़ुशी को, रहे भालते, हुई नजदीक, वो नहीं कभी।
हालत हमारी रही बिगड़ती, देखी गौर से थी सभी।

मिला फल, पूर्व जन्म के कर्मों का, पड़ा भोगना।
पीठ पीछे, हुआ मालूम, रही बनती कई योजना।

किया वो ही, हम, हर वो काम, लगा जो महान था।
विश्वास हमारा दृढ़, नहीं टूटा, ऊपर 'भगवान' का।

कह गद्दार

थे करते रहे, खुशामदें हम, जिन की दिन रात।
नवाजा अंत में, 'भगवान', उन कह हमें गद्दार।

प्रेम नगरी

करने लगा प्यार और हुआ प्रेम नगरी का वासी।
समय ज्यादा साथ न बीता, बनना पड़ा सन्यासी।

मालिक को, दास बनाया, माना स्वयं को दासी।
हरेक बात पर भुगत सवारी, पूरे जोर से खासी।

तीर्थ यात्रा, पड़ी करनी अकेले, हरिद्वार से काशी।
जितनी कही, कर दी न्योछावर, प्रसन्नता से राशि।

होता मालूम और क्या करना, रहने देता न प्यासी।
शिक्षा देती, माँ पास, थी न मुंह बोली. कोई मासी।

पढ़ विज्ञान, लगाए ध्यान, बनी विदुषी सत्यानाशी।
रही 'भगवान', बेचारी, दर्शन बाबे की अभिलाषी।

लग जाएंगे पार

हम जैसा, न देखा होगा, किसी ने सेवादार।
कौशल, हमारा ऐसा, हर आज है कर्ज़दार।

क्यों सच्च को छुपाये रखा, आया न विचार।
सिवाय हमारे, जानने का, कोई न हकदार।

आने दें, जिसे चाहें, है अधिकार, करें बार।
सब ग़लत, हम ही सही, कभी न माने हार।

विश्वास जिन्हें, नहीं हम पर, मित्र न वे यार।
हर फन मौला हम हैं, दो इज्जत, हमें प्यार।

ऋण उठा, कर व्यय, चलाना हमें व्यापार।
ऊपर कोई और नहीं, हम केवल मुख्तार।

चलता सब रुकवा दें, चाहे ले जाएँ टू फॉर।
आती हो, तो बेशक आये, रिश्तों में दरार।

विकल्प निकालें मिल कर, इच्छा न हमार।
भक्त हो दूर 'भगवान' से, लग जाएंगे पार।

खड़े बवाल

आये स्कूल में पढ़ने, माँ के कई लाल थे।
पहन के, वेश अद्भुत, लगते कमाल थे।

रोते, उलटी भी करते, होते, बुरे हाल थे।
सीधी उन्हें न कबूल, चलते टेढ़ी चाल थे।

पढ़ाई, करनी कठिन, थप्पड़ खाते गाल पे।
रोज़ वास्ते खाने, आते लिए उनके, थाल थे।

आता न प्रेम से रहना, दिया करते गाल थे।
आपस में, लड़ पड़ते, उतरवा लेते खाल थे।

एक, एक, कर किसी तरह, बिताते साल थे।
खुश हुए मापे, जब कमाने लग गए माल थे।

चलता समय का चक्र, झड़ते उनके बाल थे।
लड़ाई, घर में झगड़े, हो जाते खड़े बवाल थे।

पकी, नसीब वाले खाते रोटी, सब्जी, दाल थे।
घी, शकर को भी 'भगवान' पचा लेते नाल थे।

पूर्ण प्रभावशाली

पाँव पसारने की ले जगह, बन बैठे घर वाले।
खुला जो रहता था सदा, है बंद, लगे हैं ताले।

है मौन धारण कर लिया, बताना कुछ न चाहें।
छुपाये रखते, न जाने क्यों, अपनाते कौनू राहें?

मान प्रतिष्ठा ठेस खा जाती, पूछे ग़र कोई कुछ।
उत्तर उचित जब न मिलता, कठिन होना खुश।

लारा लपा लगाने में माहिर, पूर्ण वे प्रभावशाली।
भरा रहता, जो हमेशा, नज़र पूरा, आता खाली।

सात अंक से ऊपर संख्या, न जाने, पहुंची कैसे।
कर्जा सर पे, कमर तोड़ेगा, आएंगे कहां से पैसे।

तथापि मान बहुत कारनामों पे, दुरुस्त सब ठीक।
दोष उनके, प्रश्न जो पूछें, क्यों करते नहीं उड़ीक।

थे तैयार देने को कुंजी, दिखावा, बैठे हैं अब थाम।
भरोसा रखो, प्रभु पे भक्तो, लो 'भगवान' का नाम।

सुधरे दिन

थी छोड़ हमें प्यार, मिली नफ़रत बड़ी।
आये, सुधरे दिन, नाही वैसी कोई घड़ी।

उन्हें देखा नाम खुमारी, रही सदैव चढ़ी।
बिपता कोई 'भगवान' रही सामने खड़ी।

बिन रुकावट

इंतज़ार करते थक गए, राहत कुछ न पायी।
लगे रहे मगर हम वर्षों, भांति किसी शोदाई।

बिन किसी सीमा, था किया खर्च जी भर के।
क़र्ज़ उठाया, जहां से चाहा, मिली जो दर पे।

थे कुर्सी अस्थायी पर बैठे, छोड़ने को न राज़ी।
कैसे साथ वे सब हमारे,अब खेल रहें है बाज़ी।

धज्जियां खुद उड़ा कर, संविधान की दें दुहाई।
की मदद कैसे किस होगी, कर कठिन कमाई।

बताना हुआ असंभव, क्यों कैसे किया था क्या।
आती कोई शर्म कभी, नाही समय किसी हया।

ले साथ सब को चलते, चिल्लाता, न कोई रोता।
बिन किसी रुकावट, भजन 'भगवान' का होता।

भरपूर दर्श

बिन मांगे ही मिला प्यार, करनी पड़ी न सर्च।
भरपूर साथ में हमें मिले श्रीबाबा जी के दर्श।

उच्च सिंहासन वे विराजे, हम बैठे ऊपर फर्श।
आमदनी सारी, उनकी, औरों पर, उनके खर्च।

प्रचार, बड़े कैसे, ख़लक़त चाहिए, खचा खच।
बचपन सेवा में जवानी हर 'भगवन' बीता वर्ष।

मजबूर हो गया

हटाया, हटा, होना पड़ा, दूर हो गया।
हटाया, हटा, होना पड़ा, दूर हो गया।
प्यार में वो पल आये, मजबूर हो गया।
प्यार में वो पल आये, मजबूर हो गया।

बहुत चाह, ढूंढी वजह, मिली न कहीं।
करना जो न चाहा, किया, था न सही।
किया इंतज़ार बहुत, मजबूर हो गया।
वो प्यार में पल आये, मजबूर हो गया।

मध्यस्थता ठुकराई, यत्न कर लिए सब।
लगा मन में बसने, कोई और ही रब।
चढ़ा नशा ऐसा, व पैदा गुरूर हो गया।
वो प्यार में पल आये, मजबूर हो गया।

दागी इतिहास, प्रभाव खामोशी के रंग।
अमन, शांति गायब, हुई पूर्णतया भंग।
'भगवान' को मंजूर, होना था, हो गया।
वो प्यार में पल आये, मजबूर हो गया।

पड़ा पछताना

मिला न उत्तर कोई, पूछा जब भी था सवाल।
बारंबार, पड़ा पछताना, पैदा हुए, कई बवाल।

हर कण में, ईश्वर विराजें, था पूरा हमें विश्वास।
बदकिस्मत से कहीं, शैतान का दिखा निवास।

हो शांति कभी न भंग, किया हर हम ने प्रयास।
हम रहे लुटाते 'भगवन', था जो भी अपने पास।

हुए कामयाब

नहीं करना कभी, बहुत रखा गया दूर।
कर अब, पड़ा करना, हो गए मजबूर।

चंद्र मुखी, बुद्धिमत्ता, सुशील सुंदर हूर।
थके न, वे गुण गाते, पेश किया गुरूर।

हुए कामयाब, व भावुक, किया भरपूर।
घमंड उस 'भगवान', चकना किया चूर।

घाटा ही घाटा

किया खुशी से प्यार, था पाना पड़ा सन्नाटा।
फिर धारण मौन 'भगवन', घाटा ही घाटा।

चूकते रहे सारे

ले फेरे, खा कसमें हम प्यार को बढ़ाने लगे थे।
तीर चूकते रहे सारे. वे कभी न निशाने लगे थे।

लिया स्वीकार, पूर्णतया, उनके दीवाने लगे थे।
बिताये साथ 'भगवान', जो वर्ष, सुहाने लगे थे?

अच्छा सिला

त्यागा करना प्यार, पाँव अपना जमा लिया।
हम सगा उसे मान, था जो पास गवा लिया।

रिश्ते, नाते, दोस्त, मित्र हर को भुला दिया।
रहा संतुलन न कायम, जो उन हिला दिया।

चढ़ाया चंद, कोई फूल भी, उन खिला दिया।
करने का प्यार 'भगवन', अच्छा सिला दिया।

मुश्किल से रातां

बाबत शादी पूछा, हुई, प्यार की न बातां।
दिन किसी तरह गुजरे, मुश्किल से रातां।
दिन किसी तरह गुजरे, मुश्किल से रातां।

कठिनता से बिताईं, साथ उन के घड़ियां।
वर्ष कई निकाले, और कायम रखा साथा।
दिन, किसी तरह गुजरे, मुश्किल से रातां।

थी न कभी करनी फिर भी हुई लड़ाइयां।
बिन किसी वजह के, फोड़ना पड़ा माथा।
दिन किसी तरह गुजरे, मुश्किल से रातां।

तनाव आपस में पाया, कम हुआ न कभी।
हुए, बच्चे फिर भी, देने वाला केवल दाता।
दिन. किसी तरह गुजरे, मुश्किल से रातां।

लक्ष्मी की हुई चर्चा, हर मौके पर ज्यादा।
बिन रोक हुआ खर्चा, बना ऐसा था नाता।
दिन किसी तरह गुजरे, मुश्किल से रातां।

बुढ़ापा, वक्त पे आया, साथ कई मुसीबत।
दुःख 'भगवान' सुनाता, दूर सभी को पाता।
दिन किसी तरह गुजरे, मुश्किल से रातां।

सच न फला

रचने की साजिश, थी ऐसी सीखी न कला।
सोचा अपना न कभी, चाहा सब का भला।

डूबने वाली नैया के, बन खुद ही गये मल्लाह।
साथ, अक्सर दिन कई, रही होती, थी कलह।

जीना जीवन कैसे, मिली बिन पूछे ही सलाह।
वो, निकाल दियासलाई, दी हम ने थी जला।

बोल झूठ, हुए सफल, सच हमारा नहीं फला।
अपना सन्यास 'भगवान', मार्ग सीधे पर चला।

पाप पला

था प्रेम, प्यार दर्शाया, पाया बदले में क्या?
जो भी था मिला हमें, वो संभाला न गया।

आरोप सब लगाए, बिन शर्म किसी हया।
जालिमों के दिलों में, कहीं दिखी न दया।

बिगड़ते रहे वे हर पल, थी कोई न वजह।
काश ऐसी मर्ज की, कहीं से ले लेते दवा।

अमन, चैन, व इज्जत, ली सारी उन गवा।
भाग्य का चला चक्र, गयी उड़ सब हवा।

समय बड़ा बलवान, जाने उनकी थी बला।
कभी सोचा न किया उन, किसी का भला।

जिधर माया का दौर, हर उसी तरफ चला।
बिन किए अध्ययन, हरेक सीखी थी कला।

धार्मिक, हर बन बैठा, पाप फिर भी पला।
था मुसीबतों ने 'भगवन' अक्सर दिया रुला।

जुड़ी साथ न तार

सुनी थी जिस की महिमा, हम अपरंपार।
लगा दिल, करते प्यार, थे ऐसे न आसार।

दिन साधारण किसी तरह, साथ बीते चार।
छोड़ प्रेम, प्यार सब, थे लगे खाने वे खार।

पास सब, रोटी, कपड़ा, बंगला, और कार।
चाहा 'भगवान', जुड़ी साथ, हमारी न तार।

चरती रही घास

सादगी रहे अपनाते, किया खर्चा नहीं फजूल।
जोड़, हरेक पाई को रखना, बनाया था असूल।

कमाया जो, काम अपने नहीं, औरों के आया।
सही उपयोग हुआ नहीं, था तुरंत, उन उड़ाया।

जिस भी माँगा, दे दिया उसे, किया हम विश्वास।
अक्ल हमारी भक्तो, हमेशा चरती रही थी घास।

बन शेर, खाये धोखे, कोई सबक, सीख न पाए।
वक्त आया, हुए मोहित, थे लिख कर गीत गाये।

ज्वर प्रेम प्यार का चढ़ा और उत्तर गया वो कब।
हुए दुखी बहुत 'भगवन' जब, याद आया था रब।

मन मार के

था करना प्यार में, न जो चाहा, सब वो पड़ा।
कोई मसला गंभीर, तथापि, रहा होता खड़ा।

बनी रहे शांति, पड़ा स्वीकारना सब हार के।
इच्छाएं, रखनी पड़ीं अधूरी, मन को मार के।

खायी मात सदा यद्यपि किया सब विचार के।
लगा दिल पूजा 'भगवान', नहीं हुए दीदार थे।

रेंगी जूँ

सुंदरता लिए मरे कोई मजबूरन दौलत पे।
शान, शौकत से, दे लुटा, कोई शोहरत से।

हम ठहरे धर्मार्थी, दगे रहे खाते अपनो से।
हकीकत छोड़ नज़र रही पड़ती सपनों पे।

किया बर्दाश्त हम, बने गुलाम, अरमानों के।
किया तनाव को कम, गा लिखे हुए गानों से।

किया, जिन्हें हम प्यार, मारा उनके तानो ने।
की फ़रियाद, कभी रेंगी, जूँ तक न कानों पे।

मर जाना तो निश्चित था, रहे सुनते विद्वानों से।
दुश्वार जीना 'भगवान' था, अपने कारनामों से।

पूरा हिला

कर मुहब्बत, प्रेम, प्यार क्या कुछ न मिला है।
छोड़ दी, दुनिया सारी, उन्हें फिर भी गिला है।

भूली नहीं याद हैं उनको, वर्षों की बीतीं बातें।
प्रतिकर्षण से 'भगवान', दिमाग पूरा हिला है।

सुलझ जायेंगे

ईश्वर पर है पूर्ण विश्वास, कार्य सब सुलझ जायेंगे।
कंकर, मार्ग हमारे में, अवश्य, नज़र आयेंगे कई।
भाँति, मक्खन के बाल, है यक़ीन, निकल जायेंगे।
ईश्वर पर है पूर्ण विश्वास, कार्य सब सुलझ जायेंगे।

ईश्वर पर है पूर्ण विश्वास, कार्य सब सुलझ जायेंगे।
हैं पड़ें, बंद जो देवालय, लिए सब, खुलेंगे वे जल्द।
पुन: मंगल, रल मिल, वहां बैठ, सब साथ गायेंगे।
ईश्वर पर है पूर्ण विश्वास, कार्य सब सुलझ जायेंगे।

ईश्वर पर है पूर्ण विश्वास, कार्य सब सुलझ जायेंगे।
प्रभु स्थान, भक्तों का, भक्तों को, होगा उपलब्ध।
बिखरे भक्त श्रद्धावान 'भगवान', सब जुड़ जाएंगे।
ईश्वर पर, है पूर्ण विश्वास, कार्य सब सुलझ जायेंगे।

तुरंत काज

छोड़ा हर घर वाले को, बन बाबे का जिया।
जो भी दी आज्ञा उन, तुरंत काज, वो किया।

तथापि, हम से हुई संतुष्टि, उनको न कभी।
बन दास हम 'भगवन', लिया अनुभव सभी।

हुए प्रतिरोध

अजनबी न रहे हम, उनके ख़ास हो गए।
पश्चात दूर रह न पाए, बहुत पास हो गए।

मालिक न रहे, गुलाम कभी दास हो गए।
सौंपना पड़ा सब, पैदा अंधविश्वास हो गए।

समय बीता, संग न ज्यादा, थे त्रास हो गए।
देख हरियाली कुछ देर, सूखे घास हो गए।

किसी शैतान के घर, शायद वास हो गए।
हुए प्रतिरोध, 'भगवान', सत्यानाश हो गए।

सब व्यस्त

जिंदगी में सब कुछ पाया, फिर भी, रहा उदास।
आया वक्त, थे सब व्यस्त, काम पड़ा जब खास।

अमीरी गरीबी रही दूर, दी प्रभु ने मिडिल क्लास।
मुश्किल से, कर मेहनत, होता वर्ष, रहा हर पास।

गप्पी कई, सम्पर्क में आये, नहीं डाली, उन घास।
टुक फॉर ऐ राइड 'भगवान', बनाया अपना दास।

खटके बर्तन

दिल लगाने की सज़ा, हम भी पायी थी।
माथे पे लगवाया तिलक, ली बधाई थी।

हुआ फिर क्या साथ, बताना न आसान।
मार मन अपना, रह चुप उम्र बिताई थी।

सुनी न, किसी हमारी, दोषी ही ठहराया।
पड़ा स्वीकारना, इसी में, लगा भलाई थी।

किसी तरह, बीती उमरिया, खटके बर्तन।
सुनना पड़ा, हर अवसर, जबान चलाई थी।

रखना वक्फ़ा, हरेक पल, बन गया रिवाज।
छूने से परहेज, पकड़ायी कभी कलाई थी।

नजदीक, फिर भी दूर, बिन शोर हंगामा।
हुई ख़ुशी, कठिन बाँटनी, रस्म बढ़ाई थी।

चल रहा, फिर भी जीवन, ईश्वर की कृपा।
दूध के दूध, पानी के पानी, दूर मलाई थी।

स्वयं में ही, पानी संतुष्टि, सीखी हम जल्द।
बिन बुलाये ही 'भगवान', आफत आई थी।

पूर्ण करेगा रब

चाहा करते कभी जो, हो नहीं पाता अब।
दिल मानेगा अपना, नहीं मालूम वो कब।

होगा, फिर से शुरू, निकलेगा मुहूर्त जब।
इच्छा पूर्ण 'भगवान' होगी, ग़र करेगा रब।

बिन बात बतंगड़

करना तो न चाहा, दिल फिर भी लगाया था।
तुजे चढ़ना बच्चे सूली, सब हमें समझाया था।

बदल गए, हालात सारे, क्या से क्या, हो गया।
मिले, घाव बाद घाव, किसी को, आई न दया।

अर्ध अंग जिसे बनाया, बहुत उसी से ही मिला।
बिन बात के बतंगड़, होती हल पल रही गिला।

भय रहित, जो हमेशा, उसे भयभीत, कर दिया।
सुख, और चैन उड़ाया ऐसे, छीन सब ही लिया।

होती आमदनी कम, खर्च ज्यादा होने था लगा।
खोल आँख कभी न पाया, सोया नाही था जगा।

डाक्टर के लगाने चक्र और होते रहना परेशान।
उसे मिलने की तैयारी, बुलावा भेजेगा 'भगवान'।

शाही लिबास

चला करते थे हम, कभी शाही पहन लिबास।
घुस गृहस्थ आश्रम पूर्ण हम पा लिया सन्यास।

बिन झिझक, सब किया, फिर भी, न विश्वास।
गुलामी, खुशामद, 'भगवान' बने थे ऐसे दास।

आज्ञा पालन

कमाया हमें पचता नहीं, कई पचाते कैसे दान?
बैठ, उच्च सिंहासन पर, करेंगे कहते कल्याण।

इस दुनिया में, और कोई, है पुरुष नहीं महान।
एकाग्र मन रहे, फूँक लगवा लेना, भक्तो कान।

खुद जिसे न कभी जपें, पावन वे ऐसा देते नाम।
भक्तो, सभी हो इकट्ठे, पहुँच जाना, उनके धाम।

हर सुख होता उपलब्ध, जब कृपा, होती उनकी।
दुखों का कारण, फल कर्मों का, होता सर जी।

परिवार असंतुलित, जिस बाबे का, उसी से प्यार।
चरनी कमल, रख लक्ष्मी, निवा सीस, कर दीदार।

तन, मन, धन से कर सेवा, बन भक्त उनका परम।
मकसद, गुलामी, छोड़ घर, बिन हया, किसी शर्म।

करना प्रचार, कलयुग में, हैं वे ही सच्ची सरकार।
आज्ञा पालन करना ही, जीवन का 'भगवन' सार।

सीमा के अंदर

मेल मिलाप बड़ा, रहा सीमा के ही अंदर।
बन पाया न वैसा, होता जैसा था कभी घर।

अंजान की तरह, मिलना, व आगे न कुछ।
शके निगाह को रख के, रहना सदा खुश।

कर स्मरण दिन पुराने, आया करता रोना।
कर यत्न, पेट पालना, 'भगवान' के होना।

भाव नम्र

गुजारी उम्र जहाँ, हम साथ सब के, अपनी सारी।
देखनी, शक्ल हमारी वहां, कुछ को लगती भारी।

बदलाव ये आया कैसे, कोई बताने को नहीं राजी।
जानकारी, सार्वजनिक, कोई होती न अब साझी।

होना पड़ा, हुए यहां आज इकट्ठे भाव नम्र से सारे।
नैया पार लगा दे 'भगवन', व पहुंचा जल्द किनारे।

ठंडी वार

क्या से, बन गये क्या, ज्यों ही किया प्यार।
हर हाँ में हाँ मिलायी, किया नहीं इनकार।

सब चुपचाप रहे सुनते, खाया करते मार।
मौन अवस्था में 'भगवान' होती ठंडी वार।

कुकर्म विचारा

तेवर बदल लिए पड़ोसी, बोले दोष हमारा है।
छुपा खुद की नाकामियां, हमें उस नकारा है।

भुला, पुरानी मित्रता हमारी, लगा बटोरने पैसे।
समझ हमें बेवकूफ उस लम्बा पांव पसारा है।

क्रिया की प्रति क्रिया होती, लगता, वो न जाने।
ऊपर सदियों के रिश्ते तोड़े, कुकर्म विचारा है।

खेल खेलना, साथ हमारे, खेले जैसी इच्छा उस।
हम ने भी जुल्म, कभी किसी का, न स्वीकारा है।

टिट फार होती टैट, है बच्चा, जो उस न सीखा।
मिठत छोड़, अब हम करना, पेश उसे खारा है।

कठिनता का करना पड़ेगा सामना, अब सब को।
देश भक्ति हमें पुकारे, मुल्क अपना हमें प्यारा है।

है इंतज़ार, उस पल का, अक्ल जब उसको आये।
इस जगत में, पूर्ण हमें विश्वास,'भगवान' हमारा है।

अशांत अस्तित्व

अमन ढूंढ़ने निकले, लीं घूम दिशाएं चार।
हर धर्मार्थी के हम ने, श्रवण किए विचार।

सही उनकी झिड़कें, व ख़ुशी से खायी मार।
अशांत तथापि भगवान', है अस्तित्व हमार।

फाख्ता उड़ाना

जब चाहत को पाला, हुआ सर खपाना।
हुआ बंद मियां का, वो फाख्ता उड़ाना।

बदलाव आया इतना, देखे जिसे जमाना।
मेहनत करना 'भगवन', पैसे दो कमाना।

झेला दुःख, दिया सुख, दोषी फिर भी रहे।
बिन झिझक, नखरे उन के सब, हम सहे।

था न चाहा कभी हम, गए फिर भी बदल।
कर कुछ न पाए, जब हम होते देखे छल।

हिस्से बजाए फायदे, आया सिर्फ नुकसान।
कीमत, शांति की चुकाई, कर खर्च दे दान।

किया, नहीं कुछ जरूरतमंद गरीबों के लिए।
वास्ते नाशुक्रों 'भगवान', अफसोस हम जीये।

प्रभाव रहित

दिया सब ईश्वर किन्तु क्रमण फल न्यारे।
मिली, उन्हीं से घृणा, बनाया जिन्हें प्यारे।

मंदिर, मस्जिद, गिरजा, श्री गुरु के द्वारे।
जा सकते कहीं साथ, अब नहीं वे हमारे।

सुधर जायेंगे दिन किसी, ढूँढूँ हल मैं सारे।
प्रभाव रहित 'भगवन', क्या कहूँ उन बारे?

आए याद

जीना पड़ा इस दुनिया में, देखी हर बहार।
स्वयंसेवक, नौकरी, कभी किया व्यापार।

खर्चा था जो जेब में, कभी लेना पड़ा उधार।
आया, समय जब, गुजारे दिन, प्यार में चार।

जैसे हुआ बिताई जिंद, मानी कभी न हार।
है संतोष, हर पल, रही कृपा उस करतार।

टाटा, बिरला, बनते अम्बानी, बने न आसार।
किया प्रदान, स्वास्थ्य ईश्वर, हुए जब बीमार।

बने जिन के, जान से प्यारे, कहा उन गद्दार।
एक पल में, फ़ैली नफरत, गायब हुआ प्यार।

भूलने न दिया, हमें उन, पीठ पीछे किए वार।
विवशता में, 'भगवान', आए याद थे बारंबार।

निकला परिणाम

घरेलू छोड़ काम सब, पीछे बाबे के चले।
हुए खुद बर्बाद हम, परिवार उन के पले।

वर्षों की सेवा का, निकला ऐसा परिणाम।
पास हमारे रहे न वे, थे हुए दूर 'भगवान'।

अपना बन पाया

आमिर हो जाते हम यहां, उल्लू बनाना आया न।
कमा लेते नाम संगीत में, गाना गीत भी आया न।

कर प्यार, पाते प्यार, लिखा किस्मत में पाया न।
सुनने पड़े सदा बहाने, होश कभी हमें आया न।

दिया आश्रय जिसे, पास उस, पश्चात बिठाया न।
है 'भगवान' हकीकत, कोई अपना बन पाया न।

पूर्ण अधिकार

पहुँच द्वारे, श्री बाबे के, देखा सच्चा दरबार था।
तन, मन, व धन वहाँ, लगा रहा कई हज़ार था।

करो उनका भक्तों प्रचार, मिलता आदेश रोज़।
बिन मतभेद के सेवक, उन्हें हरेक स्वीकार था।

स्वार्थी, पाला पोसा जिन्होंने, मानते सभी वहां।
बाबा जी मुखिया, भक्त करता, हरेक प्यार था।

करनी परलोक की चिंता, समझाया जाता वहां।
बेड़ा, बाबा जी की कृपा से लग सकता पार था।

देते श्री बाबा जी दर्शन, बैठ उच्च सिंहासन पर।
वे पूर्ण रूप 'भगवान', उनका, ये अधिकार था।

रोने लगे

हो गया गठबंधन, पूरे रीती रिवाज से।
चलेगा क्या ये ज्यादा, आते रहे विचार।

कुछ अरसा ही बीता, शुरू हुई तकरार।
फिर भी 'भगवान' बच्चे रोने लगे थे चार।

पाला पड़ा

लक्ष्मी से धनी हम, नाही गरीब थे।
प्रेम, प्यार पा लेते, कहाँ नसीब थे।

पाला पड़ा, कइयों से, थे जो स्वार्थी।
मुंह से मीठे 'भगवन', बड़े परमार्थी।

साबित कच्चा

नास्तिक, आस्तिक, कहें बाबों के भक्तजन।
दुविधा, दें दवा, दारु, वेंटीलेटर, ऑक्सीजन।
किया करते थे सेवा, लगा कर तन, मन, धन।
कर नाम का जाप उन ढूंढा, थे दूर 'भगवन'।

काम आया ज्ञान, आगे कोरोना के न सच्चा।
लपेटा जा रहा है, हर बुजुर्ग जवान व बच्चा।
फिर भी, अंध विश्वास, बाबा उनका अच्छा।
हर अवतार 'भगवान', साबित हुआ कच्चा।

सीख लिया रहना, पा निराशा, बिन प्यार के।
दिखे मार्ग स्पष्ट, पड़ेगा अपनाना, जो हार के।
किए वातावरण लिये ऐसे, गये कौन तैयार थे।
पहुँच मुकाम ऐसे जाते, भगवान', नर नार थे।

शिकवा नहीं

काश, भरते रोज़ पेट अपना, ख़ुशी से हम।
निखर आया करता, सुंदर हमारा भी चर्म।

शिकवा नहीं कोई भी, रखा उस, संभाल के।
रही कृपा 'भगवान', हम थे न किसी से कम।

कांटे गुलाब के

होते, घर में कभी, जो नवाब थे।
अच्छे भी लगते, उन्हें खराब थे।

गृहस्थ आश्रम के पड़े दबाव थे।
इकरार में गये, बदले जवाब थे।

दूर हुए, अकड़ने के स्वभाव थे।
प्यार ने घेरा, कुछ ऐसे प्रभाव थे।
अस्तित्व खुद का भूले जनाब थे।
पास रहे उन न अपने रुआब थे।

छूटे सब, चुबे उन्हें, कांटे गुलाब के।
हनी से हानि 'भगवान' ऐसे लाभ थे।

मझ धार में नैया

शहजादे, शहजादी तरह जो पले थे।
भाग्य, लगा उन्हें, उनके भी जगे थे।
दिखा असंतुष्ट वातावरण उन्हें सारा।
प्यार, वक्त आया जब, करने लगे थे।

शहजादे, शहजादी तरह जो पले थे।
भाग्य, लगा उन्हें, उनके भी जगे थे।
पड़ी नज़रें हकीकत पे जब उन की।
वे बेचारे, ज़िंदा जी ही, मरने लगे थे।

शहजादे, शहजादी तरह जो पले थे।
भाग्य, लगा उन्हें, उनके भी जगे थे।
त्रुटि रहित, दिखा कुछ नहीं उनको।
उड़ते हवा में, कभी वे, तरने लगे थे।

शहजादे, शहजादी तरह जो पले थे।
भाग्य, लगा उन्हें, उनके भी जगे थे।
हुई लक्ष्मी की उन्हें जब भी दिक्कत।
गुजर, ले कर्ज रोज, वे करने लगे थे।

शहजादे, शहजादी तरह जो पले थे।
भाग्य, लगा उन्हें, उनके भी जगे थे।
हुई, आशा तब्दील, जब निराशा में।
चरनी, जा बाबों की, वे पड़ने लगे थे।

शहजादे, शहजादी तरह जो पले थे।
भाग्य लगा उन्हें, उनके भी जगे थे।
खाते चक्र, जब भी, हद से वे ज्यादा।
फल, बाबे सेवा की, मिलने लगे थे।

शहजादे, शहजादी तरह जो पले थे।
भाग्य, लगा उन्हें, उन के भी जगे थे।
प्यार शहद से लथ पथ जब नहीं रहे।
बहुत दुःख, दर्द, बयां करने लगे थे।

शहजादे, शहजादी, तरह जो पले थे।
भाग्य, लगा उन्हें, उन के भी जगे थे।
फंसी मझ धार में, जब उन की नैया।
नाक आगे 'भगवान', रगड़ने लगे थे।

अत्यंत जरूरी

लिये चूरी के स्वाद न हम पूरी के।

पाने दर्शन बाबे अत्यंत जरूरी थे।

पाया सुख परम भू थल पर बैठ के।
बाबे 'भगवान', रखा करते, दूरी थे।

चंगी माड़ी

माना, देगा प्यार सुख, सुना फरमान था।
पूर्ण गारंटी स्थाई, लाया वो ही तूफ़ान था।

किस्मत चंगी, अथवा माड़ी नहीं मालूम।
होता रहा गुज़ारा आशीष 'भगवान' का।

तीर कमान से

अस्वस्थ हुए दिखें, कई कोरोना रोगी।
सुमिरन, काम न आवे, कहा जो योगी।
दवा उपलब्ध, व होती नहीं आक्सीजन।
बचेंगे, कृपा 'भगवान', तेरी अगर होगी।

निकल चुके, तीर अब, सारे कमान से।
खरीदे, कोई क्या, बंद हुई दुकान से।
करें, नहीं कुछ बाबे ,बड़े जो महान थे।
रोना, हुआ वाजिब, आगे 'भगवान' के।

हुए वे ख़ुद, कभी किया, हमें भी, खफा।
फायदा, सोचा कोई, न अपना ही नफ़ा।
दुनिया बसाई साथ में फिर भी लगे बुरे।
घोषित करें दोषी, 'भगवान', बिन दफा।

मिला, प्यार में एक दूसरा, कहीं और का।
मिलना हुआ अनिवार्य, वो आया, दौर था।
आशीष, सब से पायी सिंह हुआ कौर का।
चाल बदली मैं 'भगवान' हर पाया टौर था।

अक्ल न आई

थी बारंबार, हम ने, परेशानी ही पायी।
खाया सदा धोखा, अक्ल ज़रा न आई।

हम, लग मगर बाबे, थी जिंदगी गवाई।
कृपाये 'भगवान', पा जो हम ली जुदाई।

खुलते कपाट

खाते घूसे हम, कभी पड़ती थी लात।
दिन बिन चिंता के, न निकलती रात।

दिवस सप्ताह के, थे गिनती में सात।
जैसी हम चाहते, बनती न वैसी बात।

सर्दी, गर्मी, कभी हुआ करती बरसात।
ऋतु हर में प्यार, दिया करता था मात।

औरों से मिलते थे, अक्सर न ख्यालात।
शब्दों के, बानो से, लग जाती थी घात।

क्षत्रिय पैदाइश, जोड़ा करते, हम हाथ।
अधिकतर किसी का, पाया न था साथ।

कहा सबने, ऊँची उनकी ही थी जात।
पितरों की संतान, घर थे अच्छे हालात।

पित्त, कफ, कहा वैध, कभी रोग वात।
बहुमूल्य उपचार से, लग जाती थी वाट।

नौकरी धंधा करते खड़ी होती थी खाट।
सदा जेब में न जाने क्यों रहती थी घाट।

फिर भी कम हमारे, किसी से थे न ठाठ।
कारण विश्वास अटूट, खुलते सब कपाट।

विश्राम हुआ अनिवार्य, आयु जब उनाठ।
सेवा से 'भगवन' मुक्त, ज्यों ही बीते साठ।

मुर्दे उखाड़े

पाया कभी था प्यार, जो दौड़ के।
मुर्दे उस ने उखाड़े, सब खोद के।

मुद्दे पर न टिके, टाली बात कभी।
ग़ैर 'भगवान', उनको अनमोल थे।

खुद की ख़ैर

पूजा श्रद्धा, भक्ति, लग्न पूरी से, रख भावना।
अध्यात्म नहीं, दिखे वे, पूर्ति करते कामना।

भक्तों के बारे, सोच, विचार, न उन्हें फिक्र।
मजबूरन हाथ 'भगवान' का ही पड़े थामना।

सुबह, शाम, अर्धरात्रि, या समय दोपहर के।

बच पाते भक्त, कभी न बाबे श्री के कहर से।

भ्रमण देश, देशांतर करते साथ, हर शहर में।
सिवा अपने, 'भगवान', मांगते बाबे, न ख़ैर थे।

मामला उछला

बिन, सोच विचार, लगी होने तकरार।
लड़ाई, झगड़ा शुरू, था प्रेम न प्यार।

परिणाम में न कुछ, बीत गया समय।
मामला देखा 'भगवान', उछलता रहा।

दुहराने से परहेज

हर सता सोचे, बदला कैसे प्यार।
टिका नशा, केवल क्यों दिन चार?
उचित मौन, वरना होता तकरार।
करना गिला 'भगवान' था बेकार।

हुआ प्यार, थे निकले, ज्यों ही पर।
बिन मंथन ही, छोड़ा, अपना घर।
जरूरतें अधूरी, जेब में था न ज़र।
लेगा 'भगवान', दुविधाएं सब हर।

कर दूर, मोह माया, पाया था ज्ञान।
प्रेम से, कर सेवा, अजीब फरमान।
मान सब ली, फिर भी थे परेशान।
हुई असंतुष्टि, याद आये 'भगवान'।

देखा क्रोध, और सुनी कड़वी जबान।
कर्तव्य, फिर भी उन, थे बड़े महान।
अच्छा खासा धंधा, चलती थी दुकान।
व्यस्त रखा करते, कर दूर भगवान'।

किया विश्वास, माना, होगा कल्याण।
बनाया अपना, मार फूँक बीच कान।
चंदा, सेवा, दर्श, और लिया था दान।
खुद विराजे, बन अवतार 'भगवान'।

भुला न पाये कभी, सब याद वो रहा।
शब्द हमारा बोला, उन कभी न सहा।
चुप, चाप रह, सुनी उन की बातें सब।
दुहराने से परहेज, 'भगवन' जो कहा।

जकड़ा प्यार ने ऐसे, डी सी जैसे करंट।
पीठ में दर्द, दुर्बल शरीर, गुस्से में फ्रंट।
बात करने में बहुत, फिर भी थे वे चंट।
धरमार्थी 'भगवन', बड़े पहुंचे कोई संत।

दिमाग अस्थिर

दिया, प्यार हमें, वीर चक्र न कभी।
हलाक होते रहे, सुना इस में सभी।

दिमाग, अस्थिर, खोया संतुलन भी।
पूजे 'भगवान', किसी दिल से नभी।

भांबड़ मचे

गर्म मिजाज उन, अक्सर सर्द होता है।
थकान हर वक्त, सिर भी दर्द होता है।
श्रेष्ठ, पढ़ाई करने वाला, नर्ड होता है।
शांत और प्रसन्न 'भगवन', मर्द होता है।

कई लोग, हमारे जैसे, हुए थे मालामाल।
हम भी होते बाबे, दर्शन दे करते निहाल।
साम्राज्य देश, देशांतर, हो जाता विशाल।
नहीं बख्शेगा 'भगवान', आते थे ख्याल।

पूरे, आदत से मजबूर, हम बदली न चाल।
नेकी कर ,डाली दरिया में, हुआ बुरा हाल।
उड़ा दिया सब कुछ, बचा रखा नहीं माल।
सब 'भगवान' ने देखा, हुए न कभी दयाल।

हुई प्यार में देर, चाहे जैसे, देखे न कमाल।
मिलेगा सब विपरीत, कभी आया न ख्याल।
बोला पूजनीय बाबे, बच्चे ये सब मायाजाल।
थी मिली ताल से 'भगवन' अपनी नहीं ताल।

हम पा ज्ञान, बन विद्वान, पाया पूरा मान था।
लग्न अपना भी हुआ, कम न किसी शान था।
अचानक चिंताओं ने घेरा, नहीं कोई जानता।
दर हर 'भगवन' बंद, खोला केवल परमात्मा।

श्रद्धा, लग्न, निष्ठा, विश्वास, न देखा, हम ने चर्म।
थे निपुण, हर कला में, किसी से भी वे न कम।
रहा लक्ष्मी का अभाव, करनी आँखें पड़ीं नम।
प्यार में 'भगवान', धिक्कार, फूटे शायद कर्म।

निरंतर सेवा, दिया दान, फिर भी न कल्याण।
गायी स्तुति, बारंबार हम, ईश्वर जिन को मान।
दिमाग, बहुत धोया उन्होंने, अच्छे भरे थे कान।
और कहीं, नहीं जाना, हम हैं केवल 'भगवान'।

हुआ करते थे पक्के, हो गये हम प्यार में कच्चे।
सदा झूठा हमें बताया, न माना उन कभी सच्चे।
जब चाहा, बर्ताव किया, जैसे हम थे, छोटे बच्चे।
गरमाइश इतनी 'भगवान', भांबड़ बहुत थे मचे।

माथा टेक

पूर्व, पश्चिम, उत्तर, व दक्षिण में, भाषाएँ अनेक।
समतल, पहाड़, मरुस्थल, कहीं धरती पर लेक।

प्यार दिल में, पाया सच्चा, लगा कभी था फेक।
छोड़ सब, आगे 'भगवान' माथे अपने को टेक।

छोड़नी बंदगी

उम्मीद न कोई, किया फिर भी प्यार।
सुधरना कठिन, पड़ा जपना करतार।
रखे वर्त मौन, रहे चुप, बने होशियार।
होती रही 'भगवन', शब्दों की बुशार।

सत बचन कहा सदा, रहा फिर भी गम।
पूरे उनकी कसौटी पर, थे न उतरे हम।
मुकाबला करते, झुटाते कैसे इतना दम।
पाली क्षमता 'भगवान', किसी से न कम।

जैसा भी, मिला प्यार, वो कबूल किया था।
ऋण, पूर्वी जन्मों का उन वसूल किया था।
महसूस हुआ, खर्च उन, फजूल किया था।
फिर सोचा काम,'भगवान' कूल किया था।

कभी वास्ते प्यार, पड़ी छोड़नी, थी बंदगी।
दी नाम लगा, साथ उनके, थी दी जिंदगी।
दिन रात आये फिक्र, फाके, सोच, विचार।
दुःख, कम सुख. 'भगवान', था आया प्यार।

प्यार के खेल

जीता करते, जो हर बाजी, हुए प्यार में फेल।
पांचों उंगली, रखते थे घी में, पचा पाते न तेल।

खुला खर्च, करने वाले, देखते फलाएर में सेल।
कठिन हुआ बाहर निकलना, बने दरवाजे जेल।

सब पास, तथापि अकेले, होंगे शायद ही मेल।
हालत हो जाती खस्ती, पहुँचें कभी घर कवेल।

मांगते जवाब. न पाते, क्या दिया प्यार के खेल?
गरीबी से अमीरी, बड़े आगे, भांति कड़वी वेल।

चिंताएं सताएं, पूजनीय बाबे छोड़ें नाही दें बेल।
चंदा, दान, दक्षिणा, चाहें 'भगवान', वाया ईमेल।

बने लक्ष्य

कभी मिले थे जिन्हें, उनके दीवाने हो गये।
हैं पास, लगता मिले उन्हें, जमाने हो गये।

बातचीत कम, होती, हर बात पर तकरार।
बने लक्ष्य, 'भगवान', लगने निशाने हो गये।

महंगा विश्वास

किए प्रश्न उचित, उत्तर नहीं पाया था।
कलम से लिखा हम, खुद ही, गाया था।
मिला प्यार, सिरे, आदर दे, चढ़ाया था।
की घृणा 'भगवान', बहुत, भटकाया था।

गर्मी में पले, व किया सर्द देश में वास।
महंगा बहुत पड़ा, सदा करना विश्वास।
वादे किए झूठे, और बनाया हमें दास।
लुटे गये 'भगवन', कुछ अब नहीं पास।

था पढ़ना कठिन, आसान भी न पढ़ाना।
और भी हुआ मुश्किल, दो पैसे कमाना।
मुंह में ड़ाल चबाना, किस्मत से पचाना।
रहस्य छुपाना, 'भगवान', व नहीं बताना।

कोरोना अदृश्य

लोहड़ी, होली, बीती बैसाखी, नवरात्रे भी आये।
कंजकें पूजनी, अष्टमी, नौमी, दिन समीप आये।
कोरोना, रहा अदृश्य, सबक बहुत ही सिखाये।
पूजनीय बाबे 'भगवान', लगा रोक थाम न पाये।

पास बैठना, मुंह देखना, कोई छूट रही न अब।
वैक्सीन लगवानी, रहना सचेत, करना याद रब।
स्वतंत्र थी, जैसी जिंदगी, क्या नहीं मिलेगी अब?
कहीं जाना नहीं 'भगवान' चने ड़ाल मुंह में चब।

ठंडी, गर्मी, क्रमानुसार,मौसम के आई वर्षा ऋतु।
लड़ाई झगड़े होते न बंद, वाला किस्मत ही जीतू।
बाबों से, आस लगानी त्यागी, बनते वे नहीं पितु।
पड़ता घर बैठना 'भगवान', हुआ करते थे फिरतु।

दी तपिश सूर्यदेव, रात रौशनी रोमांचित थी चंदा।
इधर, जाये उधर, विचारे बहुत, व सोच रहा बंदा।
स्वच्छता चाहे, वातावरण प्रदूषित, करे उसे गंदा।
लोकड़ौन 'भगवान' प्रतिदिन, हो कैसे कोई धंधा।

जाने बला

खुश थे अकेले, कर प्यार, क्या मिला?
शिकवा, शिकायत, पड़ी सुननी गिला।

कहा क्यों, किया क्या, नहीं जाने बला।
निपटना 'भगवान' कैसे, सीखी न कला।

मार्ग विभिन्न

होना एक, सोचा था, दिल जोड़ के।
साथ चलना उन, सदैव हर मोड़ पे।

मार्ग विभिन्न, अपनाने हो गये शुरू।
पहुंचे द्वार, 'भगवाने', दिल तोड़ के।

यत्न करोड़

प्यार मुश्किल, करने को तैयार हुए थे।
उन के हम, वे शायद न हमार हुए थे।

सच्चे, उचे सर पर, खड़े दरबार हुए थे।
स्वस्थ 'भगवान', प्यार से बीमार हुए थे।

लिये जिन, नाता हरेक, तोड़ दिया था।
पूजन प्रभु भी, तत्काल छोड़ दिया था।

देख. उन्होंने निर्भर, रुख मोड़ लिया था।
अस्थिर 'भगवान', यत्न करोड़ किया था।

बिगड़ा माहौल

कैसे बिगड़ा माहौल, हुई क्या ख़ता।
कैसे होगा प्यार, था न उसका पता।

सिखाया जिन, कहें अब, मत सता।
ऐसा 'भगवान' क्यों, हमें देना बता।

पासा पुठा

तेवर बदले, साथ मौसम, गुड़ी चड़ी थी।
ली शायद, मल कोई, मार उन बड़ी थी।
आँख से मिला आँख, कर सके न बात।
झंडी 'भगवन' लाल, नहीं दिखी हरी थी।

कर बच्चे प्यार, कभी संदेशा आया था।
हंसी, ख़ुशी से जीवन, बीता न पाया था।
किए, जो भी उन यत्न, नहीं ला पाए रंग।
ईच्छा 'भगवान', कह दिल बहलाया था।

क्या, सोने में सुहागा, दिखी थी न चमक।
पासे हर बार पुठे, थी निकली ऐसी लक।
पड़ोसी लगे सुनने, हुई बहुत जब धमक।
मीठा नहीं 'भगवान', था सफेद वे नमक।

छुपाना फज़ूल

दिया दर्द प्यार, छुपाना फज़ूल था।
सुख, दुःख, सब, किया कबूल था।

जो दरिया गया, हुआ न वसूल था।
बने परमार्थी 'भगवन' मंत्र मूल था।

ज्ञान तत्व

हर दिन, नई फ़रमाइश का अनुरोध।
ज्ञान तत्व हर का, होता उन्हें था बोध।

इच्छाएं करते, सब पूरी, गये हम हार।
दिल में, घुसे 'भगवान', और हुए चार।

गोपनीय सार

पैदल, साईकल, रिक्शा, हो के गोड सवार।

दिल से, बाबे सेवा, हर भक्त ने कीनी यार।
पैगाम जब भी पाया, होना पड़ गया तैयार।
श्रद्धा अटूट पाली 'भगवान', व किया प्यार।

जेब जिन, एक न पैसा, उन किया विस्तार।
सहयोग, कुछ जन का, सच्चा बना दरबार।
पाठ प्रेम के पढ़ाये, कहा कर सब से प्यार।
हड़पा माल 'भगवान', बनाए, उल्लू थे यार।

बताया, गोपनीय अति, बाबे जीवन का सार।
करवा हर पल उन सेवा, करा था ठंडा ठार।
हालत बड़ी खस्ता कर सब की दी उन यार।
हाँडी, काठ की 'भगवान', चढ़ी थी बारंबार।

सात्विक बनाई

दिया प्यार में सदैव, व लेना गये भूल।
चतुरता के काम, हमारे आये न फूल।

होता, प्यार से निर्वाह, शिक्षा पायी थी।
सात्विक 'भगवान' बना हम खायी थी।

गुजारना पड़ा

करना था जो, हुआ न प्यार में।
तार कभी मिली न उस तार से।

गुजारना पड़ा वक्त हमें हार के।
'भगवान' के न हम, रहे यार के।

हाथ में छड़ी

करना था, किए यत्न, हु आ ही नहीं।
न जाने क्यों, लगता वो अब है सही।
सिखाया जिन, हैं दूर, पास वे नहीं।
कृपा 'भगवान', बीतती जिंदगी रही।

दूध से, काफी, चाय, बनाई थी दही।
रखा हिसाब, मुनीम लिख उस बही।
नाम जपा राम, कृष्ण, किसी ने हरी।
किए योग, 'भगवान', रख नीचे दरी।

फुहारी आसने सुगंध, जरूरतें पड़ी।
की सेवा निरंतर, कभी देखी न घड़ी।
नाक उनकी, फिर भी, रही थी चढ़ी।
वे चिल्लाए 'भगवान' ले हाथ में छड़ी।

खिचड़ी, दलिया, खा गोली किसी दी।
कोई, काढ़ा बना बोला, और उसे पी।
करो, तेल इस्तेमाल, विसार देसी घी।
बिन मांगे,'भगवान', सलाह सब ने दी।

असर उल्टा

सेवा करनी जिन की, समझा भलाई थी।
ज्ञान बूटी, उन्होंने, घोल ऐसी पिलाई थी।

हटा ध्यान हर निर्धारित किए गए क्रम से।
घड़ी हरेक, उन्हें खुश रखने में लगाई थी।

असर उस देखा हम, हुआ कुछ उलट ही।
जिंदगी 'भगवान' काफी, हम ने गवाई थी।

बुद्धि मरी

प्यार ने बोला जिधर, उधर जाना पड़ा था।
तथापि क्रोध मुंह उन, सदैव रहा चढ़ा था।
कसूर, दोष, उन्होंने हम पे, सारा मढ़ा था।
सर झुका, आगे 'भगवान', रहा खड़ा था।

वे, साथ हो कर भी, नज़र दूर आने लगे थे।
गीत लिखने लगे हम, खुद ही, गाने लगे थे।
हम डाल मुंह में, मिला जो, चबाने लगे थे।
मान 'भगवन' कमज़ोर, हमें दबाने लगे थे।

पाया, प्यार से प्यार, रही तथापि, वो प्यासी।
छोड़ सब काम धंधे, बोली, केवल मैं दासी।
सेवा में लगा सब, मिटाया अपना अस्तित्व।
मोह माया में 'भगवान' मरी बुद्धि थी खासी।

हिसाब निल

नसीब में जितना, कर प्यार लिया था।
बदले में, मिला जो, स्वीकार किया था।
संदेह, मिटा न पाये, एतबार किया था।
जो सही 'भगवान', सरकार किया था।

जो सोचा कभी, आखिर मिल ही गया।
एक पल में निकला, दिल बाहर गया।

कमाये पैसों से, चुकाया, बिल ही गया।
कली, 'भगवान', व खिल गुल भी गया।

रखा, जो विश्वास, हिल अचानक वो गया।
किया, हिसाब सारा, देखा, निल वो भया।
रखना मौन भी पड़ा, शांत चिल हो गया।
संभाला 'भगवान' ने हमें कर कृपा दया।

छूते थे जिन्हें, रखते दूर अब, दोनों हाथ।
ऊपर साया न कोई, हम हो गए अनाथ।
किस्मत में शायद लिखा उस ऐसा साथ।
रहे जिंदा 'भगवान', थे भयानक हालात।

राज़ रखना आवश्यक, था छुपाना हुआ।
बात, हरेक को सदैव फिर घुमाना हुआ।
कहीं वो जाएँ न भूल, ज्ञात कराना हुआ।
अलख को आगे 'भगवान' जगाना हुआ।

किस्सा प्रेम, प्यार, का अति पुराना हुआ।
मकसद ख़ुद जीतना, कभी हराना हुआ।
बात छोटी, मोटी हर पे चिढ़ जाना हुआ।
प्यार करना 'भगवान', व पछताना हुआ।

अवगुण छुपाना

कर बाबे की सेवा जीवन बिताना अपना।
शरीर मिटी, जग मिथ्या, है केवल सपना।
तोड़ बंधन, लख चौरासी, मोक्ष को पाना।
परिवार, बाबे का,'भगवान' ही सयाना है।

सेवा दिल से. हमारी, भक्त करते काम थे।
हम परिवार सहित, महलीं पाते विश्राम थे।
भक्ति में पूर्ण शक्ति, हम देते व्याख्यान थे।
कलयुगी हम, उन के ऐक ही, 'भगवान' थे।

मालिक तीन लोक में, हैं हम ही, ज्ञान के।
करो सेवा आजीवन, देते हम, फरमान थे।
हुकमे तामील, बच्चे, बूढ़े, करते जवान थे।
बाबे, करते सभी दावा, वे ही 'भगवान' थे।

मन से दिल, संग बाबे, लगाना हुआ था।
अवगुण उनका हरेक, छुपाना हुआ था।
त्याग घर के काम, मगर जाना हुआ था।
'भगवान' तुच्छ सब को बताना हुआ था।

सर्वत्र माया जाल

बाबे परिवार, क्या खासियत, आए नहीं ख्याल।
ख़ुद फंसे जो बीच, छुटवायेंगे कैसे माया जाल।

पूछने की नहीं जरूरत, पाने दर्शन, देना दान।
बस कहना, दुनिया में दे बाबा ही सकता ज्ञान।

भेड़ चाल में, भक्त पूजते, होते पा दर्श निहाल।
दरबार 'भगवान' बाबे सच्चे, हो रहे मालामाल।

छिड़ा करती

मोह जिन से हुआ, किया उन ही तंग।
बहुत जल्दी दिखाये, उन असली रंग।

अच्छी बात में उन, कभी देखी न चंग।
बेवजह 'भगवान', छिड़ जाती थी जंग।

जुटाये साधन

भूला नहीं, मुहल्ला, जहाँ पढ़ा करते थे।
सभी प्रेमी, हमें पवाड़े की जड़ कहते थे।
वजनी किताबें थमा, हथ फड़ा कहते थे।
नसीहत ले 'भगवान' अगे बढ़, कहते थे।

सज्जन समीप कम, और थोड़े ही यार थे।
रोटी रोजी वास्ते, करने को सब तैयार थे।
भेद, भाव की दुनिया, थी चमड़ी न चिट्टी।
आसरे 'भगवन' तेरे ही, दिन कटे चार थे।

टीका कभी टिका, हमें लगता ही रहा था।
जैसी उस लिखी भुगती, दुख हर सहा था।
पाप, छोड़ बच्चे, कमा पुण्य, सब कहा था।
चक्षुयों से 'भगवन' नीर हमारा भी बहा था।

स्वभाव, सहनशील, और थी मीठी जबान।
बचपन में, खा कर डंडे, हुए हम, विद्वान।
जुटाये, सब हम साधन, हो पाये न धनवान।
बुढ़ापे में भी 'भगवन' दिल रखा था जवान।

हम चलते, बेढंगी चाल, और रहते मस्त थे।
खरीदने को, पदार्थ, मिले कभी, न सस्त में।
अभाव लक्ष्मी का, तथापि हम ऊँची हस्त थे।
पड़े पाले रहते 'भगवन', हमें रोज रसत के।

कैसे बताऊँ, सुने न कोई, बीती अपने साथ।
वेले पापड़, सदैव बथेरे, कछु आया न हाथ।
छोड़ मापे स्वर्ग सिधारे, कर गये हमें अनाथ।
अपने हाथ, केवल लगे,'भगवान' जगन नाथ।

अधिकारी उच्च हम, नाही चपरासी बने थे।
स्वादिष्ट, चखा भोजन, कभी चबाये, चने थे।
अकड़न, फिर भी अपनी, हुई न कभी कम।
अस्थिर भक्त परम 'भगवन', हम रहे बने थे।

हालत अपनी देख लोगों ने उड़ाई खिल्ली थी।
व्यवस्था, थी बताई शेख किसी उन चिली की।
अमृतसरी बाशिंदे, थे कुछ देर बिताई दिल्ली।
संतुष्टि प्यार में, 'भगवान', न पायी थी तसल्ली।

किवाड़ बंद

बात कभी थी, कहाँ अब, वो रही।
वे करते, हैं जो, लगता उन्हें सही।

सुलझेंगे हालात, है आस बेक़रार।
किवाड़ बंद 'भगवान', खुलेंगे नहीं।

बातें वाह जात

बन जाते बाबे, विचार अपनाया न कभी।
लक्ष्मी, बिन मांगे आती, माथे टेकते सभी।

दर्शन अपने लिये भक्तन, हो जाते दुर्लभ।
गा रल मिल गुणगान करते 'भगवन' सब।

प्यार अति रहा दूर, कर नफरत भी न सके।
मुश्किल से ही कर परिश्रम, कमाये दो टके।

सहन शीलता पे अमल, सुनी बातें वाह जात।
हिसाब करेगा 'भगवान', था सोचा दिन, रात।

अच्छी लक

दौड़ तो अपनी, लगती थी, आश्रम तक।
किस्मत वाले हम, अच्छी सुनी थी लक।

मायाजाल से निकलना, पानी थी मुक्ति।
देंगे वो बाबे 'भगवन', न और कहीं तक।

आश्चर्यजनक लगा

जो किस्मत से मिले, व बने भागीदार।
थे आश्चर्यजनक लगे, उन के व्यवहार।
नफरत से, लत पथ, कर पाये, न प्यार।
करनी 'भगवान' हम, छोड़ दी पुकार।

बिताये, साथ जो पल, कम ही सुहाने थे।
वो किस्से, समय साथ, हो गये, पुराने थे।
चर्चाएं, नियमानुसार, हो सकीं, न कभी।
सितम 'भगवान', सब के, उठाने पड़े थे।

पढ़ने, कभी पढ़ाने से, गुजारा हो गया।
व्यतीत जीवन ऐसे ही, बेचारा हो गया।
करना पड़ा प्यार, जब इशारा हो गया।
दृश्य 'भगवन' बदला न न्यारा हो गया।

प्यार करना कठिन, वे प्यारा हो गया।
रहा शर्बत न मीठा, वो खारा हो गया।
रहा, वादा अधूरा, लम्बा लारा हो गया।
यकीन, 'भगवान' उड़ा, सारा खो गया।

प्रतीत, उन के वारे, और न्यारे हो गये।
थे जो सज्जन कभी शत्रु हमारे हो गये।
वे लड़ पाए आ सामने न भांति वीर के।
वार पीठ पीछे 'भगवान' नकारे हो गये।

शहद में कड़वाहट प्यार ऐसा पाया था।
लेना जो बदले में, वसूल हो न पाया था।
बात, कर लेते दो पल, अवसर न मिला।
वातावरण तरह युद्ध 'भगवान' पाया था।

विरले फले

लगे कभी गले, पश्चात पड़े गले।
मार्ग प्यार ऐसे पर, थे कई चले।

मिल जुल करने जो लगे थे बले।
बात बाद हर क्यों उन को खले।

आयु भर चाहत, हाथ उन मले।
विरले 'भगवान' कर प्यार फले।

दर्द सर पर

बीता, महीना पिछला, व अगला आ गया।

गम हुए न कम, ऐसी रही, उस की दया।

फितरत थी हमारी, न ऐ - सी चलाये हम।
अयोध्या, गोकुल, कुल्लू, पहुंचा कोई गया।

सम्मान, इज्जत देना, कार्य उचित था लगा।
विश्वास घात प्रचलित, था कुछ भी न नया।

था बहुत धर्मार्थियों से पाला अपना न पड़ा।
बारे अनुभव जो मिला, अब बताऊं मैं क्या?

समझा, जिसे प्यार, छेद, उस ने, किए बड़े।
हुआ, झेलना कठिन, दर्द सिर पर जो पया।

होती उथल-पुथल, रोजाना, जिंदगी में रही।
मिली फुरसत जब, द्वारे 'भगवान', था गया।

अंक उमदा

बन मुर्गा बैठे, कान पकड़े, हुए खड़े।
बूथे, अध्यापकों के हमेशा, दिखे सड़े।

मंज़िल, बड़ी दूर, पग उठाये व चले।
अंक उमदा 'भगवान', फिर भी खले।

थे न तैयार

मौसम, रंगीला न रहा, सफ़ेद हुई बहार।
अड़े, पड़े सब दिखें, मानता कोई न हार।

काम, धंधे बंद हुए, करना कठिन व्यापार।
कोविड बदला वातावरण, थे न हम तैयार।

अपने, बेगाने, दूर, सब, सज्जन, क्या यार।
ख़ुशी से अब कट रहे, बचे खुचे दिन चार।

जुकाम, खांसी, प्रभु, व रखना, दूर बुखार।
डाक्टर से मिलना हुआ, है अब तो दुश्वार।

सीधे मुंह, हो कोई बात, जायें बांटे न विचार।
प्रश्न के उतर देते, होती खामखां ही तकरार।

किस्मत में, हज़ारों थे, शायद झेलने कई वार।
देखी 'भगवान' घृणा हम, बातों में कभी प्यार।

कटे दिन चार

रोये, लिये खिलौने, कारण कभी मार के।
बड़े हुए, नफरत, रु लाया कभी प्यार ने।

बुढ़ापे में बीमारी, छोड़ा सब को हार के।
आराम से 'भगवान', कटे दिन न चार थे।

द्दढ़ विश्वास

पड़ी, ऐसी बिपता, इंसान पर इस बार।
आया न काम, बाबे किसी का दरबार।

है आश्चर्य, कई बाबे भी, हो गये शिकार।
वो ऊपर, थे ईश्वर के, गायब हुए विचार।

अफसोस, हुआ धंधा मंदा उनका भी यार।
सब चेलों पर भी, पड़ी महामारी की मार।

ऑनलाइन पर, फिर भी, वे कर रहे प्रचार।
श्रद्धालु सब, सुनने को, बैठ जाते हो तैयार।

होती अध्यात्म वृद्धि, सुन महिमा अपरंपार।
द्दढ़ विश्वास रख वे, नाम, जप रहे बारंबार।

छोड़े जो बाबे पल्ला, पड़े उसको धिक्कार।
केवल बाबे 'भगवान', जगत के पालन हार।

लुत्फ सुहाने

टांगो पे चले, साईकल पे कभी सवार थे।
लुत्फ वैसे सुहाने, बैठ पाये न थे कार में।

रोज़ प्यार से सुने हम, गिले कई हज़ार थे।
हितैषी 'भगवान' हमारे, लगे खाने खार थे।

आवाज़ दे

थे टेकते सब माथा, बाबे को बिन लाज के।
भक्तों के, दिलों पर वे, किया करते राज थे।

प्रशंसा में भजन संगीत, खूब बजते साज थे।
करनी परिवार, उनकी सेवा, बने रिवाज थे।

चेले, बाबे विरुद न सुनते, उन्हें बहुत नाज़ थे।
छोड़ हरेक जिम्मेदारी, करते उनके काज़ थे।

भू पर बैठ सुनते, सिंहासन पर, बाबे विराजते।
आरती उतारा करते, व सब उन को नवाजते।

परिवार बाबे, दिखा बड़ापन, थे सब को मांजते।
हों हरकतें कैसी भी, करते रहते, आते न बाज़ थे।

करने को खिदमत उन की, देखा थे सब भागते।
अनसुनी न होती 'भगवान', जब बाबा आवाज़ दे।

चलाने तीर

आयु बीती अपनी, पढ़ने और पढ़ाने में।
साथ लक्ष्मी जीती, इतने नहीं सयाने थे।

हरेक ने डांटा, जैसे हम, बड़े नियाने थे।
चलाने तीर 'भगवान' न सीखे जमाने से।

आश्रय और कहीं

दिखाई दे ज्ञान, जिन्होंने, दरिया दिली थी।
अकड़न उन में बाद, हमें हर पल मिली थी।

हस्ती महान, केवल वो ही, जगत में बड़ी थी।
पाने दर्शन उनके, जनता घंटो भर खड़ी थी।

ब्रह्मचारी चेले, मिल चलाते, गृहस्थी बाबे की।
तन, मन, में निष्ठा, जरूरत सदा धन की थी।

करते भक्त सारे प्रचार, बनते उनके साथी थे।
वो राज उन पर करते, बन शेर कभी हाथी थे।

रहे दूर हर असुविधा, ढूंढ साधन, सभी जुटाते।
लगे, बाबे को न भोग, तो खाना तनिक न खाते।

कर देते धंधे बंद, लेते छुट्टी, काम पर न जाना।
होती श्रद्धा दिल में भरपूर, सब देखता जमाना।

फिक्र, फाका, चिंता, दिन होती बाबे की ही रात।
अपशब्दावली बाबत उन, थी सही कभी न जात।

क्या मिला, उन्हें हुआ मालूम, बुढ़ापा जब आया।
भागना पड़ा 'भगवान' आश्रय कहीं और ही पाया।

सारे पूजे

भला, सब का चाहा, अपना आप गवाया।
पंडित, मौलवी, पादरी, आगे सर झुकाया।

पाठी, ज्ञानी, ध्यानी, पुजारी, बाबे, सब पूजे।
बस चला जिस का 'भगवान', उस दबाया।

आचरण धार्मिक

आचरण धार्मिक रखा, ख़ुद सते, नहीं सताया।
खोल स्पष्ट, रखा सब आगे, कुछ नहीं छुपाया।

कर मेहनत कमाया जो, काम औरों के आया।
चाहा जिस लूटा, शायद, 'भगवान', तेरी माया।

किया दुखद

फलस्वरूप परिश्रम, हुए न कभी सुखद।
सदैव, बहुत पढ़ाई भी, किया हमें दुखद।

सीटी को बजाया नाही हिलाई कभी आँख।
तथापि कठिनता से ही, पड़ा लेना था सांस।

सुन ताने, प्यार हीन, कहा, रखे किसी गुप्त।
लड़ाई, पड़ी करनी, नहीं सूजी, कोई युक्त।

दिमाग, मन, बुद्धि, साथ में माना नाही दिल।
था आसान, रह दूर, हो जाना, खुद ही चिल।

समझे, समझाया, अपने आप को ही स्वयं।
क्या, कैसे, कब, हम नाह, थे कभी कहते हैं?

मुश्किलों को झेल, खुद को, तैयार किया था।
आया वक्त, पड़ा करना, तब प्यार किया था।

हुआ जो पश्चात, वो निकला, काबिल तारीफ।
बड़ी दुविधा में, फसा था, वो धार्मिक शरीफ।

बात, करता कैसे, वो लगाता किस को हांक।
आदमी, अजीबो ग़रीब, था कभी जो जवाक।

काम आई उस, नहीं विधा, जो उस पायी थी।
चुप चाप रहने में भी कहाँ उसकी भलाई थी।

पाये, सोच तसल्ली, सुधरेगा, समय वो आयेगा।
थे माह, उस न मारे, याद 'भगवान' ही आयेगा।

हिसाब किताब

सीधा किया, जिन प्यार में, मोड़ने लगे।
जोड़ा था, कभी साथ, दिल तोड़ने लगे।

हिसाब, किताब, खोल कर जोड़ने लगे।
करते थे, 'भगवान', वो सब छोड़ने लगे।

उतरा-चढ़ाव

जफ़ा दूर, बहुत सवार, रही वफादारी।
बीच उतरा, चढ़ाव, जिंद, बीती हमारी।

दिया कम, लिया बहुत, कइयों ज्यादा।
हो जाते उन जैसे, हमारा बना न इरादा।

औखे सौखे जैसे तैसे, लिया कर गुज़ारा।
था अस्तित्व फिर भी, रहा उच्चा हमारा।

की पढ़ाई, लिखाई, रहे किन्तु औसतन।
हुआ स्वच्छ व शुद्ध, कठिन कमाना धन।

किसी तरह, दीवार सजाई, लगा डिग्रियां।
खवाइये नौकरी अधूरी सुनी अक्सर नाह।

पूजा, पाठ, भजन, आरती, कर सेवा, हारे।
दोष किसी को, देते कैसे, थे कर्मों के मारे।

भजन, सुमिरन, जाप, प्रचार ही करना था।
कर दंडवत प्रणाम, चरनी बाबे पड़ना था।

सेवा बीमारी, रही लगी, तीन दशक तक।
किस्मत दिया, वो गवाया, बाबों की लक।

बाबे बाद, बन नये, आये थे, घर बाबों से।
आपस में भिड़ जाते, युद्ध जैसे नवाबों के।

आँख खुली, विश्वास अपना, लगा अंधा था।
नाम 'भगवान' से चलता बाबे का धंधा था।

आजीवन दीक्षा

पैदल, चढ़े साइकिल, किया कभी रिक्शा।
की याचना अगर, मिल न सकी थी भिक्षा।

पावन नाम, दे बाबे, ली आजीवन भर दीक्षा।
थे बाबे भगवान' से ऊपर, मिली हमें शिक्षा।

खेल उलट-पलट

खेल उलट-पलट का, था खेलना पड़ा।
मिला दुःख, दर्द, वो सब, झेलना पड़ा।

कवायद करवाई कभी कर दिया खड़ा।
सामना क्रोध का 'भगवान', करना पड़ा।

मिटा महामारी

महामारी की भी दीवाली, गयी मनाई थी।
कर्तव्य पालन सर्व प्रथम, हमें सिखाई थी।

भाइयों में रहे प्रेम, करती आदर्श स्थापित।
जान धर्म करना कर्म उस राह दिखाई थी।

शरणार्थी को गले से लगाना, पाठ पढ़ाए वो।
धर्मार्थी ही बैठे गद्दी, करना युद्ध सिखाये थी।

जीवित रखे जिज्ञासा, विवेक, जगाये, मन में।
कृपा 'भगवान' होगी, मिट महामारी जाएगी।

हंस हसा कर

मामलात हरेक में हमारी ऐसी लक रही।
प्यार में निगाहें हम पर करती शक रहीं।

बिताया वक्त हंस हसा कर, सब को हम।
साजिशें खिचड़ी 'भगवन' पकती ही रहीं।

आस टूटी

मिट गईं, नजदीकियां, होना पड़ा दूर।
किस्सा दुनिया में, था हो गया मशहूर।

आवाज़ निकली, जा पहुंची, समुद्र पार।
हम बिन सुने ही, हुए घोषित कसूरवार।

मुड़ें पीछे, जायें आगे, हुई थी कशमकश।
साया, महान विभूति का, पड़ा था जरूर।

कोशिशें फल न लाईं कोई, कर सब हारे।
देखा सर्वत्र कायम, अधिकतर हम गुरूर।

न जाने किस मंत्र का, किस ने किया जाप।
घमंड बहुत ज्यादा, जो न हुआ चकनाचूर।

दुविधा, हर तरह की, लग जाती थी सताने।
वातावरण अशांत का ही, बना रहा दस्तूर।

किए पूजा, पाठ बथेरे, वे भी, आये न काम।
भाग खड़े स्वार्थी, पाक बसे जिन में था नूर।

अभी भी, आस नहीं टूटी, हो रही इंतज़ार।
होगा सही जरूर, जब 'भगवान' को मंजूर।

भक्ति देगी शक्ति

बिस्तर पे पहुंचना, व शीघ्र उठ जाना, आ गया।
रात अनिद्रा में गुजार दर्दे सर, दबाना आ गया।

कम्पयूटर पे रह व्यस्त, समय बिताना आ गया।
दूर खुद को, सब से, रखने का बहाना आ गया।

सह न पाया हर दर्द, उस से सत जाना आ गया।
दवाई वगैरह, ले लेनी, मरहम लगाना आ गया।

अब शरीर भी दिखता मंद, क्या जमाना आ गया।
झेलता अपना न दिमाग, ठुकना ठिकाना आ गया।

बाबे की भक्ति, देगी शक्ति, सर झुकाना आ गया।
सच्चा दरबार बने रोजाना, स्मरण पुराना आ गया।

मुकद्दर की नकेल गई छूट, काबू नमाना आ गया।
लुक, छुप,'भगवान', सेवा बाबे की करना आ गया।

जरूरतें पूरी

रात सोये, इंतज़ार में, उठे सवेर थे।
जरूरतें की उस पूरी, सारी देर से।
जरूरतें की उस पूरी, सभी देर से।

स्वाभिमानी थे ठहरे, माँगा न कभी।
शत्रु, बन सज्जनों ने, निकाले वैर थे।
जरूरतें की, उस पूरी, सभी देर से।

करते रहे गुज़ारा, ललचाये न कभी।
खजूर छोड़ो, ख़रीदे कभी न बेर थे।
जरूरतें की, उस पूरी, सभी देर से।

सताया सब ने, माल जान बाप का।
अनुज, घर वाले, लगे दिखने गैर थे।
जरूरतें की, उस पूरी, सभी देर से।

पड़ा सस्ते में सौदा, पाया छुटकारा।
डूबना, था लाजिम, ग़र हम न तैरते।
जरूरतें की, उस पूरी, सभी देर से।

महसूस हुई कमी. तो भी रहे प्रसन्न।
माना अमृत, व पीये प्याले जहर के।
जरूरतें, की, उस पूरी, सभी देर से।

इंद्रियां, दस, मन, बुद्धि, व दिमाग।
किए इस्तेमाल, जब आये कहर थे।
जरूरतें, की उस पूरी, सभी देर से।

ज्ञान, ध्यान, सुमिरन, किए पूजा, पाठ।
हर हाल में, भगवान', करते मेहर थे।
जरूरतें की, उस ने पूरी, सभी देर से।

साथ हुआ वही

चाहा, उत्तर हाँ में, किन्तु पड़ा, सुनना नहीं।
जैसी पायी, किस्मत, साथ हमारे हुआ वही।

सब सुनी, झुका के आँखें, कुछ कहा नहीं।
किया सदा 'भगवान' जो भी हमें लगा सही।

ईश्वर की रज़ा

करने की प्यार, मिली ऐसी, हमें सज़ा।
रहे प्यार में बिगड़ते, तेवर बिन वजह।

माना होगी इस में भी, ईश्वर की रज़ा।
कारणवश जिस बैंड हमारा था बजा।

रति भर आया कभी उन्हें भी न मजा।
आवाजे टोन ऊंची थी रही बिन लजा।

तत्पश्चात, मौन चेहरे, अरसे कई सजा।
ना जाने क्यों, कैसे हुई कहाँ की ग़ज़ा।

स्थान ढूँढा, देखा जब, वहां हम भी जा।

मशवरा 'भगवान', क्यों सब देते थे आ?

एक कैदा

मिटी माधव, बैठ बढ़ाई गद्दी की शोभा।
समय, कुछ ज्यादा न बीता, हुई तोबा।

भूल गये, आत्म समर्पण, प्यार की बातें।
महिमा गाने में फिर दिन बीतेंगी न रातें।

बहुत सोचा और बिठाया बराबर उस के।
हुआ राज्य अभिषेक बचे खुचों से हंस के।

किसी प्रकार लगे चलने सामान्य राज्य दो।
दोनों कहें, आयो भक्तो, लो पापों को धो।

पाप धुलाने वाला हो तीसरा भी गया पैदा।
लगा चलने हर जगह एक तरह का कैदा।

अनगिनत लक्ष्मी, रोजाना, और आती जाये।
ख़ुशी से 'भगवान' भक्त कर प्रणाम चढ़ायें।

उत्तराधिकारी

उठा बाप तो नाबालिग, बाबा बनाया था।
राज तिलक में मुकुट, स्वर्ण पहनाया था।

पंख मोर से सजा, रूप कृष्ण बताया था।
है उत्तराधिकारी वे, तर्क दे समझाया था।

देश विदेश जा, उसका धाक जमाया था।
परिवार सारे, गुण भी, दिन रात गाया था।

विश्व में, शांति स्थापित, वो करने आया था।
दर्श परिवार से, आनंद चेलों को आया था।

सुनाई लीलाएं, सब ने, उद्धारक बताया था।
वो ही सखा सभी का, किया हर पराया था।

ख्याति शीघ्र बड़े उस की, सब लगाया था।
साम्राज्य बड़ा जब, संभाल उसे न पाया था।

यौवन उस बच्चे पर, लगा जल्दी आया था।
नियंत्रण छोड़, रचा रास, ले राधा आया था।
बना, कारण न ख़ुशी का, मातम छाया था।
छोड़ वृद्ध बीवी को, उसे संदेशा आया था।

बाबा वो, दास उस सब, जिस भुलाया था।
अच्छी तरह, उस याद, सब को कराया था।

बदला, उसे परिवार, इष्ट पद से हटाया था।
कह, हुआ पथ भ्रष्ट, बाबा, नया बिठाया था।

बटा, पक्ष दो में परिवार, अस्वस्थ पाया था।
उचित उपचार उनका कोई हो न पाया था।

भक्ति, शक्ति, रूहानियत, सब दुखाया था।
पाठ, पूजा, सुमिरन, जाप भी, करवाया था।

नाटक देखा सब ने, हजम ये हो न पाया था।
सोचा, विचारा, मार्ग चुना, उन अपनाया था।

सदमे में, वो परिवार शांति जो देने आया था।
व्यापार हुआ विभाजित, फिर भी चलाया था।

पहुँच कचहरी, ले लिया, जो हिस्से आया था।
पीड़ा, भक्तों की, समझ कोई नहीं पाया था।

दिव्य, पावन परिवार जो हमें लगा निराला था।
रहा न विभिन्न, दिखा आम, वे नहीं आला था।

जीवन जिन भक्तों ने, नाम उनके लगाया था।
सबक 'भगवान' अच्छा, सब को सिखाया था।

सफ़ेद झंडी

मिलाप हुआ वक्त ऐसा, पड़ी जरूरत थी।
मौन अवस्था, एक ओर सामने वो मूर्त थी।

आसन देख तुरंत हिला, वो ऐसी सूरत थी।
सफ़ेद झंडी, 'भगवान', निकली मुहूर्त थी।

किस्सा पुराना

मौसम वैसा रहा, न सुहाना हुआ।
बहुत व्यस्त, उनका बहाना हुआ।

भूल जायेंगे वे, देखे, जमाना हुआ।
वो 'भगवान', किस्सा पुराना हुआ।

भूल से प्यार

हुआ, जो शुरू, शायद समाप्त हो गया।
झमेले में, अनुभव कुछ, प्राप्त हो गया।
होगी चाहत पूरी, क्यों आता है विचार।
भूल से कभी,'भगवान', किया था प्यार।

हर जगह पे कोरोना, बसर कर रहा है।
बहुत, कुछ पे थोड़ा, असर कर रहा है।
इकोनोमी का तो, कर चुका बेड़ा ग़र्क़।
करें क्या 'भगवान' हर चक्र खा रहा है।

लिये जिन गाने, गजल, गायी थी कव्वाली।
मुखारविंद, उन्हीं का, देने लगा था गाली।
बाग जो लहराया, सींचा था, बन के माली।
सुंदर बूथी 'भगवन' लगे भद्दी उन्हें काली।

सदा तपस, बड़ी उन की, हुई थी न कम।
कोई वजह न मालूम, कसूरवार बने हम।
दुःखी हुए, खुद दिये, उपहार में उन गम।
अति सराहनीय, 'भगवन', था उन में दम।

वे करते रहे सब, जो भी लगा, उन्हें सही।
चाह, अपने दिल की, उन कभी न कही।
रहे दूर, हाथ पकड़ाये, पकड़े कभी नहीं।
पूरी न हुई, 'भगवान', जरूरत सदा रही।

सुना सत्संग

अपने जीवन से रहे, दूर कुछ रंग।
सफल हुए, बुरे पास नाही थे संग।

नशा धूम्रपान, मद्य, नाही लगा भंग।
किए खुश सब, ऐसा अपनाया ढंग।

चैन हुआ असम्भव, अढ़ाई हर टंग।
बीत गया जीवन, बन अपना मलंग।

नहीं लगाईं, मन बुराइयां, देखी चंग।
दूर रहे 'भगवान', बहुत सुना सत्संग।

झोली में गम

किया बहुत ज्यादा, कभी हम न कम।
झोली हमारी में डाले, कइयों ने थे गम।
तफ़रीक़, क्या जोड़, निकाले सब सम।
रहस्य की बातों ने 'भगवान' रखा मम।

आँखों के तीर

प्यार की लाली, हो शुरू जब जाये।
अच्छे भले के होश, सब वो भुलाये।

आँखों के तीर, करते बारंबार वार।
दुनिया 'भगवान' नज़र छोटी आये।

महल बना किला

वर्षों पहले रखी, जिस की शिला।
बड़ा जो चाहा, था बाद देर मिला।

सोचा जितनी, थी पा सका न ख़ुशी।
उसारा महल 'भगवान' बना किला।

घाव मिला गहरा

चवखा, बैंगा, काना, कहा, किसी ने, बेहरा।
खाये थप्पड़ करारे उस, पास फिर न ठहरा।

पीठ पीछे कुछ, और विभिन्न सामने चेहरा।
महफूज रखा 'भगवान' घाव मिला था गहरा।

विचार करना

रिश्ता, इंसान से, बनता, जब इंसान का।
अजनबी न रहता कभी जो अनजान था।

असर नहीं रहता, पूर्व के किसी ज्ञान का।
करना दूर हो जाता विचार 'भगवान' का।

दिन खराब

मिलना हुआ निश्चित, ऊपर दोनों था दबाव।
सुगंध प्यार फ़ैली, हुआ तरफ चारों फैलाव।
काश होता संवाद, पा लेता, प्रश्न हर जवाब।
थे प्यार में, 'भगवान', दिन बड़े आये ख़राब।

बना अपना जिन्हें, था दर्द बांटा हम हरेक।
संदेह उन में हर पल, थे कायम रहे अनेक।
शक निगाह, कुछ न छोड़ा, पड़ी हर तरफ।

पहुँच दरबार 'भगवान' के, माथा वहां टेक।

प्यार ऊपर से मीठा, कड़वा अंदर से और।
मिला माप में, सदा कम, था चाहा उन मोर।
मनोरंजन, किस्मत में न था, पड़ा होना बोर।
हुआ 'भगवान' ये कैसे, करना पड़ा था गौर।

रहस्य, प्यार का कभी, था न किसी ने खोला।
रानी, बादशाह को बना, एक दिया था गोला।
पूरे, काम हर में निपुण, बने वे हरफनमौला।
थी माशा 'भगवान' घड़ी किसी, कभी तोला।

रास्ते प्यार के बड़े टेढ़े, अपनाए फिर भी हर।
हो किराये का ही चाहे, अलग, ढूंढ लेता घर।
मिले जो भी, चबाये उसे, और उड़े, बिन पर।
परिश्रम, 'भगवान' निरंतर, जोड़ पाता न ज़र।

कर, मौन को वे धारण, क्या कुछ बता रहे थे।
चुप, हम भी रह कर, स्वयं को ही, सता रहे थे।
दर, और कोई कहीं ढूंढो, कह के जता रहे थे।
दुश्मन वो 'भगवान', सज्जन अपने बना रहे थे।

उतरवायेंगे खाल

शिकारी जब आएंगे, खोल बिछायेंगे वे जाल।
फंस जायेंगे जो, उतरवायेंगे वो अपनी खाल।

अर्थ व्यवस्था शिकारी की, हो जानी मजबूत।
छुड़वाना बंदी, 'भगवान', हो न कोई दयाल।

मालिक त्रिलोकी

निकले, घर से बाहर, बने वीर थे।
आँख से चलाये, किसी ने तीर थे।
होते कभी बादशाह, बने वज़ीर थे।
फिर रांजा 'भगवन' बनाया हीर ने।

की पढ़ाई, प्यार में. न काम आई थी।
हर प्यार में लगा, डुगडुगी बजाई थी।
सहना, चुप रहना, दोनों ही कठिन।
भूले सुध 'भगवान', होश न आई थी।

कभी, जो न सोचा, मेरे राम कर दिया।
हम जपना शुरु, मिला नाम कर दिया।
बाबे व नुमाइंदों को, प्रणाम कर दिया।
प्रचार घर 'भगवन' हर ग्राम कर दिया।

मालिक त्रिलोकी को भी जरूरत धन की।
बाबे के सेवक बनना, इच्छा, हर जन की।
देश, देशांतर उनका पाने को दर्शन जाना।
होना प्रसन्न 'भगवन' जूठन खुशी से खाना।

अर्पण किया सब, अब रहा न कुछ पास।
लगन संग बाबे, लगी अपनी भी थी ख़ास।
दर्श दिये हमें, पहन उन, राजसी लिबास।
दे नाम, ज्ञान 'भगवन' बना लिया था दास।

जो मिला, खाया, बिस्तर भू पे, बिछा घास।
कल्याणकारी सुख, ऐसा सच्चा, था विश्वास।
दिन रात, की सेवा, बन भक्त परम व दास।
फिर भी 'भगवान' उन्हें, आये कभी न रास।

आसार अप्रिय

बहुत पहले, जिन का, दीदार हुआ था।
बिगड़ी हालत अपनी, बीमार हुआ था।

आसार, अप्रिय पर न विचार हुआ था।
निहत्थे पर 'भगवान', ऐसे वार हुआ था।

रूख हवा मोड़

भाई, बहनों को छोड़, अकेला हूँ प्रसन्न।
बिखरे पड़े साम्राज्य में, बहुत सारा धन।
चारों ओर, लिये पैर, अच्छी तरह पसार।
राज करेंगे 'भगवान', बच्चे केवल हमार।

आयेगी, शायद न बहार, इंतज़ार रहेगा।
बंदा जरूर लिये उस वक्त तैयार रहेगा।
होगी चाहत कभी पूरी, छोड़ेगा न आस।
भरोसा ऊपर 'भगवान' के हमार रहेगा।

चलाये रखूं, कभी सोचूं जो पास छोड़ दूँ।
जोड़ता रहूं, बंद करूँ अथवा वो तोड़ दूँ।
सीधा नहीं होता, विचारूं क्या मरोड़ दूँ?
रूख हवा का 'भगवान', मैं कैसे मोड़ दूँ।

प्रवाह अपनी

शरमाते थे कभी, आँखें दिखा रहे हैं।

हुजूर जुल्म करते, दोषी ठहरा रहे हैं।

प्रवाह करें अपनी, साधन जुटा रहे हैं।
पाना 'भगवान', घर बाबे के जा रहे हैं।

मोक्ष प्राप्ति

मार्ग जो अपनाया, निकला न सद्ध का।
तुरंत सेवा करना, हुक्म मिलना जद था।

दुनिया के काम, काज, त्यागने पड़े सब।
मोक्ष प्राप्ति 'भगवन' क्या पापिन वध था?

धीरज के प्याले

लिखा उस जो, पड़ा था वो पाना।
लगने लगा आया, मौसम सुहाना।

हुई शुरुआत, साथ शान शौकत।
बदल के पड़ा, जीवन को बिताना।

हालात बदले, रहा दूर पर्यवेक्षण।
दृश्य नया, हुआ तनिक न पुराना।

आंधी सी आई, न झेल जिसे पाये।
है याद, नहीं भूला, बना था बहाना।

मोड़ रुख न पाये, चुप्पी को साधा।
मुंह बंद, पड़ा जबाँ को था दबाना।

लतीफा बनाया, हंसी का समय ने।
दांत रख तले, पड़ा चने था चबाना।

सुनाते किसे दर्द, सभी व्यस्त पाये।
लिखना, पढ़ना, खुद ही पड़ा गाना।

लक्ष्मी की दिक्कत, रूहानी जुमले।
लगता कठिन, था पैसे दो कमाना।

संभले, संभाले, पीये धीरज के प्याले।
और क्या करता, दिल बड़ा नमाना।

रहे संतुलित, प्रलोभन, वजह, चाहा।
बात हर सीधी को, पड़ा था घुमाना।

किस्से. औरों के भी, याद आये सब।
होनी न टली, सिंहासन पर बिठाना।

वातावरण रहित, हल जैसे ही पाया।
वाजिब, था शायद, हट पीछे जाना।

सोचा, विचारा, किए यत्न सब, हारे।
जीवन में न सुख, दुःख ही था पाना।

आते और पल, जुटा पाये न हिम्मत।
क्या 'भगवान' होगा, बढ़ आगे जाना?

जीना मरना

सीखा, हम जीना, किसी पर नाही मरना।
तैरना लगा डुबकी, नाही प्यार ही करना।

मिला हमें, किया जब, अच्छा न अनुभव।
सुना हम 'भगवन' उन से हर बार वरना।

ली चाय पी

ऊड़ा ऐड़ा ईडी, अल्फ बे पे, क ख ग, ऐ बी सी।
अच्छी तरह, कोई भी, आई लिखनी न कभी थी।

हलवे लिए, पानी, चीनी, कितना चाहिये, और घी?
जैसे तैसे बनाया 'भगवन' खाया और ली चाय पी।

मन मोहिनी

हंसे हसाये, काटी जिंदगी, अब मुंह बंद।
हैं, सुन, सुना अब पाते शब्द केवल चंद।

भाभी करे शिकायत, अच्छी न लगे नंद।
रिश्तों में भगवान', है मन मोहिनी, सुगंध।

निकला छलिया

कुछ कर न पाया, किस्मत का ऐसा बलिया।
बनाई जब भी उस खीर, बन गया था दलिया।

हथ कुछ, कहाँ वस, किया सब जो न चलिया।
मिला जो कभी 'भगवान', निकला वो छलिया।

घोर शोर

किए, यत्न बारंबार, पाया फिर भी न कुछ।

प्यार देता दुःख, हुआ न कर ही पाया खुश।

बर्तन रसोई की भांति, लगा घोर मचने शोर।
फिर से पाठ पूजा,'भगवान', हुआ शुरू दौर।

जमीं असमान

प्यार में फर्क आया, जमीं असमान का।
निकला होशियार बड़ा, जो अनजान था।

विचारे बहुत, धारे मौन, मिले उसे न राह।
कच्चा ठहरा इंसान, वो नहीं 'भगवान' था।

अरमान दबाये

कोसों दूर हैं अब, कभी करते थे प्यार।
कई किस्से प्रचलित, हम सुने मेरे यार।
सब सुधरेगा अवश्य, आया करते चार।
तेरी कृपा से 'भगवन', बेड़ा होगा पार।

बातें करे प्यार की, फिर भी होवे लड़ाई।
सज्जन, दुश्मन बनते, देखें बहन व भाई।
शान्तिः. त्याग हर, जिंदगी अपनी गवाई।
बाबे सेवा, 'भगवान', हमारे काम न आई।

उल्लू किया सीधा, व इकाई बनी दहाई।
पुण्य कमाने छोड़े, पंड पापों की उठाई।
आदर दिया सब को, उन से सुनी बुराई।
कह परमार्थ 'भगवन' की अपनी भलाई।

पकाया नहीं, सब कच्चा ही, चबा गये थे।
वादा कर, अरमान सब का, दबा गये थे।
चैन से सोये कभी, नाही दिया किसी को।
दिन मोक्ष 'भगवान' दे देते, वे हवा हुए थे।

सेवा करेंगे भक्त, हुक्म उन पर चलायेंगे।
पूजनीय अवतार ईश, हम ही कहलायेंगे।
कल्याणकारी दर्श हमारे, दुर्लभ बतायेंगे।
आरती नहीं 'भगवान' खुद की करवायेंगे।

मिला. बहुत अच्छा संग, कल्याण हो गया।
पुराना देखने और सुनने को कुछ न नया।
कृपालु, करुणामय, प्रतीत हुई नहीं दया।
बाबा ऊपर 'भगवान', सोचूं ठीक था क्या।

आँख से आंसू

सूरत, सीरत देखी, न किसी हमारा चर्म।
बेरोजगार देख मुंह मोड़ा, बोले हमें बम।

निकले आँख से आंसू, ज्यादा कभी कम।
पी लस्सी 'भगवान' ठंडी, चाय कभी गर्म।

नाम बूटी

पढ़ाई करने निकले, कहाँ आसान थी।
थी रक्षा करनी पड़ती, अपने प्राण की।
सुननी पड़ती कड़वी, हरेक जबान थी।
आती याद, हमें रोजाना, 'भगवान' की।

खोते वांग काम किया दौड़े जैसे घोड़ा।
प्रेम में, आगे दिल, पेश किया था चौड़ा।
सद्ध मार्ग, अपने को, कुकर्मों से मोड़ा।
विश्वास 'भगवान' पर पूर्ण हुआ न थोड़ा।

जिंदगी में मिले, कई ऐसे हम को लोक।
परचून की छोड़ो, तादाद में पाये थोक।
विश्वास उन्हीं ने तोड़ा, फिर भी न शोक।
हंसे और हसाया 'भगवान' सुनाये जोक।

कितना भी किया, रहे फिर भी, न पसंद।
सह न पाये, तो बातें निकलीं मुंह से चंद।
छुपे से न छुपी, बाहर निकली, थी सुगंध।
थे बेक़रार हौसले 'भगवान', रहे वे बुलंद।

शिक्षा, कृपा प्रभु, किस्म हर की थी पायी।
नाम की बूटी भी, दरबार बाबे थी पिलाई।
बन चाल बाज़ रहना, हम को नहीं आया।
मानसिक तनाव,'भगवान', कोई न दवाई।

बारे अमन, चैन, व शांति, बातें करी सभी।
कहीं वातावरण विभिन्न, था देखा न कभी।
लड़ाई, झगड़े पसंद, हमें सब दिखे तैनात।
आरंभ जंग 'भगवान', सुनी ललकार जबी।

तुच्छ ख़ास

अनपढ़ क्या पढ़े लिखे भी, हैं बाबे के दास।
ख़ुशी ढूंढने को थे चले, दिखते बड़े उदास।

करें न्योछावर सब चरनी, रखें कुछ न पास।
तुच्छ प्राणी सब 'भगवान', बाबे केवल ख़ास।

देर नहीं हनेर

कमाना हुआ मुश्किल, हर यत्न कर हारा।
दिया दयावान किसी, था हमें नहीं सहारा।
पास रिश्वत न रसूख, थी चमड़ी भी अलग।
किस्मत ने 'भगवन', था अच्छी तरह मारा।

अच्छी तरह खाया, और किया हम विश्राम।
कहा जो बाबे, हम जपा, वो ही पावन नाम।
हम बल, बुद्धि विधा में थे न किसी से कम।
देर नहीं हनेर, स्वीकारा, घर तेरे, 'भगवान'।

मीठी, सदा हम चाही, सुनी कड़वी ही ज़बान।
शामिल देखे सारे, थे पद पास जिन के महान।
ओहदे पे पाया, बैठे लिये, अकड़न का गुरूर।
कृपा करी भगवान', जो कर. उन से दिया दूर।

कभी, सुन न कुछ हम सकते, सहना सब पड़ा।
हुआ गर्म बहुत जल, शीतल, रख न पाया घड़ा।
गुस्सा हरेक पल, वजह बिन किसी के ही चढ़ा।
दोष सभी सारा 'भगवन' हमारे माथे गया मड़ा।

हर दुविधा, भावी का, इलाज, हमारे पास न था।
तर्क वितर्क में हार जाना, सीख लिया बेचारे था।
कर धारण रखना मौन, असंभव किया प्यारे था।
सर्वेषु कालेषु चुप चाप 'भगवन' दिशाएँ चारे था।

जब हुआ, उन से मेल, सोचा बदली अपनी लक।
किया सब हवाले, था वाजिब, माना उन का हक।
बिन सबूत, लगे आरोप, सुने फैसले बिनाह शक।
भय में, पल हर बीता, हम 'भगवान', गये थे थक।

ठुकराये मिसाल

किया, दिल पर कब्जा, दिखे दयाल थे।
फिर उसे, रख पाये, नहीं वे संभाल के।

सब तर्क, उन ठुकराये, दिये मिसाल थे।
गर्म ऋतु वाले, हम 'भगवन' सियाल के।

आरती सामूहिक

हर नगर होंगे महल, यातायात लिये वाहन।
फूल मालाएं डाल, होगा सदैव, अभिवादन।
रंक, धनी, दुखी, सुखी, अशिक्षित, विद्वान।
हमें बना लेंगे, सब इष्ट, व अपना 'भगवान'।

मिला हवा, पानी, और खाद्य पदार्थ, एक सा।
जितने मुंह उतनी ही बातें, विचार अनेक था।
बाबे सेवा करता भक्त हरेक व माथा टेकता।
दर्श उनके पाने भगवान', कार्य बड़ा नेक था।

भूल खुद को, बने हमारा, होशियार चाहिये।
बाबत, पूछना न कभी, करना प्यार चाहिये।
सजाते रहना, उसे बाबे का दरबार चाहिये।
पहनाना गले में 'भगवान', हमें हार चाहिये।

होंगे प्रसन्न सेवा से बाबे परम ज्ञान मिलेगा।
मोक्ष मरणोपरांत, कृपा से कल्याण मिलेगा।
देखना, चौरासी के चक्रों से, जायोगे निकल।
पहुँच कर, देखा न जिसे, 'भगवान' मिलेगा।

होगी मायावी वृद्धि, बढ़ेगी तरफ़ चारों शान।
करेंगे हो इकट्ठे, बड़े, छोटे, नेता भी, प्रणाम।
नहीं होंगे और कहीं, कोई आप जैसे महान।
बन भक्त, 'भगवान' दास, लाया करेंगे दान।

मिलेगा जो चाहोगे, अगर बाबा बन जायोगे।
उच्च सिंहासन पे विराज, फूले न समायोगे।
होगी निशुल्क सेवा, रोज़, आरती सामूहिक।
भक्तों के श्री भगवान', आप ही बन जायोगे।

कम सहा सब

शिष्टाचार में कहा कम, सहा सब जो सुना।
प्यार भी लिये हम, था और ही किसी चुना।

पड़े झेलने, दुःख हमें, थे मिले जो कई गुणा।
बीताई जिंदगी भगवान', कुछ सिला न बुना।

अनोखी मुलाक़ात

होती रही प्यार में, अनोखी मुलाक़ात।
थी हर दिन सप्ताह के गिनती में सात।
क्षण किसी खुल, उन से हुई नहीं बात।
दी उन,'भगवान', बिन वजह हमें मात।

थे पछताते रहे पूर्व, फिर कर प्यार भी।

हरेक सुनी कथा, कोई आई न सार थी।
विपरीत इच्छा सदा, हमें दिखी यार की।
जान पाए न 'भगवन' वजह इनकार की।

कोई, कभी निकलेगा, था सोचा हम हल।
शेष. यकीनन साथ उन, बीता पायेंगे पल।
किया नाही सोचा कभी, करेगा कोई छल।
त्याग 'भगवान' माया, पास बाबे बच्चे चल।

ज्यों ही गिरे प्यार में, भुलाने पड़े, हमें सब।
रहा तनिक न याद, कहीं तो, वसता है रब।
था ठेंगा जब दिखाया, हमें ज्यों ही प्यार ने।
हर जीती बाजी 'भगवन' हम लगे थे हारने।

पड़े, पढ़, लिख कर भी, थे हमें, खोते चारने।
क्या किस्मत माड़ी थी हमारी, लगे विचारने।
था हिलाया झुलाया, जिस दिन, हमें प्यार ने।
दिया जो भी 'भगवान', थे लगे उसे बिसारने।

मिलाया कदम से कदम, नाही कंधे से कंधा।
हुई, जैसी भी चाहत, करने वो ही लगा बंदा।
काम में रुकावट, और व्यापार में, बहुत मंदा।
मिला अच्छा भगवान', था न कभी. कोई धंधा।

जोड़ ड़बल

खाया कोमलता ने वार, था दिल कठोर का।
झेला नासमझ, किया कोई कभी न गौर था।

हुआ बेचैन बैठा मौन, था हमेशा जो दौड़ता।
जोड़ ड़बल टू, भगवान' न हो पाता फोर था।

ज्ञान उच्च

दिया ज्ञान, उच्च, हो उन, बड़े दयाला।
तत्पश्चात दिखे, करते हुए, वे कमाला।

धार्मिक पुस्तकों का दिया उन हवाला।
चंगे चोखे खुद, रोटी खाया, चेले दाला।

हर भक्त बैठ, जपी उनकी ही माला।
मामी, नानी, उन, बनाई कोई खाला।

करते, धन दे गुलामी, हुए देखे निहाला।
बाबे दरबार ऐसे, पड़ा हमारा भी पाला।

आसमान में उड़ें, सोचें क्या खेलें चाला।
लें ऐ-सी की हवा, भट्टी चले, जब पाला।

काम, क्रोध, लोभ, मोह, था हंकार आला।
कहलाएं अवतारे 'भगवान', थे बने लाला।

रखा फांस

लगाया, तन, मन, धन, किया पूर्ण विश्वास।
निर्भर पड़ा होना, कुछ रहा न अपने पास।

ऊपर से घृणा मिटी. न हमारी कभी त्रास।
तरह अच्छी रखा उन 'भगवन' हमें फांस।

गायब लक्ष्मी

दिल अभी वैसा, शरीर पुराना, हो गया।
फुरसत में, लिखने का, बहाना हो गया।
लाकड़ौन देवे अब, करने न, कुछ नया।
लौटते 'भगवान' न पल, जमाना हो गया।

जितना था किस्मत में, पा लिया वो प्यार।
आंधी भांति आई, फिर लौटी नहीं बहार।
चिंता, फिक्र, गम, देते अब, हमारा साथ।
मिले नहीं 'भगवान', ढूंढा दिशा, था चार।

सदा प्यार में, प्यार से लगी अच्छी घात थी।
मिली प्यार से, हो प्रसन्न, वे खायी मात थी।
दिन बीते, हर कठिनता से बितायी रात थी।
लघु प्यार 'भगवन', मिलती ज़्यादा डांट थी।

प्यार बहरा कभी अंधा, देखे बुद्धि नाही चर्म।
बन्ने सिफ़तां दे पुल बहुत, ओ दिखदे न कम।
देखे डुलदे, एहना ऊते, इक, दूसरे ते यार।
लुत्फ, जीत नहीं 'भगवान',लग जावे देने हार।

हर मौसम, ऋतु बसंत, वर्षा, गर्मी, व सियाल।
पा प्यार, हरेक विचारे, हो गया, वो मालामाल।
पीठ पीछे,पक रही खिचड़ी, आवे नहीं ख्याल।
सुकी रोटी, 'भगवान', सब्ज, नसीब में न दाल।

थी चाह न कभी जागी, कर फिर भी देखा प्यार।
निहत्थे हम, पास उन, थे हर किस्म के, हथियार।

मिले घाव के ऊपर घाव, हम रहे खाते, हर बार।
गायब लक्ष्मी भगवान', सिर पे कर्ज, अति उधार।

नज़र स्वार्थी

कोशिश की, चाही, ढूँढीं हरेक में अच्छाई।
झूठ पर टिकी नींव, रही बहुत दूर सच्चाई।

मिठास, जबाँ पर रखी, स्वाद में थी खटाई।
अस्थिर दुनिया 'भगवन', नज़र स्वार्थी आई।

चला कार्य कर्म

चुप रहे, रखा मौन, चला ऐसे ही, कार्य कर्म।
था सब ने समझाया, हमें, स्पष्ट हुआ, न मर्म।

विश्वास घात हरेक तरफ, बड़ा ऊपर से भ्रम।
घास अक्ल ने 'भगवन' काटा, आई नहीं शर्म।

सदा बेचैन

साथ किसी पाया, था न कभी चैन।
घर कोई न आता, कर रखे थे बैन।
रोगों से ग्रस्त, और रहे सदा बेचैन।
सुंदर भगवन', तन, व मिले थे नैन।

कर्म, बाहर जा, ख़रीद काफी लाना।
था, खर्च करने का, ढूँढा सदा बहाना।
कल, जो आया, वो आज हुआ पुराना।
लख लुट भगवान', याद नहीं दिलाना।

करें, दिल की बात, नहीं तैयार, रहते हैं।
हमारी भाषा में, इस को, प्यार कहते हैं।
दुःखी बहुत हम, मेरी सरकार कहते हैं।
कही, 'भगवन', किसी की, वे न सहते हैं।

गुजरी, और गुजारी, बिन किसी तैयारी।
अभिलाषाए जीत त्यागी, बाज़ी हर हारी।
दशा हमारी देखी, लगी औरों को न्यारी।
की ऊपर कृपा, 'भगवान', रहा आभारी।

हुई असलियत नहीं मालूम, रहे हम कीन।
इनकार नहीं, दें इकरार, वे एक, दो, तीन।
जिंदगी में, मिला जो हमें,था बहुत ही हीन।
रहे शुद्ध, 'भगवान', विचार हुए न कालीन।

बोल बाला सुंदरता का, तरफ हर ही चर्चा।
लुटते, देखे कई मरते, बड़ा करते थे खर्चा।
तसल्ली तथापि पूर्ण, मिली नहीं किसी को।
गवाया कितना,'भगवन', ढूँढू कहाँ वे पर्चा।

बिन प्यार

चक्र प्यार, रहे दूर, बदनाम तो भी, हो गये।
इष्ट, करता पुरख, व किसी के राम हो गये।
देखे, पीने वाले के हाथ में, थे जाम हो गये।
कई बाबे, लिये भक्तों के, 'भगवान' हो गये।

पड़ प्यार के झमेले में, क्या कोई न रोये थे?
हुए जागृत समय पर, क्या कभी वे सोये थे?
पाप किए जो न कभी, क्या उन्होंने धोये थे?
वास्तव में 'भगवान', कौन किस के होये थे?

बिन प्यार, साथ रहना, ऐसा दस्तूर हो गया।
हर, किस्मत का मारा जन, मजबूर हो गया।
पुराना, कुछ फिर, नाही, कर पाया था नया।
किसी को,'भगवान', आई कभी न थी दया।

आंधियां गम की, न मुड़ीं, किए यत्न, व हारा।
वार्ता प्रेम से न हुई, चढ़ा सदैव, दिखा पारा।
तरकीब, युक्ति, साधन, कोई आया न काम।
तो भी 'भगवान' रहना उन्हीं का पड़ा प्यारा।

नहीं आसान, पाना कठिन, छुटकारा प्यार से।
अब बिताने पड़ते, पल सब, करने तकरार में।
इकरार नहीं करते, पास उन, बहाने हज़ार थे।
दिल बहलाते 'भगवन', बिन सुने, इकरार के।

तनिक अब तक नहीं भूला, सब कुछ याद है।
सुख प्यार, व जो भी दिया हम को, औलाद ने।
मीठा न बोलें, करें उच्चारण कड़वी जबान से।
रोता परिवार दिव्य, बाबे अवतार 'भगवान' थे।

युद्ध इकहत्तर

नतीजा निकला, देखा पास, दसवीं हुआ।
दाखिला, कालेज लिया, शोक पैदा हुआ।

अजीब वातावरण, सब में, पायी अकड़ने।
युद्ध इकहत्तर 'भगवन' हो बंद, हुई दुआ।

भक्ता झुक

की छानबीन न कोई, श्री बाबा स्वीकारा।
जग में फिर पूजनीय, रहा न कोई प्यारा।
दुर्दशा तत्पश्चात, बुरा हाल किया हमारा।
निराशा मिली पूरी, तब 'भगवान' पुकारा।

टोपी, स्वर्ण मुकुट, शानदार कभी पकड़ी।
पूजी जाये शख़्सियत, बाबा जी की तगड़ी।
सेवकी उनकी सारी, थी देखी जाये रगड़ी।
विवाद भगवान' बाबे के, मुके नहीं झगड़ी।

कमाया किसी का खाना, हमें न आया था।
मेहनत का, अपना भी, पचा नहीं पाया था।
बचा कुछ न सका, लुटाया और गवाया था।
इल्जाम हर 'भगवान', सर अपने, आया था।

की किसी ने सहायता नाही हाथ बटाया था।
जिन चाहा, उन लूटा, उन्हें रोक न पाया था।
किसी तरह, कटा वक्त, हमारा हुआ गुज़ारा।
बाबे के चक्र से 'भगवन' निकल न पाया था।

चल, मटकी जैसी चाल, उन्होंने किए इशारे।
प्रभाव रहित, देर काफी, फिर समझे प्यारे।
दिखाई श्रीबाबा जी ने ऊपर से अद्भुत तौर।
कर घोषित दोषी 'भगवन' किए थे वारे न्यारे।

सच्चे दरबार, बाबे के पहुँच, भक्ता वहां झुक।
कर, लीला का वर्णन, लिख अच्छी खासी बुक।
खूब प्रचार करना, जिंद जाये न जब तक मुक।
बाबे 'भगवान', करेंगे कृपा, कहीं और न लुक।

पेट धंधा

हुई बाबे घर भी लड़ाई, हर सीना तान लिया था।
भाई बड़ा ही सही, माँ, सब को पैगाम दिया था।

आगे, समय बाद कुछ, तीसरे भी, नाम दिया था।
पेट वास्ते ये ही धंधा, हर बन भगवान' किया था।

गये वार हार

चाहा, जो न मनवा, हुए करने को तैयार।
ढूंढ पाये न रास्ता, हम विभिन्न कोई यार।
बन महा ज्ञानी विचारा, पहुंचेंगे उस पार।
युद्ध, जंग,'भगवान', हम गये वार भी हार।

माल अच्छा

दो पैसे की नौकरी, थी जिन्हें न मिली।
दास, गुलाम, सेवक, वे बनाने लगे थे।
बन बाबे, माल अच्छा, कमाने लगे थे।

शिक्षा तो रह विद्यालय इंग्लिश में ली।
कर श्लोकों के अर्थ, समझाने लगे थे।
बन बाबे, माल अच्छा, कमाने लगे थे।

आवाज़ तो साथ साज, कभी न मिली।
बैंड, एकावन का बना, बजाने लगे थे।
बन बाबे, माल अच्छा, कमाने लगे थे।

शांति देनी थी जग में हरेक को जिन।
परिवार, उन्हीं के बिखर जाने लगे थे।
बन बाबे, माल अच्छा, कमाने लगे थे।

प्यार, प्रेम की भाषा में, थे जो निपुण।
सबक नफरत के सारे, पढ़ाने लगे थे।
बन बाबे, माल अच्छा, कमाने लगे थे।

वे काम योगी, निःसंकोच खुद ही बने।
ब्रह्मचारी, पहना भगवा, बनाने लगे थे।
बन बाबे, माल अच्छा, कमाने लगे थे।

बाबा, समय का, केवल, होता है एक।
भ्राता उस, बाबे और बन जाने लगे थे।
बन बाबे, माल अच्छा, कमाने लगे थे।

संतुष्टि पायी न जिन, ले भक्तों से दान।
पाँव, राजनीति में, स्वयं जमाने लगे थे।
बन बाबे, माल अच्छा, कमाने लगे थे।

गए छोड़ कुछ, रहे शेष, उन के पास।
गद्दार बन गए सगुरे, कहे जाने लगे थे।
बन बाबे, माल अच्छा, कमाने लगे थे।

नहीं देखी, कभी जिन, भक्ति की राह।
मिलेगा कैसे 'भगवान', बताने लगे थे।
बन बाबे, माल अच्छा, कमाने लगे थे।

प्रवचन पावन

जिज्ञासुयों को प्रवचन पावन, पश्चात नाम दिया था।
बहुत करवाई सब से सेवा, स्वयं विश्राम किया था।

परम भक्त है अपना, कह पूरा सम्मान दिया था।
करना पड़ा जो भी सब, हम 'भगवान' किया था।

सीखी नफरत

जो भी, उन चाहा, किया वो हो तैयार।
भाया बर्ताव उन्हें, बिलकुल न हमार।
थी चढ़ी बाबा जी की, उन पर खुमार।
हुई, घृणा 'भगवान', व दूर, प्रेम, प्यार।

क्यों पूछ रहा दिल, अब हमें सोच कर?
था कहाँ से क्या, कैसे, लाया खोज कर?
तब से अब में, अंतर पूछे कितना पड़ा।
करूँ 'भगवान' कैसे, जो कहे रोज कर?

थे संग हमारे आये, कभी ओढ़े शर्म को।
रहे लहजे उन, अति गर्म, वो नर्म न हों।
विश्वास कर लेते कभी, ऐसी सोच न रही।
संदेह हर बात पर 'भगवान', भ्रम भी हो।

अब, निकलना दुश्वार, चले जाना न कहीं।
सब, क्यों लगता गलत, हमें कुछ न सही।
शीघ्र होगा सामान्य, हैं लगाये बैठे उम्मीद।
समय, बिताना कठिन, कटे 'भगवन' नहीं।

होगा सब ठीक, लगा हम को, लगने भ्रम।
उठाना शायद, ठोस, कोई पड़ेगा कदम।
धर्म की परिभाषा सुन, हैं बदल जाते कर्म।
फल देंगे 'भगवान' अनुकूल इष्ट मेरे परम।

कही किसी, सहन न करते, थे हम नियाने।
तनिक भर, न आसान, अब बेशक सयाने।
हर पल है स्मरण, अपनों ने भी हमें टोका।
बाबे प्रवचन सुन 'भगवन', हुए वृद्ध, पुराने।

इर्द-गिर्द अजीब

माहौल इर्द-गिर्द, अपने, काफी अजीब था।
सरमाया पास कम, दिल बहुत ही गरीब था।
पढ़ाई लिखाई, प्यार वार, कर देख लिए सब।
समय काश बदल जाता, था न अपना नसीब।

दिया साथ, हरेक को, हम से माँगा जिस भी।
मुसीबत आई थी जब,'भगवान' ही करीब था।

जकड़ रखा

किसी तरह, वक्त अब, हो रहा व्यतीत।
दे सुख हार अपनी, न उन की ही जीत।

छोड़ना कठिन, किस्मत ने रखा जकड़।
काश, संग भगवान', लगाये रखते प्रीत।

बंदीगृह से रिहा

मार, कर भक्षण, मास्टर होशियार होता था।
ढीठ, कर दिया था, इतना, कभी न रोता था।

हूँगा, बंदीगृह से रिहा, कभी आयेगा, वो दिन।
पाता पैरोल तो 'भगवान', गूढ़ी नींद सोता था।

खाना फीका

मंज़िल जो चाही करनी तय, थी न मिली।
मात खायी दिखाई ज्यों ही, दरिया दिली।
लुटाया, जिन पर अपना तन, मन, व धन।
हमारी लगे भगवान' उड़ाने वोही खिल्ली।

सुने व्याख्यान बड़े, बातें, शायद मर्म कीं।
परलोक मार्ग सुलग, शिक्षा मिली धर्म की।
रहना पापों से दूर, व पुण्य, सद्द कर्म की।
कर्म उन के भगवान', देख आई शर्म थी।

न्योछावर किया जिन पे, था सर्वस्व अपना।
कारण उन्हीं के, था जीवन में पड़ा खपना।
रूहानी, आध्यात्मिक, विचारों का तात्पर्य।
साथ 'भगवान' का लेना जग केवल सपना।

गुजारे, वर्ष कई, यादें पास, अच्छी न ख़ास।
दूर रहते, हैं आते प्यारे, कभी हमारे न पास।
बन चुके अब वे मालिक, हैं कहने को दास।
चाहते, जिस की 'भगवान', लगा देते क्लास।

डूबे अब ऐसे गमों में, कभी आती नहीं हास।
पड़े खाना भोजन फीका, बिन डाले ही चास।

आस, पास, फिर भी, लगे कर रहे बाबे वास।
बिन इच्छा 'भगवन' कुछ भी आवे नहीं रास।

संभाल स्वयं बाबे न पाएं, दें औरों को, जो मत।
झूठा, सुना उन्हीं से, जिसे कहा करते, थे सत।
दूर नजदीकी भी गये हो, नमन करते जो शत।
कई भक्तों को 'भगवान', पड़ी करनी बगावत।

निर्णायक दण्ड

प्रशंसा, सुन अध्यापकों से, मैं फूल जाता था।
प्रश्न कोई पूछे वे जब, उत्तर मैं भूल जाता था।

अनिर्णायक दण्ड, बन मुर्गा, कबूल करता था।
शर्म, ह्या त्याग, 'भगवान', तन कूल करता था।

नाशुक्र गद्दार

भगवे में सत्य, ये मान कर, हम यार।
लगे सीस निवाने, गले ड़ाल उन हार।
हर आज्ञा का पालन, सदा रहे तैयार।
वे नाशुक्रे 'भगवन' कहने लगे गद्दार।

पूजा व पुजवाया, बिठा जिसे, था गद्दी।
कारण झंझटे प्यार, करने लगे वे रद्दी।
पश्चात युद्ध घमासान, भक्त डगमगाये।
बटवारे में 'भगवान' रोये बड़े कुरलाये।

हमें भी, नाम बूटी, बाबा जी, पिलाई थी।
दासानुदास बना दिखाई उन भलाई थी।
बचपन, जवानी, बन गुलाम, बिताई थी।
अक्ल पश्चात वर्ष कई 'भगवान'आई थी।

थे कलियुग में श्री बाबे, मिले हमें महान।
दिया तन, मन, धन, हुआ नहीं कल्याण।
भक्ति में की सेवा, रहे करते हम प्रणाम।
मास्क सहारे चले, अवतार जो भगवान'।

शरीर बाबे के पावन, हों फिर भी बीमार।
सिमरन से उनका भी, होवे नहीं उपचार।
दें चेलों को सुख, कर दूर सकते न दुःख।
फिर भी, भक्त 'भगवान', कर रहे, प्रचार।

जो कुछ बोला श्रीबाबे सत्य मान लिया था।
किसी ओर कभी हम, नहीं ध्यान दिया था।
चले उन का व्यापार, पुण्य, दान दिया था।
सुना और मान उन को 'भगवान' लिया था।

ख्याल मिलते

लिखना न पड़ता, रहता कायम, अगर प्यार।
आशा सदा पास, दिल मजबूत, रहता तैयार।

ख्याल हमेशा मिलते, प्रतीत होता, न व्यापार।
भाषाए प्रेम,'भगवान', दिखाती कभी न ख़ार।

सेवा बिन विश्राम

खुद, पढ़ते ग्रंथ कभी नाही विश्वास जताते।
समय बिताने को, लगे प्रवचन सुनने जाते।
प्रश्न कोई न करते, बिठाते दिमाग में बातें।
परिश्रम हर दिन 'भगवान', गुण बाबे गाते।

जो कुछ भी बोले बाबे, हम मान लिया था।
कहीं और, हम फिर, नहीं ध्यान दिया था।
चलता रहे, पावन धंधा, खूब दान दिया था।
दीवानगी में 'भगवान' भी, विसार दिया था।

जो, उमर गुलाम बना दे, वो ज्ञान दिया था।
कर बाबे श्री, अपना ही, कल्याण लिया था।
था जो किसी पास, कर न्योछावर दिया था।
दिल से पूरा 'भगवान', एहतराम किया था।

महल हवा में बनाये, और कई हम ने ग्राम।
सहित श्रद्धा के जपा, पावन मिला जो नाम।
खूब गुलामी की उनकी, बिन किए विश्राम।
निराश हुए तो ज़रूरत पड़ी तेरी 'भगवान'।

हाथ समय है सब कुछ, बड़ा ही वो बलवान।
नहीं बख्शे, बाबों को भी, कर देता बदनाम।
बंद करवा देवे धंधा, बेचारे हो जाते परेशान।
याद दिलाता रहता, है ऊपर सब 'भगवान'।

ढूँढा रब, नहीं पाया, किन्तु बाबे मिले अनेक।
ली ख़ुशी से दक्षिणा उन, कहा माथा भी टेक।
निरंतर करवाई सेवा, लेने दी न कभी न ब्रेक।
कुकर्मों ने,'भगवान', सिद्ध किया, उन्हें फेक।

साध क्या नवाब

प्यार में, कली, गैंदा, व फूल गुलाब।

जैसा कभी चाहा, मिला नहीं जवाब।

सभी, रहे अधूरे, पूरे हुए नहीं ख्वाब।
करे चिंता 'भगवन', साध क्या नवाब।

दास के गुण

वास्तव में, खिचड़ी जो पके, नहीं कोई बतायेगा।
दासानुदास, बनाना उन, गुण गा बताया जाएगा।
दासानुदास, बनाना उन, गुण गा बताया जाएगा।

ज्ञान उन सर्वोतम, लाइसेंस पास सिर्फ बाबे के।
हवाला दे सब ग्रंथों का, चेला हरेक समझायेगा।
दासानुदास, बनाना उन, गुण गा बताया जाएगा।

मानव कल्याण करने हेतु, हैं आये, वे पृथ्वी पर।
होंगे सुख, दूर दुःख, हर गाथा प्राचीन सुनायेगा।
दासानुदास, बनाना उन, गुण गा बताया जाएगा।

खाना जीने को, न जीना खाने को, शीर्षक पर।
सम्मेलनों में प्रवचन, गीत कई सुनाया जायेगा।
दासानुदास, बनाना उन, गुण गा बताया जाएगा।

वादा, मादा गर्व में किया, क्यों भूला, याद नहीं?
कर, भक्ति बाबे की, वो स्मरण शीघ्र हो जायेगा।
दासानुदास, बनाना उन, गुण गा बताया जाएगा।

भटके हुए लोगों को, बनाना अनुयायी बाबे का।
भंडार बाबे परिवार के भरने, हर कष्ट उठाएगा।
दासानुदास, बनाना उन, गुण गा बताया जाएगा।

मोक्ष देगी कृपा उन की, प्रसन्न उन्हें कर पायेगा?
उम्र गुलाम, जो बनेगा, 'भगवान' अवश्य पायेगा।
दासानुदास, बनाना उन, गुण, गा बताया जाएगा।

दी हिम्मत उस

पी चाये, लस्सी, शिकंजवी, रखी दूर थी रम।
दे समाचार किया प्रसन्न, कभी किसी ने गम।

हसाया पल, किसी हमें, की आँखें कभी नम।
झेला, दी हिम्मत 'भगवान', बहुत उस ने दम।

चिट चैट

हुआ दौर खत्म दूध का, तो पीने लगे चाये।
रखना स्वच्छ शरीर, उठ रोज़ाना थे नहाये।

हम नैन मटके, संग किसी, भी नहीं लड़ाये।
देश छोड़ विदेश पहुंचे, सुने हेलो वहां हाये।

हुआ मिलन जुलन जब, सब ने हाथ मिलाये।
चित चैट जब हुई खत्म, पड़ा बलना था बाए।

सीमित दिलचस्पी घर में, रोये कभी मुसकाये।
जब भी चाहा, श्री बाबे, बिन बुलाये, चले आये।

छोड़ काम काज सब गये, की सेवा दर्श पाये।
भुला, दीन दुनिया हम, कमल चरण थे दबाये।

लिए पेट, लक्ष्मी पानी, था न मालूम कैसे आये।
निशुल्क में बाबे, हम जैसे, गुलाम कई बनाये।

व्यस्त रखा, उन निःसंकोच, काम सब करवाये।
हालत हमारी न बदली, उनके सदैव ही सवाये।

पड़ी आवश्यकता हमें जब, बने वे नहीं सहाये।
त्यागा पागलपन, और पास 'भगवान' तेरे आये।

आती सांस

बन कर स्वामी उन, बना लिया था दास।
मुलाक़ात अजीब, हुआ करती थी ख़ास।

रात दूर रह कटती, दिन अक्सर न पास।
कृपाये 'भगवान', थी आया करती सांस।

कदम नाही कंधा

चाहते क्या, पालते कैसी वे नियत?
बताते नहीं, अब है कैसी तबीयत?
प्रश्न किसी का भी, देते नहीं उत्तर।
काश मानते 'भगवान', वे नसीहत।

पाया नकली, लगा जो था खालिस।
कसौटी साबित किया, पूरा फालस।
परिश्रम नहीं होता, आता है आलस।
छोड़ लक्ष्मी 'भगवान', बनते चालस।

लड़ने, झगड़ने में, हुआ करते थे वीर।
चिपकी, हर थाने में, थी रहती तस्वीर।
थे, भूल गये सब, ज्यों ही पड़े प्यार में।

बदल दी 'भगवन', हमरी थी तकदीर।

ली सोच. विचारने की शक्ति भी छीन।
बहुत बजानी पड़ी, आगे भैंस थी बीन।
रोक पाते न हाथ, खर्च के थे शौक़ीन।
रहा उन्हें, 'भगवान' पर भी, न यकीन।

कलपना, कलपाना, मजहब, व दीन।
भूली अनारकली व शहजादा सलीम।
पड़े, करने काम, भांति किसी मशीन।
शायद 'भगवान', पड़ी खोखली नीवं।

मिला कदम से कदम,न कंधे से कंधा।
नाचीज़, कोशिश, करता रहा हर बंदा।
टल जायेगी होनी, छोड़ न पाता आस।
दान, दक्षिणा, 'भगवन', दे रहा है चंदा।

भावी पहचान

रखे उपवास, चाहा प्यार, दिया दान।
मान प्रभु प्रसाद, बनाया अपनी जान।
असमर्थ, नहीं हुई, भावी की पहचान।
कर्मों का फल, भोग लिया 'भगवान'।

पूरी, सोच विचार कर भी किया न कुछ।
रहा दुखी, कर सका ,न ख़ुद हुआ ख़ुश।
मुलाकात पल भर की, भुलाती रही सब।
भविष्य में 'भगवान', क्या होगा जाने रब।

बदलेगा मौसम कभी, छोड़ी न थी आस।
जुआ, मदिरा, धूम्रपान, आया न था रास।
था ऐब एक पाला, सब पर किया विश्वास।
भूला 'भगवान' को बन बाबे श्री का दास।

स्वीकारा और किया प्यार, जिसे पाया था।
झाड़ा पल्ला, जो भी पास, उसे गवाया था।
अधिकार ऊपर हम, लगा हर जमाया था।
घेरा मायाजाल 'भगवन' होश न आया था।

आस, पास अवश्य, रहें कोसों फिर भी दूर।
वार्ता बहुत थोड़ी, व कम, कर सकते हुजूर।
जो मन आये, चाहें हो तत्काल, पालें गुरूर।
हो आज्ञा पालन 'भगवन', मजबूरी में जरूर।

देखना न चाहें, कर सकें, श्रवण भी न कुछ।
स्वयं होते, न देख पाते, किसी को भी खुश।
स्वच्छता हर कण में रखते, इच्छा सच, मुच।
हैं विशेषज्ञ, 'भगवान', व्यस्त कितने, न पुछ।

प्रेम, प्यार, लगाव, आकर्षण, चाहते मुहब्बत।
अस्थायी नशीलापन, करे पैदा मिठासे शर्बत।
शिक्षा, सुझाव, नसीहत, लगे सब पुठी दें मत।
और कहते श्रीबाबे 'भगवन', मेरे बिना न गत।

अमन चैन शांति

समय उचित, किया प्यार, कभी था।
हुआ बुरा हाल फिर, जैसे सभी का।

भूले अमन, चैन, शांति, के नाम को।
पुकारा 'भगवान', कृष्ण, व राम को।

नसीब में घी

काँटों ने घेरा, फूल तो भी खिला था।
आस पास सुगंध, सब को मिला था।
टूटा कभी मुरझा गया, वो तपिश से।
रहा 'भगवान' चुप, उसे न गिला था।

जमीं के निवासी, सोची न अंबर की।
धूप झेली जुलाई, व सर्दी नवंबर की।
सहे अत्याचार भी, उपहार मान कर।
शरारत की 'भगवन', कभी बंदर सी।

ख़र्च किए चार, हुई दो की कमाई थी।
वक्त गुज़ारा, रोए हंसे, और लिया जी।
बने. तेल के परांठे, था नसीब में न घी।
लस्सी दूर, थी 'भगवन'. पीनी पड़ी टी।

सिर, पीठ, कंधे, दर्द, घुटनों में भी थी।
रखा मौन, सहा सब, की कभी न सी।
फिर भी, ऊपर दबाव, गई डाली थी।
लिख 'भगवान' गायी, पढ़ कव्वाली थी।

बुद्धिमान, सुंदरता न मरे किसी चाल पर।
दिया किस्मत, अपनाया बिन ख्याल कर।
मानते रहे कही, प्रश्न न कभी सवाल कर।
खायी रूखी 'भगवन' साथ गर्म दाल कर।

सदा बातों से हरेक, हमें निहाल कर दिया।

किले हवाई महल बना, कमाल कर दिया।
दूर सारी लक्ष्मी और मायाजाल कर दिया।
बड़ा हमारा 'भगवान' बुरा हाल कर दिया।

मन में आया

सूरत, काठमांडू, मुंबई, दिली, जलंधर।
भाँति नारद कर प्यार बन गये थे बंदर।

कर कोशिश हर हारे, हुआ न कल्याण।
देने को दोष मन में चले आये 'भगवान'।

दिल उचाट

अजनबी की तरह, पड़े रहते पास हैं।
ख़ुशी का माहौल, फिर भी उदास हैं।
आशंका, मौसम बिगड़ जाये न कहीं।
कायम रहे दर्श,'भगवान' की त्रास है।

लाये थे जिंदगी में, जिस को खोज कर।
ढूंढ, कोई और, दें अनुमति, मौज कर।
करें नहीं अब, कभी कहते थे रोज़ कर।
निकालेगा मार्ग,'भगवान' ही, सोच कर।

प्यार से दिल उचाट, कर क्यों न लें परे?
सुन रहा पल हर नए अलफाज, है खरे?
घास फूस, मिले जो भी, उसको ही चरे।
छोड़ ऊपर 'भगवान', जो चाहे वो करे।

आनी थी, है इंतजार, ऋतु आई न प्यार।
गर्म, कभी ठंडी, अनुकूल कभी न बहार।
महल कर खड़ा, कुली बना ली थी यार।
प्यार में देखा, 'भगवान' खानी पड़ी मार।

अब, प्यार में मौजूद, सब सिवा प्यार के।
रंग, हरेक प्रकार के, दिखाये करतार ने।
ऊपर क्या बीती, किसी को न अहसास।
हसा बाहर 'भगवन' हुआ घर में उदास।

चटनी भांति कूटा, गया बनाया था अचार।
प्यार में विकल्प एक, है सहना अत्याचार।
तन स्वस्थ, मन किन्तु दुखी, दिखूँ बीमार।
प्यार नहीं, 'भगवान', चाहिए तेरा दीदार।

सरकारी विमान

आध्यात्मिक प्रवचनों में तबदीली, हम ले लाये।
किया क्या बन नेता, हुई वाह, मौके कई आये।

पद यात्रा का सहारा, जाग्रति अच्छी तरह लाये।
सरकारी विमान 'भगवन', दर्शन भक्तों ने पाये।

चढ़े भूत

बचपन में प्रसिद्ध, व बहुत होनहार थे।
बड़े होने पर, चढ़े सिरे, भू त प्यार के।
हुआ फिर सब, न लिये जिस तैयार थे।
पढ़ते, ग़र 'भगवान' तो न खोते चारते।

लालसा, कोष भरना, कहां से लाएं धन?
सच्चा, सुच्चा, व निर्मल रख पाये न मन।
मेहनत पड़ी करनी, लगा टूटने था तन।
समय ऐसे 'भगवान', था किया सिमरन।

हाथ पकड़ा, रखने दिया, सदा न यार ने।
पाप धुलाने, जा चरनी बाबे, कहा तार दे।
हैं क़ाबिलीयत में पूरे, न आये विचार थे।
कर सेवा 'भगवान', त्याग वे बोले प्यार दे।

जान नहीं पाये हम, थी क्या उन की नीत।
फिर भी न छोड़ी, लगा रखी, उन से प्रीत।
हर तरह से निभाई, थी चली आई जो रीत।
मिला जो भी 'भगवान', लगा हमें था स्वीट।

हुए आर कभी पार, था किया जब से प्यार।
ठहरे, चले धीरे, ली बस, चलाई कभी कार।
पैसे, दो कमाने, पड़ा उठाना, हम को भार।
सुना प्यार से भगवान', बंदा उनका बेकार।

किस्मत जो भी दिया, उसी से हो गये प्रसन्न।
खुले खर्च, किए बेहद, पास थोड़ा भी न धन।
दोष ऊपर अपने, ले लेना, लगा हमें उचित।
सीखी हम ने न 'भगवान', करनी कैसे बचत।

खेल मिचौलियाँ

अपने नाशुक्रे, एवं हितैषी बिगड़े कई।
इच्छा, ईश्वर की होगी, जरूरत न रही।
उन्हें तो लगा, हम को कदापि न सही।

था होना जो कुछ 'भगवान', हुआ वही।

हमजोली जब पा लिया, था हमजोलिया।
हुई वाजिब आंख से, खेलनी मिचौलियाँ।
बोली सदा बुलबुल, नाही रही वो बहार।
लगे पूछने 'भगवान' से, ये क्या हो गया।

थे चींटी के भी देख लिये, निकले जो पर।
बाहर बहुत अच्छा, करने दुखी लगा घर।
कर प्यार था पछताया, दिमाग हुआ खर।
तन ढ़ीला, मन भ्रष्ट, पास 'भगवन' न ज़र।

पढ़े कम, कमा पाये, एक भी न पाई थी।
बने बाबे, विचारा, हमें करनी, भलाई थी।
खुद जैसे पांच और, हम ने, ले लिए साथ।
हम धाक जनता पर 'भगवान' जमाई थी।

लिखते, और खुद ही रहे गाते, अपने गीत।
मन में कभी न आया कि खूब ढिंढोरे पीट।
हुई छोड़नी कठिन, मांगी जब किसी सीट।
फेसबुक, वाटसऐप, व की 'भगवन' टवीट।

अगर मुंह से बोलूं तो उन्हें बुरा बहुत लगेगा।
संवाद साथ उन, न मालूम, कैसे अब चलेगा।
प्रदूषित मौन से वातावरण कैसे अब फलेगा?
रहे दूर 'भगवान' लक्ष्मी, क्या हाथ ही मलेगा?

गृहस्थी छड़े

ऊँचे, सुना श्रीबाबे न कोई और, केवल वे बड़े।
सदा, हाथ जोड़, भक्त सारे, आगे उनके खड़े।

गृहस्थी वे ख़ुद, सहायक भगवे में, दिखते छड़े।
दोष जिस पर चाहें 'भगवन', लगा आरोप मड़ें।

तब्दील नक्शा

लड़े फ़ौज, नाम फिर भी, सरदार का।
करे, नाम बदनाम, परिणाम प्यार का।
देखने में आती, मासूमों की उदारता।
जीते, कोई 'भगवान', लगे हर हारता।

लाभ न विचारी हानि, बाबे बन गये थे।
स्वामी तन, मन, व धन के बन गये थे।
दर्श पाने, प्रेमी कतार में, खड़ गये थे।
लिए उन 'भगवान', बन हम ही गये थे।

ख़िदमत गर्मी, बरसात, व करी शीत में।
अभिनंदन बाबे का, सदा किया गीत से।
भक्त उनके, बन बैठे, लगा पूरी प्रीत थे।
मोक्ष 'भगवन' पा लेनी थी दिल जीत के।

गायब. प्यार में प्यार, बदली ऐसी राह थी।
प्रति वर्ष, दिन सातों, पल हर, व माह थी।
पायी, कैद ब मुश्कद, नहीं आती साह थी।
हर हाल में 'भगवन' बाबा जी की वाह थी।

थे अनजान हम, जान न पाए, उनकी नीत।
लगाये रखी, सहित श्रद्धा, साथ उनके प्रीत।
जैसे कैसे सीखी, और हम, निभाते रहे रीत।
पायी संतुष्टि सभी से 'भगवान', त्याग जीत।

घर से निकले, गये पढ़ने हम, प्रथम कक्षा।
अध्यापक, माँ, बाप नहीं, सोचा करेगा रक्षा।
काम, आया न विचार, वो ही बेदर्दी निकला।
मार 'भगवान' निर्दयी, तब्दील किया नक्शा।

सुधरी हालत

कर प्यार, क्या मिलेगा, आया न विचार।
कूद कर देखा, रहा कायम, दिन न चार।
कहने को प्यार, वो बन निकला व्यापार।
प्रवचन बाबे के भगवान', पा मेरा दीदार।

ग्रीष्म की ऋतू, दिया अनुभव जैसे सीत।
वातावरण था ऐसा, कोई अपना न मीत।
समय बीता कुछ, डांवांडोल हुई थी प्रीत।
हुए 'भगवान' तब्दील, गाये बाबे के गीत।

किया प्यार, पायी अच्छी, हम ने भी क्षति।
नक्षत्र विपरीत, और मारी गई, सारी मति।
होगा सब कुछ ठीक, रखी आशा जागृत।
कर बाबे सेवा 'भगवन', लगा पाएंगे गति।

गायब. हो गया पैसा, थी न धंधे की अकल।
काम आई, हमारे पढ़ाई, न अपनी शक्ल।
की कोशिशें हरेक, नहीं निकला कोई हल।
कैसे रहना भगवान', दिया श्री बाबे दखल।

हुआ, प्यार में गिरना हमारा, बीता जो कल।

पश्चात हुए कठिन बिताने, अकेले साथ पल।
गुप्त गुह, कर पाये, न साथ उनके कोई गल।
त्याग चिंताएं 'भगवान', दरबार बाबे के चल।

संदेह, रहे न मन, हरेक पुख्ता सबूत दिया था।
बना स्वयं को, लिये उन, हम कपूत, लिया था।
जो भी चाहा उन, अपना, वो ही रुट लिया था।
सुधरी हालत न 'भगवान', लूट हरेक लिया था।

झाड़ लेते

क्रोध प्राचीन ऊपर, चिंता अर्वाचीन की।
बजाई सब हमारी, अच्छी तरह बीन थी।
पाक से लड़ाइयां देखीं, कभी चीन की।
व्याख्या सुनी 'भगवान', बाबे से दीन की।

सुधार जीवन, बन सेवक, बाबे महान का।
भक्त दास सारे, वो केवल एक प्रधान था।
आय का ज़रिया, उन्होंने ले लेना दान था।
लगे पछताने, तो याद आया 'भगवान' था।

कहें बाबे, मिला लाइसेंस उन्हें है ज्ञान का।
चेला बन जाता जो, नहीं होता परेशान था।
तन, मन, धन लगा कर, पाना कल्याण था।
मरणोपरांत मिला देता बाबा,'भगवान' था।

जून चौरासी लाख में, सुना मनुष्य जन्म श्रेष्ठ।
नेक कमाई करते रहना, कभी इसे न वेसट।
मधुर जबान रखा करती, दूर गंदा हर टेसट।
लगना मगर बाबे 'भगवन' बिन किसी हेसट।

खोना, अपना कभी न आपा, बाबे हमें बताया।
किया, चरण कमलों को आगे, उन्हें धुलवाया।
है, धुला जल चरणामृत, था सब को पिलवाया।
बना झूठन का 'भगवन' भोग प्रसाद खिलाया।

जीवन का उद्देश्य क्या, देते श्रीबाबा जी सलाह।
देखी बीच दरबार सच्चे, पड़ी उन में भी कलह।
जब कभी चाहें, थे झाड़ते देखे, अपना वे पल्ला।
सीख रखी थी 'भगवान', उन बहुत अच्छी कला।

आधार धन

दिल से मिलाया न उन कभी मन।
फिर धीरे धीरे, कर दूर लिया तन।

कटी फिर भी लम्बी, थी उन साथ।
था आधार 'भगवान', लगा हमें धन।

हर बात पर

करने की प्यार, आई ज्यों ही बहार।
मिलने लगी, तरफ हर से, धिक्कार।

हर बात पर शुरू, हुई थी तकरार।
रूठ के 'भगवान' स्वीकार ली हार।

मिली पीड़ा

बीती जिंदगी, सम्पर्क में आये कई लोग।
कठिन छुटकारा पाना, ऊपर आये रोग।
सेहत रहे ठीक, किए कभी हम ने योग।
मिला खाया 'भगवन', मान राजसी भोग।

पढ़ाई के समय पर, निंद्रा आ सताती थी।
चल बिन निमंत्रण कैसे ,न जाने आती थी।
गये, किसी तरह निकल, जालिम वे दिन।
मिली दर्द 'भगवान', बयां की न जाती थी।

बड़े, कमाने के पैसे, विचार हमें भी आये थे।
जितनी थी, जरूरत घर में, कभी न आये थे।
इजाफा कम आमदनी में, होती खर्चे में वृद्धि।
सेवा-मुक्त हुए जब,'भगवान', गंगा नहाये थे।

पाठशाला में है याद, थी सब उड़ाई खिल्ली।
रल मिल नाम शेख, था दिया उन्होंने चिल्ली।
आदर, सत्कार, रहे देते, किन्तु हम न पाया।
रोये सम्मुख 'भगवान', व गुण उस का गाया।

बना, अपने लिये एक, हम ने, असूल लिया था।
मिला जो भी, कृपा ईश्वर, कर कबूल लिया था।
मुआवजा दिया, किन्तु पूरा, न वसूल किया था।
कई बार, ख़र्च 'भगवान', हम फज़ूल किया था।

किस्मत का रहा मारा, कोई मालामाल हो गया।
अच्छा नहीं, अधिकतर भैड़ा देखा हाल हो गया।
आदाब, नमस्ते, कभी सत श्री अकाल, हो गया।
समय आया ज्यों ही 'भगवन', इंतकाल हो गया।

फीका बदला

लाभ बहुत, असंतुष्ट बाबे, लगे बन नेता रहने।
हारे कई बार, जब जीते, तो क्या ही थे कहने।

पड़ा दल फीका, बदला तुरंत, बदलु कहलाये।
भजन 'भगवान' त्यागे, गीत देश भक्ति के गाये।

मोक्ष पाना

जगत में मुसाफ़िर हरेक, छोड़ सब चले जाना।
घड़ी, टाले नहीं टलनी, जाना बन कोई बहाना।

मिला, ये नाशवान शरीर, इस जाना हो पुराना।
ग़र होगी बाबे कृपा, मोक्ष 'भगवान' मिल जाना।

खोल दिल

कटते हैं दिन, और किसी तरह रात।
आस कभी टूटती, न बदलते हालात।

सिधारे स्वर्ग मां बाप, गए कर अनाथ।
सोचें अकेले, दूर जिन्हें देना था साथ।

काश कर लेते, हम खोल दिल बात।
रह चुप 'भगवन' सहने पड़ते न घात।

सजाया चमन

मिले हमें बाबे, कभी जिन्हें न सर्चा।
लगा चित सुनी, खूब ज्ञान की चर्चा।
गये जब लपेटे बन गये दासानुदास।
सेवा में 'भगवान', हुआ बहुत खर्चा।

सुनी कथाएं, की आरती, गा भजन।
पायी शांति न कर पाए एकाग्र मन।
चाहा जिन्हें, ऊपर उन, खर्चा धन।
समय पर,'भगवान', बूढ़ा हुआ तन।

दूर के, ढ़ोल सुहावने, छोड़ा हम घर।
खयाली पला खा, हम उड़े बिन पर।
गिरे भू पर कई बार, पा स नहीं ज़र।
बचा 'भगवान', दया, कृपा अब कर।

विद्यालय में प्रथम, न आए थे नंबर वन।
सुनी, कभी सुनायी, आवाज़, भांति गन।
अध्यापक की मार, पड़ी खानी थी चन।
चाहा किन्तु 'भगवान' कमाते कैसे धन।

ख़ुशी रही न पूरी, वो चपा, आध हो गई।
जिंदगी कर प्यार, लगा बरबाद हो गई।
पश्चात, इक नई सी, फिर ईजाद हो गई।
लड़ाकू सख्त 'भगवान', औलाद हो गई।

गा भजन, की आरती, पूजा, पाठ, हवन।
कर यत्न, रोज़ सजाया, अपना था चमन।
आगमन ने ख़ुशी, दुःख हमें दिया गमन।
अशांति में 'भगवन', की रक्षा, पुत्र पवन।

पायी मौज़

पढ़ने में औसतन, कमाया तथापि नाम।
निशुल्क में दास, स्वयं किया नहीं काम।

धन की न कमी, चला आता, था वो रोज़।
कृपा तेरी भगवान' बन बाबे पायी मौज़।

तिरछा बाण

खोज की सुख की, मिला बड़ा दुःख।
कभी हवा का भी, न बदला था रुख।

था समय के योग ने, सदा दिया साथ।
दूर रहे अब, था पकड़ाया जिस हाथ।

प्रियतम स्वर, सुन न सकते हैं कान।
शब्द हर काटे, जैसे तिरछा हो बाण।

कर गल, कोई हल, अब निकले नहीं।
लगे जो, जिसे अच्छा, वो करता वही।

है दूरस्थ, रही नजदीकी की न आस।
अर्थ हरेक अलग, निकाल रहा ख़ास।

है, मन ही मन में, अब हो रहा विचार।
नाम को लेना अब, नाही करना प्यार।

किसी की नहीं, सब को, खुद की पड़ी।
कइयों के ऊपर सिर, माता चंडी चड़ी।

है सिमरन आदि भी करता उल्टा असर।

किसी तरह 'भगवन', होती अब है बसर।

दिल अपना

चरनी पड़े सारे, जन साधारण क्या नेता।
करते किसी का कुछ, न आया हमें चेता।

गये जहां, दिल किया, जाने को था अपना।
ज्ञान ले ज्ञात 'भगवन' हुआ, जग है सपना।

राज़ छुपाये

शुरू किया, ज्यों ही, दिल को लगाना।
वजह, बीती पुरानी, नया रोज़ बहाना।

देर से पहुंचा, क्यों समय पर न आया?
दिया जवाब जो भी गया, उसे घुमाया।

रहे झेलते निहत्थे, सीख, विधा न पाये।
निकाली, मान अनुचित, मुंह से न हाय।

कर सभी बेगाने, संसार अलग सजाया।
खोखले, अंदर से, सुखी सब को बताया।

लुटाया सब जो पास, लिया फिर कर्जा।
न्यूनतम नहीं, दिया उत्तम, उन्हें दर्जा।

की बहुत मनमानी, कई राज़ थे छुपाये।
मन को समझाया, भूल फिर भी न पाये।

जो भी चाहा, पाया सब, था वो भी मुहैया।
लिखे गीत तत्व ज्ञानी, व गाये बन गवैया।

सदा मझ धार में, थी रही डगमगाती नैया।
हुई असंभव उनकी, पकड़ लेनी क़लईया।

बड़ा चिंता, गम, फिक्र, रोगों ने भी सताया।
वस चले जब जिन के, उन्होंने खूब दबाया।

कर यत्न, सब देखे, टली न होनी, विचारा।
दुनिया में केवल, था 'भगवान' ही हमारा।

ज्ञात हुआ सार

हर सहूलियत, छिड़ी, फिर भी वार।
किस्मत में लिखी, रहे खाते वो मार।

जीने का वास्तविक, ज्ञात हुआ सार।
थे चुपचाप 'भगवान', देखा सब यार।

हुई मुलाकात

होनी शुरू हुई, उनसे, ज्यों ही मुलाकात।
मुश्किल से दिन, बीती कठिनता से रात।

हुई कठोर से, शब्दों की, हमेशा बरसात।
दिन एक नहीं, 'भगवान', सप्ताह के सात।

झंडी लाल

धन्य किया, दे ईश्वर ने, सब कुछ।
लगता, तथापि कुछ रही कमी है।
बिन सोचे दिया, था जो पास सब।
बात फिर भी लगता, नहीं बनी है।

वाक्य, छोटा बड़ा, करे पैदा चिंता।
लगे किस्मत में उस लिखी गमी है।
दुःख, देता है अत्यंत पीड़ा हम को।
बेक़रार, आँखों में, अब भी नमीं है।

तकसीम, होती न हड़ बीती अपनी।
दशा शनिचर की, लगे अब चड़ी है।
राहु, केतु, साढ़े सती, व योग कल्प।
झंडी लाल पास सब दिखे न हरी है।

पूजा इष्ट क्या अनिष्ट, कर सब देखी।
गाड़ी, हिली न ज़रा, वहीं ही खड़ी है।
सन्यासी बनना ही अब होगा वाजिब।
ले 'भगवान' का नाम, बिपता बड़ी है।

जफ़ा कर

था संदेह, हम पे, या उन्हें, हमारी वफ़ा पर।
लगा प्रश्न चिन्ह, निकल, बोले वे, जफ़ा कर।

जुटा हिम्मत, मान शिक्षा, करते कैसे अमल।
रोग प्यार के 'भगवान', इलाज कैसे दलदल।

पहुंचे किधर

दी हमें आशीष, किसी ने दुआ।

था प्यार में, जो होना, वही हुआ।
इधर से उधर, पहुंचे हम किधर?
देखा 'भगवान', की न उस दया।

मथुरा, काशी, अयोध्या, ज्वाला जी।
माथा टेका जा वहां, प्रार्थना भी की।
श्रद्धा अटूट रख, निभाये थे कर्तव्य।
शक्ति जुटाई 'भगवन' जो पास थी।

पेस्ट्री, केक, परांठे, साथ कुकी, टी।
साग, मक्की रोटी, व डाल बीच घी।
की पेट पूजा, ले फल मेवे कुछ भी।
लस्सी, शेक, 'भगवन', वरायटी थी।

भरा, पेट अपना सब्जी, रोटी, दाल से।
होटल में भी खाया, खूब खर्चे माल थे।
प्याज, ककड़ी, खीरे, गाजर अचार ले।
शुक्र 'भगवान' का, हुए चटम थाल थे।

कर ठंडा, पिया दूध, पहले उबाल के।
जल. बंटे वाली शीशी का भी डाल के।
बर्फ वाले गोले, ली शिकंजवी ग्रर्मी में।
कोण आइसक्रीम 'भगवन' कमाल थे।

उठाना पड़ेगा कदम, शायद एक दिन।
लेना पड़ेगा दोष सर, कहेंगे लोग सिन।
अपनानी होगी, राह अकेले किसी बिन।
चुक जायेंगे 'भगवन' पूर्व जन्म के ऋण।

दंड नाही माप

काम आया प्यार में, दंड, नाही माप।
भाई, बहन, माँ सहित, दूर हुआ बाप।

सब हितैषी अपने, देखे हुए खिलाफ।
नीवी बैठ किए पुण्य, रखे दूर थे पाप।

हर तरह का, पड़ा सुनना, हमें विलाप।
हो निराश 'भगवान', किया तेरा जाप।

सौ सुख

एक चुप, सौ सुख, तनिक बदले नहीं रुख।
मिली, आशा से निराशा, और बहुत दुःख।
ले, परेशानी से निशानी, कई, सीखे सबक।
नेकी कर 'भगवान'. फेंक दरिया में न रुक।

अजीब वफ़ा

देखते ही लगा. खुश मन, हो गया।
हबी कोई किसी का, हन हो गया।
बेहिसाब खर्च, जोड़ा धन हो गया।
रोष, शुरू मौन 'भगवान' हो गया।

पाया प्यार, था जिस का, नसीब में।
रहे मात्रा में फिर भी, बड़े गरीब थे।
असफल हुए, जुटा हर तरकीब से।
पास प्यार 'भगवान' न वे करीब थे।

लुट गए प्यार में, हम ज्यों ही थे गिरे।
कोशिशें की सब, कुछ चड़ा न सिरे।
लगे एक, दूसरे को, पूर्ण सर से फिरे।
कृपा 'भगवान' रही दूर व काफ़ी परे।

गये. प्यार में जो डूब, दिखे फिर न तरे।
रही तनहाई उन साथ, और सब थे परे।
बनावटी दिखे उन्हें सब, विरले ही खरे।
दुविधाएं 'भगवान' अनेक, कोई तो हरे।

कर ले प्यार, मिलेगा सुख, सभी ने कहा।
तभी से भालता, करता, इंतज़ार भी रहा।
मिलता किस्मत में रहा जो सब, वो सहा।
दी पूरी, 'भगवन', मिली अजीब सी वफ़ा।

कोमल दिल, प्यार से भरा, सदैव पास था।
फिर भी, प्यार से वंचित, रहता उदास था।
कोई कारण अनुकूल, दिखता न ख़ास था।
थे दूर 'भगवान' से, व्रत, रखा उपवास था।

बलि कोरोना

बीते, गुलामी में दिन, आये फिर रात।
निद्रा पूरी कभी अधूरी, उठाये प्रभात।

ये रोज़ की नमी, सप्ताह के दिन सात।
अब प्रेम से, हो पाए, किसी से न बात।

शब्दों की भी मीठी, नहीं मिलती सुगात।
तर्क, वितर्क में भी मिले, केवल ही मात।

बिन चेतावनी के हर पल बिगड़ें हैं हालात।
मिले तवज्जोह संभवतः निकले कोई काट।

परिणाम, होगा अप्रिय, मार देगा जो लात।
प्राणी, नाम किसी का, नाही पूछेगा जात।

हो जननी की फिक्र, याद आवे नाही तात।
मुश्किल होता पकाना, रहती दूर है परात।

हैं, दोष वात, पित्त, व कफ, लगा देते रोग।
चड़े, कोरोना की बलि, लाखों देखे थे लोग।

अंध विश्वास, बाबों पर, रहे, फिर भी प्रबल।
था कल 'भगवान', है आज, मिटेगा न कल।

लिख गुण गुना

नहीं मालूम आगे यहाँ होने वाला क्या।
लिख गीत भक्ता, व ख़ुद ही गुण गुना।

राह मिले जिधर की, जा निःसंदेह उधर।
नेक कर्मों से 'भगवान', रोज़ पुण्य कमा।

हुए दफ़ा

शुरू, बीतनी हुई, थी कुछ ऐसी वफ़ा।
छोड़ हानि की चिंता, सोचा बारे नफ़ा।

संस्कार पाये थे ऐसे, करते कैसे जफ़ा?
घोषित दोषी 'भगवान', बिन हुए दफ़ा।

झंझट माया

प्यार में पड़, बहुत प्यारे हुए थे।
दूर, सब मंदिर, गुरु द्वारे हुए थे।
पूजनीय और बनाया, जिन्हें इष्ट।
गैर 'भगवन' कभी हमारे हुए थे।

छूयी, कभी जिन की कलाई थी।
नानी, उन याद, हमें दिलाई थी।
बर्दाश्त सब करने में भलाई थी।
ज्योति 'भगवान' छुप जगाई थी।

स्वीकारा, किया संदेह नाही भ्रम।
निकले वे कठोर, ज़रा भी न नर्म।
चाल पीठ पीछे, विश्वास का घात।
समझ 'भगवन' धर्म भोगे थे कर्म।

चिंता नहीं प्यारे, ग़र मिला न सुख।
लिखा विधाता शायद, केवल दुःख।
कुछ तो अक्सर, हो जाती है, चुक।
दयालु 'भगवान', चल कभी न रुक।

करनी बात आई, कभी न, दो टुक।
बांदा बहुत समान, गर्दन गई झुक।
ऐब पाले इतने, सकें कहीं न लुक।
करूं क्या 'भगवन' जगमगाये मुख।

प्यार बदले, प्यार ने, प्यार न दिया।
झंझट माया, सदा व्यापार ही किया।
कर लेते अगर, मुख सीधे से वे बात।
अवश्य 'भगवान', सही रहते हालात।

बिगाड़ी शकल

व्यवहार, करना कैसा, हमें आई न अकल।
थी, बहुत सुंदर, बिगाड़ी, मास्टर ने शकल।
क्या, कैद खाना, काटा था, हम ने स्कूल में?
बुढ़ापे में भी याद 'भगवान', भूलता न कल।

कभी पहन सूट, बूट, जाया करते थे स्कूल।
गालियां पंजाबी की, इंग्लिश में सुनते फूल।
थी डाली जाती आँखों में हमारे सब से धूल।
वे अनुभव निराले 'भगवन' कैसे जाऊं भूल?

हम पले थे अपने घर में, बहुत लाड़ प्यार से।
डाल सके, थी न फुरसत, डोरे किसी नार पे।
मतलबी, कई खुदगर्ज, बने अपने भी यार थे।
जीना पड़ा 'भगवान', नहीं बिलकुल तैयार थे।

खेल, कूद को रख दूर, प्राप्त करनी थी शिक्षा।
पैदल, चढ़ साइकिल, टाँगे, बस, कभी रिक्शा।
ज़िल्लत न पड़े उठानी, देते हम भी थे भिक्षा।
मार से 'भगवान' गाल लाल, मुंह रोज़ लिश्का।

पढ़े जो गया पढ़ाया, लगाया रटा, उसे दुहराया।
अंक, न फिर भी शत प्रति शत, समझ न पाया।
हाथ अध्यापक खुजली, थप्पड़ उस ने लगाया।
हुए उत्तीर्ण, व छुटकारा निकल 'भगवन' पाया।

कभी जैसा न विचारा,किस्मत में पाया वो प्यार।
अवधि वो भी, हुआ प्रतीत, केवल थी दिन चार।
आयेंगे अच्छे दिन, ये मान, रहा करता इंतज़ार।

करवा सेवा बाबे 'भगवान', कहा अंत में गद्दार।

स्थिति सामान्य

अति प्रशंसनीय, उन ऐसा, हाल कर दिया।
दे प्यार मालामाल, कभी बेहाल कर दिया।

स्थिति होती रही सामान्य अरसे कुछ बाद।
था बन महबूब 'भगवान' कमाल कर दिया।

दूर नसीहत

चाहते वे क्या, और है कैसी नियत?
बताते नहीं, है रहती कैसी तबीयत?
प्रश्न किसी का भी, नहीं मिले उत्तर।
रखें 'भगवन' दूर, सब की नसीहत।

जाली को पाया, लगा हमें था ख़ालिस।
परखा जब, दिखा झूठा और फालस।
दौड़ ज्यों ही छोड़ी, लिया घेर आलस।
छोड़ा घर लक्ष्मी 'भगवान', थी चालस।

रहते हम पीछे, बना पाए न इरादा था।
पहुंचे शिखर, मन न लगता ज्यादा था।
काम पूरा नहीं, होता शायद आधा था।
मानव बहुत ये तेरा 'भगवन' सादा था।

करनी पढ़ाई, दूर प्यार, सब कहना था।
चुपचाप खा जूते, जुल्म हरेक सहना था।
तीन, बापू के बंदर, छाये हम पर, ऐसे थे।
देखना न सुनना 'भगवन', मौन रहना था।

घर से, निकले बाहर, हम पैसे दो कमाने।
दुःख, दर्द, पाये बहुत सब पड़े हमें छुपाने।
बदलेंगे, दिन हमारे भी, सोचा होंगे सुहाने।
जैसे भी आये, 'भगवान', सारे पड़े निभाने।

उम्र में, वे बहुत कम, न कद में ही बड़े हैं।
सामने, लड़ने को तैनात, हर वक्त खड़े हैं।
किसी साथ, शांतिपूर्वक, रह सके न कभी।
यहाँ दुविधा में 'भगवन' सब संसारी पड़े हैं।

कर मेहनत खाना, ख़र्च करनी तनख्वाह।
चखा, भोजन स्वादिष्ट, मुंह से निकली वाह।
निरंतर, किया परिश्रम, लिया न कभी साह।
मांगें 'भगवान' की पूरी, कहा न कभी नाह।

दे ज्ञान बोले श्री बाबे, बच्चे बन बस मेरा जा।
ईश्वर के छोड़ भजन, अब केवल मेरे ही गा।
जिधर कहूँ जा उधर बिन झिझक उस ओर।
करना बात 'भगवान' वो, मेरा जिस में भला।

एकांत में

वक्त आया, हम छोड़ा अपना ही परिवार।
पश्चात माना हुक्म, दिया, सच्चे जो दरबार।

नाक में दम, हर पल, शुरू किया जब उन।
बजने लगी आस, पास, अजीब सी, नई धुन।

मानी सदा हर जिद्द, मिला था, जिस का साथ।
आश्चर्य, उन कलाई, न पकड़ने दिया था हाथ।

बाहर से, वे जैसे भी, थे अंदर से कुछ और।
रखे छुपाये, उन रहस्य, शायद किया न गौर।

चाह असली क्या, नहीं बतायें, दुविधा अनोख।
ख़ुश माहौल में भी दिखे, प्रदर्शन करते शोक।

किया जो भी वे बोले, बिगड़ें न कहीं, रहें खुश।
काश करते, निकाल समय, कभी हमारी पुछ।

बेकार, हुए थे प्रश्न पूछने, मिला न कभी जवाब।
चोट खाई, हम बारंबार, दिल भी किया खराब।

हर बात का, बतंगड़ बनता, नज़र हमें था आया।
हंसने खेलने का, हर पल, विवाद में हम गवाया।

खूब खर्चा, लक्ष्मी को भी, तनिक संभाल न पाये।
अटूट आस रखी थी जिन पे, कभी न बने सहाये।

माया नगरी, चौपट राजा, रखा बंद उन दरवाज़ा।
शत्रु था, जिन्हें कभी माना, भूले सब और नवाजा।

शांति जो थी न किस्मत में, रही दूर, पास न आई।
जब चाहा, हर मुसीबत, चल बिन बुलाये ही आई।

खुद स्वयं, साथ अपने ही, रहना हम को भी आया।
एकांत में, एकाग्र मन से, गुण 'भगवान' का गाया।

कोशिशें बेकार

आये यहाँ, जब से, दुर्दशा हुई हमारी।
रोने, धोने, और दुःख, दर्द की बीमारी।

अनिद्रा ने मारा, भूख से, कभी लाचारी।
लगी जिंदगी, फिर भी, बहुत हमें प्यारी।

खेल, कूद में झगड़ा, ठोकी किसी भारी।
पानी में तैरना, आई लगानी, थी न तारी।

विश्वास किया, हर पे, दे मीठा ली खारी।
महंगी पड़ी ज्यादा, लगी जिस से यारी।

पढ़ने के चोचलों, दी बिगाड़ जिंद सारी।
हिम्मत, फिर भी अपनी, कभी न हारी।

पढ़ निकले, नौकरी ढूंढी, दिशाएँ चारी।
सफल स्पार्शी टट्टू, दूर हमारी थी बारी।

बाबों के, पड़े पल्ले, मात दी उन करारी।
बन दासानुदास, उन की, देखी सरदारी।

संयोगवश शादी, मुहब्बत मिली न्यारी।
पूरी जिंदगी तन्हा, थी नसीब में हमारी।

किसी तरह, ली सींच, इक छोटी क्यारी।
नर कभी सर ऊपर, चढ़ जाती थी नारी।

हुए यत्न बेकार, नहीं चड़ी, नाम खुमारी।
लौटे बुधु 'भगवन', हो बुढ़ापे की तैयारी।

कसौटी खालिस

जान लेते चाहत, पास रखी तवजा थी।
सर झुका भुगती, जो उन की रज़ा थी।

कसौटी किसी पर, खालिस न उतरे थे।
मिली 'भगवन', जन्म, पूर्व की सज़ा थी।

अपार कृपा

इटली का, खाया पिज्जा, जापान की भी सुशी।
केरल के डोसे, हुई गुजराती ढोकले से ख़ुशी।

यूपी की दाल भात, पंजाबी रोटी मक्की, साग।
सब खाया, साथ सुने, शान्तिः संगीत के राग।

चना, ज़ोर गर्म अच्छा, व मुंबई की, पाव बाज़ी।
कुल्फी, चाट, किया दिल पनीर टिके से राजी।

अनिद्रा की समस्या, महात्मन बोले बच्चे जाग।
व्यायाम, कपाल भाटी, कहें राम देव जी भाग।

शारीरिक कमज़ोरी, सात्विक भोज, प्राणायाम।
सिमर निरंतर, बोलें बाबे, दिया जो, होली नाम।

डाक्टर, हकीम, दें वैध मश्वरे, पास हम न दाम।
लक्ष्मी अभाव, ऊपर करोना, कर पाएं न काम।

चाचा, चाची, मामा, मामी, कोई न, मौसा मासी।
कहाँ जा, पैसे दो कमाएं, पड़ता बनना प्रवासी।

होवे अपार, ईश्वर की कृपा, चलती अपनी गाड़ी।
चलती सांस 'भगवन', बड़ी किस्मत भी न माड़ी।

उठना भूल जाता

शीघ्र सुबह उठना, मैं भूल जाता हूँ।
जल्दी से, खा कुछ, स्कूल जाता हूँ।

गाली, हर तरह की, फजूल खाता हूँ।
पड़े मार जो 'भगवान', सहे जाता हूँ।

पास नियंत्रण

चाह थी, मिलते उठा आँखें, रखी उन्होंने बंद।
मुलाक़ातें कभी कबाड़ी, गिनती में वो भी चंद।

बड़े थे न आगे, हटे पीछे, आई जैसे ही सुगंध।
पास, नियंत्रण सारा 'भगवान', करते रहे प्रबंध।

सवाल हुए

पढ़ने, स्कूल गये रोजाना, सवाल हुए।
वज़नदार थप्पड़, गाल बड़े लाल हुए।

रहा दिमाग़ खाली, दूषित ख्याल हुए।
प्रार्थना बहुत, भगवान' न दयाल हुए।

मध्यस्थता दूर

कैसे बतायें दिन उस क्या रात हुआ था।
वर्षों के किए विश्वास का, घात हुआ था।

छुप छुपा थे करते, क्या किया उन स्पष्ट।
सुन अवश्य हुआ, परन्तु माना नहीं कष्ट।

बताया, हमें क्यों उन, जब पूछा ही नहीं।
क्यों लगा, उन्हें बताना, तब ही था सही।

स्वयं को संभाला, कुछ किया न अनुचित।
प्रेरणात्मक संस्कार, थे सब के, चाहे हित।

हम खानी बिन वजह, सीखी न कभी मात।
सहित विनम्रता मांगी, उन से थी इक दात।

वे तत्पर हो जाते तैयार, था ऐसा नहीं नसीब।
दूरियां, रहीं बढ़ती, और हुए न कभी करीब।

निष्फलता का यत्न, था हुआ, हरेक शिकार।
हर मध्यस्थता के सुझाव, थे दिये उन नकार।

नफरत सीखी, रहना दूर, व करना नहीं प्यार।
फेंक अस्त्र शस्त्र 'भगवन' करनी पड़ी गुज़ार।

माना विचार

नफ़रत, घृणा बेहद, थोड़ा दिया प्यार।
खुद हुए, कभी सब को किया लाचार।

भाना, रब का माना, पूजे सत करतार।
दोष 'भगवान' माना बिन किए विचार।

विमुख लाल

मिला कभी बाबा, हमें भी ख़ास था।
बिन प्रमाण जीता, जिस विश्वास था।

सिवा उस बोले, नजदीक वाले सब।
दिखा यहाँ न सकता,और कोई रब।

पूरी तैयारी से हम, पहुंचे उस पास।
मिलायेंगे प्रभु से, ले पूरी हम आस।

दिखेंगे वे बोले, खोल तीसरी आँख।
बाहर नहीं बेटे, अंदर अपने झाँक।

भृकुटि में केंद्रित, करना पड़े मन।
चरण कमले बच्चे, ला के रख धन।

तन से करना सेवा, आजीवन भर।
सब से ऊंचे, सच्चे, बाबे के ही घर।

प्रचार सदा करना, मिली थी सलाह।
भव में तेरी किश्ती, बाबे हैं मल्लाह।

मिले आज्ञा जो, पालन करना तुरत।
देखना झट तेरी, बच्चे लगेगी सुरत।

पश्चात देखा, हुआ विवाद, बाबे घर।
भाग दो, फिर तीन में बट गया दर।

सच्चे दरबार के विमुख हुए थे लाल।
कहे हर 'भगवान', सच्चा वो दलाल।

खूब चढ़ा पारा

तनिक भी न बात, खूब चढ़ा पारा।
उन का बुरा, हुआ बहुत ही हमारा।

क्रिया, प्रतिक्रिया, संधि और न चारा।
पाए घृणा 'भगवान', होता जो प्यारा।

पग डंडी प्यार

रास्ता पग डंडी प्यारी चलना गवारा।
नसीहत, मिली बहुत, हरेक नकारा।

उड़े होश ऐसे, था जैसे कोई गुब्बारा।
व्यस्त, रहे 'भगवान', फिर भी पुकारा।

मापी गोलाई

शुभ अशुभ समय, जिस आँख मिलाई थी।
पड़ा पछताना बहुत, मुड़ घड़ी न आई थी।

भयभीत हो कर हाथ, दी जिस कलाई थी।
प्रज्वलित हुई ज्वाला फिर बुझ न पाई थी।

दिया करते जो साथ उन से हुई लड़ाई थी।

समझी उसी में, बन ज्ञानी हरेक भलाई थी।

अटपटा प्यारा चक्र, मापी किस गोलाई थी।
सुरक्षा की कुंजी हाथ न किसी पकड़ाई थी।

घाव मिले जो झेले, बोझ भी खूब उठाई थी।
रह चुप, त्याग विश्राम, जबान भी चलाई थी।

आएंगे दिन अच्छे सोच सब आस लगाई थी।
ले कर्ज़ की गुज़र, रही पल्ले एक न पाई थी।

चाहा सुख, पाया दुःख, फिक्र, चिंता आई थी।
गैरों को तो छोड़ो, मात अपनो से खायी थी।

गए बाबे शरण, दुविधा उन्हें हरेक सुनाई थी।
दे चिंता मुक्ति 'भगवन' सेवा उन करवाई थी।

अक्ल शक्ल

अध्यापक की लड़की, पढ़ाई कम ही हुई।
अक्ल शक्ल न देखी शादी साथ जिस हुई।

किस्मत दिया साथ. वाह, वाह ससुराल हुई।
तुरत बनी माता 'भगवान' प्रसिद्धि मेरी हुई।

सुंदर खूंखार

देर बाद आरम्भ, हमारा प्यार हुआ था।
शुरू जमाना फिर, अधिकार हुआ था।

तारे दिन में, रोजाना नज़र, आने थे लगे।
मौन, प्रदूषित वातावरण हमार हुआ था।

आज्ञा मानी हरेक तसल्ली हुई न कभी।
क्रोधित मुद्रा में हमेशा दीदार हुआ था।

फरमाइशें पूरी करते, हमें थकना पड़ा।
नापसंद, गुरूर उन पर सवार हुआ था।

पूछना, कहना भी, उचित लगा न कभी।
मुख, सुंदर बिन वजह, खूंखार हुआ था।

बदल जाते ही मौसम, भूल जाते थे सब।
नहीं याद अब कितनी यह बार हुआ था।

डोरी एक में बंद कर साथ रहते उन रहे।
किचकिच अवश्य, आर न पार हुआ था।

मिला प्यार में जो भी, लगा आश्चर्य जनक।
बुरे अच्छे पर 'भगवान', न विचार हुआ था।

कटेंगे अच्छे

इरादा देख दोनों का, अधूरा बनाया होगा।
कुंडली पर डाल दृष्टि, खुद मिलाया होगा।

पल कटेंगे भावी, दोनों के अच्छे रह साथ।
लग्न शुभ मुहूर्त में, 'भगवान' कराया होगा।

यकीनन रोका

भाग्यवान ही पाये, सेवा करने का मौका।
पा लेवे श्रद्धावान यकीनन किसी न रोका।
थका टूटा, हो बीमार बेचारा घर को लौटे।
लिये इलाज, 'भगवान', खर्च होता चोखा।

बाबे के चक्र में रोजाना पड़ जाते हैं लोग।
भूखे वे अन न छूते जब तक लगे न भोग।
सेवा करनी, बन कर्ज़ाई, लगते ऐसे रोग।
बाबे दर्श पाने 'भगवन' बने जब भी योग।

राजनीति दरबार बाबे, हो भांति, बॉलीवुड।
कुछ भी हो वहाँ पे, लिये भक्तन, वैरी गुड़।
अध्यात्म प्रगति में समय लगाना, भूल गए।
मालूम केवल, 'भगवान', सेवा करनी शुभ।

रहा नहीं, कहीं का, चल बाबे घर जो आये।
विषय विकार में पड़, उस न समय गवाए।
जोड़ हाथ करे नमन, दंडवत सीस झुकाये।
मोक्ष पानी, कर सेवा, 'भगवान', हर बताये।

झोपड़ी नहीं, बाबे महल, उसारने बारंबार।
बहू मूल्य साथ चालक, खड़ी जहां भी कार।
प्रचार भी देशांतर करना, जा दिशाओं चार।
ढोंगी तो नहीं कहीं 'भगवन' आवे न विचार।

निशुल्क ज्ञान, व दर्शन उनका भक्तो पायो।
चले आयो भागे, पैकेट खाली कर के जायो।
त्यागो कमाई करनी, समय सेवा में लगायो।
विश्वास रख 'भगवान', उन के ही बन जायो।

आजमा हक

शादी कर, बन मात, सुख पाया, दरबार का।
सब कहा पति हमारा, ईश्वर का अवतार था।

वहां, जेठ हमारा सनकी, था सदा दुत्कारता।
जब चाहता, आग लगाता, तीव्र फूंके मारता।

अविवाहित वे ठहरा तनिक इल्म न प्यार का।
कितना दिल नाजुक होवे, न जानता नार का।

तत्पर खो बैठता आपा. करता नहीं विचार था।
मजबूरन रोना, होना चुप, व पड़ जाता हारना।

करना चाहूँ, कुछ कभी मैं, झट से वे नकारता।
खरी, खोटी बहुत सुनाता, व दिखाता उदारता।

ज्यों ही विवाह रचाया, शुक्र किया करतार का।
हुए बच्चे उसके जब, वे दिखता उन्हें निहारता।

व्यस्त, लालन, पोषण में, राजनीति भी, झाड़ता।
हारा चुनाव कसूर हमारा, ताने देखा वो मारता।

असम्भव हुआ साथ में रहना हमारे परिवार का।
हुए अलग हम भी आजमाना पड़ा अधिकार था।

हुए ज्यों ही आत्म निर्भर दिखा वो हमें पुकारता।
सुनी न कोई, हम ने, पूर्ण उस पाया इनकार था।

रूहानी दुकान खोल ली अपनी चला व्यापार था।
लक्ष्मी, 'भगवान' लगा भेजने, रहा खाता खार था।

काट दिया भ्रम

बन धर्मार्थी दिखाया, काट दिया भ्रम।
भुलाई अपनी औकात, उतार दी शर्म।

नहीं मालूम, अच्छे हमरे या फूटे क्रम।
बहुत कठोर पाया, थे दिखते जो नरम।

देखने ने वे तपस्वी, लगा जानते हर मर्म।
ज्ञानी, ध्यानी, पूर्ण सक्षम, पालते जो धर्म।

पूजा उन्हें रोजाना, बना अपने लिए परम।
दुःख दर्द 'भगवन', पीड़ा मिली थी चर्म।

कुछेक ख़ास

देश की भागदौड़ संभालते, कुछेक ख़ास।
करोड़पति बहुत सारे जोड़ हाथ बनें दास।

जनता का किसी प्रकार, जीत लेते विश्वास।
कहें सेवक गरीबों के कुछ रखें नहीं पास।

मत का मांगे दान, मधुर स्वर लेते वे फांस।
जनता भोली भाली लगा उन से लेती आस।

वर्षन दिन, सप्ताह, बीत कई जाते हैं मास।
विपक्ष तो रहे चिलाता , सत्या हो रहा नास।

शिक्षित, बेचे पकोड़े, लड्डू, दाल, व चास।
किसी की गाय, जा कर कोई डाले न घास।

कारण कोविड आक्रमण, हर जगह थे लॉस।
कह त्राहि माम 'भगवान', झेलने पड़े थे त्रास।

घर कभी ढाबे का

था, घर में पक्का, कभी खाया ढाबे का।
की दिल से सेवा, पाया दीदार बाबे का।

अपनी नहीं, की चिंता परिवार बाबे की।
रोब दिखा 'भगवान', जिन में नवाबे का।

कलयुग कल्याण

बाबे बच्चे हम, कहलाये ईश्वर के अवतार।
जीवन, का लगे बताने जानते हम ही सार।

काम चलाते गुलाम हमारे, बांटते रहे ज्ञान।
तन, मन से करते सेवा, बहुत इकट्ठा दान।

दर्श बड़ा हमारा दुर्लभ, बोलें भक्त विचार।
कठिन फिर भी देना पड़ता, हो हमें तैयार।

मौजे उतार, पाँव धोते, बनाते वे चरणामृत।
पीने से, है विश्वास, मिल उन्हें, जायेगी गत।

हर जगह जाना खाना, मिले जो करना पान।
कलयुग में उन का हमें, करना था कल्याण।

थे हमरे और भी भाई अच्छी जिन की शान।
समय आया लगे कहने, हम भी, हैं विद्वान।

विराजे सिंहासन पे सज कर पूजनीय महान।
लगे अहसास दिलाने, वे ही केवल 'भगवान'।

शीघ्रता शीघ्र

था ज़रा न मालूम, जा स्कूल इतना पढ़ूंगा।
बेरोज़गार रहूंगा, अथवा मैं काम करूँगा।

ध्यान बाँट अपना, खुशामद बाबे करूँगा।
देंगे आज्ञा जो भी, पालन उसका करूँगा।

जीऊंगा, वास्ते उन, और कुछ, न करूँगा।
पुण्य कर्म छोड़, पाप लिये उनके करूँगा।

न सोचा कभी, प्यार भी, किसी से करूँगा।
इच्छाएं शीघ्रता शीघ्र,उन की पूरी करूँगा।

करना पड़ा सब, था सोचा, जो न करूँगा।
अब, हो गई है बस, और कुछ न करूंगा।

गुणगान, बाबे का, प्रचार भी नाही करूँगा।
झुक प्रणाम,जा दरबार बाबे के न करूँगा।

निभाऊँगा ये किए वादे जब तक मैं रहूंगा।
जुल्म कोई भी, भगवान', उनका न सहूंगा।

गहरी दलदल

माथा टेक, किए बाबे, आगे चरण कमल।
एको सिमर, बोले, है जल समाया जो थल।

खेंच, हर को ले जाना चाहा, उनके ही वल।
फंसे कई 'भगवन', थी गहरी, ऐसी दलदल।

प्यार ने रौंदा

प्यार में मिला, सब को, अच्छा ओहदा।
पैसे धाक जमाई, बना स्वार्थ का सौदा।

जिसे चाहा जब, तत्काल प्यार ने रौंदा।
जागदा 'भगवन' किवें, जा किथे सौंदा।

भाई क्या बहना

खादा, पीता, बैठे, कदे आया न सोना।
हंसना जदों आया, वर्जित होया सोना।

पुण्य कमाये, पाप फिर वी, पया धोना।
होया नाल ओहि, नाल जो सीगा होना।

घंटी, नेतावां ने बजाई, लगा आये चोना।
सी मत कीमती बहुत, पया साणु खोना।

बना बेगी दिता गुलाम, दिखा सानू नैना।
हथ सदा जोड़े, अते पैरीं, बुजुगाँ दे पैना।

अकड़न मार अपनी, पईया सानू सहना।
रख मुंह, सदा बंद, कुछ कदी न कहना।

बात, सुनाई नाने, बारे तोते, ते ईक नैना।
कठिन गुजारनी जिंदगी, बोले सब, हैना?

साथ निभाया, बना प्यार नू लईया गहना।
जिदां रखिया ओहना ओदां पईया रहना।

मिल व्रत न रहे ईन्सान, भाई क्या बहना?
पूजे सबे 'भगवान', मिला किधरे न चैना।

बहुत बुरा हाल

लगायी तारी प्यार में, हुआ बहुत बुरा हाल।
काल भूत भूला, भविष्य और वर्तमान नाल।

थी बिन कसूर किसी, उतरवानी पड़ी खाल।
'भगवान' याद आया, गायब हुआ जब माल।

ख़ुद हुए परेशान

भगवे वाले बोले, केवल बाबे उन महान।
बिन पूछताछ किसी, लिया हम भी मान।

स्वयं, बैठे जमीन पे, दे पूर्ण उन्हें सम्मान।

सुना बारंबार हम, है बढ़ानी उनकी शान।

भजन गा, उतार आरती, किया गुण गान।
चरण कमली, टेका माथा, दिया बहु दान।

लाजिम, सेवा करना, जब तक, चलें प्राण।
यक़ीन सब को करेंगे, अवश्य वे कल्याण।

पाये दर्शन उनके, जय करती रही जबान।
देते रहे सुख उन्हें, ख़ुद बहुत हुए परेशान।

जब चाहा, आ टपके, इकट्ठा करने लगान।
अपने ही घर, बनना सब को पड़ा मेहमान।

खून निचोड़ना, सब का, था अच्छा ये प्लान।
दें आशीष किसी को, नहीं सुना हमारे कान।

मन मत, व ख़िताबे रावण के छोड़े उन बाण।
निराले, देखे वे सब, थे अवतारे जो 'भगवान'।

खर्च करोड़

थे मिले हमें जो भी, जिंदगी के, मोड़ पर।
बन, सके न हमारे, खर्च देखा, करोड़ कर।

किया जो उन चाहा, रिश्ते नाते छोड़ कर।
रहा करते थे पीछे, भाग जाते हैं दौड़ कर।

काश सोच लेते, बारे हम, मन से गौर कर।
न टूटते विश्वास कभी, उन के भी गौड़ पर।

रख लेते बिन उजाड़े, ग़र दो पैसे जोड़ कर।
निकालने न कभी पड़ते, गुल्लक फोड़ कर।

सिखा दिया, मौन रखना, कह मत छोर कर।
सबक रोज नया पढ़ाएं, बंधन सारे तोड़ कर।

उठा लाते मरे मुर्दे, न जाने कहाँ से खोद कर।
नहीं सुलझेगा मामले, है लगता अब बोध कर।

बना देते पहाड़ राई के, जब वे चाहें क्रोध कर।
हैं, इंसान पूजते, त्याग 'भगवान' को, शोध कर।

प्यार भरपूर

हुआ माजे में पैदा, खाया घी देसी जरूर।

घर में हरेक से छोटा, मिला प्यार भरपूर।

बड़ा हुआ तो ज्यों दिखा, जैसे कोई लंगूर।
देख शायद शरीर, शक्ल, मिली न थी हूर।

गबरू, था पंजाब का, दिखाने लगा गुरूर।
गाने रोज़ लिख सुनाये, हो पाया न मशहूर।

नजदीक में अपने एक, दो, शेष काफी दूर।
मुंह छुपा सब चलते, थे शायद बड़े मजबूर।

प्रभु कृपा जब हुई, घमंड हो गया चकनाचूर।
ग़ैर सब, हुए अपने, बोले उन्हीं का, हूँ में नूर।

किया, उन भी वही था, जगत का जो दस्तूर।
साथ में, 'भगवान'. लेने को वे बन नाचे मयूर।

पानी उम्मीदों पे

सोचता, देगा प्यार सुख, आया करता विचार।
पानी उम्मीदों पर फिरा, जाती अनुभव हमार।

बोले. दो शब्द कभी ,जवाब में सुनने पड़े चार।
स्वस्थ रखा 'भगवान', दुःखी बड़े, दिखे बीमार।

शांति खुशी प्यार

शांति, ख़ुशी, प्यार मिले, रखते देखे सभी व्रत।
पूजा, पाठ, उपाय भी, जब तक न आयी मत।

मान लिया, है मायाजाल, कहते जिस को गर्त।
काट भरोसे भगवान' के, होगी आखिर चलत।

त्रुटि तनिक

था मिला दिलासा, विभिन्न औरों से होंगे।
आते, वे नज़र अब, न कुछ कभी बताते।

मालूम हुआ, स्वार्थ उनको, सर्व प्रिय था।
हंसते को, रुलाते, और सोते को, जगाते।

याद नहीं, फल उनको, बनें विश्वासघाती।
दोषी बनाते अपराधी, जिसे चाहा, बताते।

क्यों सांस चैन का किसी को लेने न देते।
हुक्म, बिन किसी तर्क, लड़ शीघ्र बताते।

रखते वे फासला, आते पास नाही बुलाते।
आशा की किरण दिखा, मूर्ख खूब बनाते।

मन मर्जी हैं करते, हक अपना ही जताते।
देते हुक्म, व तामील, वक्त उसी करवाते।

चाहें प्यार, सम्मान, आदर, इज्जत, ज्यादा।
त्रुटि तनिक भर किसी की भुला नहीं पाते।

मुंह से जो भी बोलें, लकीर पत्थर बन जाती।
नाम 'भगवान' के ले कर, सभी को भरमाते।

आशा निराशा

बजाने थे, गीत रोमांचित, बजा अच्छी धुन से।
साधनी पड़ी चुप्पी, हो बिन वजह दूर उन से।

विचार, साथ बांटे, मिलाये, नाही हम सुन के।
वैसे पूर्व में मिलाये, छत्तीस श्री पंडित गुण थे।

दिये आशीष, परिवार त्रिलोकी, हमें चुन के।
हैं समाचार, अब मिलते, अक्सर ही, पुन के।

अपनो में, अपनेपन को ढूंढते हैं पल गिन के।
दुनिया अपनी व संसार साथ बसाना जिन के।

अस्वस्थ शरीर, ऊपर से, दिल में पीड़ा, मन से।
ख़ुशी भी मना न सकते, कभी अपने ही धन से।

साथ बिताना, था हर पल, एक दूसरे के बन के।
नहीं जरूरत, रहते दूर, दिल, दिमाग, व तन से।

एहसास ऐसा, पाया जाता, लगता, हरेक जन में।
निभाने कठिन होते जाते, कभी किए जो प्रण थे।

इंतज़ार छोड़ी, शुरू हुए, न आरंभ पल फन के।
रूठे शायद 'भगवान' हैं व्यापक वे, हर कण में।

जंगल बियाबान

बचपन बीता जैसे तैसे, पश्चात हो गये जवान।
कभी प्यार के लगे नाही चला पाये हम बाण।

लक्ष्मी कमानी, मिला जंगल, सारा बियाबान।
अंत में प्यार भी अनोखा, दिया था 'भगवान'।

किया पेश

मीठी, खटी, चटनी, पकोड़े, साथ समोसा।
जलेबी, बर्फी, लड्डू, नमकीन भी परोसा।

श्रीखंड गुजराती ढोकले, साउथ का डोसा।
किया 'भगवान' पेश बैठ मौसी और मौसा।

ठंडक बहुत गर्म

किस्मत में, लिखा जिस का, लिया वो शगुन।
अदाह कोई किसी न देखी, किया था लगन।

बीतीं रातें चार, देख चांद, रहना पड़ा जगन।
खोये कभी डूबे ऐसे, सभी प्यार में हो मगन।

नज़र हकीकत, जब आई, तो क्रोध में दगन।
शके निगाह को संदेह, लगे चाल बुरा चलन।

कभी सुने, नाही समझे होंगे फूटे अपने कर्म।
हर वास्तव में महसूस, बिन वजह किया भ्रम।

स्वर ऊँचे में सुनाएं, बोल हर त्याग कर शर्म।
कर्तव्य अपने को ठुकराते, भूल जाते वे धर्म।

दिखते पत्थर की भांति, रहे मोम के न सनम।
कायम अटल बात पर अपनी, रहें सदा फर्म।

होते सर्द, शीत, ऋतु ठंडक में भी, अति गर्म।
कठोर, 'भगवान', इतने, होते अक्सर ही नर्म।

निद्रा आलस में

खाने की आदत डालनी पड़ी कुछ ऐसी।
बड़ी तोंद अपनी ज्यादा, रही न थी वैसी।

निद्रा का शौक भी, आलस में हम पाला।
लाख यत्न 'भगवन', उठा न सकी खाला।

बांसुरी बजा

पढ़ाई ने, मार डाला, नौकरी तलाश भी।
हर समय लगाई बाबे, हमारी क्लास थी।

पश्चात जाना, उन्हें जरूरत थी दास की।

कर सेवा, सब बोला, रखना विश्वास जी।

जिन्हें गप्पें उनकी जब, आईं न रास थीं।
वे **शख्सियत**तें रहीं, बिलकुल न ख़ास थीं।

नई नसीहतें परमार्थ, अब उन न पास थीं।
बांसुरी अवश्य 'भगवान', बजाई बांस की।

उचाट दिल

दुविधाएं झेलीं, ख़ुशी के, कम आसार।
निभाना न आया, फिर भी किया प्यार।

खुद को दिये दिलासे, रखे शुद्ध विचार।
उचाट दिल, सूनी 'भगवन' दिशाएं चार।

चारा कभी घास

इकट्ठा किया चारा, खाने को, कभी घास।
खर्चा सब कमाया, कुछ भी न रखा पास।

बाबे ने डोरे डाले, अंध पैदा कर विश्वास।
प्रचारक, गुलाम, सेवक, व बनाया दास।

परम भक्त, वक्त एक, बना उनका ख़ास।
दिन. रात की ख़िदमत, आई उन्हें न रास।

जकड़ी जंजीर तोड़ी, रिश्ता हुआ खलास।
लगाव 'भगवान' टूटा, उडी दर्श की त्रास।

आकर्ष प्रतिकर्ष

शायरी में ही देखे, लुत्फ नज़ारे थे।
दिखते, वे गंभीर, फिर भी प्यारे थे।

कहीं की मिली हीर, रांजे न्यारे से।
मेल हुआ मिलाप, न बने सहारे थे।

यत्न, जुटाये सब, फिर भी वे हारे थे।
तथापि वर्ष कई, कर लिये गुजारे थे।

बाँसुरी बजी न बीन, देखे उन तारे थे।
क्रोध ज्यों ही आता, चढ़ जाते पारे थे।

मिठास में कड़वाहट, पय भी खारे थे।
कीचड़ उछालते रहते, आदी गारे के।

आकर्षण नहीं, सोचें प्रतिकर्षण बारे में।
शायद वे 'भगवान', किस्मत के मारे थे।

स्वार्थी बथेरे

ख्यालों में डूबना, निकालना न हल।
परेशानी में बिताना, हर अपना पल।

काश हो पाती, हमारी किसी से गल।
स्वार्थी बथेरे 'भगवान' ही अपने वल।

अध्यात्म सत्ता

बन बाबे, हुए प्रसिद्ध, भक्तों को दिया ज्ञान।
श्रद्धा और लग्न ने, बनाया केवल हमें महान।

मन मंदिर, तन भेष कलंदर, बोली जबान।
दिखे प्रकाश, सुने अनहद, अगर लगे ध्यान।

दूर से आ भक्तों ने, छुये चरण किया प्रणाम।
दिन सारे, दिए दर्श, शाम को हम व्याख्यान।

चुटकुले, दोहे, श्लोक,चौपाई, हवाला विज्ञान।
भेद, भाव बिन किसी, दास बनाया हर इंसान।

परिवार और हुए नेता, सिंहासन पे विराजमान।
भक्ति नहीं किए मंच से, सियासत के गुणगान।

प्रवचन नहीं, सुनाये भाषण, आई जान में जान।
भजन कम, राष्ट्र गीत ज्यादा, लगे गाने विद्वान।

मिले मौके, बदले दल, किया और कहीं सलाम।
भक्त हजारों अधिकारी, थे संरक्षक कई जवान।

भाई, बहिन दूर किए, बनी अनोखी अपनी शान।
कीर्तिवान बच्चे हमारे, होंगे नेता भावी 'भगवान'।

घी अग्नि में

चाहे, बिन चाहे, था करना पड़ा मंजूर।
रांझा अकेला, पा हीर का सका न नूर।

दिखा सभी को बहुत, पैदा हुआ गुरूर।
दुआएं मांगी हर पल, हुए फिर भी दूर।

घमंड बहुत ज्यादा, हुआ न चकनाचूर।
दुनिया का अनुभव, था ऐसा ही दस्तूर।

घी भी, अग्नि में डाला, कइयों ने भरपूर।
था शायद यही सब 'भगवान' को मंजूर।

सीखा भागना

सोना वक्त सही पर, न आया जागना।
खाने से मार, पूर्व न सीखा था भागना।

उज्ज्वल कुंडली में, पंडित देखा कल।
पूजा, दक्षिणा से, अवश्य मिलेगा फल।

पकड़ा बस्ता सब ने, बोला स्कूले चल।
थे कठिन वहां बिताने, सारे हमारे पल।

किए पेश, राजनीति ने, अजीब से दल।
पा विजय, सीखा जनता से करना छल।

सिखाया प्यार, करो किस से, कैसे गल।
गूंद आटा, बना छोले, पकोड़ों को तल।

माँजने पड़े बर्तन, की कपड़ों की धुलाई।
की गुज़र, कर्ज़ ले कर, रही जेब न पाई।

आयो भक्त उनकी, देखा जिन्हें न पहले।
था दुश्वार, कुछ कहना, नहले पे थे दहले।

बाबों की कृपा दृष्टि, अपार हम पे बरसी।
आवश्यकता उन्हें भी, रहती थी ज़र की।

आजमाया ज्ञान, दुर्दशा, फिर भी हमारी।
खाते रहे गोते, लगानी सीखी थी न तारी।

कम तरल. अधिकतर सूखापन ही पाया।
अंदर से कौन कैसा,कभी नज़र न आया।

की हासिल तालीम, देश विदेश में जा के।
ससुराल पढ़ाई पट्टी, थी विपरीत मायके।

खोया, क्या पाया, जग में, जीवन बिता के।
संतुष्ट हुए कई, बिन वजह किसी सता के।

लक्ष्मी हो इकट्ठी, की मेहनत बड़ी कमाई।
खर्चे बहुत, बचाते कैसे, काम औरन आई।

दूर सुख, दुःख, दर्द, पीड़ा, प्रत्येक बीमारी।
विश्वास तोड़े 'भगवन', साथ जिन, थी यारी।

बदलता रंग

वर्षों की तपस्या, पड़ प्यार में, हुई भंग।
बिन वजह, आरंभ हुआ करती थी जंग।

बारंबार बदलता, देखने को मिला रंग।
करें हैंडल 'भगवन' कैसे, आया न ढंग।

स्थिरता प्रदर्शन

कर देखा, मन जो आया मेरे सनम।
ठंडा व्यवहार पाया, कभी हम गर्म।

कठोर, वास्तव में दिल, हमारे नर्म।
असहमति सामने टूटे सारे थे कर्म।

वो मौन रखने वाले, लगा हुए बेशर्म।
सुधरेंगे, वे भविष्य में शायद, है भ्रम।

स्थिरता कर प्रदर्शन, हैं टिके वे फर्म।
अच्छी तरह, 'भगवान', निभा रहे धर्म।

प्यारे जाये थे

भजन, बॉलीवुड की टयूनो पर बनाये थे।
धार्मिक स्थलों पर मार चौकड़ी सुनाये थे।

कर्म, कांड किए सभी, दिल से निभाए थे।
माँ व बाप के 'भगवान' प्यारे हम जाये थे।

निगाहें मेहर

जरूरत पड़ी, तो दिखी पीठ, सखे, गैर की।
रिश्ते, नाते तोड़े सारे, हो दूर हरेक सैर की।

काम न आई, बाबे सेवा, करी हर पहर की।
खुशनसीब निगाहें 'भगवान', रखीं मेहर कीं।

कुदरती करिश्मे

वर्षा, गर्मी, कभी आया करता सियाल।
कुदरती करिश्मे, थे देखे, कई कमाल।

ठेकेदार धर्म के, थे दिखते, जो दयाल।
भक्तों की बदौलत, हो गये मालामाल।

बिन भय चेले, थे बनाये उन हर काल।
जकड़े गए थे, वे भी, द्वारा मायाजाल।

सिवा खुद करते, किसी का न ख्याल।
बदलती उन की हर पल, दिखी चाल।

बिन वजह बिगड़, उधेड़ा करते खाल।
पैदा, मानसिक तनाव भी होते थे नाल।

पूछना, था निषिद्ध, उन्हें किसी का हाल।
भरा गुस्से से बूथा दिखा करता था लाल।

पहनते कीमती धोती, ओढ़ा करते छाल।
साथ ताल मिलती, कभी न, उनकी ताल।

अलग बन आया करते, पके पकाये थाल।
शेष लिए 'भगवान', सूखी रोटी और दाल।

हर व्यस्त

स्वार्थी बन, हर दिखाया, आया जब वक्त।
कोमल हृदय, मधुर बानी वाला भी सख्त।

लँगोटियों से भी मिला, ख़िताब कमबख्त।
जरूरत पड़ी तो 'भगवन' पाया हर व्यस्त।

हाथ फैलाए

स्मरण किए पाठ, अध्यापक जो पढ़ाये।
बर्फीली सर्दी में भी रोजाना, हम नहाये।

हुआ प्रेम बैंत से, हाथ आगे उन फैलाए।
नजदीक परीक्षा, थे याद 'भगवान' आए।

दिल नाही नैन

मन, मिला दिल, थे न कभी अपने नैन।
तथापि, पड़ा रहना, लिए उन के बेचैन।

सर्दी में, देते गर्मी, बना लेते अपने फैन।
था पास न कोई चारा, पड़े नखरे सहन।

तर्क, वितर्क में न पड़, मानी हर कहन।
लगता बहुत छुपाया, अपने उन जेहन।

चलें ले अनुमति, खड़कते फिर भी पैन।
कल था जो भी अच्छा, करें उस को बैन।

विरले मन भावे, पशु, मनुष्य, वुमन, मैन।
बिन वजह, करते रूप धारण, बनते डैन।

बिन लक्ष्य करते सफर, बनाते नहीं पलैन।
चुपचाप 'भगवान' देखे, आये कभी न चैन।

शिक्षा रूहानी

सामाजिक पशु, बना भेजा उस इंसान।
पाई शिक्षा रूहानी, आत्म का भी ज्ञान।

बंद कान, आँख, खेचरी मुद्रा, पूर्व ध्यान।
सुमिरन जाप, हर साँस, कर बंद जबान।

किया सब बिना परख व किसी पहचान।
दुखी की पीड़ा ग़र हरते, होता कल्याण।

बिपता जो भी आई, बन झेली पहलवान।
था माँ बाप से पाया, शुभ नाम 'भगवान'।

महसूस दरार

इश्क, माशूकी दूर, फिर भी पड़े बीमार।
चाहा, नाही जरूरत, तथापि किया प्यार।

थी नहीं निभने वाली, आता करता विचार।
हाथ खर्चे में खुला, बहुत लेना पड़ा उधार।

रिश्ते, नाते किए दूर सब, सज्जन क्या यार।
कभी किया जो बहुत, वो उड़ गया एतबार।

व्यापक सदा जैलसी, व्यवहार में पायी खार।
हुई मिलानी कठिन, किसी की, तार से तार।

ऊपर से, बाबे आशीष, लगाना जिन था पार।
तेवर उनके दिखे, रहे सही, केवल दिन चार।

पास तो भी लगा, हम से दूर कोसों, टू फार।
रख आध्यात्मिक की खड़ी, एक न पाये बार।

बिन मांगे ही ईश्वर दिया, रहना, खाना, कार।
रिश्ते, नाते, कायम, महसूस होती रही दरार।

टूटी आशा, अभी नहीं, संग निराशा मिले हार।
अपनी वोही जाने 'भगवन', सच्चा जो करतार।

लक्ष्मी तिजोरी

होंगे प्रसिद्ध बाबे, बना था अपना इरादा।
महल जैसे आश्रम, बने हमारे कई दादा।

सिंहासन पर विराज, प्रवचन लम्बे सुनाए।
मिलेगी मोक्ष मरणोपरांत, किया था वादा।

चरण कमल फैलाये, दिये सब को दर्शन।
पाये कीमती उपहार, सीमा से भी ज्यादा।

भावनात्मक दे नाम हमें, भक्तों ने पुकारा।
होता स्कूल में विद्यार्थी, था मैं, सीधा साधा।

गाये भजन कलात्मक, बजा फिल्मी ट्यूने।
करी प्रदान हमें सुरक्षा, बन कर उन दादा।

सहारे कंधे उन, हुए विस्फोट, शांति बम के।
लगभग देश हर में, था बोल हमरा ही बाला।

लक्ष्मी से भर गयी सारी, ऊपर तक तिजोरी।
चांदी, सोने के बर्तन, गल में, हीरों की माला।

पीछे चले लाखों, लगे गाने, हमारी सब स्तुति।
बनाया हमें 'भगवान', सब को दिखा कमाला।

प्यार पारिवारिक

मिले थे कभी बाबे, व्याख्यान सुनाये जिन।
पुण्य सदा कमाना, बोले करना नहीं सिन।

की पूजा, भजन, आरती, हर रात, व दिन।
चलते रहे हमेशा, ऊपर उन के पद चिन्ह।

लगाव लगा, हुआ कठिन, रहना दर्श बिन।
अप्सरा, चुड़ैल, भूत, सुने दृष्टांत, बारे जिन।

किए कारनामे उन ऐसे, आने लगी थी घिन।
फिर भी रहे करते सेवा, उतारते कैसे ऋण।

सर सेवा में फूटा, नाक, टंग, पैर,कभी चिन।
था सुकून भी अपना, हम ने देखा गया छिन।

चलाएं मर्सिडीज़ कार, कहें पीस ऑफ टिन।
अपना हवा में जहाज़ सर्वश्रेष्ठ, सब शेष हिन।

बना प्यार, पारिवारिक विवाद, किए दूर किन।
युद्ध पहुँच कचहरियों में लड़े, देख आई खिन्न।

अनुभव जो पाया लिखा, कर अब दिया है पिन।
वर्ष तीस, साथ दरबार सच्चे, भगवान' हैव बिन।

दिल न माना

बुलाई फतह, किया नमन, किसी को सलाम।
दिल अपना नहीं माना, था बनना पड़ा गुलाम।

प्रस्तुत हैं मेवे, सोगी, काजू, पिसता, व बदाम।
आये वक्त निराशा के, जपे 'भगवन' तेरे नाम।

किस्मत खोटी

है कठिन बितानी जिंदगी, इस जमाने में।
काट लेते, कैसे लाखों, रह दूर कमाने से?

मरें पढ़ते लिखते, किताबी वजन उठाते।
बिताते हैं, वक्त हजारों, बैठ मयखाने में।

योग सिखाएं, पहन भगवा, करें उपचार।
बीते, किसी की आयु, बाबे पैर दबाने में।

घुस सत्ता में, करे कोई पैदा अपना नाम।
उम्र बीते किसी की घर चूल्हा जलाने में।

खा न सके कोई भर पेट दो पहर रोटी भी।
आसानी से बीते कइयों की, पेट फुलाने में।

कसरत कर न हो कम, बड़ा पेट किसी का।
दुबला, पुतला, है कोई, आये लाज बताने में।

हैं डिग्रियां, बेरोज़गारी, लगता किस्मत खोटी।
उद्योगपति बन जाते अनपढ़, घूस खिलाने से।

दस मील, असंभव जाना, कारण कमी धन की।
देश देशांतर घूमें बाबे 'भगवन', सेवक जन भी।

हुए बदनाम

पढ़ कुछ लिया ज्यादा, मिला फिर भी न काम।
पड़ा खाली, बिलकुल रहना, हर सुबह व शाम।

धूम्रपान, जुआ अति दूर, हस्त में लिया न जाम।
पड़ प्यार में 'भगवन' देखा, पड़ा होना बदनाम।

बीती क्या

रहता बाबे सेवा का, सर भूत सवार था।
छोड़ना हर काम, हो कितने हज़ार का।

पढ़ाई, लिखाई, छोड़ी, देनी परीक्षा भी।
मिलते ही माना हुक्म, सच्चे दरबार का।

हर हाँ में हाँ मिलाई, थी सही चाहे गलत।
बिन प्रमाण, माना, समय का अवतार था।

बढ़े ख्याति उन की, दिन, रात किया एक।
जा दर्शन पाये उनके, लगाया जयकार था।

कर देनी शांति शीघ्र, उन विश्व में स्थापित।
श्रद्धा से वर्ष तीस, उस का रहा इंतज़ार था।

सामने एक दिन आये, जब मामले प्यार के।
निराश परिवार पावन, किया बहिष्कार था।

निकल आये हल कोई, किए यत्न हर बहुत।
प्रभाव हार्मोनल, प्रस्ताव हर, अस्वीकार था।

बीती क्या भक्तों पे, संतुलन जिन्होंने खोया।
परिणाम बाबे नया हुआ 'भगवन' तैयार था।

हवा में उड़ना

दिन रात करनी मेहनत, सोम से इतवार।
पैदल, हवा में उड़ना, कभी चलानी कार।

दिल के बदले दिल, था नाही मिला प्यार।
बिन गुंजाइश तथापि, पूर्ण किया एतबार।

दो, और दो जिस ने, थे किए कभी न चार।
मजबूरी में उसे भी, पड़ा लेना रोज़ उधार।

अधूरी चाहत प्रेम की, खूब दिखा अहंकार।
किया मंजूर सब कुछ, दुखी फिर भी यार।

सुलह, समझौता त्याग, रहे लड़ने को तैयार।
इतनी नफ़रत बर्ताव में, प्राणी बड़े होशियार।

आंख में आँखें डालते, लगती दिखने खूंखार।
आशंकाये कयामत, ग़र क्रोध दिया न उतार।

पेश, फूलों की भेंटें, हीरे, सोने, चांदी, के हार।
रहता युद्ध विराम, दिन केवल शायद ही चार।

पूजे देवी, देवता सारे, की आगे हर के पुकार।
जाने लीला 'भगवान', जग का जो पालन हार।

नेता की चाह

पाली नेता की ख्वाहिश, बड़ों को किया प्रणाम।
नगर में बसना पड़ा हमें, पीछे छोड़ दिया ग्राम।

वाह गुरु, राम राम, आदाब, सुने थे राधे श्याम।
छिड़े युद्ध 'भगवान' तो मिला सम्पूर्ण न विराम।

हुक्म इलाही

जज, जूरी, हैंग मैन, पाए गुण, सारे यार।
माना हुक्म इलाही, उसी से किया प्यार।

कैद उम्र भर की, तजवीज़ हुई, तत्काल।
कुदरत के लिये नज़ारे, उड़े सर के बाल।

वक्त, साथ बिताया, रख खुद को चुपचाप।
सामने किसी मुंह से, निकला नहीं विलाप।

आशीष, हमें किसी की, कभी आई न काम।
निकल रोज़ प्रातः जाना, वापिस आना शाम।

इकट्ठे कर, कागजी टुकड़े, होना पड़ा तृप्त।
मधुर जबान से 'भगवन' सुनी थी न सिफ़त।

छूटा लगाव

छूटा लक्ष्मी से लगाव अब तनिक भर नहीं चाह।
मिलता जो भी हो अब, डाल वो मुंह में लेते खा।

करता सुनने को कभी मन, न हो पाती अब वाह।
भक्ति कर, उतार आरती 'भगवन', भजन भी गा।

लपेटा नकाब

सच्चाई का ऊपर से लपेटा हरेक नकाब।
वापरे क्या अंदर, था चला न पता, जनाब।

दिखने में, भोले भाले, भांति गंगा के पवित्र।
वरतने से हुआ मालूम, थे कितने वे खराब।

जरूरत समय मासूम, जोड़ हाथ करें बात।
वरना वार्ता उन की, बोले जैसे कोई नवाब।

काम करवाना चाहें। खुद करना नहीं कुछ।
फितरत जैसी पाली, रखा वैसा उन स्वभाव।

करें अगर कभी, होवे लेट, और अति थोड़ा।
वो भी केवल उन पर जब पड़ने लगे दबाव।

जबान मीठी, बने कड़वी, करती रहे प्रहार।
काश, कोई लगा मरहम, भरता हमारे घाव।

पढ़ लिख लिया देख, हुए फिर, बड़े कमाल।
घर चलाना कठिन, अजीब ही मिला ख़िताब।

रोमियो साथ जूलिएट, न मजनू के रही लैला।
उत्तर मिला कभी न 'भगवन', पूछे थे सवाल।

मौसमे तापमान

वर्षा, सर्दी, गर्मी, कारण, मौसमे तापमान बदला।
प्रयोग में आया हीटर, कभी हम ऐ सी दिया चला।

किश्ती पे चढ़ पानी का, थे ले पाये कभी न लुत्फ।
शिकवा, शिकायत 'भगवन', व सुननी पड़ी गिला।

भाग रुक

नैन, नक्श, ठीक न प्रभावित किया लुक।
गया मामला, बिन किए बात कोई मुक।

बने हम फिर कलीनर, धोबी कभी कुक।
बंदी बने आजीवन, पकड़े हमें रखा हुक।

दिमाग बोले भाग, दिल कहता रहा रुक।
हाथ जोड़े दोनों, व गये किसी आगे झुक।

डाले मुंह में निवाले, रोटी के भी दो टुक।
रख उपवास, कर परिश्रम गया पेट सुक।

बदलाव अच्छा आता, मिला न कोई तुक।
सुन चारों ओर से गर्जन, गया शरीर शुक।

शिकवा न शिकायत, था बहुत मिला सुख।
जो हुआ साथ 'भगवन', छापेंगे कभी बुक।

बदलती दुनिया

घूमे फिरे, थी धरती गोल, माप न पाए सारी।
संतुष्टि काश पा लेते हम, आई अभी न वारी।

बीजा जो, परिणाम अनुकूल, उसके न पाया।
रंग बदलती दुनिया 'भगवन', थी बड़ी न्यारी।

कटेगी कैसे सुना

समाप्त हो गयी पढ़ाई, शुरू हुआ था कमाना।
पूर्व सूर्य उदय के जाना, लौट सायं घर आना।

था पड़ा वही करना, किया करता जो जमाना।
ले लेना घूस चुपके से, और फूले नहीं समाना।

प्यार में, पानी घृणा, कह मुंह से, कुछ न पाना।
अत्याचार को सहते रहना, बन विशेष दीवाना।

दशकों बाद वातावरण, जब होने लगा पुराना।
गया सत्तर, बहत्तर हो वो, था जो कभी सयाना।

अच्छाइयां सब भूले, खामियों का हुआ जताना।
कटेगी कैसे 'भगवन', शुरू हरेक किया बताना।

पाँव फैलाये

कर प्यार था देखा, बाद क्या हुआ बतायें?
दो पल ख़ुशी के साथ, कभी बिता न पाये।

साथ हमारे करनी हेलो, व बंद हुई थी हाये।
हम उत्तर, सदा ढूँढा, थे खोज जिसे न पाये।

दी गमों ने दस्तक, चले वे बिन बुलाये आये।
उम्मीद जिन पर थी रखी, वे बने नहीं सहाय।

कर मेहनत दिन रात, थे जोड़े पैसे जो कमाये।
जिस ने चाहा हमें लूटा, थे पास जो सब गवाये।

पड़े बाबे श्री के पल्ले, चरण उन के जा दबाये।
भूल सब, कर प्रचार सेवा, आदेश उनके आये।

पेट भरा, रखा कभी खाली, दिन अच्छे न आये।
भोग शाही डाले मुंह में, चने सूखे, कभी चबाये।

जगह इंच एक ली जिस, पाँव खूब उस फैलाये।
कार्य परमार्थ के करते हम 'भगवन', डगमगाए।

पूजा परिवार

दे नाम, श्री बाबे चढ़ाई, सेवा की खुमार।
दुनिया में सच्चा, बोले हमारा ही दरबार।

झिड़कें सहनी, खानी, व शब्दों की मार।
मासूम 'भगवान' पूजा, सारा वो परिवार।

रहता रोशन

सीख लेते अगर, हर सबक प्यार का।
आते नज़र बाबे, न उन की उदारता।

लड़ाई व युद्ध लम्बे, कोई न विचारता।
मौन धारण करता हर, डींगें न मारता।

दबाव तनिक पड़ता, न बाबे प्रचार का।
त्याग जीत पराजय, कोई न स्वीकारता।

सुंदर ,आकर्षित मुखड़ा, सदैव निहारता।
हर घड़ी रुख, नहीं बदलता सरकार का।

शरीर हृष्ट, पुष्ट रहता, दूर आटा ज्वार का।
हर ओर होता रोशन, नाम हमारे यार का।

जानता खुद, न सुनता, जीने का सार क्या।
बाद प्रवचन बाबे 'भगवन', बोलता न वाह।

वक्त अनुकूल

खुश, उन्हें करते, या, खुद को संभालते।
कर्म पूर्व के, न अच्छे, हमें लगे मुगालते।

यत्न कर हर हारा, हुआ फिर भी न प्रसन्न।
जेब से आलोप, था लगा होने, अपना धन।

पेट ने मांगी रोटी किसी फाइव स्टार की।
लक्ष्मी की नजदीक, नहीं आती बहार थी।

दिल अपना रख सच्चा, किया काम ठीक।
वक्त शीघ्र होगा अनुकूल की हम उड़ीक।

झूठ रख कोसों दूर, हम बोला हमेशा सत।
स्वीकारी नाही मानी, गलत किसी की मत।

लाल, कुमार, सिंह, शर्मा, वर्मा, बनाए दास।
मार्ग किया दर्शन और पा लिया था विश्वास।

घृणा करने वालों से भी, था पाया हम प्यार।
कर्ज, लेना पड़ा बहुत, बैंक से कभी उधार।

आया पल चुकाया सब तो विचारा हुए मुक्त।
क्या करें आगे 'भगवन' औलाद बताये युक्त।

तहलका मचाया

साथ शान, शौकत, नाम कमाया था।
बन बाबा सभी को हम भरमाया था।

की प्रकट जिस श्रद्धा, उसे दबाया था।
गुलाम, बने मेरा, ऐसा भूत घुसाया था।

केवल मैं ही सखा, विश्वास दिलाया था।
पूजा होवे अपनी, ईश्वर को भुलाया था।

ज्ञान वंचित जीवन, निगुरे ने गवाया था।
गा भजन भक्तों ने, संदेश पहुंचाया था।

ब्रह्मचारी हों चेले, खुद विवाह रचाया था।
बच्चे हर अपने को, देव कोई बताया था।

सेवा अपनी खर्च हिस्से चेलों के आया था।
बनाया हर प्रचारक, ऐसा चक्र चलाया था।

परिश्रमी हों प्रेमी, खुद विश्राम फ़रमाया था।
निंद्रा ले कर गहरी मानव हरेक जगाया था।

राज नेता बन कर, तहलका हम मचाया था।
की लक्ष्मी 'भगवन' इकट्ठी, लुत्फ उठाया था।

हदें सब पार

बन अनुयायी, रहे मौन, बातें सुनी हज़ार।
मानी आज्ञा हर उनकी कर हदें सब पार।

गाए भजन, उतारी आरती, उनकी बारंबार।
क्या 'भगवन' मिलेगा मेवा, आया न विचार।

भेंट में उपहार

भेंट में उपहार, उन के गले में डाले हार।
करते बाबे सेवा, हटे ने पीछे, गए टूफार।

थे व्यस्त, प्रचार करने में, गए दिशाएं चार।
थे बुरे 'भगवन', फिर भी, ताज्जुब मेरे यार?

बहुत गुरूर

बन कर भक्त बाबे का, बहुत गुरूर करता था।
लग जायें और भी पीछे उन्हें मजबूर करता था।
लग जायें और भी पीछे उन्हें मजबूर करता था।
बन कर...

आज्ञा मान इलाही हर, पालना जरुर करता था।
साथ मिल, गा गुणगान, नाम मशहूर करता था।
लग जायें और भी पीछे उन्हें मजबूर करता था।
बन कर...

उपेक्षा हर अपने की, विश्वास भरपूर करता था।
संदेह अगर हो जाए पैदा, कोसों दूर करता था।
लग जायें और भी पीछे उन्हें मजबूर करता था।
बन कर...

लेता सांस वास्ते उनके, उन्हीं पर ही मरता था।
दर्द, हर पीड़ा उनकी, लगा सब ज़ोर हरता था।
लग जायें और भी पीछे उन्हें मजबूर करता था।
बन कर...

मिलेगी मोक्ष अवश्य, सेवा दिन, रात करता था।
बाबत सोच नकारात्मक, नहीं विचार करता था।
लग जायें और भी पीछे उन्हें मजबूर करता था।
बन कर...

उठ गये, इक दिन बाबे, शोक महान करता था।
थे न 'भगवान', फिर भी, उनको याद करता था।
लग जायें और भी पीछे उन्हें मजबूर करता था।
बन कर...

राजसी चाल

दिया नाम बाबे ने, उन हो कर बड़े दयाल।
दूर किए उन, नाते सारे, व पूर्ण मायाजाल।

फैला पाँव, हर तरफ, वे हो गये मालामाल।
राजसी उन बना ली, 'भगवान' अपनी चाल।

निराशा स्वीकारी

जैसा चाहा, वैसा मिला कभी न प्यार।
इच्छाए ईश्वर, उस समझा न हकदार।

बने अनुयायी, फ़ौज के कभी सरदार।
पूरे तौर से, हम तो सदा रहे वफादार।

संतुष्टि किसी न पायी, सुनाई बातें चार।
मज़ाक बना हमारा, किया उन व्यापार।

ऐक नहीं सैंकड़ों, दिखे सच्चे थे दरबार।
हर जगह के वासी, दिखे नहीं करतार।

निकाला स्वार्थ सब ने, कहा फिर गद्दार।
हर तरह की दिखाई, थी किस्मत बहार।

उलझने, कर के पैदा, लगे समझाने सार।
भव जल में, फंसी नैया, लगती कैसे पार।

देखे युद्ध, लड़ाई, झगड़ा, ईर्षा, घृणा, खार।
सही हल, नही निकला, किए बहुत विचार।

सुख, देने लगी निराशा, स्वीकारी हम हार।
नित रोजाना 'भगवान', नई दिखी सरकार।

बहाने पच्चीस

खर्च किए हज़ारों, कमाये न कभी बीस।
सर झुका माँगी, हम पायी नहीं आशीष।

मार पाते नकल, न कर सकते हम रीस।
कामचोर ऐसे, बहाने पास रखते पच्चीस।

किसी से की गुज़ारिश नाही कहा पलीस।
ठेका,अमानी, किया वर्क नाही बाई पीस।

पल, ईश्वर भरोसे काटे, पढ़े भर कर फीस।
हुए दुखी, रोये बहुत, अंक मिले जब तीस।

स्पर्श किया, किसी का, दे नाही पाये कीस।
थी मिली त्वचा सूखी, मला तेल कभी ग्रीस।

रोग, हर तरह के आये, हमें करते रहे, टीज़।
काटना पड़ा वो 'भगवन', बोया था जो बीज़।

साम्राज्य विशाल

दे दर्शन श्री बाबे ने, भक्तों को किया निहाल।
साम्राज्य, बदौलत उन, हो जल्द गया विशाल।

मान लिया, परम ज्ञानी, किया न किसी ख्याल।
उठे अचानक 'भगवान', जब आई उन्हें काल।

पकी पकाई

दुश्मन, सज्जन छोड़ो, बहन देखे लड़ते भाई।
घेरे गए वो भी, बसती, जिस घर, थी गुरुआई।

दूर रहें बच्चे, दी हिदायत, मौसी, चाची, तायी।
ईश्वर उपासक सारे, करते अपनो की भलाई।

लड़ते देखे धर्मार्थी नेता, लज्जा तनिक न आई।
जन, जनार्दन के वे सेवक, बनें न कभी सहाई।

लड़ते भिड़ते मियाँ बीबी भी खर्चें कैसे कमाई।
बचा न सकें ख़रीदना रबड़ी चाहे कोई मलाई।

गुस्सा क्रोध, प्रेम प्यार में पकड़ न पाएं कलाई।
आयात, वर्ग, त्रिकोण, आकार कुछेक गोलाई।

खेलते विद्यार्थी दें गाली, एक जबान तीव्र चलाई।
कर श्रवण, भड़के दूसरा, हो हज़म जिसे न पाई।

वातावरण मुताबिक मौके ख़ुशी के आई मिठाई।
पकोड़े, समोसे, इमली, चटनी, और साथ खटाई।

बुना स्वेटर, की क़सीदी, किसी अच्छी सी सिलाई।
किया 'भगवान', किसी विश्राम, पकी पकाई खायी।

परिवार अमीर

प्रमार्थ के वास्ते सुना, धरा श्री बाबे जी शरीर।
मालिक स्वयं, बनाये उन, भक्त कई फ़कीर।

रंग लाई, सब की सेवा, बनी अच्छी थी जागीर।
बाँट ज्ञान 'भगवान', परिवार पावन हुए अमीर।

स्वयं नाचीज़

गायक बना कथावाचक नाही कोई एक्टर।
बन सका प्रोड्यूसर, न मूवी का डायरेक्टर।

सुंदर चम, माया कम, बहुत ऊपर से गम।
हंस, हसा कर देखा, आँखे हो जाती थीं नम।

लगे रोग, किए योग, क्रमण फल लिया भोग।
जोड़े हाथ, झुका, किया विनिमय, सब लोग।

पारिवारिक दुःख बड़े, चिंताये औलाद सताया।
झेले सब व खेले खेल, रह तन्हा वक्त बिताया।

की बिन मेवा, सब की सेवा, बने स्वयं नाचीज़।
नाशुक्रे स्वार्थियों से पायी एक न कभी आशीष।

भाग्य अथवा दुर्भाग्य, दिया अच्छा न किसी साथ।
माँ गयी फिर गया बाप भी, खुद को पाया अनाथ।

वक्त आया, उठे भाई बहन, केवल रह गयी याद।
गृहस्थी हमें पड़ी निभानी, 'भगवन' बन कर साध।

रंग लगे चार

जिंदगी में, बदले दौर, तंदुरुस्त कभी बीमार।
पार की हर रुकावट, मार्ग में आईं जो हमार।

नौकर व्यस्त, कभी नेतृत्व, किया बन सरदार।
कृपा हुई जब 'भगवान', रंग तब ही लगे चार।

बहाना हुआ

साथ जिन के था दिल लगाना हुआ।
दूर रहने का पास उन बहाना हुआ।

साथ जिन. . . .

नहीं सुनना अधिकतर सुनाना हुआ।
दूर रहने का पास उन बहाना हुआ।
साथ जिन. . . .

पीठ पीछे सब करना, छुपाना हुआ।
दूर रहने का पास उन बहाना हुआ।
साथ जिन. . . .

दोष जो भी मन आये लगाना हुआ।
दूर रहने का पास उन बहाना हुआ।
साथ जिन. . . .

रखना मुंह बंद कुछ न बताना हुआ।
दूर रहने का पास उन बहाना हुआ।
साथ जिन. . . .

निकट तो भी अलग, ठिकाना हुआ।
दूर रहने का पास उन बहाना हुआ।
साथ जिन. . . .

बुक्कल, बैठे मार, सब पुराना हुआ।
दूर रहने का पास उन बहाना हुआ।
साथ जिन. . . .

ढोंग निष्ठा का 'भगवन' रचाना हुआ।
दूर रहने का पास उन बहाना हुआ।
साथ जिन. . . .

महंगा पहनावा

तर जीता मेडल, ऊँची, चढ़ किसी पहाड़ी पे।
अधिक आनंद हम पाया बन सवार गाड़ी के।

लहंगा, महंगा पहनावा पहन किसी ने साड़ी से।
दुःख पाया 'भगवान' अनुसार किस्मत माड़ी से।

चरण कमली

वे जब से, दो पैसे कमाने लगे हैं।
बाबे चरण कमली चढ़ाने लगे हैं।

करें दिन रात अब उन की पूजा।
गुलाम बन जीवन बिताने लगे हैं।

करते प्रचार मिले ज्यों ही मौका।
मगर उन सब को लगाने लगे हैं।

पा रहे आनंद सुन प्रवचन उन के।
खुद वैसे वे सब को सुनाने लगे हैं।

परिवार बाबे का, हृदय में बिठाते।
घर के अब गैर नज़र आने लगे हैं।

घटे कैसी भी घटना दरबार श्रीबाबे।
अद्भुत उसे लीला वे बताने लगे हैं।

मिलेगी मोक्ष अवश्य मरने के पश्चात।
सोच 'भगवान', दिल बहलाने लगे हैं।

ज्ञान भरपूर

ज्ञान, विज्ञान, गणित, भूगोल, पा भाषा के भरपूर।
हकीम, डाक्टर, वैध, चिकित्सक, हो गए मशहूर।

किया प्यार, लग भग सब, रह न सके, हुए मजबूर।
होना पड़ा निकट 'भगवान', किया जब सब ने दूर।

टस से मस

प्रेम दूर अब दिखता, तेवर भी बदल गये हैं।
थे होते हुजूर कभी हमारे, लगते अब नये हैं।
प्रेम दूर, अब दिखता, तेवर भी बदल गये हैं।

घाव दें अब वे गहरे जिन्हें सहने लग गये हैं।
थे होते हुजूर कभी हमारे, लगते अब नये हैं।
प्रेम दूर ,अब दिखता, तेवर भी बदल गये हैं।

मन आये चिलाएं, ठहराने दोषी लग गये हैं।
थे होते हुजूर कभी हमारे, लगते अब नये हैं।
प्रेम दूर, अब दिखता, तेवर भी बदल गये हैं।

टस से मस होंगे कभी, न रहता अब भय है।
थे होते हुजूर कभी हमारे, लगते अब नये हैं।
प्रेम दूर, अब दिखता, तेवर भी बदल गये हैं।

कृपालु 'भगवान' तेरी, बोलें अब हम जय हैं।
थे होते हुजूर कभी हमारे, लगते अब नये हैं।
प्रेम दूर, अब दिखता, तेवर भी बदल गये हैं।

प्रेम चक्र

जोड़ा जो, खर्चा, उजाड़ा, मेहनत से कमाया था।
तनिक पास न रखा, सारा हम ने खुद गवाया था।

जिस चाहा, जीता विश्वास, ऐसा प्रेम चक्र चलाया।
थी माया 'भगवान', जिस भगवा रांजे को पहनाया।

गुल खिलाये

जिंदगी ने गुल खिलाये, कई किस्म के भैया।
अपरिचित के, इक दिन, बन बैठे थे सईया।

जो हुआ फिर झेला, थी छूटी हाथ से नैया।
कर प्यार भी देखा, था गायब हुआ रुपया।

कम बोलना सीखा, लिया देख, दब दबईया।
स्मरण आने लगी नानी, और कभी थी मैया।

किया हाथ स्पर्श नाही पकड़ पाया क़लईया।
उचित होता 'भगवन', अगर बन जाता गवैया।

विचित्र अनुभव

किया प्यार लगा जो अच्छा, व समझ उसे आया।
वो भी गुप्त रूप से, कभी किसी को नहीं बताया।

तोड़ा विश्वास, था बचा जो, सब हो प्रसन्न लुटाया।
पाये विचित्र अनुभव 'भगवन', गंग में लगे नहाया।

निभा शिष्टाचार

सपनों में, जिन के हम, खोने लगे थे।
दूर वे ही प्यार में हम से होने लगे थे।

गुमसुम आये, शोर मचाने के भी दौर।
क्या निकलेगा परिणाम किया न गौर।

आये, तनिक न बाज़, विद्वान मेरे हुजूर।
थे संस्कारों की वजह आदत से मजबूर।

किया मन जो आया, हुए टस से न मस।
मुस्कान अति दूर, कभी काश लेते हंस।

उन्हें औरों की बहुत, थी अपनी न फिक्र।
कठिन बारे औलाद, हो सकता था जिक्र।

साथ पड़ा निभाना, शिष्टाचार के अनुकूल।
सिखाया सब पढ़ाया, कभी भेजा था स्कूल।

फिर भी, बहुत दर्शाया, उन अपने में गुरूर।
शायद, सब कुछ ये, 'भगवान' को था मंजूर।

जीवन नाशवान

करी रचना, पढ़े लेख हज़ारों, गीत भी लिये गा।
ग़जल, हर प्रकार की कविता, सुन की थी वाह।

हर किसी, लूटा हमें, उन्हें जब भी मिली सुविधा।
जीवन अपना नाशवान, था 'भगवन' लिया बिता।

नग़मे प्रसारित

रोल करना, बैठना, घिसटना, खड़ना, व चलना।
बिस्तर, निवार पर सोना, त्याग दिया जब पलना।

प्रवेश ले पाठशाला में, हुआ था लिखना पढ़ना।
उत्तर ग़लत सुन प्रश्न के, मियां ने थप्पड़ झड़ना।

स्कूल से निकल कालेज पहुंचे, रोजाना थे जागे।
कठिन थे दिन काटने, हाल एक से दूसरे भागे।

नौकरी छोकरी की खोज ने फिर बहुत सताया।
करने पड़े हजारों नृत्य, मन जो आया, वो गाया।

समय पर, था जो भाग्य में, उसे इक दिन पाया।
रोये, हंसे, लिखे गीत, मन, पढ़ उन्हें बहलाया।

की प्रतीक्षा, आये क्षण, रहीं इच्छाएं नहीं अधूरी।
भर पेट, जश्न मना, हलवा मिल जुल खायी पूरी।

वो दिन आये, लगे रोने बच्चे, शोर उन मचाया।
परोसा जो भी लिए उन, कमबख्तों ने न खाया।

प्यार, ममता, लगाव ऐसा, फिक्र, चिंता ने घेरा।
माया केवल 'भगवान' मेरा न तेरा, रहन बसेरा।

धन की वर्षा

प्रसन्न होता मन हमारा, अपनी सुन चर्चा।

दर्श पाना, प्रेमी बुलाते, करते खूब खर्चा।

प्रचार बढ़ाते, बुलाते सब को, बांटते पर्चा।
चरणों में टेकते माथा, करते धन की वर्षा।

आने पर ख़ुशी मनाते, रोते जब हम जाते।
अपशब्द प्रति हमारे, सुन वे कभी न पाते।

सेवा में दिन बिताते, अनिद्रा में सारी रातें।
बढ़ा चढ़ा सुनाते लीला, करते लम्बी बातें।

अटूट विश्वास, रखते हम पर, नहीं घबराते।
लड़ झगड़ खा जूठन हमारी आनंद मनाते।

पायेंगे मोक्ष मरणोपरांत, जपते नाम वे बैठे।
होतीं पूजनीय बीबी, बहुएं, और हमारे बेटे।

हमारी खातिर, रखते घर अपने मनमुटाव।
सिवा हमारे साथ किसी रखते नहीं लगाव।

दासानुदास बनते हमारे, बाहर चाहे साहिब।
हर प्रश्न के 'भगवान', थे सुमिरन ही जवाब।

प्रेम परस्पर

हाथ प्यार से, ऊपर बालों व कभी फेरा गाल पे।
बढ़े प्रेम परस्पर में, हुए वाकिफ न हम चाल से।

दिल हर अपने भरमाये, स्वादिष्ट खिलाए थाल थे।
आई अँधेरी, अगर 'भगवान', गिरे गहरी फाल ले।

दुःख दरिद्र

दुःख। दरिद्र का आना जाना, लगा रहा था यार।
खोना पड़ा, अपना संतुलन, ज्यों ही किया प्यार।

सब शक्ति, चुंबकीय भी हुई, लगने लगा बेकार।
त्याग आस जीत की हर 'भगवान', मान ली हार।

झेली पीड़ा

दिखने में सुशील, सुडौल, सुंदर, व चंद्र मुखी।
जश्न मना उन्हें गले लगाया, हुए फिर थे दुखी।

सहे सितम रख के मौन, झेली मिली जो पीड़ा।
पड़ा था फिर भी सुनना, होगा दिमाग में कीड़ा।

यत्न किए, आदतें बदलें, हुए न कोई संशोधन।
रोका नहीं, जितना भी चाहा, खर्चा उतना धन।

घर में कम, ज्यादा बाहर, लगा रुचि उन पायी।
अपनों की छोड़ी, थी कीर्ति गैरों की, उन गायी।

हम असल नकल में अंतर, तनिक जान न पाये।
दीये दिल के लगे बुझने, आ किसी न थे जलाये।

दूर बैठना, पास न होना, अधिकतर उन्हें भाया।
सुने को, अनसुना करना, हम व्यवहार में पाया।

साथ फिर भी हुआ पुराना, नहीं स्मरण वो कैसे।
अर्थ शास्त्र के पूर्ण ज्ञाता, आधार बना लिए पैसे।

गुप्त रखा, नहीं बताया, किया जो मन में आया।
त्यागा 'भगवान', भजन, बाबे परिवार का गाया।

डाली खाद

सभी में नफरत, मियां, बीवी, क्या औलाद।
सब खाने को मुहैया, फल, सब्जी, व सलाद।

कर प्यार, पाया अनुभव, होना कैसे बरबाद।
बीते दिन, सब पुराने, लगे आने हम को याद।

चुना गृहस्थ आश्रम, फिर बन जीने लगे साध।
घंटे, नगाड़े, ढोलक, चिमटे, सुनी शंख नाद।

बोझा, जितना भी चाहा, लिया कंधे पर लाद।
रिश्ते प्रेम के बदले, थे लड़ाई झगड़े के बाद।

आँखों से, है रोना घातक, शास्त्रों की ईजाद।
मनवा लेनी, बात हर, बहुत चिल्लाने के बाद।

फिक्र, फाके, चिंता, लोगों की, डाली थी खाद्य।
थी किसी को 'भगवन' हम ने दी न कभी दाद।

ख़ुशी पुरानी

की ख़ुशी से थी शुरुआत, अब बात वे हुई पुरानी।

धन्यवाद, फायदा, न लाभ, झेलने ही पड़े गलानी।

संतुलन खोये बैठे, फिरते देखे विद्वान, कई ज्ञानी।
आश्चर्य दोष 'भगवान' को दें, सब दुनिया में प्राणी।

नाजुक विश्वास

साधारण मिले जो भी, उन्हें बनाया अपना खास।
आदर सहित, बिठाया दिल में, रखा अपने पास।

बुध की छाई दशा, शनि, किया राहु, केतु, वास।
रहा न स्थिर 'भगवन', किया नाजुक जो विश्वास।

गायें गाथा

घर देखो बाबे का, कई निशुल्क में दास।
नहीं प्रसन्न, उस में, रहते स्वयं ही उदास।

पढ़ाई में, बढ़ न पाये, फिर भी क्या फर्क।
स्वर्ग यहां केवल लिये उन, लिए चेले नर्क।

भक्त, बाबे की गायें गाथा, रखें पूरा ध्यान।
केवल बाबे उनके ही, दे सकते कहें ज्ञान।

हैसियत से बढ़ चढ़ कर, देते उन्हें हैं दान।
खा जूठन, पी चरणामृत, काम करें महान।

माने हुक्म हर तुरंत, इलाही जैसे फरमान।
आज्ञाकारी परम भक्तों की बने ये पहचान।

अपशब्द, बाबत बाबे, सुन सकते न कान।
सर्वोच्च उन लिये बाबे, नीचे बड़े 'भगवान'।

और कोई चारा

जैसा प्यार में लगा उचित, हर करने लगा वो काम।
देता आशीष किसी को, दिखा कभी करता प्रणाम।

दिखा खत्म जब भरोसा, हो काम सारा गया तमाम।
था, और न कोई चारा, हर लिया 'भगवान' का नाम।

टूटे बिखरे

शान शौकत से थे जुड़े, दिल टूटे बिखरे वो पड़े हैं।
बे इंतहा पढ़ने को किस्से, पुस्तकालय बीच पड़े हैं।

साथ निभा न पाते, पात्र आमने सामने क्यों खड़े हैं?
हो 'भगवान' बर्दाश्त, वो कैसे, शिकवे गिले बड़े हैं।

सुनी खरी

खाते थे मिठाइयां, लगा चांदी हम वर्क।
रज कर, हर त्यौहार पड़ता था न फर्क।

ख़ुशी का माहौल , मिलता छककर घी।
खीर, हलवा सूजी गाजर, साथ चाय भी।

डाल बादाम, व केसर, थे लेते दूध कभी।
लगा गाने फिल्मी, सुना करते, हम सभी।

दुःख वाली घड़ियां, हाल करती थीं बुरा।
पीड़ा देतीं इतना, मारा जैसे किसी छुरा।

हर समय सोचते, लाभ कितना नुकसान।
मालिकों की सुनी खरी, ठहरे हम गुलाम।

घर आते ही देखते, नित दिन नया नज़ारा।
ढेर समस्याएं वहां, कोई मिलता न सहारा।

काल सर्प योग, साढ़े सती, नक्षत्र थे ख़राब।
उपाय चाहिए, खर्च करो, मिलते थे जवाब।

होनी हुई वो टल न पायी डगमगाए मझ धार।
किए सामने 'भगवान', नहीं मानी, कभी हार।

विश्वास आधा

दिल्ली दूर, मार्ग लम्बा, खर्च अति ज्यादा।
करना भर्मण फज़ूल, बनाना पड़ा इरादा।

बाऊ जी बड़े भाई कहा किसी को दादा।
विश्वास पूर्ण, 'भगवन', किया लोगों आधा।

कान खींचे

खेल, कूद से दूर, पढ़ाई में भी पीछे थे।
पाठशाला में कान, अध्यापक खींचे थे।

जीवन अनमोल, जग मिथ्या, सुना हम।
उच्च आसन, विराजे बाबे, बैठे नीचे थे।

जीवन लक्ष्य पाना मोक्ष, किए यत्न शुरू।
परलोक सुधरे, बोये बीज, वो न सींचे थे?

कमाई कम, खर्च अधिक, कठिन गुजारा।
दरी पास, नाही चटाई, लिये उन गलीचे थे।

पढ़ना, पढ़ाना, चिंता पेट पालने की छोड़।
परम प्रकाश को देखने आँखों को मीचे थे।

दास 'भगवान' भी बाबे के, दिलाये यकीन।
जिज्ञासु, सब श्रद्धालु, ओर उनकी खींचे थे।

दुःख निवारण

थे ख़ास, बन न पाये, हमेशा रहे साधारण।
खुश, प्रसन्न, न सुखी, किस्मत के कारण।

कर विश्वास पछताये, लगे पश्चात विचारण।
सिवा 'भगवान', करे कौन, दुःख निवारण।

चरण धूल

प्रवचन, सुनने आएंगे, पूर्ण कर सिंगार जो।
चरण कमल छूएंगे, और पायेंगे दीदार वो।
चरण कमल छूएंगे और पायेंगे दीदार को।

निशुल्क में नाम दान वे लेंगे हम से साँचा।
उन बदौलत, दरबार पा लेगा विस्तार को।
चरण कमल छूएंगे और पायेंगे दीदार को।

बन प्रचारक करेंगे सेवा तन मन धन लगा।
भावी गुलाम हमारे, बन जायेंगे शिकार वो।
चरण कमल छूएंगे, और पायेंगे दीदार को।

श्रद्धा से करेंगे भक्ति, चरण धूल लगा माथे।
छोड़ सारे नाते, सच्चा देंगे हम को प्यार वो।
चरण कमल छूएंगे, और पायेंगे दीदार को।

रटेंगे, कहे शब्द हमारे, वे बनेंगे ज्ञानी ऐसे।
कर आज्ञा पालन 'भगवान' देंगे सत्कार वो।
चरण कमल छूएंगे, और पायेंगे दीदार को।

यार पैसा

पूर्ण होती न जरूरत, कमी में रहता पैसा।
मिला, कहीं यार, भक्तो दुनिया में न वैसा।

निकाला सब मतलब, उन्होंने चाहा जैसा।
साथ कभी बर्ताव, किया बदले में न तैसा।

मनन किया फिर पश्चात बीता वक्त कैसा।
त्यागी उम्मीदें सब हम किसी को न चेसा।

किया ख़ुद को मजबूत मुसीबत हर फेसा।
सर झुका कर हम, पूजा 'भगवान' हमेशा।

कीमती कार

कर मेहनत, लगे कमाने, थे पैसे ज्यों ही चार।
था हिस्सा, सब माँगा, लगा लम्बी, उन कतार।

बड़ा कठिन, हुआ उठाना, कंधे पर हमें भार।
रहना 'भगवान' अलग, चलानी, कीमती कार।

कठिन रिस्क

प्यार की किताब, थी न पास डिस्क।
द्वार सब बंद, था कठिन लेना रिस्क।

दाल में काला, तो आने लगी मुश्क।
बच्चा अब जवां, उसे भी हुआ इश्क।

खुद को सँवारे, चमकाये, रहा लिश्क।
रहे दूर सब से, नहीं होता अब मिक्स।

चढ़ाये चंद नया, आये जैसा भी विचार।
गाने लगा गीत, और बजाता वो गिटार।

बोलता था ज्यादा, अब बातें करें कम।
डूबा दिखे रोजाना, घेर रखा उसे गम।

बड़े आगे, गिरे पीछे, चल पाये. वे कैसे।
खर्चने को चाहिये, मांगे ढेर सारे है पैसे।

पढ़े, जपे, करे कर्म, सताये उसको चिंता।
लगा श्रद्धा से ध्यान हो मग्न करे है मिन्तां।

कुदरत के कहर, थे कई आये ऐसे मौके।
पूर्व किसी पीछे, 'भगवान', खाए थे धोखे।

झूठ का डंका

पले थे धूप में, बिन किसी कूलर और पंखा।
दिया जिसे भरोसा, दिखी उसी में आशंका।

युद्ध कुरुक्षेत्र आई कभी, याद जलती लंका।
सच्चा नहीं 'भगवन', बजा झूठ का ही डंका।

दुर्दशा हुई

फोकट में बनाया, जिन हमें अपना ख़ास।
ऊपर उन लुटाया सब, रखा न कुछ पास।

निहारा उन्हें दिन, रात ,बहुत किया प्रसन्न।
दासानुदास, बन लुटाया, तन, मन, व धन।

स्तुति व गुणगान किया, आरती भी उतारी।
थकावट से रोगग्रस्त, व दुर्दशा हुई हमारी।

हद से वद, किया हम, मिलते ही फ़रमान।
हरेक से किया इकट्ठा, पहुंचाया उन्हें दान।

सुख में कर सुमिरन बोले, सुन बच्चे नादान।
प्रचार बढ़ाना है तुझे, मिल जुल करना प्लान।

ईश्वर रूप मान उन्हें, किया बारंबार प्रणाम।
परमार्थी लगे वे 'भगवान', ऊँचे उन के नाम।

चंगे चोखे

बना चंगे, चोखे लाते, खाते ख़ुद दाल जो।
शरण हमारी आते, चरनी रखते माल वो।

दर्शन हमारा पा कर, हो जाते निहाल वो।
बैठ चित्र आगे हमारे, लगा लेते ध्यान को।

करुणामय मानते, व कहते बड़े दयाल हो।
धर्मार्थी, परमार्थी बंदे, बना देते मिसाल वो।

पहचान असली न सकते, हमारी वे चाल को।
खुश हो उखड़वाते वे, अपनी सारी खाल को।

प्रभु कृपा से आते भक्त, बनते हमारे लाल वो।
उतारें आरती हमारी, पकड़ हाथ से थाल वो।
दिव्य ,कभी हम पावन, छुड़वाते मायाजाल जो।
होगा अंध विश्वास 'भगवान', करते न ख्याल वो।

सब में चंग

कुदरत ने हमें दिखाये, सब विचित्र अपने रंग।
वर्षों की, इक दिन तपस्या, हुई अचानक भंग।

विचार बिलकुल विपरीत, तो भी निभाया संग।
ढूंढी सदा 'भगवान' हम, सभी में उन की चंग।

बिसारा सुख

लग मगर, हम सुना, छोड़ माया जाल।
बजा साथ हमारी ताल से, अपनी ताल।

देख भेड़चाल हम अपनाया वो ही रुख।
झेले दुःख, दर्द, पीड़ा, बिसारे सब सुख।

दास बने दरबार बाबे के, हम भी प्रमुख।
आँख घुमायी अपनी न मोड़ा कहीं मुख।

मधुर, मीठे, चाहे, सुने कड़वे ही थे बोल।
जोड़ा जो, उजाड़ा, रहा कुछ भी न कोल।

आत्मा. अंश परमात्मा, बसे शरीर में सोल।
ज्ञान अमूल्य, कर कृपा, दिया था अनमोल।

हुई दिमाग की धुलाई, बीता साथ उन वक्त।
अहसास दिलाया उन्होंने, ये मिथ्या है जगत।

दिखे नर्म स्वभाव के, कभी पाया उन्हें सख्त।
लौटे अंत में भगवान', और बने तेरे थे भक्त।

बना नवाब

रस सेब, टमाटर, संतरे, ली साधा किसी आब।
दिखा चिंता युक्त दुखिया खुश हो पीता शराब।

भूखे को, पदार्थ छप्पन के आये न कभी ख्वाब।
सब को शिकायत 'भगवान', क्यों न बना नवाब?

चिंता सताया

ले साथ कभी फेरे, हुए हमारे थे।

लुटाया सर्वस्व, बहु लगे प्यारे थे।

दिखा बदलाव, आई तबदीलियां।
उलझी रोज़, बहुत ही पहेलियाँ।

छुड़वाए थे उन, रिश्ते सब नाते।
आसान न दिन, हुईं कठिन रातें।

गर्म, सर्द, रूत कभी, बरसात की।
लड़ाई, झगड़े में दी उन मात थी।

घंटे चौबीस, दिन सप्ताह के सात।
सेवा हरेक मास , मिली न थी दात।

प्रसन्न चित में देखा न ख़ुशी में मुख।
त्याग सुख की आस स्वीकारा दुःख।

ख़ुशी के वक्त भी चिंता हमें सताया।
खर्चा बहुत, बड़ी मेहनत से कमाया।

बच्चों की परवरिश, ज़रा न कोताही।
माया 'भगवन', समझ कभी न आई।

व्याख्या विस्तार

पढ़ी रामायण, गीता, नाही वेद हम चार।
झुके, आगे हरेक, सुनी व्याख्या विस्तार।

मार्ग बाबे का अपनाया, रखा दूर करतार।
माया तेरी 'भगवान', बहुत विचित्र दरबार।

जिम स्लिम

सेवा की बहुत, भाई, बहन, डैडी, ममी।
केला, सेब, चीकू, खिलाई उन मौसमी।

चैस, चैकर, लीडो, व खेला कैरम बोर्ड।
सैर खूब करवाई, बिठा के अपनी गोद।

नाचे गा गीत, उन कभी दिखाई फिल्म।
पेट जब बड़ा, बोले जा जिम, हो स्लिम।

संस्कारी हमें बनाया, दी शिक्षा अद्‌भुत।
बदले हमारे लिबास, नई आते ही रूत।

शिष्टाचार सिखाया, करना किन्हें प्रणाम।
भजन आरती करनी, लेना प्रभु का नाम।

सुरक्षित रखा, ख़ातिर हमारी सब से लड़े।
सदा, कोशिश हर की, बच्चा उन का पढ़े।

उन्हें, पड़ी जरूरत जब, साथ पाया खड़े।
सपने हजारों लिये हम, उन देखे थे बड़े।

उन जैसा समय अब, अपना भी आ गया।
हो जैसे भी भगवान', उस को अब निभा।

झूठी दुनिया

मायाजाल में फिर से फंसे, हुए मन मत।
घुसे झूठी दुनिया में, छोड़ दिया था सत।

निकले हमारे दिल से, लिखें अब न खत।
बचा 'भगवान' समय पे, रखी हमारी पत।

कहेगा जमाना

है गलत खून खराबा, फिर भी होवे युद्ध।
चाहें सुलह सफाई, सुध आवे नाही बुद्ध।
होवे जीवन अमूल्य की, कोई न परवाह।
जीवन में सुख के 'भगवन' मिलें न साह।

आरंभ वक़्फ़ा हुआ ऐसा, स्पर्श नाही चुम।
अपनी दुनिया में खोये, और रहें हम गुम।
उपचार हुए बथेरे, मर्जों की मिली न तोड़।
उम्मीद लगानी 'भगवान', देनी पड़ी छोड़।

चाहा था न जिन्हें, किया उन्हीं से प्यार था।
परिवर्तन क्यों आया, त्याग दिया विचार था।
बीच ह्रदय बिठा, विश्वास, किया एतबार था।
बदले में पाया जो 'भगवन' क्या हकदार था?

रुत आई रोमांचित, गा फिर भी सके न गाना।
यत्न, बथेरे रहे थे करते, रोग होने लगा पुराना।
निराशा, सामने आई, था रहा नहीं, मैं दीवाना।
गया भगवान' की शरणी, पड़ा प्यार भुलाना।

चल पायें न साथ, कठिन, अंग से अंग, मिलाना।
नज़र त्रुटियां आईं, कितना, मौसम चाहे सुहाना।

थी सोच, हमेशा आई, हमें, कहेगा क्या जमाना?
हो गये माहिर 'भगवन', तीर सीख लिया चलना।

पहुँच दरबार, सुने प्रवचन, हरेक बाबे दयाल के।
परिवार सहित उन्हें भी पाया, फंसे मायाजाल में।
दिव्य, पावन, विभिन्न वे, आये, फिर न ख्याल थे।
थे, मगर 'भगवान' लाखों, किया करते कमाल थे।

चलो सच्चे दरबार कहा सब, बाबे हमें पुकारा है।
अवश्य पाना उनका दर्शन, कोई और न चारा है।
डुबाया उन्होंने, विचारना मत, कइयों को तारा है।
कर सेवा, मिले न 'भगवन', दोष केवल हमारा है।

किया, बन बाबे, दिलों पे राज, हर नर और नार पे।
भक्तों की बदौलत, सहमत सभी, हमारे विचार से।
गद्दी को खोस कर संभाला, बाबा पहला उतार के।
बने राज नेता भी 'भगवन', बहुत करने विस्तार थे।

दौड़ायीं नजरें

पत्री हम ने दिखाई, कभी किसी को टेवा।
जितनी हुई , की सेवा, मिला कोई न मेवा।

वर्ष बीसों, की पढ़ाई, फोड़ा अपना माथा।
जैसा कभी विचारा, मिला हमें नहीं साथा।

थोड़ी बहुत कर मेहनत, की थी जो कमाई।
कर इकट्ठी रखी किन्तु काम कभी न आई।

पायी जैसी शिक्षा जपी वैसी नाम की माला।
दीदी, भाभी, ताई, चाची, मामी, बनी खाला।

इधर, उधर दौड़ा नजरें, देख लिए, बदलाव।
सुना और रहे चुप, जब मन को लगे खराब।

किया धूम्रपान, छूए होंठ, पी नाही थी शराब।
डला काफी, बेशक हम ऊपर, बड़ा दबाव।

खूब हंसे व हसाया, किया, जो आया ख्याल।
बिन वजह किसी 'भगवन', खड़े हुए बवाल।

सब व्यापार

बताये रहस्य बाबे ने और जीवन के सार।
भूलना न, दी आज्ञा, जताया उन आभार।

नैया तो फंसी भंवर में, लगाएंगे हम पार।
हुआ अहसास 'भगवन', था सब व्यापार।

मिले विचार

तरकश के, रख तीर, कमान से जब चलाये।
लगे जब, हुए गहरे घाव, सुनी किसी न हाय।

किया, था जो करना, पावन आज्ञा का पालन।
गुलशन रहे सुरक्षित, बने रक्षक माली मालिन।

खोई निद्रा, पड़ा जागना, पाया अच्छा अनुभव।
अन दाता, परिवार दिव्य, मुखिया उन का रब।

मानसिक रोगी, उन माना, व किया दुर्व्यवहार।
नफरत मिली उन सभी से, देना जिन था प्यार।

परम ज्ञान दिया जिन्होंने, उन ही बाद में रगड़ा।
सखा बने सब के, बीता वक्त, किया था झगड़ा।

पल्ले पड़े जिन के, उन अच्छा सबक सिखाया।
देखा आधार हम सभी का, केवल ही था माया।

साथ जिन, बिताया जीवन, मिले न कभी विचार।
शत्रु बनाये 'भगवन' मित्र, मान अपना अधिकार।

कहीं न जा

हूँ बोले वे, सिर्फ मैं ही तेरा, और कहीं न जा।
श्रद्धा से, कर सेवा मेरी, व छप्पन भोग पका।

भोग लगा, रख के सारा, बची जूठन को खा।
भजन शब्द छोड़ 'भगवान' के, बच्चे मेरे गा।

सुलझा पाये

छोटी आयु ,पहुंचे शहर, त्यागा अपना ग्राम।
हुए बड़े, जोड़े हाथ, और करने लगे प्रणाम।

पत्ते खेले, कभी हाथ से, न कभी पकड़े जाम।
सदाचारी, बन दिखाया, किया नाही दुष्काम।

जय कृष्ण, राधे, राधे, था कहा किसी को राम।
सत श्री अकाल, वाह गुरु, कभी कहा सतनाम।

गुड मॉर्निंग, डोबरे दिन, बुनजरणो, चाऊसान।
गरीबों को कम, अधिकतर बाबे को दिया दान।

लिया ज्ञान, हुआ न कुछ, लगा देखा हम ध्यान।
खिदमत कर बाबों की देखी, हुए बड़े परेशान।

उम्र बिता कर चले गये सब, हुआ नहीं कल्याण।
गये वैसे ही बाबे यहां से, कोई आये नहीं विमान।

ऊंचे बोल बोलने वाले, थे जो नाम के बड़े महान।
सुलझा कुछ न पाये, कहलाते अवतार 'भगवान'।

और न कोई

कर सूँ सूँ, नासिका से, कहा बाबे, दिया नाम।
दासानुदास बन गुलाम, जो बोलूं करना काम।

तन, मन, व धन, मुझ पे लगाना, त्याग विश्राम।
तेरे लिये, और न कोई, मैं ही केवल 'भगवान'।

कल जैसा आज

होता, जैसा था कल, रहा वो आज नहीं।
करना चाहूँ, अब, जो होता, काज नहीं।

सोचना पड़ता जरूर, कोई नाराज़ नहीं?
दिखें, सब में 'भगवान', कोई लाज नहीं।

मोहब्बत जीती

जाँच पड़ताल, बिन ही इष्ट, जिन्हें बनाया।
सुख छोडो, दुःख हर पल, उन्हीं से पाया।

छोड़े, सब काम, काज, दर्श, उनका पाया।
तन, मन, धन, सब सेवा उनकी में लगाया।

अटूट विश्वास, लग्न, श्रद्धा से, किए गुणगान।
चित्र उन के आगे, किया आते जाते प्रणाम।

आज्ञा अनुसार घृणा, किया जिसे कहा प्यार।
शत्रु बनाया उन, थे बने उम्र भर के जो यार।

गये देश, देशांतर, और किया उनका प्रचार।
प्रश्नवाचक, एक दिन, उनका पाया व्यवहार।

इष्ट हुए भ्रष्ट ,घर वाले, उन के ही, फिर बोले।
माया जाल से, वे प्रभावित, भेद उन्होंने खोले।

डगमगाई पावन नैया, कचहरी में गया विवाद।
प्यार, मोहब्बत, 'भगवान' जीती व हुई आबाद।

रोटी दाल

चर्चा भविष्य, है डूबा व्रत, भूत के कमाल।
चंगे चोखे मिलें हमें, रोटी औरों को दाल।

भक्त, हाँ में हाँ मिलाएं, और ताल से ताल।
तन, मन, व धन लुटायें 'भगवन', पूछें हाल।

बचे खुचों ने

धर्मस्थल, बाबे का उचित, समझ में आया था।
बुद्धिजीवी कइयों ने ईष्ट परम उन्हें बनाया था।

टूटा परिवार उनका, है पावन जिसे बताया था।
बचे खुचों ने 'भगवन', गुण उनका ही गाया था।

भगवे में फ़कीर

करना चाहा बहुत, किसी दिया न साथ।
पकड़े थे जिन कभी, छोड़े उन्होंने हाथ।

कर इस्तेमाल, विचार हमारे, हुए अमीर।
हवा में, चलाये केवल, ढेर सारे हम तीर।

मिले ताकत, खाये बादाम, कभी अंजीर।
गिर के, शह सवार, बने लड़ाकू हम वीर।

घबराये, रोये, निकाला हम, कभी न नीर।
प्यार बनाया बंदी, झकड़ रखा था जंजीर।

मिले, बाबे के सेवक, कई भगवे में फ़कीर।
सर्वोच्च, रहे बताते, हैं मालिक उन के पीर।

चक्र चला, थी डाली उन, मर्यादा की लकीर।
अंध विश्वास रख बदली, अपनी भी तकदीर।

कसूरवार बने खुद हम, दीं उम्मीदें सब चीर।
पुकारा फिर 'भगवान', था दिया जिस शरीर।

सफ़ेद शेष उड़े

मिला, ज्ञान साँचा, दिया बाबे हो दयाल।
आज्ञा, जप दिया नाम, होंगे बड़े कमाल।

परोसे छप्पन भोग, व रोटी, सब्जी, दाल।
झुटा कर यत्न सारे, कर दिया मालामाल।

क्रोधित उन्हें पाया, और मुख से बड़ा लाल।
पहचान, पाते कैसे, थी टेढ़ी, उनकी चाल।

ख़ुशी से उखड़वायी, शरीर से अपनी खाल।
छुड़वाने वालों से भी, था दूर न मायाजाल।

कहीं गड़बड़ तो नहीं, कभी आया न ख्याल।
हुए सफ़ेद सेवा करते, शेष उड़े हमारे बाल।

पूजा दरबार, लगा दिल, हम ने, हरेक काल।
कमी न थी छोड़ी, की आरती सजा के थाल।

कोइ मिली हमें संतुष्टि नाही हो सके निहाल।
वैसे बड़े करीब 'भगवान', बने थे उनके पाल।

शक्ल क्रूर

गले हार, हाथ में कंगन, डाला मांग सिन्दूर।
हुआ वर्जित, करते कैसे, प्यार उन्हें भरपूर।

जन्म पूर्व का कर्मफल, भोगना पड़ा जरूर।
पास निवास था खटकता, तो भी हुए न दूर।

बात की न सीधे बूथे, दिखाई थी शक्ल क्रूर।
आँखों में झलकता, नहीं दिखा इलाही नूर।

शवा मुखारविंद से, कभी बोला, उन था सूर।
वे रूप घातक दिखाते, था बनाया जिन्हें हूर।

खटास मुंह में उनके पाते, खाते चाहे खजूर।
नाच, सदा नचाया उन, बना कर हमें मयूर।

विश्वास रखा, कायम हम, हुआ वो चकनाचूर।
हलचल करते पैदा, शायद होगा कोई दस्तूर।

पड़ीं करनी, बातें खुद से हमें, हुए जब मजबूर।
इच्छा, मान 'भगवान' तिहारी, किया सब मंजूर।

अरमान अधूरे

तुलना, चंदा साथ हमारी की किसी ने सूर्य से।
हम पाले अरमान हजारों, वे सब रहे अधूरे थे।

सहायता में, असमर्थ सब, कंकर हर अटकाये।
थी, राह उचित जब पायी, हमारे सखे कहलाये।

जाने का मार्ग दिल्ली, सब बिन झिझक बताया।
पहुंचने का वहां खर्चा, था किसी नहीं पकड़ाया।

जपना नाम, करना सुमिरन, हर विभिन्न बताया।
करवायी सेवा, बटोरा माल, व उन जेब में पाया।

मतदान आये मांगने नेता, जोड़ के हाथ दिखाया।
जीता जो हुआ अदृश्य, बहुत देर, नज़र न आया।

प्रेम, प्यार, मोहब्बत में, जिस आगे कदम बढ़ाया।
तरसा बहुत बेचारा, जीवन में कर विश्राम न पाया।

पूजा, पाठ, बहुत करवायी, हवन, यज्ञ, भी रचाया।
पायी हम, शांति मन में, शायद 'भगवान' रिझाया।

नाराजगी सर्वत्र

सोचा, अफसर बनूँगा, होगा रोब भी ख़ासा।
खाने, पीने को सब होगा, रहूंगा नहीं प्यासा।

हुई टैक्स कटौती, व कुछ राशि लिये पेंशन।
कठिन गुजर, जरूरत ज्यादा, काफी टेंशन।

फटकार पड़ी, हर तरफ से, मिली अस्थिरता।
कीचड़ चारों ओर पड़ी थी, देखी हम दरिद्रता।

तबादले के बाद तबादले, हुई न कभी संतुष्टि।
पूछा प्रश्न जब, ऐसा क्यों, की न किसी ने पुष्टि।

स्कूल बदले बच्चों के, था भरा सरकार ने खर्चा।
जैसी चाही हुई न कभी, घर हमारे धन की वर्षा।

रिश्ते नाते सब संभाले, की पूरी मेहमान नवाज़ी।
ख़ुशी कम, नाराजगी सर्वत्र, हुए विरले ही राजी।

सेवा से मुक्त हुए इक दिन, सुख का आया साह।
पड़े बुढ़ापे में अकेले 'भगवन', ख़ुद पका, व खा।

करुणामय दयाल

की सेवा, रात, दिन, सप्ताह, मास, कई साल।
मोक्ष गारंटी, विश्वास अंध, आया न था ख्याल।

दिखी बदलती, हर पल, हम को, उनकी चाल।
करुणामय बाबे 'भगवान', दिखे थे बड़े दयाल।

चेहरा बेनकाब

कर बैठे प्यार, मोहब्बत, पूरा ख्वाब हुआ।
हटा जब पर्दा, चेहरा देखा, बेनकाब हुआ।

हक जमाने लगे, पूर्व देखा न जिन्हें कभी।
पैदा न जाने कैसा, साथ उन लगाव हुआ।

सौ में होते, कितने बीस, लगे वे समझाने।
दिल नाजुक, लगी चोट, गहरा घाव हुआ।

जाना, इधर न उधर, बहुत लगी पाबंदियां।
रहा कहाँ, बता विवरण, बड़ा दबाव हुआ।

बोझ सारा, खुद उठाना बिन किए बहाना।
बन शौहर, सुन्दर बेगम का, रुआब हुआ।

जल्द दिन आये, खुद को पाया उन से दूर।
बिलकुल वे चंगे, प्रेम में डूबा, खराब हुआ।

किया जो, वाजिब न पाया, सुनने पड़े बोल।
उन से चाहा 'भगवन' जैसा न जवाब हुआ।

निभाये धर्म

मौन रखने वाले बाबे, उतार के सारी वे शर्म।
रहना जिन्हें, था सदा कूल, हुए अचानक गर्म।

मिलेगा, बहुत सारा सुख, हैं भक्त पालते भ्रम।
लगे 'भगवान' जैसा अच्छा, हर निभाये है धर्म।

हद पार

माँ, बाप का साया, अद्‌भुत ही बहार थी।
भाई, बहन में अहिंसा, थे वैसे हम भारती।

ईर्ष्या प्रबल, कमी सहनी पड़ती प्यार की।
समस्याएं बिगड़ती रहतीं, घंटे हर चार थीं।

पक्ष घोटे तरफ जाता, थपड़ी जब मार दी।
बनावटी डांटे जाते, हार मान सरकार की।

तुलना में सुनते, थे कैसे बाज़ी बड़ी मार ली।
शीघ्र सुलह करवा देते, जब छिड़ती वार थी।

हुए पैरों पे खड़े, बनी जोड़ियां नर व नार कीं।
बदलाव 'भगवान' आया, हुई हद भी पार थी।

ऐसा मायाजाल

छुड़वाने वाले भी न बचे, था ऐसा मायाजाल।
उसी के बने बाबे, दिया जिस नव उन्हें माल।

निशुल्क में, सेवक लाखों, तथापि हों बवाल।
महल, हर नगर में 'भगवन', दरबार विशाल।

अरसे बाद

झुका के सर आगे भगवे, पूरा दिया सत्कार।
कभी नहीं विचारा, थे क्या वाक्य में हकदार।

जो भी बोला, माना, किया प्रश्न, नाही तकरार।
अरसे बाद 'भगवन', सब मालूम हुआ बेकार।

तोबा लेना नाम

पढ़ा लिखा, पढ़ाये बच्चे, मेहनत का काम।
हुई तोबा ज्यों ही, पड़ा लेना, राम का नाम।

यत्न किए, कमाए दो पैसे, टहले प्रातः शाम।
आदर, प्यार, नमस्ते, व कभी किया प्रणाम।

भजन रूहानी गाये, शब्द कहीं पढ़े कलाम।
पीड़ा हुई, अगर शरीर में, तुरत लगाई बाम।

बातचीत से ख़रीदा, दिया नीचे ला कर, दाम।
हरकत कारण हंसे, कभी रोये देख परिणाम।

खाया पिया चंगा माड़ा, रख दूर हाथ से जाम।

बुरी आदतें, रखीं दूर, जो करतीं काम तमाम।

दुविधा में टटोला भाग्य, दिखाया अपना पाम।
भयभीत हुए, सुन वाणी, भुलाना पड़ा था ग्राम।

घर वफादार को लाये, नाम रखा उसका टॉम।
हुई कृपा 'भगवान', तो सब करने लगे सलाम।

खाना छोड़ना

हमें पड़ा, तेल का खाना और छोड़ना घी।
कहीं बीपी बढ़ न जाये पीनी छोड़ दी टी।

डाक्टरों के चक्र, बिल चुकाये उन की फी।
उपासना 'भगवान' भी लगा पूरी श्रद्धा की।

दूर सदा कंधा

साफ़, नाही काम कोई, कर पाये थे गंदा।
नौकरी व्यवसाय कर सके, न कोई धंधा।

कर कोशिश हर हारे, किस्मत में था मंदा।
छोड़ा साथ अपनो ने, रखा दूर सदा कंधा।

रहा मौन हुक्म प्यार में, पड़ा लगाना जंदा।
ख़ुशी से सब किया, स्वीकार गले में फंदा।

मिले हमें बाबे, माँगा दान, कभी उन चंदा।
जेबें सारी खाली, था धनी 'भगवान' न बंदा।

गिरवी झोंपड़ी

रोजाना सूखी, पड़ी खानी, हमें त्याग चुपड़ी।
आया जब मोटापा, घुमा दी उस थी खोपड़ी।

इलाज पड़ा करवाना, गिरवी रख के झोंपड़ी।
सुनी एक जब 'भगवन', हमें सुनानी सौ पड़ी।

बिगड़े वेहड़ा

पैसे लिये मिटता प्यार, होती दिखी लड़ाई।
अलग बेटा माँ, बाप से और बहन से भाई।

विवाद बाबत जमीन, चलती रहतीं छुरियां।
आसां पहुंच कचहरी में भी होतीं न पूरियां।

जोरू गुलाम बन, झगड़ालू लड़ते दिन रात।
बिगड़े वेहड़ा, समझाये केहड़ा, सुने न बात।

नसे पानी, कला कलंदर, सप्ताह, दिन सात।
आटा गुँधे, पके नहीं रोटी, चाहे वो ही परात।

है जाना किथे, राह न लबे, ढूंढ रहें हर ओर।
कोयल बोले, कुत्ता भोंके, नाचते बन में मोर।

धार्मिक सब, कमा रहे पुण्य, व करते हैं पाप।
खांसी, जुकाम, बहुत सताते, हैं चढ़ा देते ताप।

मोह, माया से रहें न वंचित, साधु क्या फ़कीर।
करते शिकायत 'भगवन', कहें फूटी तकदीर।

दोष या शरारत

पाली विजयी होने की तमन्ना, फिर भी हारत।
लगा दोष विधाता का, या अपनो की शरारत।

थे सवाल, सभी निकाले, तर्जुमा कर इबारत।
दिल, मन से 'भगवन' तेरी करते रहे इबादत।

साधारण आला

अनुभव पाया घूम देश देशांतर, ज़रा फर्क न भाई।
खाद्य पदार्थ, रलते मिलते, सब मुंह ड़ाल ही खायी।

पहनावा विभिन्न अवश्य हर ऋतु अनुसार निराला।
रोजाना साधारण, किन्तु लिये पार्टी सब का आला।

भाषा, भूगोल, इतिहासे दुनिया, गणित, व विज्ञान।
पढ़ सभी हो जाते क्या बताऊं लोग कितने महान।

मुद्रा विचित्र, हर देश में अपनी, दी दिखाई चलती।
ग़रीबी अमीरी हर जगह, होनी, टाले, न थी टलती।

नाचना गाना, दिल बहलाना, सब देखे करते नाटक।
उसी तरह, देखा खुलता, वास्ते रेलगाड़ी के फाटक।

भूमि, पानी, व वायु में यात्रा, कई साधन द्वारा होती।
महंगाई भी हर जगह, दिखी ख़लक़त हम को रोती।

सर्वत्र राजनीति का भी, पड़ा देखना बोल, व बाला।
जन समुदाय, सफ़ेद, भूरा, मिला था कहीं पे काला।

अकड़न, कड़वाहट, मिठास, ईर्षा, प्यार, मुहब्बत।
लस्सी, चॉकलेट, शर्बत, पाली नशे की, किसी लत।

हमें आज़ादी अति कम नज़र कहीं बहुत ही आई।
वक़्फ़ा रख, चले जनता, पकड़ हाथ, कहीं कलाई।

लेना जन्म, बिता जीवन, समय आये पर मर जाना।
डाल, भूमि में देना, 'भगवन', शरीर किसी जलाना।

निगुरे बन सगुरे

कर्ज से पढ़ाई, ख़रीदी कार, की खड़ी इमारत।
बाबे परिवार की कर सेवा, पानी चाही उदारत।

निगुरे से बन के सगुरे, था किया प्रचार हम उन।
पागलपन में 'भगवन', थे रहे बजाते उनकी धुन।

फोकट में मारे

बन जाते, हम भी बाबे, थी न अपनी लक।
कठिन दो पैसे कमाने, थे दूर, फ्री के चैक।

दौलत भरपूर, स्तुति में, गायक भी न आये।
बेचैन की, पायी निंद्रा, मुंह से निकली हाय।

अदब से न किसी ने देखा, आँखें लीं चुरा।
स्वार्थियों को, पड़ी जरूरत, बने हम भरा।

कम मुआवजा, मेहनत हिस्से हमारे आयी।
बाबे परिवार बनाये दास, रही पास न पाई।

दास आजीवन, रख लते, था ग़ौर अपराध।
धन इकट्ठा करते जो, रखे ऐसे, थे न साध।

करते हुक्म दिए की पालना, बिन झिझक।
लूटते झूठे दे दिलासे, लिया न ऐसे रिस्क।

घिसे पिटे प्रवचन वही भक्त सुनने आते।
करते नृत्य, भजन बॉलीवुड ट्यून पे गाते।

ताजमहल से भी बेहतर आश्रम बन जाते।
ऋण, जायदाद हमारी का मुक्त करवाते।

संस्कार ऐसे पाये न हम जो लाभ उठाते।
कर विश्वास घात, प्रसिद्ध जरूर हो जाते।

जीवन कटा हमारा, गये फोकट में मारे।
नहीं पहचानते 'भगवन' जिन के थे प्यारे।

दिल पर वार

जीवन में देखा हर दुःख, जनाज़ा व मौत।
सफर कार, जहाज़, ले हुए कभी थे बोट।

दिल पर भी हुए वार, खानी पड़ी थी चोट।
चैक, कार्ड 'भगवान' दी तृप्ति कभी नोट।

गल डलवाया

साफ़, सुथरा, लगे वे करने, क्या गंदा था?
हमें लपेटा बाबे ने, चाहिये उन्हें बंदा था।

सारा भार, उठाने लगा, हमारा कंधा था।
बल लगा कर पूरा पड़ा चलाना धंधा था।

बोलना उचित या लगाना मुंह पे जंदा था।
देना दान, व पड़ा करना, इकट्ठा चंदा था।

पाने दर्शन उन के, होता ईद का चंदा था।
बाई, साध्वी उनके, हर साधु होता नंदा था।

बन दासानुदास हम करना नाम बुलंदा था।
बिन चाहे, गल डलवाया, अपने में फंदा था।

लक्ष्मण रेखा में ही रहना, बन फरजन्दा था।
उन्हें पूजना 'भगवान', और पाना अनंदा था।

थ्री नॉट थ्री

कर शादी, घर को छोड़ा, लिया सोच, हुआ फ्री।
शुरू हुई फिर चैनमारी, चली गोली थ्री नॉट थ्री।

झेलना बड़ा कठिन, लगा हाथ जोड़ बोलने जी।
घुट सब्र के 'भगवान', हम देखे, लिये सब ने पी।

चेले भयभीत

पसीने भरा गर्मी में, शरीर ठंड में सर्द था।

जिस ने जब चाहा, दिया बहुत ही दर्द था।

कायम रखी आस, किया शुक्र गुजारे दिन।
दे वास्ता धर्म का, कई करवाते रहे थे सिन।

कभी तर्क से न समझे, पाली जिन नफरत।
कर सेवा मेरी, बोले बाबे, हम देंगे तुझे गत।

उचित, मेहनत का, न मिल पाया मुआवजा।
पायी, प्यार में भी घृणा, अनोखा ही राज़ था।

माना जिन्हें अपना, आया वक्त, बने दुश्मन।
बिगड़ा माहौल सारा, जब बीच में आया धन।

शक्ति किसी कर भक्ति से, चाही पानी जीत।
किसी बन बाबा किया, हर चेले को भयभीत।

सिवा ईश्वर के बना, अपना सखा, न कोई भी।
सामने दुर्दशा 'भगवान', प्रकट सदैव होई थी।

अनुकूल कर्म

लगने लगा सही, हुआ न कोई भ्रम।
दुरुस्त, लगा अच्छा, निभाया वो धर्म।

समय अनुकूल, किया हरेक था कर्म।
कायम हया लाज 'भगवान' रख शर्म।

फेर मनके

हुई प्यार की, कभी जागृत, थी इच्छा।
पास कोई अनुभव, पायी नाही शिक्षा।

जैसे भी हुआ, हम कदम बढ़ाये आगे।
सो पाये रात, न दिन में ही कभी जागे।

गिले, शिकवे, शिकायत कई थे सुनाए।
कर अमन, शांति, भंग, बहुत कुरलाये।

उन साथ, पल बिताए, धर्म मान अपना।
स्वीकारा अत्याचार, दिया त्याग खपना।

पूर्व की फ़रमाइश, विपरीत हुई कल वे।
नफरत, घृणा, के शब्द, निकले जल के।

बात चाही जिधर, उस तरफ उन मोड़ा।
मनमुटाव किया पैदा, जोड़ा नहीं, तोड़ा।

थे सालों साल बीते, फिर भी साथ उनके।
रिझाये 'भगवान' बाबे, फेर हाथ से मनके।

स्वयं का ऐसा

दिया जिसे, जीवन में, कभी न प्रेम।
सुशोभित करे उसे, लगा कर फ्रेम।

होगा हाल, स्वयं का, ऐसा ही कभी।
वक्त आया, 'भगवान', सोचने लगा।

बोझा उठाया

क्या प्यार में पड़, न जाने पा लिया?
कर्ज़ पूर्व जन्म का लगे चुका दिया।

चाहा स्वर्ग. मिला नर्क इसी जन्म में।
बोझा कंधे पर 'भगवान' उठा लिया।

हल मिले

हम से मिलते, जो प्रेम, और प्यार से।
बाद अरसा कुछ, निकले खूंखार थे।

खुशी से बने नौकर, कभी सरदार थे।
मौसम रोजाना देखे उन हर बहार के।

वफ़ा कर पछताये, जब सुना, गद्दार थे।
वे आराम से बिता पाये, न दिन चार थे।

रास्ते बंद, जायें किधर, हुए लाचार थे।
प्यार का तथापि, रहे करते, व्यापार थे।

लगें उन्हें दुश्मन, कभी होते जो यार थे।
नज़र जो न आयें, पास उन हथियार थे।

गुजर सकते न साथ, हो जाते टू फिर थे।
एक साथ मिला पाते कभी भी न तार थे।

रहते ठीक, ठाक बाहर, घर में. गवार थे।
हल कैसे मिले 'भगवान', आते विचार थे।

मशवरा खला

साथ प्रेम के, सब रहो, बुजुर्गन दी सलाह।
सहन शीलता अपनायो, होगी नहीं कलह।

धर्म रास्ते पर चलना, है उसी में सुना भला।
कुछेक को फिर भी, बड़ा मशवरा ये खला।

मार अधिकार औरों के, बनते लोग अमीर।
भर चने से पेट, कोई खा रहा, हलवा खीर।

अनपढ़ बने राजा, दिखें शिक्षित बेरोज़गार।
सुकून, किसी ने पाया, कर बाबे का दीदार।

ब्रह्मचारी कोई विरला, हर शेष किया प्यार।
चलाए हरेक सिक्का खोटा, मानी नहीं हार।

कर मेहनत, की कमाई, पका बच्चे और खा।
कर खुश, मन अपना, गीत, दर्द भरे सब गा।

लिखते रहे, हम कविता, कही किसी न वाह।
बन श्रीबाबे के सेवक, दी 'भगवान' उम्र गवा।

भांडा दिया फोड़

पैंट, शर्ट, टाई, था लिबास में शामिल कोट।
भाली कोई किसी में हम, थी न कभी खोट।

जब भांडा, जिस चाहा, दिया उस ने फोड़।
किया पूजन 'भगवान', व खाया मिला रोट।

लक्ष्मी प्यारी

सोना बहुत, किसी को, जागने की बीमारी।
प्यार, प्रेम, छोड़ मुहब्बत, लक्ष्मी थी प्यारी।

बंगाली, लाहौरी, पंजाबी, गुजु, व बिहारी।
दुःख में, साथ देना, लगाये विरला ही तारी।

दुश्मनी, बड़ी अच्छी, कठिन निभानी यारी।
लोगों ने माल कमाया, हमारी आई न बारी।

अर्द्ध विराम पूर्ण, ली सीख लगानी सिहारी।
पीया मीठा सोडा और बोतल हम ने खारी।

देखी बाबा जी की, बड़ी लीला हम ने न्यारी।
सिंहासन पे विराजे कर सेवा ख़लक़त हारी।

राजनीति का बना मज़ाक, पड़ी जनता भारी।
चुनाव एक हुआ खत्म दूसरे की शुरू तैयारी।

भजन, सुमिरन, तपस्या में भक्तो उम्र गुजारी।
पास 'भगवान' नज़र न आये बीती जिंद सारी।

बन पाये पीर

पैदाइशी क्षत्री, थे पूर्ण, युद्ध कला में वीर।
किया धर्म के अनुसार, थी ऐसी तकदीर।

पाठी, पंडित, मुल्लाह, थे बने, नाही पीर।
भूले सब 'भगवन', घर आई ज्यों ही हीर।

युद्ध घमासान

पाया, ज्ञान बाबे का, लगा कल्याण हो गया।
धार्मिक, कर श्रवण, प्रवचन विद्वान हो गया।

सेवक, भक्त हर बना, सोचे जवान हो गया।
कोमल, शक्तिशाली, बड़ा बलवान हो गया।

इलाही हुक्म जो भी मिला, फरमान हो गया।
घर में वे जब आये, खुद ही मेहमान हो गया।

इलेक्ट्रीशियन, मिस्त्री, कभी तरखान हो गया।
बन हैंडीमैन भक्त परम उनकी शान हो गया।

वकील, मुनीम, बावर्ची, मोची, दीवान, हो गया।
निकाल कचूंबर, परिवार बाबे, धनवान हो गया।

बन बाबे का सहायक, प्रचारक, महान हो गया।
धोए चरण, जल पीया, लगा अमृत पान हो गया।

दिन आये, परिवार बाबे, युद्ध घमासान हो गया।
बना शीघ्र दूसरा बाबा, वे भी, 'भगवान' हो गया।

जो पास खोना

सीमित में खाना, जागते रहना और सोना।
संभाल के न रखा था जो पास पड़ा खोना।

आचार्य, योगी, बाबे बने नेता लड़ वे चोना।
हुआ वोही 'भगवान', लिखा गया जो होना।

विश्वास कायम

अपने हुए बेगाने, केवल बाबे सखे गुरु।
जब भी वे पधारे, करनी सेवा हुई शुरू।

सब भूले दुनिया के, दिखा न कोई और।
किया तरफ परिणाम, हम न कभी गौर।

और अगर कोई आया, थे खाये चक्र बड़े।
लगे पश्चात वही बाबे, मिट्टी कच्ची के घड़े।

परिवार अति पावन, रहा बटता बारंबार।
परम पूजनीय गद्दी नई, होती रही तैयार।

विश्वास कायम भक्तों का सदा रहा अटूट।
हट गये पीछे हजारों जो देख न सके फूट।

चढ़ा दीवानगी में बहुत उन पर गहरा रंग।
बाबों को भी नज़र आती उनकी रही चंग।

ले बाबे बाप का नाम, हो गये सभी मशहूर।
घर के चिराग 'भगवन' एक दूसरे से थे दूर।

रक्षाबंधन आज

रक्षाबंधन आज, साथ लाल सिंह चढ़ा।
बॉलीवुड ख़ुद ही, खोल लिया है गड़ा।

करोड़ों की बातें करते, हंकार भरपूर।
जरूरत 'भगवान' की है न उन्हें हुजूर।

नेक इरादा

सोचा न विचारा, था किया, प्यार भरपूर।
लड़ा युक्त हर निभाया, साथ भी जरूर।

हीटर, स्टोव, बार्बीक्यू, व लगवाया तंदूर।
बड़ा उन्हें रिझाया, मिटा सका न गुरूर।

विपरीत सोच रही दर्शाती, सदा हमें हूर।
दोष हमेशा ही स्वीकारा, हो हम मजबूर।

वक़्फ़ा बढ़ाते, रहे उछले, भांति वे लंगूर।
पूजा, पाठ थे करते, लगाते कभी सिन्दूर।

ख़ुशी, गम इलाही, देखा हम ने कभी नूर।
अपना नेक इरादा, चकना होता रहा चूर।

बिताई जींद उन साथ, वीर बन हम शूर।
पड़ा नाचना भी 'भगवान', हमें बन मयूर।

लोभी घट का

सत्यमेव से शुरू, वो गुस्सा, हटता नहीं।
कमाते हैं, जो पैसा वाजिब, बटता नहीं।

विवाद, बढ़ता जाता, तनिक घटता नहीं।
लोभी, जो 'भगवान', घट किसी का नहीं।

बख़्शी इज्जत

घूम, फिर के ढूँढा, मिला कहीं न सत।
मोक्ष, निर्वाना, पायी न जाने किस गत।

दिखा, अंधविश्वास हमें, सर्वत्र मंडराया।
प्यार, मोहब्बत, व प्रेम, समझ न आया।

माना, किया काम, जो किसी फ़रमाया।
हाथ जोड़ बख़्शी इज्जत, लुत्फ उठाया।

बाबे मिले, पूर्ण ज्ञानी, अशिक्षित विद्वान।
संग सब, उन्हें पूजा, लगे रूप 'भगवान'।

मर्ज दवा

तीन घंटे का चलचित्र लेगा और देगा क्या?
पास रखा जो संभाले, देना पड़ेगा वो गवा।

जा देखेगा बुजुर्ग, और निकाल वक्त युवा।
किस मर्ज की, 'भगवान', नहीं मालूम दवा।

क्रिया प्रतिक्रिया

क्रिया की प्रतिक्रिया, लगता रंग लाएगी।
खोपड़ी, रहती सदा खाली, भर न पायेगी।

चाहा जैसा, शायद, न निकलेगा परिणाम।
होगा जागना 'भगवन' ग़र निंद्रा न आयेगी।

दिखायेगा रुआब

भूखा मरा, जा हॉस्टल में, रहा नहीं नवाब।
उत्तीर्ण होता कैसे, दे कोई न सका जवाब।

दुरुस्त, था जो हमेशा, हो कैसे गया खराब।
इत्र फ्लेर, तो छोड़ो, पास फूल नहीं गुलाब।

ले अरमान घर से निकला, पूरे होंगे ख्वाब।
नसीहत दी खुद को, लिया न तनिक दबाव।

सिर चकराए, कठिन बहुत पढ़ना, की जॉब।
नुकसान का धंधा, दिखा उसे, कछु न लाभ।

सुना दुविधा, दुःखी करता, कहूं क्या जनाब?
दूर मेम, पास न कोई, बनेगा कब वे साहिब।

रब करे, पा सिद्धि, सीखे तैरना, बीच तालाब।
गाने लिखे, और उन्हें गावे, ताली बजावे मॉब।

नाम, करेगा रोशन अवश्य, दिखायेगा रुआब।
हथ वश 'भगवन' तेरे सब, शुक्र तेरा धन्यवाद।

शक्ति बलवान

पूज मुझे, बोले बाबे, होगा तेरा कल्याण।
जुटा तन, मन, व धन, अर्पण करना दान।

रखा विश्वास, पूर्ण उन पर, मांगा न प्रमाण।
था जग में जैसे, उन जैसा और नहीं महान।

फ़ैल कोविड़ ने, जब हटाया बाबे से ध्यान।
यूट्यूब पर फिर भी कायम रहा अभियान।

शक्तिशाली, उन जैसा, नहीं मिला बलवान।
बाबा वो ही प्रचलित, जो दे सकता था ज्ञान।

बिन पढ़े, लिखे ही थे बने वे श्री बाबा विद्वान।
रोब जमा, हुए सफल, करें सब को परेशान।

आँखों से पाएं दर्श, प्रवचन श्रवण करें कान।
भक्त उतारें आरती, व करें उनके गुणगान।

श्रीबाबे समय के तत्वदर्शी, करवाते पहचान।
कलयुग में केवल वे ही थे स्वरूप 'भगवान'।

जयकार नारे

कर धन इकट्ठा, बनाएंगे महल, भक्त हमारे।
होंगे एकत्रित, उतारेंगे आरती, रल मिल सारे।

छोड़ काम काज सब, आएंगे हमारे वे दरबारे।
दुनिया में, और न कोई, हम लगेंगे उन्हें प्यारे।

त्याग जगत, प्रचार करेंगे, जा दिशाओं में चारे।
जीतेंगे, हम हर बाज़ी, है मुमकिन, वे सब हारें।

पूजेंगे वे चित्र हमारे, गाएंगे मधुर, भजन न्यारे।
जयकार, कभी बना हमें नेता, लगाएंगे वे नारे।

हमें कांटा चुभा, अगर सुनेंगे, होंगे दुखी बेचारे।
व्याख्यान हमारे, सुन वे 'भगवन', लूटेंगे नज़ारे।

मनोरंजन साधन

मनोरंजन का साधन, शायद और न मिला।
बैठ सिनेमा हाल में रोया, कभी मन खिला।

खा, मध्यांतर में समोसे, पीया कप चाय का।
प्रभावित किया 'भगवन', सुना गीत गायिका।

शिष्टाचार साधा

बनाया ताया, चाचा, हम किसी को दादा।
गया शिष्टाचार में मारा, बंदा सीधा साधा।

निकालना, स्वार्थ कैसे, बनाया हर इरादा।
बनाई योजना पूर्व, थी तनिक वो न साधा।

जरूरत से अधिक, बोझा गया था लादा।
निकली चीखें बहुत, पड़ा बोलना ज्यादा।

भरा पेट मिला जो भी, हो प्रसन्न था खादा।
बिन वजह लड़ाई, झगड़ा सर्वत्र ही डाडा।

झेला नफ़ा नुकसान, कुछ हुआ न फायदा।
जगत में झूठ, सच का, अजीब था कायदा।

खायी मात, कर विश्वास, मान हरेक वादा।
किया फर्क मर्द न बीच किसी कभी मादा।

वालिदैन ने बच्चे पाले, की सेवा न औलादा।
मिले, 'भगवान' साधु, कई भगवे में जलादा।

कीमती क्षण

रहा न ज़ीरो, बना हीरो, दिया प्यार हर जन।
हाल सिनेमा में बीते, कइयों के कीमती क्षण।

की उन जेबें अपनी खाली, बहुत गवाया धन।
उड़ भांति चींटी, दिखाए पर अपने 'भगवन'।

करोड़ों की आय

चाहिये, करोड़ों की आय, जनता ग़रीब से।
जद्दी, पुश्त का धंधा, जिस पाया नसीब से।

ग़म अपने सब भुलाये, जो अपने करीब थे।
अभिनेता, वो अभिनेत्री 'भगवन' अजीब थे।

मचे दंगल

संतुष्ट हुए जा स्कूल नाही माल कमाने से।
जीना चैन से दिया हमें न कभी जमाने ने।

सुख मिला भक्तों को, बाबे चरण दबाने से।
हुआ तृप्त जन कोई, घुट लगा मयखाने में।

हुआ दुःखी, कर स्मरण, कथन जो पुराने थे।
मचे दंगल, किसी की, झूठी बात फैलाने से।

प्रेम पूर्वक रहना सीखो, कहा हर सयाने ने।
किया, अमल विरले, हम भी तो, नीयाने' थे।

आँखों से कई चवखे, सूरदास, कुछ काने थे।
सुन्दर कमलों के घर में, ज्यादा होते दाने थे।

भूखे रहे, मेहनती सुस्त, आगे छप्पन खाने थे।
पास काम चोर, निकम्मे के, अस्सी बहाने थे।

लिए स्वार्थ देखा हर, दुश्मन भी यार बनाने थे।
ढूंढना हल, आगे 'भगवान' के सीस झुकाने थे।

विरला यार

संस्कार पाए थे ऐसे, दूर रखा हम प्यार।
जीना कैसे, दुनिया में, बताया बाबे सार।

किसी तरह हुए पांव पे, खड़ने को तैयार।
हर घट वसता ईश्वर, रहा हम से टू फार।

जरूरत से पड़ा ज्यादा, हमें लादना भार।
न मालूम थी खानी, क्यों हर से पड़ी मार।

धंधा, मंदा फिर भी पाँव नीचे दी उस कार।
शत्रु दुश्मन चार चुफेरे, विरला अपना यार।

रूखी, सूखी खा भरा पेट लिया नहीं उधार।
रह खुश फिर भी काटे जीवन के दिन चार।

बाबे से मिले बहुत दलासे डूबे न लगे पार।
करुणामय, मूर्त ऊपरी, अंदर बहुत खार।

भोगा दुःख अधिकतर, सप्ताह के हर वार।
याद 'भगवान' की आई, वो ही बना हमार।

शब्द बाण

दिल में, जिन्हें बिठाया, और सर पे, चढ़ाया था।
शब्द भेदी, बाण चलाते, तरस नहीं आया था।
जो चाहा शीघ्र पाया, फिर भी, नर्क बताया था।
नगमा अजीब अनोखा, बिन साज़ के गाया था।

दबा सके वे जितना, उन लगा ज़ोर दबाया था।
रख पल्ले कुछ न पाये, था जो पास गवाया था।
अच्छी तरह धर्म अपना, साथ सब निभाया था।
दुःख पाना, बांटते रहना, शायद ही भाया था।

वार्ता उन, कर न पाना, हर बात को घुमाया था।
जब जहां, उन चाहा, अधिकार खूब, जमाया था।
क्यों शांत रह न पाये, जिसे भी चाहा, सताया था।
शैतान जिसे था माना, 'भगवान' उसे बनाया था।

उतना ही खर्चा

त्वचा, पायी सुंदर, साथ में चमकीले बाल।
रोटी, पूरी, सब्जी, व खायी, स्वादिष्ट दाल।

अच्छे कपड़े ओड़े, चले हिरणी की चाल।
दिया ईश्वर जितना, उतना ही खर्चा माल।

नाम दान श्री बाबे ने हो कर दिया दयाल।
दर्श पा कर उनके, हम होते रहे निहाल।

माया का करवा सेवा, उन छुड़वाया जाल।
असलियत, या धोखा, क्यों आया न ख्याल?

छोटी बात, हर पर, दिखा होता रहा बवाल।
दिखी क्रोधित मुद्रा, ऋतु ग्रीष्म क्या सियाल।

रगड़े जाते हमेशा, हुआ करता, बैड़ा हाल।
रहे फोकट में उखड़वाते, अपनी ही खाल।

सब को जहाँ से जाना, नहीं बख्शता काल।
घृणा बहुत दी 'भगवन', किसी ने चूमे गाल।

कितनी सच्चाई

हर की बाबे सेवा, हुआ जब तक न परेशान।
सब पढ़े लिखे निकम्मे, थे मालिक बाबे ज्ञान।
परिश्रम कर हर खाया, क्यों केवल बाबे दान?
फोकट में लिया आदर, और बन बैठे महान?

दिल भक्तों में बसा करती, बाबा जी की जान।
बंद आँख सामने चित्र, लगाते हैं अपना ध्यान।
बिन भोग लगा के खाते नाही करते जल पान।
स्थिर हर स्थिति में रखें, मुरशिद की ही शान।

बाबे सेवा करनी, प्रण लेते चले जब तक प्राण।
मोक्ष उन थी पानी और कृपा बाबे से कल्याण।
कितनी वहां थी सच्चाई, कभी मांगें न प्रमाण।
थे परम पूजनीय लिये उन केवल वे 'भगवान'।

हितैषी सज्जन

असर हुआ इक दिन, बाबे सच्चे दरबार का।
चाहा न, जिस को, पड़ा करना उसे प्यार था।

बदले में, जो पाया, क्या उस का हकदार था?
दूर, जिसे था रहना, कब कैसे उसे निहारता।

थे बाबे सेवा में अवल, जमाया अधिकार था।
फिर कृपा हुई बहुत, ग़ौर छाया अंधकार था।

सब को, उस नकारा, कोई न जिसे पुकारता।
प्यार में शायद वाजिब, हर बाज़ी रहा हारता।

गृहस्थी कठिन, हुक्म चले, बाबे सरकार का।
पड़ा संघर्ष, हुआ जब पैदा, होना बेकरार था।

आस पास हितैषी, सज्जन, न अपना यार था।
हिसाब मास, सप्ताह, न रहा, किसी वार का।

बाबों से छुटकारा, उत्सुक मन न दीदार का।
पकड़ हाथ 'भगवान' संभाला, बड़ी उदारता।

पीठ पीछे

दिया जिन वादा हमें, कभी इकरार का।
लगे शंख बजाने, सुना हमें, इनकार था।
शोक फिर से जागा, बाबे के दीदार का।
पीठ पीछे, वो सब करना, उन्हें प्यार था।

मर्ज न जाने, किस का, हुआ उपचार था।
बिन विचार, उठाया ऊपर, कंधे भार था।
शत्रु, जिस को माना, बनाया उसे यार था।
अंत में, लगाना उन, शायद बेड़ा पार था।

बढ़ा लगाव, औरों से, हुआ न इंतजार था।
यश क्रमण, फैला दिखा, दिशायें चार था।
जीने का सम्पूर्ण, जान लिया, उन सार था।
धन, दौलत से नवाजा, ठुकराया प्यार था।

प्रभु, बाजू में रखा, सामने उन अवतार था।
सुख दे, पाया दुःख, सहा उन कई बार था।
बिन पूछे उन तर्क हमेशा, दिया हज़ार था।
याद उन्हें 'भगवान', रहा नाही करतार था।

मीठे बोल

वर्षों जोया, जिसे बाबे, किया उसे ज़लील।
बने सखे जिस के, दूर किया हज़ारों मील।

लक्ष्मी की, महिमा बड़ी, सिद्ध की दरबार।
दी प्रसाद में गालियाँ गुलामों को उन चार।

घर के अपने भी, निकाल कर दिये बाहर।
जीने का उल्टा, किया प्रस्तुत, उन्होंने सार।

फिर भी, दीवाने पालें, उन में अंधा विश्वास।
सेवा में लगा देते सब, तनिक न रखते पास।

बन प्रचारक उनके, देते लम्बे हैं व्याख्यान।
करते उत्तेजित सब को, लेने को आत्म ज्ञान।

स्वयं करें, और करवाएं, चरणामृत का पान।
प्रशंसा में, सुनाए बाबे की, मीठे बोल जबान।

तुरंत आज्ञा पालन, कर परिश्रम, बन बलवान।
उन के लिये वे ही, उच्च कोटि के 'भगवान'।

जो न सही

विकल्प न रहा जब, लिया हमें चुन।
मुझे सुनना नहीं, जो बोलूं उसे सुन।

मर्जी उनकी ही चले, जीता चुनाव है।
पड़े, करनी खिदमत, बहुत दबाव है।

लगा शिकंजा ऐसा, छूट सकता नहीं।
पड़े करना, वो सब, होता जो न सही।

ऐसी स्थिति में, रथ खड़ा कर दिया।
थे बच्चे अच्छे, उन्हें बड़ा कर दिया।

दबा पाँव, चलें जाएँ, फिर भी चौंक।
देख साधु, साध्वी, कई देते हैं भौंक।

पूर्णतया ख़ुशी यहां, मिल न पायी है।
विश्वास रख 'भगवान' पर, भलाई है।

अशान्ति व्यापक

बाँटें बाबे शांति, फिर भी, शांति सर्वव्यापक है।
दे ज्ञान, करवाएं पूजा, भगवादारी अध्यापक हैं।

भावना के अभिलाषी होते थे जो, कहाँ वे अब?
करें जब दान याचना, बिन बोले ही दे देते सब।

नहीं पड़ती करनी कोई मेहनत, छा वे जाते हैं।
प्रम आराधनीय शीघ्र, वे भक्तों के बन जाते हैं।

आशीर्वाद उनका, भक्तों के मन को सुहावे है।
आनंदित, हो जाता शख्स, उस को जो पावे है।

जो भी था अपना, हो जाता माल बाबे का सब।
छूट जाते 'भगवान', और बाबे बन जाते हैं रब।

पाप कमाते

क्या बीते, हम पर, नज़्म बनाते हैं।
स्पष्ट, अनिवार्य, कुछ न छुपाते हैं।

हर रुख बदले, अपना देख समय।
प्रश्न करो, तो दिखते चने चबाते हैं।

देखने में, सभी धर्मात्मा, क्या कहने?
आड़ धर्म, कुछ लेते पाप कमाते हैं।

बोलें, मधुर वे बानी, माशा अल्लाह।
फ़िदा होते कई, सुन जब वे गाते हैं।

गीत वेही गायें, करें आमदनी अलग।
फटता न पूरा, सभी दुहार लगाते हैं।

पेट कभी न भरता, लालच बड़े सदा।
थोड़ा, जो खाया, पचा उसे न पाते हैं।

बढ़ता, रहे व्यापार, दें दान, बाबे को।
भीख में एक रुपया, वे दे नहीं पाते हैं।

भर लेते खजाने, देखे पूरे ऊपर तक।
आय कर बचे, हर तरकीब, लड़ाते हैं।

घूस, सिफारिश के, हैं बहुत प्रभाव यहां।
पास 'भगवान' सब, हाथ पसारे जाते हैं।

पईया दिवैया

गए सुख, बदले रुख, अश्रु हो दुखी बहाने लगे।
दर्द अधिक, झेलना कठिन, थे उसे दबाने लगे।
दर्द अधिक..............

सुख वक्त करना था क्या, थी आई न कभी दया।
पल भर ही रहा पश्चाताप, सुनाने, फिर बड़ा लगे।
दर्द अधिक ....

पुराना लगे न अच्छा, हो जाये झूठा क्षण में सच्चा।
नजरअंदाज कर, बिन दिए तवज्जो बताने वे लगे।
दर्द अधिक ....

हुक्मरान बन बोले, उठ, झुक, चुक, व कभी रुक।
लक्ष्मी पास न काम ही ख़ास, ताने मार सुनाने लगे।
दर्द अधिक ....

वक्त की दिक्कत, तबीयत नासाज, भोजन बे स्वाद।
ले दो टुक, डाल पानी बीच बुक, मुंह में थे पाने लगे।
दर्द अधिक ....

सब मुहैया, कहें किस को भैया, सुन सकती न मैया।
अपनों में गैर, और गैरों में नज़र, अपने थे आने लगे।
दर्द अधिक ....

प्यार में पाईया, गाने वाला गवैया, थे वैध देने दिवैया।
पहुँच वक्त उचित पर, मुखड़ा अपने थे दिखाने लगे।
दर्द अधिक ....

बिन बुलाये मेहमान, मांगने वाले दान, करें परेशान।
दें न दिलासे, बेचारों की चिंता, और भी बढ़ाने लगे।
दर्द अधिक ....

पास आयो 'भगवान', जपूं तेरा नाम, सुबह व शाम।
तेरे सिवा और न कोई, बन भक्त अवल, गाने लगे।
दर्द अधिक.............

चकरा गया

कभी हम थे बुलंद, ख्याल आ गया।
ग्रीष्म ऋतु, लगा सियाल आ गया।

देख उसे पसीना, सरेआम आ गया।
पी मुंह से पानी, स्वादे जाम आ गया।

आँख उठाई, याद तब, राम आ गया।
सूर्य उदय, नज़र हमें, शाम आ गया।

मुंह बंद, हिलें न दंद, आनंद आ गया।
साँस लेनी, हुई औखी, ख़ौफ़ खा गया।

छलांग मारनी, हुई कठिन, चकरा गया।
थी गयी, मत मारी, बीच बातों आ गया।
बन गया शैदाई, छुहारा मुंह लगा लिया।
'भगवान', ओस अपना किवें बना लिया।

पत्ती दहले की

छोटा घर में, राज कुमार कहलाता था।
देखते ही सब खुश होते, ऐसा नाता था।

निगाह हर, जमी हमारे ऊपर रहती थी।
निगरानी में हो पाती, कोई न गलती थी।

नगर जासूस, खबर पहुँचाती पहले थी।
हर, नहले ऊपर, देखी पत्ती दहले की।

था आनंद दूर खेल में, रोंद मारे जाते थे।
जवाब सुन न पाते, रोते गला फटाते थे।

स्कूल में मास्टर भी, लगे कभी न चंगे थे।
हर काम हमारे में, वे लिया करते पंगे थे।

बौने वे स्वयं, कहते लम्बू, हमें चिढ़ाते थे।
दान में मिले थप्पड़, रोजाना ही, खाते थे।

हमारे साथी, कुछेक स्वार्थी, ऐसे पाए थे।
दुःख की घड़ियों में, नजदीक न आए थे।

शिकायत लगाने में, होते बड़े माहिर थे।
रोगी वे मानसिकता के, लुत्फ उठाते थे।

विश्वास घात किया कितनों ने, भूल गए।
हम सबक, सीख न पाए, ऐसे फूल हुए।

धर्म, कर्म में हुआ करते सब से आगे थे।
कार्य पवित्र में भी धोखा, हम न जागे थे।

पैसा खूब कमाते, नसीब न उस बनाया।
किया परिश्रम, और फल औरों ने खाया।

पीछे प्यार न पड़े, चरित्र बड़ा सुहाना था।
मन में आया जो भी, उसे तभी दबाना था।

पाया जो प्रभु से, पकड़ उसे संभाला था।
दुनिया में उसे समझा , सब से आला था।

मदिरा, तम्बाकू, साथ उस जुआ दूर रहा।

आशीष बुजुर्गन, ऊपर हमारे, भरपूर रहा।

रह प्रसन्न, सभी दिन जीवन के निकाले थे।
'भगवान' की कर भक्ति, पुण्य कमा ले थे।

तत्वदर्शी ज्ञानी

है स्मरण, सुना करते, थे कोई कहानी।
थी हो जाती, याद हमें, वो मुंह जबानी।

पढ़ना नहीं ,करना हमें, श्रवण भाता था।
सुनना उसे फिर, लगती थी बात पुरानी।

खेल कूद में, मन तो अच्छा लग जाता था।
छोड़ पढाई करना, हमें देती थी परेशानी।

थे अवल हम विद्या में, शक कोई भी न था।
बचपन छोड़ प्यारे, कहा करती थी जवानी।

घूमें, कई तरह का हवा पानी हमें मिला था।
जब भी मन में आता, कर देते, हम शैतानी।

दुःख हो किसी को हम से कभी न चाहा था।
हमें, लगती थीं चोटें, हुआ करती थी गलानी।

अध्यापक हमारे भी, बहुत भेदभाव थे करते।
हुक्म इलाही हमें सुनाते, ऐसे तत्वदर्शी ज्ञानी।

मित्र परस्पर, शिकायत उन से लगाया करते।
अत्याचार, सह रोजाना, बने हम भी बड़े दानी।

इंसान व हैवान में फर्क समझ कभी न आया।
धोखे, बराबर थे खाये, थी हम में बड़ी नादानी।

छोड़ वो सब हम ने, विश्वास कहीं और लगाया।
मूर्ख, बुधु, को बचाया कर 'भगवान' मेहरबानी।

निकाल प्रभु

हम, पढाई करने जाते थे।
ले लड़ाई घर को आते थे।
हम ....

मास्टर को क्या लेना देना।
कसूरवार हमें ठहराते थे।
हम ....
काम होवे बोलें खत्म सदा।
वे चिला कर हमें बताते थे।
हम ....

जवाब, अगर न सही दिया।
थप्पड़ मौके पर लगाते थे।
हम ....

कर कभी सके न प्रशंसा।
हर गलती को दोहराते थे।
हम ....

था आज्ञा मानना प्रम धर्म।
सेवा, वे फ्री में करवाते थे।
हम ....

ऐक वर्ष लिए, वे राज करें।
हुक्म अपना सदा चलते थे।
हम ....

जब कभी, आये नंबर कम।
ढिंढोरा, वे नगर पिटवाते थे।
हम ....

इस बिपता से, निकाल प्रभु।
हम गुण 'भगवान' के गाते थे।
हम ....

उर्जा अलौकिक

त्याग, सभी धर्म स्थल, पास बाबों के जाते हैं।
ठोक बजा वे बाबे अपने, सर्व उच्च बताते हैं।

घर वालों की नहीं चिंता, उनके ही हो जाते हैं।
मिले उर्जा अलौकिक, वे दर्शन उनके पाते हैं।

दे योगदान हर तरह के, धनवान उन्हें बनाते हैं।
खाते वे, रूखी मिस्सी, चुपड़ी, उन्हें खिलाते हैं।

त्रुटी जो भी दिखने में आये, मन से दूर भगाते हैं।
सेवा उनकी में निरंतर, तन, मन, धन, लगाते हैं।

मनुष्य तन में, ईश्वर वे, जा उनके चरण दबाते हैं।
आशीष उनकी बड़ी दुर्लभ, पाने उसको जाते हैं।

मोक्ष अवश्य पा लेंगे, परिवार सारा वे रिझाते हैं।
'भगवान' से नहीं लेन देन, गुण बाबे के गाते हैं।

गल फंदे

सुचे किए न कोई काम, गंदे कर गये।
व्यापारी सच्च नाम, ऐसे धंधे कर गये।

जिस की न उम्मीद, कर दिखाया उन।
कोष रोजाना देखे, दान चंदे से भर गये।

मालकियत, जिन पास, तीनों जहान की।
बटवारे की ले फरियाद, कानून घर गये।

प्रेम व्याख्यान, किया करते थे रात, दिन।
अपनों ने जब किया, क्यों कोप कर गये?

तालीम, गोपनीय जो दी, हुई वो नाकाम।
बाग़, महक पाता कैसे, थे कंडे लड़ गए।

भूल गये सारे, अपनी खोखली, सब शान।
'भगवान' जो बना, गल उस फंदे पड़ गए।

सम्भल पग धर

थे सुनाते वे प्रवचन, रोज़ प्यार पर।
बहु, चाहत बेटे की ला न पाये घर।

रहा न हमारा, की फ़ारखती तैयार।
हमेशा बेटा उन, होता था अर्श पर।

कर्म, धर्म, शर्म, उतार दी उस सब।
कहने लगे वे, अब गिरा है फर्श पर।

बनाया था मुरशिद, जिसे उन कभी।
शैतान, कहने लगे, वो ही नारी, नर।

चले खूब धंधा, आय भी थी न कम।
मिटाया मिटी में, शादी उस ने कर।

दरार, हो गई पैदा, बदौलत दुष्कर्म।
सोचे थे, होगा राज सारी दुनिया पर।

कठिन लगा उन्हें, दासी बहु बनानी।
रोष, बड़े दिखाये, थे मुनियादी कर।

थे, व्यस्त सदा, दास लोगों को बनाने।
देख वो फिर न पाये, बेटे को रती भर।

जो बोया वो ही काटा, रीत प्रभु बनाई।
'भगवान' दी सीढ़ी, सम्भल व पग धर।

नैया अटकी

दिन-ब-दिन, दिशा बदले जा रही है।
काट, मोड़ जिन्दगी, किधर जा रही है।
दिन-ब-दिन.........

सोचने का वक्त रहता न पास कभी।
स्मरण शक्ति, होती खत्म जा रही है।
दिन-ब-दिन.........

करें बातचीत हम, अब न तमन्ना कोई।
बिन कहे, सुने दृश्य और दिखा रही है।
दिन-ब-दिन.........

करवट लूं कोई और, हौसला ही नहीं।
बिन कूलर के ठंडक, चली आ रही है।
दिन-ब-दिन.........

नैया पड़ी अटकी, चलना हुआ कठिन।
रूके नहीं हवा, लहर साथ ला रही है।
दिन-ब-दिन.........

दीमाग पे, जोर डालूँ, मुमकिन अब नहीं।
'भगवान' जाने, घड़ी कैसी, आ रही है।
दिन-ब-दिन........

रहमत न गल

सोया रहा, वक्त पर उठ न सका।
जब पड़ी जरूरत, झुक ही सका।

कई पैदा, कर दी थीं, हम रौनकें।
अकड़न भी दिखाई, थी शोक से।

तसल्ली होती, इच्छा पूरी न हुई।
चाहा सहयोग, दूर मजबूरी हुई।

पड़ा होना शांत और न चारा था।
कसूर उस में, शायद हमारा था।

टक्कर मिली, बराबर की न थी।
उचित आ पाया, समय न कभी।

चैन से बैठ. निकाल पाए न हल।
'भगवाने' रहमत हुई न थी गल।

जान लेते सत

काश लिया करते और दिया मत।
झूठ पकड़े जाते व जान लेते सत।

विचार जो भी आया लगा वो सही।
सुनी 'भगवान' हम, न मानी कही।

भोलापन न फला

सोच, विचार में ही गुजरी सारी उम्र।
बीत कब गयी पता उस का न चला।

सुहाने इस सफर में, हमें मिले कई।
हर शिकायत, और किया था गिला।

सीधे मुंह से बात अपनी, न पायी हो।
भोलापन अपना था, वो भी न फला।

सहायता, कोई करता, कार्य कठिन।
इनकार करने की हर दिखाई कला।

दर्द देने में पाये, निपुण हम ने सब।
देखे सभी, किया जिन का था भला।

मीठी जबां मन मैला पीछे पीठ वार।
ठंडी ऋतु में भी था उन्हें पाया जला।

प्यार में भी मिलावट, थी दिखाई प्रभु।
हुआ न अपना, था जो पकड़ा पल्ला।

साथ, देने में असमर्थ, थे सदा जो रहे।
मांगने, बाद में लगे, जाने हमारी बला।

धर्म के, दलालों ने भी न छोड़ी कसर।
नामे 'भगवान' ले, उन बहुत ही मला।

चिंता न कर

प्यार साथ, आगे बढ़, प्यार कर।
हुआ स्वीकार तो फिर कैसे डर।

प्रबंध कर कुली, गुली, जुली का।
शुरू, कर बचाना चाहिएगा ज़र।

आवश्यकता, वाहन भी पड़ेगी।
रूखी, मिस्सी बना, गुज़ारा कर।

प्रभाव डालने वाली, शान तेरी।
भुला देगी चलाना, कैसे है घर।

मिलेंगे कई, तोड़ेंगे विश्वास जो।
'भगवान' भज, व चिंता न कर।

रूहानी धनवान

छोड़ श्रीमान, श्रीमती को बोले श्री बाबे।
रूहानियत से धनवान मार रहे थे दाबे।

जब हम आयें, और बुलाएं, आना चली।
साथ खाद्य पदार्थ, और लाना पूरी तली।

चरण धूल लगा माथे, पीना चरणामृत।
एक दिन, अवश्य, प्रदान कर देंगे गत।

पावन बानी अति सुहानी को लेना सुन।
करना नाम का जाप, व बजानी है धुन।

धन, जितना हो पास, लगा देना सेवा में।
प्रीत कहीं और लगाना, न किसी देवा से।

बाबे सब कुछ जग में, और न कोई दूजा।
दिल लगाना और करना उनकी ही पूजा।

अच्छा हो तो कहना कृपा हो गई बाबे की।
हुआ बुरा तो समझना, क्रम फल पाया सी।

कहना सब से, वे भी, लग पीछे, बाबे जाएँ।
दिन रात उतारें आरती, भजन उन के गायें।

बाबे लिए हर सुविधा का करते रहना प्रबंध।
दिल से प्यारे होते बाबे को तुझ जैसे ही चंद।

मरणोपरांत बेटी, वैकुंठ तुझे, बाबे ले जायेंगे।
बाबे अवतार, 'भगवान' असली से, मिलायेंगे।

आस तोड़ दी

बदल रुख, है चुका, जाएगा ले कहाँ?
शायद करेगा दूर, रहने न देगा यहाँ।

समय, तबदील होगा, इंतज़ार छोड़ दी।
सही होगा, उसकी अब, आस तोड़ दी।

बदलते, जब से तेवर, नज़र आने लगे।
उलटे, सीधे, लिख गीत, हम गाने लगे।

पायी पहुँच ध्वनि न थी कभी पास उन।
नशे, अध्यात्मिक में पड़, सुनते थे धुन।

बाएं लूं, कि दायें, कभी न करते विचार।
पीछे हटूं, जाऊं आगे, कर देते इनकार।

ऊपर देखें, चेष्टा पक्की, लगा गिरने की।
है, आदत पाल ली, अकेले ही फिरने की।

रावता उनका साथ एक, दो ही होना था।
अकेले रहना, जागना और उन्हें सोना था।

जरूरत उन्हें, किसी की, पड़ेगी नहीं अब।
मानुष देह में भगवान', मिले थे, उन्हें रब।

ऐसी सलाह

भक्तों ने बाबों की हस्ती, अर्श चढ़ा दी है।
लगे करने सेवा, उन उम्र, पूरी गवा दी है।

मशवरा बाबों का, मानते हुक्म इलाही वो।
मन मत न बनना, उन ऐसी सलाह ली है।

भेद भाव कोई दरबार बाबे होवे न कभी।
कृतार्थ होते सब, बाबे चरनी, जगह दी है।

अमीर, गरीब, और बीच वाले भक्त सारे।
इमारत, लिए बाबे, हर नगर खड़ी की है।

सर वंश अपना वे, बिन झिझक, लुटा देते।
जिंदगी सुहानी वो, काम बाबे जो आती है।

मोह, माया से मुक्ति, दुर्लभ कृपा बाबे की।
आशीष उनकी, 'भगवान' तुरंत भुलाती है।

मत मारी

मिलता था कभी, नहीं पाया, तो पछताया।
अति अधिक हुआ जब, उसे पचा न पाया।

मुखारविंद से शिकायत, की हरेक सुनाई।
दे रिश्ते माँ बाप से तोड़, बहन और भाई।

थे, प्यार के गुल, शहजादे सलीम खिलाये।
अकबर बाप पर ही, निशाने उस लगाये।

मजनूँ, पड़ा प्यार में, फिर जंगलें अकेला।
दूध पी न सका बेचारा, रही भेजती लैला।

प्यार ने देखा हम ने, कइयों की मत मारी।
उचित निर्णय लेना, पड़ जाता, बड़ा भारी।

पड़े लक्ष्मी की जरूरत, कैसे जुटाया जाये।
कौन यत्न से, कर प्राप्त, प्यार बढ़ाया जाये।

कठिन पाना, और बचा रखना दुविधा ऐसी।
कृपा 'भगवान' बाबों की हो रही ऐसी, तैसी।

धंधा चल रहा

करनी, जिन को भलाई, थी आम की।
हस्ती वो ही निकली, केवल नाम की।
हस्ती ....

सुने सुविचार सारे, जा सजे दरबार में।
सेवकी अपनी उन, सारी परेशान की।
हस्ती ....

दुहाई देते, थे कभी, परस्पर प्यार की।
शक्ति नज़र नहीं आई उनके ज्ञान की।
हस्ती ....
भ्रमण देश, देशांतर कर कभी छाये थे।
महिमा भक्तों ने गायी थी गुण गान की।
हस्ती ....

राज किया, उन दिलों में, हर मासूम के।
पास करोड़ों, जरूरत फिर भी दान की?

हस्ती ....

शांति बाँटने को चले, थे कभी संसार में।
आ गई घर, घोर अशांति, डूबी शान थी।
हस्ती ....

धंधा फिर भी चल रहा, है उनका जोर से।
उपाधि भक्तों से पायी, उन भगवान' की।
हस्ती ....

धर्म से कुरु

आरम्भ धर्म से, समाप्त कुरु से होता है।
हंसना चाहने वाला देखा अक्सर रोता है।

रुची नहीं, पकाने में, पकायी हुई चाहिए।
निंद्रा आ सतावे, वक्त उठने का होता है।

मेहनत कर, उसारना, बस की बात नहीं।
बनी हुई इमारत, मन देख, खुश होता है।

आमदनी, हो लाखों में, रहती इच्छा प्रबल।
रहना झरोखों में निरंतर, मुश्किल होता है।

एक नज़र से सब देखें, हो ऐसा योग नहीं।
अर्थ विभिन्न, दृश एक, निकलना होता है।

सद्ध मार्ग, अति सुलभ, सदैव सुनाया जाता।
क्यों कभी मिलन 'भगवान' से नहीं होता है।

रास्ते प्यार के

सीखना कठिन, और भी, सिखाना संसार में।
टेढ़े-मेढ़े मिला करते हैं, सभी रास्ते प्यार के।

देख लेता हर कोई खिला फूल मुरझा जाता।
ताल से ताल मिला, फिर गीत वो गा न पाता।

पूर्व जाना पश्चिम, उत्तर पड़ जाए है, कान में।
फिर वो भी बस न पाए, था होता जो प्राण में।

तर्क, वितर्क, फर्क न डाले, शुद्ध विचार वही।
सुनने की न जरूरत, कहा जो, है वो ही सही।

समीक्षा करना, दे कारण, मानना वक्त बर्बाद।
प्यार में तो हैं सभी मालिक, कोई नहीं आज़ाद।

ग़र इच्छाएं दबानी सीख लें, विवाद कभी न हो।
शक, केवल शक रहेगा, कितने प्रमाण भी दो।

कर प्यार, पाया प्यार, तनिक काम नहीं आया।
कभी सीधे मुंह न बात हुई, बेहतर गया दबाया।

शांति, अचानक गायब, शुरू हो जाती, जंग थी।
बहार प्यार 'भगवान' सदा बदला करती रंग थी।

मुहूर्त शुभ

वास्ते बाबे, मुहूर्त शुभ, अच्छा योग था।
सुनने उन्हें पहुँचा, बहुत सारा लोग था।

सुना जो, उसे स्वीकारा, किया नहीं प्रश्न।
पूजा परिवार 'भगवान' उनका हो प्रसन्न।

आन्ने टके

पढ़ाई लिखाई, मेहनत भी, कर देखी गरीब।
लक्ष्मी, फिर भी रही दूर, हुई न कभी करीब।

पूजा, पाठ, हवन, उपाय, हर तरह के जाप।
सफलता की कुंजी का देख पाया वे न माप।

आस फिर भी न छोड़ी, रहा लगाता दौड़।
आन्ने, टके करे इकट्ठे, और लगावे जोड़।

कौनु पायी उस नवाबी, बेचारा बैठ विचारे।
करे सजदा ,टेके माथा भी मंदिर, गुरु द्वारे।

कोई भर्ती हुआ सेना में, सोचे किस्मत चंगी।
बन शौहर ले लावे बेगम फिर भी रहे बेरंगी।

सर पे, चढ़े कर्ज, किसी दे घूस नौकरी पायी।
अनुकूल नक्षत्र, किसी काम सिफारिश आई।

भूख, प्यास, रंक, धनी की मिटती, असंभव।
लालसा समाप्त, हुई कभी न, पाया अनुभव।

पकी पकाई, लिये किसी. कठिन पचानी रोटी।

दवा दारु देर से लगती किस्मत जब हो खोटी।

त्याग संसार, बाबे के डेरे, भक्तों महल बनाये।
दिन रात की वहां सेवा, अस्तित्व अपने मिटाए।

किसी तरह, उम्र बीतती, कितने भी पापड़ वेले।
आया बुढ़ापा, हरेक भागा, रहना पड़े, अकेले।

खटया क्या कमाया, देख पीछे को करे हिसाब।
'भगवान' बिन, गवा समय, जीवन किया खराब।

रहता न चेता

हों विजयी, सज कर आयें, राजसिक नेता।
हैं वायदे भी पूरे करने, रहता उन्हें न चेता।

दल बदलें कभी करें संधि, हाथ वे मिलायें।
प्रवक्ता दल के, भाषण में, दे उत्तर न पायें।

ला पास, वे खूब मसाले, चीखें और चलायें।
पीछे उनके, सारी जनता, बोल शेर सुनायें।

अचानक बीच दूसरा, तीसरा, टांग अड़ाए।
कहा क्या जा रहा, किसे समझ नहीं आये।

भोली जनता, जाना किधर, सोचे भी कैसे।
मरेंगे तो कार्य कर्ता, खर्च नेता करेंगे पैसे।

नारा, चाहिये नया, हरेक दल को रोजाना।
विचित्र प्रदर्शन, राजनीति के, देखे जमाना।

लाठी वाले, भैंस तेरी, रहेगी कैसे तेरे हाथ।
शत्रु, भूतकाल के, मिल पाएं न रहेंगे साथ।

है नियम करो कमाई, पूजो नगद नारायण।
दर 'भगवान' पूजो सारे, मिल जाएगा चैन।

वंचित हथेलियाँ

उत्तम बुद्धि पायी साथ में विश्लेषण शक्ति।
दिया बिसार ईश्वर, हो रही, बाबे की भक्ति।

निःसंकोच, त्याग अपने सारे, उन्हें रिझायें।
सिवा उन, सूरत हरेक, क्यों पराई लगती?

परम सुख की अनुभूति हो आज्ञा पालन से।
बिन कृपा बाबे, जीवन की गाड़ी, न चलती।

बिन उनकी इच्छा के पत्ता एक भी न हिले।
सर झुकाना हमेशा, डांट भी खानी पड़ती।

बनो आजीवन सेवक, दे रहे परामर्श बथेरे।
वंचित रहे जो आत्मा, रहे हथेलियाँ मलती।

दिन रात, कर कठोर परिश्रम, धन कमाया।
चरनी बाबे, रखवाई माया, काया भी पलटी।

कर गुणगान जिस ने, प्रचार बाबे का बढ़ाया।
देना मोक्ष 'भगवान', सिफ़ारिश, बाबे कर दी।

नींद बुलंद

बाग़ को उसार, फूलवाड़ी सजाये ली।
कर परिश्रम दिन, रात कमाई भी की।
व्यर्थ में उड़ायी, नहीं रखी, बचाये ली।
आई उसकी सुगंध न थी, हमें भाइयो।
काश पा लेते पूरा, हम आनंद भाइयो।

पढ़, लिख कर, हम ने बनना नवाब था।
किया, वो न पाया, जिस का ख्वाब था।
सम्पर्क में आ कर धाक हर जमाये ली।
तनिक भर कभी आई न पसंद भाइयो।
काश, पा लेते पूरा, हम आनंद भाइयो।

दो नौकरी के पैसे, काम हमारे न आये।
गुजर, मुश्किल से ही, कर हम थे पाये।
गोपनीय बात मुंह अंदर रख चबाये ली।
आई वो अवस्था, कभी न पसंद भाइयो।
काश, पा लेते पूरा, हम आनंद भाइयो।

मांगा जिस, दिया उसे बिन तकरार के।
बने वो ही दुश्मन, सज्जन कभी यार थे।
दिए दुःख हमें, दीवाली उन, मनाये ली।
रहा होता उन्हें, बहुत ही घमंड भाइयो।
काश, पा लेते पूरा, हम आनंद भाइयो।

दौलत मुहब्बत की, बिन जंग, पायी थी।
बने शौहर, और लाए, घर में लोगाई थी।

सुध-बुध को भूल, थी छलांग लगाये ली।
नशा बहुत कम, वो भी पल चंद भाइयो।
काश, पा लेते पूरा, हम आनंद भाइयो।

देखा सब, सोचा बहुत, व रहे भरते आहें।
शर्मीले पदार्थ से भरी, थीं दिखती निगाहें।
किच किच बहुत साथ, हिस्से में आई ली।
था न कोई चारा किया सब पसंद भाइयो।
काश, पा लेते पूरा, हम आनंद भाइयो।

ये दुनिया चले कैसे, था वो कभी न जाना।
बिन विश्लेषण किसी सुना और था माना।
जान झरोखों में, बिन विचार डलवाये ली।
लगा जायज, वो सब, किया पसंद भाइयो।
काश, पा लेते पूरा, हम आनंद भाइयो।

थे चाहते वे क्या, थी न समझ कभी आई।
भाषा मीठी हमारी, बनी लिए उन खटाई।
छोड़ भजन, थे लिखने लग गए कव्वाली।
रातीं जागे, आई नींद न थी बुलंद भाइयो।
काश, पा लेते पूरा, हम आनंद भाइयो।

अपने ढंग से, कथा सब ने, वो ही सुनाई।
देखा मुआवजे में, खूब दक्षिणा भी पायी।
नामे 'भगवान', फसल उन, कटवाये ली।
थे भर गोद घर वे लौटे हो प्रसन्न भाइयो।
काश, पा लेते पूरा, हम आनंद भाइयो।

रोये गैर आगे

गुम, सुम से मिलते, कहते हेलो न वे बाय।
सबब उन से पूछा, थे चुप, नहीं मुसकुराये।

काश बताते, क्यों उन, गम में पल बिताये।
रोये 'भगवान', जा आगे गैर के, बने हसाये।

सुख चैन छीने

रहते व्यस्त, करते सेवा, ह र महीने थे।
हो जाते, लथ और पथ, आए पसीने से।

मान पालन हार, जिन को, सब दिया।
उन सुख चैन, 'भगवान', सारे छीने थे।

वजह दर्द

निवारना तो क्या, वजह दर्द वे बने।
कृपा उन की हुई, बादल छाए घने।

वादा रखेंगे खुश, किया हर हाल में।
हमें नज़र न आया, उनकी चाल में।

सच्चे सब से उच्चे, थे वो ही परमार्थी।
अर्जुन, कहें बनो, खुद बने न सारथी।

प्यार, घृणा त्याग, बोलते किया करो।
उपेक्षा ऐसी उन से, नहीं किया करो।

हर कण में बसें जो, उन्हें जान लो।
दुःख आये, झेलो, सौगात मान लो।

भृकुटी बीच, लगा अपना ध्यान दो।
बोलो हर से, जल्द हम से, ज्ञान लो।

नाम पावन दिया, सुमिरन तो करो।
पा लो देश हमारा, प्रणाम भी करो।

हितैषी बनेगा न कोई, हमारे सिवा।
घर ब्रह्मा, 'भगवन', विष्णु, हैं शिवा।

चौपट धंधा

निकला वो सूर्य, समझा जिसे था चंदा।
चला साथ उन हमारा कंधे से न कंधा।

आई लक्ष्मी कम, चौपट हो गया धंधा।
किस्मत में लिखा, 'भगवान' ऐसा बंदा।

पागलपन गंभीर

सुन्दरता के देखे बनते कई पुजारी।
आंखें थीं, फिर भी अंधे, बात न्यारी।

बढ़, हट न पीछे, थे मन में बातें करते।
दिखे हीर उन्हें, बने रांजे तख्त हजारी।

पागलपन सवार हो जाता, बड़ा गंभीर।
लगे सूरत उन्हें, कोई और नहीं प्यारी।

एकतरफा की चाह, लग पाए कैसे रंग।
बैठ कर मंदिर में, नाम जप रहे मुरारी।

चारने को, कह दे, हाँ अगर मुहतरमा।
झूमें और बोलें, तकदीर बदली हमारी।

खोखलापन तो नहीं, वे करते न विचार।
हो जो निपुण, दे सकती है मात करारी।

चाँदनी चार दिन की, लाती अँधेरी रात।
देते मीठे पदार्थ, स्वाद उन्हें अति खारी।

हंसता, रोने लग जाये, है दिखता बीमार।
करामात 'भगवान', देती मासूम को मार।

आ हिलाया

खर्चा, उजाड़ा पैसा, था नाही कभी गवाया।
रूखी, मिस्सी खायी, व सारा काम चलाया।

अर्ध अंग, किए जिन पूरे, था उन आ हिलाया।
मत मारी ऐसी, 'भगवान' नाम भी था भुलाया।

रखना धारणा

सौगात मिली ऐसी, हम को ज्ञान की।
ठपा जिस का लगा, हस्ती महान थी।

दोहे, चौपाई, और संस्कृत श्लोक भी।
भयभीत थीं करतीं, बातें परलोक की।

अगा संवारने का तरीका आसान था।
बस, दर्श उनका पाना, देना दान था।

आते, जाते, भजन उन के ही गाने थे।
बनना आज्ञाकारी, दुःख सारे पाने थे।

बताना, मनुष्य देह में, हैं बाबे ही रब।
आरती भी उतारनी, मिल साथ सब।

परमार्थ लिए भक्तो, करना प्रचार था।
विश्वास दृढ़ रखना, सोच न विचार था।

अपशब्द कोई, न बाबत उन सहारता।
मुसीबतें निपटा लेता, उन्हें न पुकारता।

हर चीज के मालिक, वो ही एक सिर्फ।
छोड़ उन्हें जाना, न और किसी तरफ।

सेवा उनकी करना, लगा दिल, प्यार से।
कृपा उनकी, हरेक, भटके को तार दे।

लीला उनके घर की बहुत ही भरमायेगी।
देखना कई बार, गद्दी उन, डगमगायेगी।

ध्यान उधर न देना, स्थिर रखे रखना मन।
देते हमेशा रहना, बहुत बच्चे उनको धन।

कर यत्न, बना देना, उन्हें राजसी नेता भी।
करना हर प्रयोग से तैयार, अच्छा डेटा भी।

जीतें, हारें, या बदलें दल, कभी न बिसारना।
उनकी वो ही जाने, रखना मन में ये धारणा।

भाई, बंधु, माता, पिता, सखा वो ही हमारे हैं।
नर रूप में हैं 'भगवान', बहुत लगते प्यारे हैं।

आश्रम डेरा

संग बीती, किसे सुनाये, चारों ओर अँधेरा।
अमृत की, केवल बातें, ज़हर मिला बथेरा।

शराफत चादर ओढ़े, है नीचे कृत्रिम चेहरा।
चंगा आश्रम 'भगवान', व किसी वास्ते डेरा।

राज त्याग

पढ़ते नहीं, केवल सुनते, फंस जाते हैं।
इसी कारण श्री बाबे छा सब पे जाते हैं।

चार चौपाई, रामायण की, जो भाती हैं।
हो कंठ, सुन उन से, चेलों को जाती है।

गीता श्लोक एक, कहते मर्म बताता है।
उन्हें जो भाता, वो ही दोहराया जाता है।

महाभारत, वेदों का जिक्र किफायती है।
करनी, बाबे की सेवा, हो इच्छा जाती है।

धंधा चलाने वासे, बाइबिल का हवाला है।
इलाही नूर, बतावे कुरान, वो ही आला है।

राज, पाठ, त्याग, सिद्धार्थ ने उसे पाया है।
बाबों ने खून निचोड़ा, और राज्य पाया है।

हम पढ़े ग्रन्थ कोई, नाही उन्हें पहचाना है।
जो भी कहा, किसी बाबे, वो सत्य माना है।

अपने लिए कर अध्ययन, सद्मार्ग चुनना है।
प्रेम प्यार, बढ़ाना, घृणा कभी न करना है।

अध्यात्म में, करनी तरक्की, यश फैलाना है।
'भगवान' केवल वाली, उसे नहीं भुलाना है।

नहीं टलती

होने वाला जो था, वे लगा हमें न सही।
होनी नहीं टलती, वो ही हो के थी रही।

हर ओर से पड़ा ज़ोर तो हाँ बनी नहीं।
बननी 'भगवन' थी जो बात, बनी वही।

हुकूमत का शौक

था बहुत कठिन फिर भी करना हुआ।
ज्ञान दिशा का नहीं साथ चलना हुआ।

मिला जो लगा हम को सिर्फ नाम का।
किया, हमें परदेसी, अपने ही ग्राम था।

किए अपने हि पराये, लगा तरकीब से।
खुदा, लिखे हमारे, कुछ ऐसे नसीब थे।

फितूर, भरा इतना, वस हमारे का न था।
बेनाम मिली बीमारी, मिली न हमें दवा।

सिवा अपने बारे किसी सोचा कभी नहीं।
हम, जानी न वजह, किया लगा जो सही।

झूठ में भी, कभी पूछा, नाही जाना मत।
शके निगाह से देखा, सदा दूर रहा सत।

लगा उचित, जो भी होना, हो पाया न वो।
जाग, दिन में ही पाये, सके रात में न सो।

हुकूमत करने का, चढ़ा बहुत शौक था।
जूं कान तक न रेंगे, हर फजूल भौंकता।

सामना जीवन में करना, कैसा पड़ता है।
'भगवान' में विश्वास, तब भी न डरता है।

औरों ने सफाई

हुई बदौलत परिश्रम हमें जो कमाई।
औरों ने कर दी, उस की थी सफाई।

ख़रीदी दाल, रोटी, कभी हम दवाई।
की बाबे 'भगवान' ने ले दान भलाई।

छूता चरण

जीना तो अनिश्चित, निश्चित मरन है।
भयभीत भक्त, छूता बाबे चरण है।

लिख दे जीवन को, उनके नाम पर।
आनंद को पाता, उनका ध्यान कर।

नज़र सिवा उन ,कोई नहीं आता है।
वे दिन, रात गुण उन के ही गाता है।

जोड़े हाथ दोनों कह कुछ न पावे है।
वे तो बारंबार दर्श, पाने को जावे है।

रहे निःसंदेह भूखा, उनको रिझावे है।
पाए आज्ञा जो, पालन कर दिखावे है।

है आलसी, लिए उन, फुर्ती से भरपूर।
मोक्ष मरणोपरांत सोचे पाएगा जरूर।

ऐसे अनुभवियों से, धंधे बाबे के चले हैं।
बाबे का परिवार तो तरह अच्छी पले है।

भक्त करेंगे मेहनत, सुख तो बाबे पावेंगे।
थे ढूँढने भगवान' जिन्हें, दर बाबे जावेंगे।

हंसते हसाते

लगे पैसे, दो कमाने, जोड़नी चाही मणि।
मुश्किल से, हुआ गुजारा, बने नहीं धनी।

राहु, केतु, मंगल, व कभी आई दशा शनि।
हंसते, हसाते रहना, 'भगवान', जिद्द फड़ी।

रुकने में भला

मार्ग अब दिशा किस ले जा रही है।
मंजिल, ना मालूम, कौन आ रही है।

चलना तो कठिन, रुकने में भला है।
अपनानी पड़ी अब यह भी कला है।

मनोविज्ञान, हर प्रयोग, कर के हारा।
कम ही किया प्रभाव, यत्न ने हमारा।

ख़ामोशी को वरत, देख अब न पीछे।
संभव चलना, कितना ही कोई खींचे।

कौन सी अब युक्ति, काम आ पायेगी।
बात हो न पाती, कोई रंग जो लाएगी।

मूर्खता में लगता, डर छा कहीं न जाये।
नहीं चला वो पग, जो मुड़ अब न पाये।

आस होगा अच्छा, अब छोड़नी पड़ेगी।
मुसीबत बिन बुलाये, आ सर पे खड़ेगी।

समाधान, होगा अच्छा, छोड़ा विचारा है।
'भगवान' का ही अब, हम को सहारा है।

सोने में सुहागा

संख्या भक्तों की देखी पूर्व पश्चिम बहुत।
पूर्व में कई संत, महंत, व बाबे बड़े हौट।

मगन ज्ञान में बिताता, अपना हर क्षण।
ऐसा तत्वदर्शी, जा विदेश कमाता धन।

कथा, सत्संग, भजन, लिए कीर्तन लोड।
मीठे स्वर, कंठ जिन के, देते दिल जोड़।

साज अगर बजे साथ, तो सोने में सुहागा।
पाने दर्श दुर्लभ, जन उन पीछे हर भागा।

नेता जी भी आ कर, अच्छी बीन बजायें।
जय जयकार, हर तरफ, सुनने में आये।

जीत चुनाव, बाबों को, कर प्रसन्न वे देवें।
चढ़ावे माल जनता, हजम बाबे कर लेवें।

बिन परिश्रम, होता खर्च, धंधा कमाल है।
शक की गुंजाइश, न कोई रहे ख्याल है।

मान सुझाव बेटे, लिए उम्र शेष बन बाबा।
चमकाएंगे सब चेले, बनाएगा लंगर ढाबा।

पड़ चरण, पा दर्शन, जश्न मनाया जाएगा।
चरणामृत, बना तेरा रोज़ पिलाया जाएगा।

ऐसा हरेक माहौल, पहुँचाया पश्चिम जाएगा।
परम सुख देती सेवा, बताया भक्तो जाएगा।

टीवी, रेडियो, यूट्यूब पर, किए चर्चे जायेंगे।
आप हो सब के दुख हरता, चेले चिल्लाएंगे।

जन कल्याण हेतु, आये यहां आप, बताएंगे।
पूर्व में भगवान', आप लौट जल्दी न पाएंगे।

किया विश्वास

जिस पर, किया विश्वास, उसी छलना था।
जब हो गया पर्दाफाश, न वैसा चलना था।

होवे है जो सब, हुआ आज, वो कल न था।
लिया दोष 'भगवान', हाथ सभी मलना था।

जरूरते धन

उड़ती सारी निंद्रा, होते दिल बेक़रार हैं।
प्यार में प्यारे, नहीं कर पाते, इंतज़ार हैं।

शुभ घड़ी पर ही, होते हैं जलवा-फ़रोश।
त्याग नाराजगी, क्रोध, खोल देते हैं कोष।

धीरे, धीरे, फरमाइशों की, सूची बनती है।
पूरी करने वास्ते, जरूरते माया पड़ती है।

लगा ज़ोर, हर यत्न, वे पूरी, करनी होतीं हैं।
एक भी, रहे अगर अधूरी, तो दूरी होती है।

प्यार में, प्यारों की होती, एक सी नहीं सोच।
बिन तर्क, बात मनवाएँ, करते नहीं संकोच।

दौलत प्यार की, बड़ी मुश्किल से मिलती है।
मुरझा जाती हर कली, कभी जो खिलती है।

प्यार में, फूलों के संग में, बहुत होते कांटे हैं।
सुख, खुशबू का तो देते, दर्द साथ में बांटे हैं।

बड़े प्यार, कुंजी ज्ञान की, हर पास न होती है।
कर प्यार, या रह वंचित, सारी दुनिया रोती है।

प्यार में उपवाद रोजाना, बिन नागा ही होता है।
पश्चात प्यार, विश्राम से, लगता कोई न सोता है।

काश कर लेते, उसे प्यार, जिस हमें बनाया था।
मिल जाता शायद 'भगवान' दिन वो न आया था।

आसरा न मिला

कुछ , सोचा था करेंगे, तमन्ना बहुत रही।
किया जो कहा किसी, था बेशक न सही।

दिन बदलेंगे, हमारे भी, गुजारे इंतज़ार में।
जीते जंग बिन लड़े, हमें दिखते न सार थे।

पश्चात सोच, विचार, के चलना, शुरू हुआ।
मदद मिलेगी अवश्य, हम करते रहे दुआ।

आसरा, घर को छोड़, बाहर से नहीं मिला।
थी सुनी हरेक शिकायत, शिकवा, व गिला।

त्याग उदासी, हम रहे खुश, करी उन दया।
प्रति दिन, देखने को मिला, हमें कुछ नया।

हिस्से हमारे में लगा, आई निराशा थी बड़ी।
दिया, मुसीबतों ने साथ, रहीं सर पे वे खड़ीं।

रहे हम सँभलते खुद, और संभाले भी कई।
गए हम उधर, तकदीर, ले कर जिधर गई।

दुःख इतने, पड़े झेलने, होता अब, दर्द नहीं।
जहां, जब भी आवे नींद, सो जाना पड़े वहीं।

हुई दूर तमन्ना, रही कोई, अब आशा न हमें।
सब दूर, हम से अब, पास निराशा और गमें।

बीत रहें, दिन अपने, प्रेम प्यार से, याद कर।
बोझा, ढोने की नहीं जरूरत, अब लाद कर।

असत्य, सत्य की पहचान, सीखी हम देर से।
मिला अनुभव अच्छा, 'भगवान' की मैहर से।

सर्व सत्य नाशा

किया भजन, सुनी अनहद, देखा प्रकाशा।
वर्षों की करी सेवा, रंग ला पायी न माशा।

मरणोपरांत मुक्ति, दिया बाबे श्री दिलासा।
कृपा उन 'भगवान', देखा सर्व सत्य नाशा।

गृहस्थ सन्यास

ज्ञान, राज विद्या का ज्यों ही पाया।
अपना हर कोई, लगा हमें पराया।

लगे, फिर थे जाने, उनके हम द्वारे।
थे प्रम पूजनीय हुए, बाबे वो हमारे।

करामात से मिली, बड़ी ही शक्ति।
दिन, रात, करी उनकी हम भक्ति।

ईश्वर का नहीं, उनका बना सहारा।
सिवा उन, फिर रहा न कोई प्यारा।

युद्ध घमासान चल घर हमारे आया।
था निवास हमारा, अखाड़ा बनाया।

शान्तिः का वादा, हुआ वो न पूरा।
दिलासा मिला जो, रहा था अधूरा।

कृपा उन बहुत, हिस्से हमारे आई।
जेब, हुई खाली, बची एक न पाई।

दर्शन उनका पाना, बनाया धर्म था।
पावन, वो परिवार, कोई न भ्रम था।

गृहस्थ में सन्यासी, लिए उन, आला।
थी नाम बाबे की, पड़ी जपनी माला।

प्रवचन रोज़ उनके दोहराए थे जाते।
भजन भी वो ही हम, साथ सब गाते।

स्वर्ग जाना, सब पाली जो ख्वाहिश।
करते रहे सेवा, नर्क में पा रिहाइश।

हम तब आगे, नाही पीछे के रहे थे।
दिल से, सब करते, हमें जो कहे थे।

डांट खाते उनकी, हो गये थे आदी।
स्वयं ही अपनी किया करते बर्बादी।

प्रसन्न सदैव रहें, हरेक यत्न होता था।
होते दुखी अगर, दिल देख रोता था।

असंख्य हम जैसे होते, उन के थे पुजारी।
आश्चर्य, हरेक की मत कैसे गई थी मारी?

जीना मरना सब का उन के ही लिये था।
कुछ भी वे बोलें, हमें कहना पड़ता वाह।

काम, निशुल्क में ले कर, धंधा चलाते थे।
छप्पन प्रकार के भोग उन्हें लगाए जाते थे।

क्या सुंदर, और मोहनिय दृश्य, आदर्श था?
मालामाल वे होते, परिश्रम नाही संघर्ष था।

सहायता मांगे, नहीं पावे, वे वैसे रखते मान।
कतार में निरंतर रहता खड़ा, देता जो दान।

दे कितना भी कोई, पेट कभी न भरता था।
वृदि करनी उनकी, हरेक चिंतन करता था।

है, करना प्रचार उनका, सब को वे बताते थे।
होते भाग्यशाली जो बहुत, चल आगे आते थे।

जोड़ कर भर जाते ख़ज़ाने, जाती न तृष्णा है।
भक्तो, कलयुग के 'भगवान', वो ही कृष्णा हैं।

किधर गई माया

किया न व्यय, फिर गई किधर माया?
दिया दान, किसी धन जुए में लगाया।

दिन, रात, कर मेहनत था जो कमाया।
इच्छा 'भगवान' औरों ने लुत्फ उठाया।

बड़ी मेहरबानियाँ

हुए ऐसे घर में पैदा, हुजूर हो गए।
माँ, बाप की नज़रों के नूर हो गए।

गुस्ताखियाँ अनगिनत, थीं करीं।
न मालूम, कैसे मशहूर हो गए।

औरों में दिखा, इतना न बड़ापन।
देखी जब श्रद्धा तो गुरूर हो गए।

आशा रही बढ़ती, कोई न अंत।
हुई न पूरी, दुखी जरूर हो गए।

औरों के हालात से, था न मतलब।
प्यार में पड़े, व चकनाचूर हो गए।

प्यार ने कीं, हम पे मेहरबानियाँ।
चाहत हर त्यागी, मजबूर हो गए।

बदले अधिकतर तेवर, मिजाज में।
साथ समय निकाल, वे दूर हो गए।

हरेक दुःख ने सिखा दिया सबक।
तीखी मिर्च, थे जो, खजूर हो गए।

स्वयं में न अपनापन, ढूंढते कैसे।
निकालने लगे मेखें, जंबूर हो गए।

सुख, चैन, अभिलाषा, पूरी न हुई।
लगे नाचने, बाग के मयूर हो गए।

बिन संग, कर तंग, खुश हुए कई।
'भगवान' को पाना, लंगूर हो गए।

महामारी ने

प्यार, हुआ गुम, प्यारे व प्यारी से।
ऊपर से सताया, आ महामारी ने।

आसार युद्ध, नज़र आयें हर ओर।
दुश्मनी व भगवान' मारा यारी ने।

मुआवजा मेहनत

दुःख, दर्द, मिला जीवन में, सहा था।
हो मौन, झेला, चिल्लाये न कहा था।

ऐसी सौगात हरेक पल, पास आई थी।
राहु, केतु, मंगल, शनि, दशा छाई थी।

उपचार किये सभी, असर न दिखा था।
शायद भाग्य में उस, ऐसा ही लिखा था।

दिया तो बहुत, कुछ न बदले में मिला था।
मुंह पर, फिर भी आया, कोई न गिला था।

कर विश्वास, हम कई बार घात खाया था।
मुआवजा, मेहनत का, पूरा नहीं पाया था।

रहे खुश, प्रसन्न, की बहुत, उन्होंने दया थी।
कभी माँगा न किसी से, दिले ऐसी हया थी।

उन्नति, जो चाही, थी लगी वो, हमारे न हाथ।
हमें, देना था जिन, मिला न, उन का साथ।

ब्रह्म ज्ञानी ने, बना दिया, वैसा ही, हम को भी।
पूजा हम ध्याया, और रहे खिलाते उनको घी।

था, प्यार का पढ़ा जो पाठ, गया घृणा में बदल।
हर काम में टांग अड़ाने, थे लगे देने वो दखल।

जो भी बना, किया हम ने, आया न उन को रास।
उन, बना लिया था वैसे, बंदा अपना बहुत ख़ास।

थी सौंप दी, सर दर्द, हमें अपनी, उन्होंने सारी।
करनी सेवा, केवल उनकी, थी लगी हमें बीमारी।

आखिर में, द्वार मुड़ कर हम, उसके ही आये थे।
जोड़े हाथ, आगे 'भगवान', सीस फिर झुकाए थे।

बोल करारे

इच्छाएं बड़ी. अब भी पास हैं सभी।
होंगी कभी न शायद, पूर्ण वो कभी।

यत्न. किए बड़े, रहे सजदे में व्यस्त।
लगे करने प्यार, खाते रहे शिकस्त।

चलें कदम एक साथ, चाहत रही।
जो भी चाहा उन, होता रहा वही।

शख़्सियत महान ने डाला प्रभाव।
थे मार्ग सूने पर, वे चले बेहिसाब।

संस्कार, उन जैसे, पास हमारे न थे।
चाहा दिल जान से, लगे अपने न थे।

ज्ञानी सब से उत्तम, देते नज़ारे थे।
सुनने में बहरे, बोल उन करारे थे।

बदलाव उन में लगा, नहीं आना था।
हर बात का, पास उनके बहाना था।

लगाव किसी से, था न कोई आश्चर्य।
पास उनके कभी, नहीं पाया था धैर्य।

समझना, व समझाना कठिन हुआ।
अच्छे दिन आएंगे, की सब ने दुआ।

कर इंतज़ार उम्र, हम ने, गुजारी है।
दुर्गति, होता महसूस, हुई हमारी है।

हर दुःख, दर्द, हंस हमेशा टाला है।
बना ली चाची, ताई, कोई खाला है।

बहुत ढूँढा उसे, रहा वो भी आलोप।
'भगवान' कृपा से झेला, हर प्रकोप।

अलफ़ाज़ ज्वाला

सफ़ेदी देखी न सोचा कि मन काला था।
लिखा उस जो तकदीर में होने वाला था।

हुआ, किया रोष, कभी रहे जपते माला थे।
पाए शांतिमय दर्शन, अलफ़ाज़ ज्वाला के।

ठंडे जल से शीतल या करूँ घृत का प्रबंध।
समय बलवान, रोग अंदरूनी, आई सुगंध।

सफर अपना, कटा कैसे, है अब न मालूम।
धर्मार्थी निकले शैतान, हुआ करते मासूम।

मार्ग अपनायें केहड़ा, किस दिशा तरफ।
पाया अनुभव, गर्मी का, साथ दिया बर्फ।

प्रभु इच्छा रही जैसी, चाही व निभाई थी।
'भगवान' कृपा अक्ल, थोड़ी सी आई थी।

बंधन अटूट

लिया नहीं, दिया दिल, प्यार किया था।
चाहा, जो न कभी, वो दीदार किया था।

माना, बंधन अटूट, नहीं विचार किया था।
वो ही सत्य 'भगवन' करतार ने किया था।

सेवा चरण

जीना न आया, बन कर, जिसे स्वार्थी।
ज्ञान ले सीखा उस बना जब परमार्थी।

हुआ, सब जायज, अगर लिए था उन।
प्रभु की नहीं, बजाई औरों की ही धुन।

झूठ बोलने, कमाने पाप, लगा अच्छा।
आसान न था, नाम पाना पावन सच्चा।

अंधकार में फंसे, प्रकाश दिखा दिया।
दृश्य देखा अंधे, विस्तार से बता दिया।

हो बिन भूमि, महल से अमृत का पान।
बहरा भी, सुन अनहद, दे सेवा में दान।

परोपकार किया, बनो अब, सब गुलाम।
खायो खुद मूंगफली, दो उनको बादाम।

हो घर न गुज़ारा, सेवा चरण की जरूरी।
दर्शन पाने, हैं आवश्यक, मिटा देते दूरी।

गाने भजन, उतारनी आरती, रिझाना उन्हें।
हैं 'भगवान' भी दास उनके, कान हर सुने।

कलियाँ मुरझाईं

हुए बड़े, आईं मुसीबतें, लगे घबराने।
करने पुठे काम, पश्चात लगे पछताने।

देखा, नसीहत देने में, थे सब माहिर।
ज्ञान से भरे, करते तेवर उन ज़ाहिर।

सुन लेते अवश्य, कभी करते न हम।
लालसा खेल कूद, कोई और न गम।

पढ़ना लाजिम, और खूब मार खानी।
करख्त सुनने को, मिला करती बानी।

बनना बड़ा नवाब, सब ही थे चाहते।
बड़ा होशियार है बेटा, सदैव बताते।

अंत में डिग्रियां, दीवार पर हम टांगी।
नौकरी न दीनी, थी जिस से भी मांगी।

गुजर, गुजार फिर भी अच्छी होती थी।
थे सोच में डूबे, दुनिया सारी सोती थी।

रही चाहतें अधूरी, दिल में, जो आई थीं।
फूल संग देखा, कलियाँ भी मुरझाई थीं।

काँटों संग दिल सदैव, लगा हमारा था।
पोंछते, रोते के अश्रु, हुआ दुश्वारा था?

नाजायज लाभ, अनेक उठाया करते थे।
सते हुयों को वे, न जाने क्यों, सताते थे।

करवाना चाहते, करने को, तैयार नहीं।
सज्जन बने शत्रु , फिर वे रहे यार नहीं।

किस्मत ऐसी, उल्लू कइयों ने बनाया था।
संभाला 'भगवान', तरस उसे ही आया था।

बट गया

परिवार, पावन बाबे का देखा, बट गया।
गुणगान गाने वाला, कई पीछे हट गया।

बट गये चेले, व कई बीच के दलाल भी।
एक बाद एक भगवान', गद्दी हड़प गया।

घाव मिले

हुआ देखना बेकार, कठिन सुनना भी।
खाना तो था कम, लगे खूब मिलाने घी।

स्वाद हुआ खराब, शक्ति से भरपूर था।
खाया स्वादिष्ट, जो मिला साथ लिया पी।

हर चाहने लगा धन, सब कुछ छोड़ के।
मिली जो बकार, क्यों थी खर्च सारी की?

घृणा हुई जागृत, प्यार का बंधन छोड़ के।
घड़ी समर्पण की, क्यों नहीं याद आई थी?

जीत कभी विश्वास, था जमाया उन हक।
मिले घावों ने सुगंध बहुत दूर पहुंचाई थी।

रखा प्यार के चक्र से, सदा खुद को दूर।
पड़ा जब करना, दिल ने, दर्द उठाई थी।

तत्वदर्शी ज्ञानी बाबे, सर हर सदा सवार।
प्यार उनकी भी, बड़ी खिल्ली उड़ाई थी।

सामने आये काण्ड, बाबों के कई और।
'भगवान' से खिलवाड़, माया कमाई थी।

रहे खोये

कई इशारे नज़र, जुल्फों ने किए।
रहे खोये हम, ध्यान कभी न दिये।

मुंह से बोले कुछ, न हम ने सुना।
दिया साथ 'भगवान', क्या गुनाह?

बजा बिगुल

घर में होता बेटा, कभी जो शिंदा था।
भाग्यवान आई, उड़ा बन परिंदा था।

सभी भाई, बहन, कभी उसे प्यारे थे।
छोड़ भागा सब, बोल, बोले करारे थे।

लघुतम, महत्तम, बीच राज बेगम का।
भविष्य की प्रवाह, कोई नाही गम था।

खुद मुख्तार, दीवाना बने आज़ादी का।
औरों की छह, बजा बिगुल, बर्बादी का।

बिन परिश्रम, रहना अलग, लिया सीख।
माँ, बाप दी आशीष, दान में उसे भीख।

जरूरत में आवाज़, गैरों को, लगाई थी।
संभले व संभाला, जब दुविधा आई थी।

थे नेकी कर, डाल दिए, दरिया में विचार।
लिए औलाद, झेले दुःख, कई उन हज़ार।

आजमा देखा, काम बाहर वाले आये थे।
'भगवान' संग सम्पर्क, जिन के कराये थे।

तर्क अजीब

मिला सब कुछ, अनुसार अपने नसीब के।
वर्तमान में दूर कोसों जो काफ़ी करीब थे।

तर्क सुनाये, औरों को, बड़े उन, अजीब थे।
मर्यादा 'भगवान' नाम अब आते न जीभ पे।

दीये दिल के

मिलाई कभी नज़र, पकड़ा नाही हाथ।
किस्मत में लिखा, उसी का मिला साथ।

कठिन न आसान, संग निभाने उन लगे।
लगा समय 'भगवान', दीये दिल के जगे।

संशोधन कठिन

लगीं दूरियां होने, व बड़ा फासला।
करना पड़ा श्रवण, न मेरे पास आ।

संशोधन कठिन, मिज़ाज ऐसा हुआ।
हल निकला न कोई, व्यर्थ हुई दुआ।

गाड़ी पटरी पर नहीं बैठी, छोड़ राह।
लिया आनंद सब, लगे वे कहने वाह।

कुछेक ने उल्लू, सीधा अपना किया।
बलती आग में डाल घी भी था दिया।

अच्छा हुआ पहचान भाग्य कराई थी।
पागलपन में जिन से आस लगाई थी।

सोच न पाये सीधा उल्टा ही होना था।
असर संगत गलत पड़ना तो रोना था।

बिन त्यौहार उपहार जो लेने में समर्थ।
बिन वजह लगे सताने, हुआ था अनर्थ।

बच गये. शायद टल गयी, अनहोनी थी।
कृपा 'भगवान', थी उम्मीद न होनी की।

असली सार

हरेक समझाया, जीवन का असली सार।
ज्ञान दिया श्रीबाबे, कर कृपा उन अपार।

सुना झूठे सब, सच्चा केवल वो ही दरबार।
भुलाये 'भगवान' उन, सप्ताह के हर वार।

जरूरत छुपाने

वास्ते जिन हम, कभी बर्बाद हुए थे।
त्यागे सब बंधन और आज़ाद हुए थे।

हुआ उन्हें साथ, हमारा न गवारा था।
उन्हें प्यार, नहीं कुछ और प्यारा था।

पीछे पीठ चली, समांतर कहानी थी।
जीभा उन मौन, निकली न वाणी थी।

जरूरत उनको पड़ी, सब छुपाने की।
परम्परा शायद, कोई उन निभानी थी।

चुंबक ऐसा, कोसों कर दिया उन दूर।
रही खुद की न प्रवाह, हो गए मजबूर।

स्वयं यहाँ, न जाने क्यों, दिल से वे नहीं।
सद्ध बुद्धि कृपा 'भगवान', कर देवे कहीं।

किस्मत वाले

धन लगा करे भक्ति बोले जयकारा दबार का।
बिन जान पहचाने ही रहा घोट गला प्यार का।

और से न लेन देन, बन दासानुदास ही रहना है।
आज्ञा पालन प्रम धर्म, वही करना जो कहना है।

लड़ भिड़ जाए दुनिया से, सह पावे न अपशब्द।
बने इष्ट महान, दिखते उसे जो, नर रूप में, रब।

रब, लड़ाई खुद लड़ सके नहीं, क्या मजबूरी है?
भक्तों की लगवाना हो जाता क्यों बाड़ जरूरी है?

ऐसे रब से, पड़ा रावता, ले दम कभी न पाया था।
करते भक्ति भक्त, क्या उन्हें किसी अजमाया था?

निकलें. किस्मत वाले, घुसें हज़ारों, धंधा चलता है।
भक्तों से होती कमाई, परिवार बाबे का पलता है।

उच्चा, सुच्चा, महान, माना दरबार, विश्वास ने।
लुटाया सब, पास जो चरनी, सोचा 'भगवान' थे।

रिझाना पड़ा

था लिखा जो कभी, हम को गाना भी पड़ा।
हम मुंह में जो डाला, उसे चबाना ही पड़ा।

लड़, झगड़, चरण बाबे का दबाना ही पड़ा।
तन मन, धन, से ;भगवान; रिझाना भी पड़ा।

बिन विधुत

अत गर्मी आये पसीने में. नहाते रहे।
बिन विधुत बनाते, और खाते थे रहे।

भँवरे, मच्छर, मक्खियाँ, सताते थे रहे।
पढ़ने जाते 'भगवान', पढ़ाते फिर रहे।

युक्ति खोजी

बहु भाषी ज्ञान, कठिन बड़ी थी रोजी।
पैसे दो कमाने की युक्ति फिर खोजी।

दिहाड़ी लगानी, जब इच्छा, बने मौजी।
देने प्यार, आये 'भगवान', बन फौजी।

मिन्नत मनत

बहुत मिन्नत, मांगी मनत, निष्फल दुआ।
भूलाने गम, मिली जगह, पहुँच मयकदा।

भांति मृग, ढूंढी कस्तूरी, लिया था भटक।
की मेहनत असीमित, दिखी नहीं झलक।

चाहतें रहीं अधूरी, सजदा करते रहे अदा।
विश्वास अपना अटूट, रहा उस पे था सदा।

रहा धन का आना, जाना, टिका वो भी नहीं।
मिलें यहाँ कहीं, दो पैसे, जाना भाग के वहीं।

रही हालत, अपनी ख़स्ता, पाये ऐसे थे नसीब।
था दिल से, जिन्हें चाहा, हुए दूर, रहे न करीब।

थे हुक्म देने वाले भी मिले, किस्मत में अनेक।
बाबे श्री भी शामिल, बोले कर सेवा मथा टेक।

नहीं सोचा, अपने बारे, बिन शर्त किया प्यार।
बदले में झोली हमारी में, डाली उन्होंने खार।

रहे खुश और बड़े प्रसन्न फिर भी हर बहार में।
इच्छायें दबाईं सारी, थीं मन अपने को मार के।

खर्चा. करने की कभी, कोई आदत न पाली थी।
पाई हर बचाई व बड़ी हिफाजत से संभाली थी।

जिंदगी में, इक आना था, आया फिर ऐसा मोड़।
ले कर्ज हुई ख़रीदा फरोख्त, लगाना पड़ा जोड़।

हर वृथा सुनी श्री बाबा जी ने, वे बोले करो ध्यान।
दे कर, उन बहुत प्रेरणा 'भगवन', लिया था दान।

संभले ख़ुद

संभले ख़ुद, न सके जो कभी संभाल।
हुई बात न हज़म, खड़े किए बवाल।

सते अपने आप, और सताते रहे सब।
दिखाये हमें भगवान' बड़े ही कमाल।

बोया काट रहे

था देखना समय उड़ता, फेंक दी घड़ी।
चींटी प्राण त्यागे, ऊपर वजन जब पड़ी।

जाना सड़क के पार, हिरन लगा दौड़ने।
ख्याल खतरे के सारे, था वे लगा मोड़ने।

हुआ सफल, कई बार, आया फिर वक्त।
बोला अलविदा, खाया धक्का जब सख्त।

बीमारी, किसी को, होशियारी मार गयी।
बच्चों को, रही सुधारती, मैया हार गयी।

खुद, थे न जो सुधरे, अपने अब सुधारते।
जेल न जाना पड़ता, ग़र थप्पड़ न मारते।

बोया था कभी जो ,अब काट रहे फसल।
'भगवान' ने बनाई, कुछ ऐसी थी नसल।

बाहर विपरीत

साथ हम को दुश्मनों ने, निरंतर दिया।
बड़े पहले होते नजदीकी, वे हमारे थे।

हम ने भी न चाही, करनी कोई गिला।
बुजुर्ग, कभी उनके भी, होते हमारे थे।

हमें मुंह पर, थे दिखाते, प्यार वे बहुत।
अंदर कुछ, बाहर से विपरीत न्यारे थे।

कमजोर, दिमाग रहित, बैठे वे समझ।
होते जैसे पास, दिखाते उच्च चबारे थे।

भुला दिया, निकाल के दिल से उनको।
रहा कोई न चारा, हो वे गए, नकारे थे।

पीछा हमारा हुआ, यहाँ पर भी गये थे।
ऐसे शत्रु, व वफादार, हो गए हमारे थे।

कैसे दिल, व कर्म से मासूम, सदा रहे।
हमेशा 'भगवान' ने दिए, हमें सहारे थे।

हल निकलेगा

चाहूँ करना, मगर कर न पाता हूँ।
हालत जो खस्ता, बता न पाता हूँ।

आगे, पीछे हो उतनाही जाता हूँ।
गीत जुदाई के अक्सर मैं गाता हूँ।

जागूं तो आये नींद, सो मैं जाता हूँ।
इच्छा जब सोने की, सो न पाता हूँ।

वार्ता हो न पाती, अक्ल दौड़ाता हूँ।
पा नहीं सकता जो, उसे भुलाता हूँ।

बारंबार मैं पड़ झंझट में जाता हूँ।
यत्न करूँ बहुत, निकल न पाता हूँ।

हल कोई निकलेगा, आस लगाता हूँ।
आगे 'भगवान' तेरे सीस झुकाता हूँ।

सात्विक भोजन

करेगा ग़र शादी, ऐसी तैसी होगी।
दूसरा विकल्प बन जाना है योगी।

रख कर. पूरा ध्यान ही आगे बढ़ना।
खाना बादाम, काजू, पिसता, सौगी।

करना, बिन संशय, सात्विक भोजन।
बनना हृष्ट, पुष्ट, कमज़ोर नाही रोगी।

बर्ताव में, सद्ध भावना, करनी व्यापक।
रहे स्मरण 'भगवान' बनना नहीं भोगी।

बुद्धि ज्यादा

थे हंस, हसा कर लिए, साथ सभी।
मनमुटाव के भी हुए शिकार कभी।

था शरीर हरेक, बना न गुनिये से।
थे हमें प्यारे, प्राणी सारे दुनिया के।

हर सोचे, बुद्धि पास, ज्यादा बहुत।
थर थरा है जाता देखे जब भी मौत।

सत्य, अंत जीवन का, सब सुनाते हैं।
आत्म ज्ञानी, संत, व महंत, घुमाते हैं।

लोक में कहते, सुख देंगे, परलोक के।
आनंदित करें, गा व पढ़ के श्लोक वे।

पा लोगो शीतलता, कर सेवा उनकी।
दे देना आहुति, तन, मन, व धन की।

दे कर सच्चा ज्ञान, कुछ ऐसा बनाएंगे।
विचार बाबत और किसी के न आयेंगे।

ऊर्जा, फुर्ती, शक्ति, फिर ऐसी आएगी।
भक्ति उनकी, सीमाये चर्म पहुंचाएगी।

हर जन्म में बनना, आप सेवक चाहोगे।
अब को केवल, उनके चरण दबायोगे।

श्रद्धावान दर्शन प्रभु का, उन में पाते हैं।
हैं, वे रूप 'भगवान' का, सदा बताते हैं।

बिन मांगे

समय, चाहा जब पलटा, आया बिन बताये।
ख़ुशी कभी दुःख देने, थे चल सैकड़ों आये।

कैसे हो, उन सब ने, पूछा हम से, बारंबार।
आनंद ,प्रसन्न, है कृपा, हम बोले अपरंपार।

बिन बुलाये, आ हांकें गप्पें, करें हमेशा तंग।
दुःख, सुख, हर वक्त, दें उड़ा, गुलछर्रे संग।

मोहरा जिस दाने पर हिस्से उसके ही आया।
बिन मोहर वाला दाना, क्यों न घर में आया?

थी बिन मांगे ही, नसीहत पायी बरख़ुरदार ने।
आदरणीय, व पूजनीय भी, आये देने प्यार थे।

सुमिरन कर, दी हिदायत, शरीर नाशवान है।
लगा दिल कर सेवा, घट में जब तक प्राण है।

श्रद्धा बहुत जगाई, दिलासे सब दिये हज़ार।
दुश्मन भी आ पधारे, बने हमारे लंगोटी यार।

उन्हें, मालूम हुआ जब, उठ बैठे, नैन चुराये।
ढोंगी थे, बने सखे, और वे फिर से हुए पराये।

रज़े को देख सके न दे किसी भूखे को रोटी।
हितैषी. हमें मिले नहीं, किस्मत पायी खोटी।

हिम्मत की. पायी मदद प्रभु से, मौसम आया।
हुई 'भगवान' की कृपा, सभी ने हाथ बढ़ाया।

वर्षों शीतल

करना पड़ा हमें भी, रोक लगा करती थी।
निगाहें ऊपर हम, टिक्की सदा रहती थीं।

गलत कल तक, दुरुस्त तब, कैसे हो गया।
समझ, दिमाग न पाया, कैसे की उस दया।

मन ने चाहा बढ़ना, आगे रुकना ही पड़ा।
गर्म हो न पाया, रहा वर्षों, शीतल जो घड़ा।

सो. रात में न पाया, कार्य होता था जो नेक।
ऊपर तापमान वातावरण के, काम अनेक।

आये प्रातः सूर्य देव, किए उन के भी दर्श।
मंदिर, गुरुद्वारे गया मस्जिद, व फिर चर्च।

डेरे, कुटिया, आश्रम, भी जाने के योग थे।
जहां, खाने से पहले, लगाए जाते भोग थे।

हालात हर से, था हुआ हमारा भी सामना।
पड़ा हमें खुद ही, हाथ अपना था थामना।

धार्मिक विचार, पौष्टिक आहार, व प्रहार।
हुआ काम, जेब जब गर्म, या लिया उधार।

बोले सज्जन. कर भजन, जीवन दिन चार।
सींचा जड़ पौदा जायेगा, बढ़ेगा संग प्यार।

हिम्मत कर, पायी मत, थी गई हमें जो चुब।
'भगवान' कृपा, किया हर कार्य, वक्ते शुभ।

पाँव जमाया

ख़ुशी कभी गम में था, जो लिखा उसे गाया।
अंदर जो भी बीता, कभी खुल के न बताया।

ज़रा मिली, जगह जहाँ, पाँव को वहां जमाया।
चरन कमल बाबे 'भगवान', रखा जो कमाया।

सुनते कम

वार्तालाप ढंग से हो, कोशिश हर करी।
आई आसमान से नीचे, कभी नहीं परी।

कभी गगन पर बिठाया, स्वयं था जिन्हें।
दिखाई झंडी, लाल उन, हुई न वो हरी।

हुआ अपनी लियाकत पे उन्हें था गुमान।
सुनते कम बहुत, वे बोलते बातें हैं खरी।

दुःख, दर्द, में हो कोई भी, रखें न तलक।
अदालत खुद ही चलाते, नहीं करते बरी।

अपनी सिमित दुनिया को, बसाये बैठे वो।
यातायात प्रयोग में ऐसे, हो सकते न फरी।

कठोर अति, अथवा पास दिल उनके नर्म।
अब तक पुष्टि भगवान' उन्होंने नहीं करी।

पंशी लगे उड़ने

तमन्ना, मिलने की जब भी हुई।
पास हमारे होता बहाना न था।

चाह कोई शायद उन में न थी।
दिल मासूम, कभी माना न था।

पीछा उन, तथापि छोड़ा न था।
रोग संगीन काफी पुराना न था।

दुतकार पड़नी, आरंभ जब हुई।
संभले खुद, दिल दुखाना न था।

पंशी बन फिर से, लगे उड़ने हम।
हो व्याकुल सोचा, पछताना न था।

दिलासा, दिया हज़ारों ने, आन के।
दूर जाम रहा, हाथ पैमाना न था।

पोप कोई सूरदास बने, त्याग सब।
बनना ऐसा, हम को दीवाना न था।

हंस, हसा कर, शेष बिताये थे पल।
'भगवान' सहायक, भुलाना न था।

संभालने लगे

था, दिल हमारे का, सौदा भी, तय हो गया।
विचार अपने की कदर, ज़रा किसी न की।

समय लगा, संभले, और संभालने, थे लगे।
किया जो, उन्हें शायद, लगा कभी न सही।

शांतिमय बैठ चुपचाप जीवन बिताना हुआ।
दिया दिखाई,चारा न कोई, मानी हर कही।

क्या सबब था, परेशान जिस. उनको किया।
समाधान, बताया जो भी, तुरंत किया वही।

पाया खोये हुए, उलझे पास हम को देख के।
मुंह खोलो और बोलो गुजारिश कई बार की।

आते रहते नज़र, आस पास वे, संभव न था।
'भगवान' कृपा अत्यंत, थे हमेशा हम पे करी।

रहे बीच अंधकार

करने वाले सेवकों को मिली धिक्कार।
प्रकाशमय न हुए, बीच रहे अंधकार।

मालिक करें न गलती, बड़े होशियार।
विश्वास सब को, वे बेड़ा लगा देंगे पार।

अमृत वर्षा, करते वचन उनके अपार।
मिले लक्ष्य पाने के, थे न कोई आसार।

उम्र बन उनके ही रहना, था ऐसा प्यार।
थे मालिक वे पूजनीय, किसी के न यार।

तन, मन, धन करते अर्पण, खाते थे मार।
दुःख दे उनकी कृपा, नर भुगते हर नार।

दौड़ लगा रहे, हैं सब, उन तक बारंबार।
'भगवान' केवल है एक, नहीं आए विचार।

सब लुटाया था

पकड़, बाबे बांह, बहने से बचाया था।
करुणामय बाबे, हमें दास बनाया था।

तन, मन, व धन, सब कुछ लुटाया था।
कर प्रचार 'भगवान', हरेक भर्माया था।

भरपूर पायी गमी

दो कदम, ओर प्यार, थे हमारे ज्यों ही बड़े।
मिला वो, था चाहिए जो, रही उसकी कमी।

देखा, रही आशा, बदलती निराशा में रोज़।
दुख कभी पाया न गिन, भरपूर पायी गमी।

वक्त. किस तरह निकालना, हम को पड़ा।
हमारा रब जानता, या फिर, जानते हमीं।

सहयोग दर्द, व पीड़ा ने दिया, हम को सदा।
बात बीच में जो जमनी थी, वो कभी न जमीं।

वक्त बदलेगा अवश्य, हम ने यह सोच कर।
बदलाव, व्यवहार में न लाये, बहुत व्रती नमी।

किया सब हम वो, था समझा जो भी उचित।
निकाली सदा, उस में क्यों, थी उन्होंने खामी।

नाज़, कर पाते, काश वो भी, हम पर कभी।
जन्नत, महसूस होती हमें, बसा करती यहीं।

थी साथ मिल, इबादत भी करनी, उन दी बंद।
बेकार, कोशिशें 'भगवान', बात कभी न बनी।

यूज हुआ

बढ़ना कैसे आगे, कंफ्यूज हुआ था।
अनगिनित अर्जी, रिफूज हुआ था।

काम बहुत कठिन, महसूस हुआ था।
दिमाग का बल्ब, लगा फ्यूज हुआ था।

बिन काम, हुई कमाई, न्यूज़ हुआ था।
निशुल्क में द्वारा कइयों, यूज़ हुआ था।

करेक्टर को संभाला, न लूज हुआ था।
अच्छा माड़ा नाम बदल चूज हुआ था।

जो चाहा, न पाया, एक्सक्यूज हुआ था।
'भगवान' जाने रंग खुद रूज़ हुआ था।

सद्ध बुद्धी

सुनते कम, बोलते ज्यादा, कैसी बीमारी है।
टीवी भारतीय ऊपर, होती बहस न्यारी है।

मुद्दे पर बात नहीं, रटा रटाया बोलते जायें।
पट बंद सब, द्वार के, क्यों खोल नहीं पाएं?

समझ भी न आए, जो भी मुंह से, वे निकालें।
माहिर टंग अड़ाने में, काट बात हर वे बोलें।

समाधान कोई निकले, लगता ऐसा न योग।
उपचार, उन्हें नहीं ढूंढ़ना, ऐसे भयंकर रोग।

संसद में. नेता क्या करेंगे, प्रवक्ता जिन ऐसे।
ज़रा शर्म उन्हें न आए, जनता हित करें वैसे।

प्रभाव क्या पड़ रहा होगा, उन्हें लेना न देना।
'भगवान' से सद्ध बुद्धि लेना, मेरे भाई बहना।

चिढ़ चिड़ी

आई याद हमारी, जरूरत उन्हें जब पड़ी।
अन्यथा, नाम से भी रहती, चिढ़ थी चड़ी।

राहे रास्त पर देख कर, लेते दिशा अलग।
जब भी लगता काम का हो सकता न नग।

सतर्क हर पल, आँखें, फुर्ती से चुराते रहे।
खुद को बिन वजह, आते जाते छुपाते रहे।

कहर खुदा, दिन आया जरूरत, आन पड़ी।
समझ न आया, क्या बिपता, थी इतनी बड़ी?

थे पागल हम, जो बातों, उनकी में, आ गये।
आदत मजबूर, मासूम, जिन पर वे छा गये।

धोया, निचोड़ा, तोड़ा, फोड़ा, व सब किया।
चुपचाप थे हम मौन, जवाब उचित न दिया।

अंत आया, सह न सके, माँगा था अवकाश।
खेल बदले उन, दिन, रात, सप्ताह, हर मास।

झेलता दुःख, था देता सुख, हुआ दूर वो दास।
थे चालें चलने लगे कई, ऊपर हमारे वे ख़ास।

मिले झटके, हटे न पीछे, किया डट मुकाबला।
कयामत, आने वाली, बोले, मान, या जवाब ला।

तकदीर हमारी, सच्चे दरबारी, साथ जुड़ गयी।
'भगवान' करवाया सब से, लगा उसे, जो सही।

रास्ते सीधे पर

किसी साज़ से, आवाज़ मिला न पाये थे।
गुल जैसे भी चाहे, हम खिला न पाये थे।

रास्ते सीधे पर, खुद को, चला न पाये थे।
दायें कभी 'भगवान', हिला बायें न पाये थे।

मनुष्य जून

हुई, प्रभु की कृपा, आये मनुष्य जून में।
पिया बोतल का दूध, व खाया सपून से।

हरिद्वार, ऋषिकेश, टहले देहरादून में।
गाये, भजन 'भगवान', फिल्मी ट्यून में।

मजबूरी में प्यार

संग जिस हुआ प्यार, सोचा ख़ास करेगा।
उम्र सारी, साथ उसके ही निवास करेगा।

रह गई, अपनी वो सारी, तमन्ना अधूरी थी।
रूखी, मिस्सी, खायी, ठंडा लिया पानी पी।

पश्चात त्याग देने पड़े सब अपने अरमान थे।
साथ हमारे कई और भी हो गए परेशान थे।

आया तरस था न कोई, तरह अच्छी खोये थे।
जाग कभी पाये, नाही वे, हो निश्चिंत सोये थे।

दरमियान, युद्ध रेखा भी, खींच दी जाती थी।
कभी देती वे दिखाई, नाही मिट वे पाती थी।

बिन किसी वजूहात, जंग छिड़ जाती थी रोज़।
ढूँढा, शांति का साधन, मिली उसकी न खोज।

नहले के साथ, दहले जैसा, व्यवहार हुआ था।
सहित प्यार, हर पल, प्यारे का, प्यार हुआ था।

शके निगाह सदैव, प्यार पर, तैनात रहती थी।
बिन बोले, बारंबार, कई कुछ, वो कहती थी।

तबदील किया, खुद को, जितना हो पाया था।
फर्क, प्यार करने में, तनिक भर न आया था।

अनुभव, मजबूरी में, प्यार वो किया करते थे।
ठंडक की रहती चाहत, अंगारे रखा रखते थे।

बिन आंच जलते रहना, था प्यार सीखा दिया।
वर्तमान, तो क्या, भूत, भविष्य, भी भुला दिया।

सिरे चुंबकीय उत्तर से न दक्षिण मिल पाये थे।
आपस में उत्तरी, कभी दक्षिणी ही टकराये थे।

सुबह, दो पहर, फिर शाम भी, कट जाती थी।
हमें रात जागना पड़ता, खाक निंद्रा आती थी।

हर पल, मौसम प्यार के, होते बड़े सुहाने थे।
दूर प्यार से, बिन प्यार, पास प्यार बहाने थे।

प्यार, ज़िंदा से, नाही कर पत्थर से पाया था।
हमारे लिए, कुदरत ने, स्वांग ऐसा रचाया था।

मिजाज खुश, व दुःख दूर, हम रखा करते थे।
वक्त, जब कभी आया, जांच भी पूरी करते थे।

विश्वास का घात, यकीनन, पीछे पीठ हुआ था।
असर, गलत को बदला, कुछ ठीक किया था।

ईश्वर अगर चाहा, ठीक कुछ तो होगा और भी।
प्यार ने दिये इनकार, बिन किए किसी गौर ही।

हमें, साथ देने वाले प्यार ने, अकेला कर दिया।
कभी मचा बहुत शोर, खड़ा झमेला कर दिया।

कदम, साथ मिला प्यार के, चल न पाए थे हम।
कसर, कोई भी न छूटी, आये हिस्से हमारे गम।

जिस दिन, साथ प्यार हमारी, मुलाक़ात हुई थी।
तक़दीर, अपनी बदली, और उनके हाथ हुई थी।

काश रख पाते, वो संभाल कर, मिला उन्हें जो।
शिष्टाचार, बिन किए प्रवाह, सब भुलाते रहे वो।

अस्थिर को स्थिर, लगा ज़ोर, फिर बनाने लगे थे।
उठाये, कर्म उनके, प्यार में, दिया करते दगे थे।

अद्‌भुत, उनके प्यार में, कुछ ऐसी सी अदाह थी।
सब कुछ आस पास, लिए प्यार, बस न जगह थी।

था माझे का जो पंजाबी उसे भी कायर बना दिया।
गणित के अध्यापक को, शायर उस ने बना दिया।

प्यार मिला हम को विचित्र, किया ऐसा उन ख़ास।
था आया न पसंद , वो मालिक, बना उनका दास।

जो चाहा, वो पाया, लगी निशानी न बहिश्त की।
प्यार में टाल मटोल, ऐसा उधार, लेट किश्त थी।

हो दूर, प्यार से, था प्यार को, अब ज्ञान ही बांटना।
नहीं हटेंगे अंध विश्वासी, जूते जिन बाबे के चाटना।

बिन किसी दलाल के लगा ध्यान परवर दिगार से।
गुण, अवगुण में भी, लगेंगे दिखने, दृश्य प्यार के।

क्यों डोला करती कश्ती, प्यार की ही, मझ धार में?
कर परिश्रम, लगा कर लगन, मिल सच्चे यार से।

सुख प्यार में, किस ने पाया, पढ़, किस्सा हज़ार है।
रोगी हमेशा रहता प्यार का बिन उपचार बीमार है।

प्यार करना, वार से बचना, होवे कठिन, सताता है।
क्लेश आजमाना, देखना, पाया हर घर में, जाता है।

प्यार बहुत लड़ाई, कभी जंग, अक्सर करवाता है।
राज़ रखना, परिणाम भयंकर, 'भगवान' बताता है।

बहुत मैसअप

जिंदगी हमारी का मामला टेकअप हुआ था।
मिले अच्छा सा साथ, खूब मेकअप हुआ था।

हिलना फिर कठिन, ऐसा शेकअप हुआ था।
हुई शुरू गुलामी, आज़ादी ब्रेकअप हुआ था।

हुए व्यस्त, फुरसत गायब, न पेडअप हुआ था।
की कोशिश दिन, रात, नो क्लोज़अप हुआ था।

काम पड़ता रहा पीछे, सदा ही बैकप हुआ था।
किया, हम ने बहुत, न कभी, कैचअप हुआ था।

बोलें रोज, बेहतर आध, बहुत मैसअप हुआ था।
मर्जी 'भगवान' किया साफ़, क्लीनअप हुआ था।

नफ़ा चौगुना

धनी, अगर बनना चाहो, रखो शुरू में चेले पांच।
जो लगा ज़ोर बताएं, है दरबार, आप में ही साँच।

सच्चा नाम दे आप ही सकते, प्रभु के जो अवतार।
हैं ब्रह्मचारी कहें हम, बच्चे मालिक के ऊपर चार।

बताये मार्ग पर भक्तो चलना, ले कर उनका ज्ञान।

कहना और रखना, उनकी सहूलत, हर का ध्यान।

तबदील कर लेना प्रवचन में, अपना पहले भाषण।
आज्ञा देना भक्तों को, वे उपलब्ध करवायें राशन।

हर तरह की सुविधा लिए मालिक, अब वो जुटाएं।
अगर चाहिए उनको मुक्ति, प्रचार को खूब बढ़ाएं।

कार्यक्रम का आयोजन, हर नगर उन्हें ही करना।
उन्हें बन हिस्सा परिवार मालिक का, जीना मरना।

अभिलाषा अगर रहे अधूरी घुस राजनीति में जाना।
पार्टी जब लगे न अच्छी, सदस्यता, जा दूसरी पाना।

नाम बड़े, शान मिले आला, भजन कई लिखवाना।
बना, ऑडियो, वीडियो, हर देश, अपनी पहुंचाना।

धुल जायेगा दिमाग सभी का, होश उन्हें न आएगी।
बॉलीवुड की हर टयून पर यश, संगत मिल गाएगी।

माल पास है कितना, गिनने का होगा समय नहीं।
जरूरतें तो होतीं न पूरी, कहना होगा सदा सही।

एक के बाद अनेक, निर्माण महल का करना है।
भक्तों ने हो जहाँ इकट्ठे, दर्शन आप का करना है।

भजन, आरती, और सेवा उन सब से करवानी है।
बसता आप जैसा, वे जानेंगे, जग में नहीं प्राणी है।

खर्चा उनका, आमदनी आप की, ऊपर कर नहीं।
आप का तो हर चाहेगा, मिल जाये उसे दर कहीं।

हानि की नहीं आशंका, सदा नफ़ा, चौगुना पायोगे।
बन 'भगवान' दे दर्श, स्वयं छप्पन भोग लगवायोगे।

मुफ्त में नौकर

व्यापार तो कुशल एक, शुरू करता जिसे चंदा।
हो उन्नति दुगनी, चौगुनी, पड़े जिस में नहीं मंदा।

मुफ्त में मिलते नौकर, चाकर, चला रहे जो धंधा।
खाते मार, सुनते गाली, कहें कभी, काम न गंदा।

देवें दर्जा ईश्वर का, बने नमाना जोड़ हाथ हर बंदा।
जीवन सेवा में गुजार दें, मिलता मरने पर न कंधा।

सुमिरन, भजन, ध्यान लगायो, मन अपने पे जन्दा।
कर सब हम ने भी देखा, कभी आया नहीं अनंदा।

सर्व शक्तिशाली, भक्त निहारें, कह पूजेंगे गोविंदा।
पैदा, जो भी हो घर उनके, बन जाता वो तो शिंदा।

करें जीवन बरबाद, उड़ाते ख्यालों में, बना परिंदा।
उन सिवा, शेष सब बेगाने, पूजनीय केवल बुलिंदा।

होगा धनी रंक, उन्हें बनाये, जब तक रहेंगे ज़िंदा।
'भगवान' की सब ये माया, नहीं चाहूँ करनी निंदा।

अर्श कभी फर्श

कोई करने को प्यार न किताब चाहिए।
करना प्यारो जो रोज़ न हिसाब चाहिए।

दुःख सुख की, सब अभिलाषा छोड़ कर।
डालना ज्यादा न कभी भी दबाव चाहिए।

बीच पड़ ही गये, तो फिर, सोच काहे की।
माँगना प्यार में, न प्यारों से जवाब चाहिए।

लगता मुस्कराना, अगर न अच्छा उनको।
भगा जल्द देना त्याग वो भी ख्वाब चाहिए।

मिलेगा बारंबार पीछा करने का ही सन्देश।
पूर्व मानने से कर मालूम लेना भाव चाहिए।

अर्श, कभी फर्श, नीति पड़ती अपनानी जो।
छुटकारा, पाने के लिए, ढूंढनी जॉब चाहिए।

हो दरमियान में रह, अगर सकता न गुजारा।
मना के अपना 'भगवान', पाना लाभ चाहिए।

त्यागीं उम्मीदें

आये, बुलाये कई, बोली हैलो, किसी ने हाये।
दो पल साथ गुज़ारे, लिया अवकाश कह बाये।

सुख में शरीक हजारों, बने दुःख में नहीं सहाये।
त्यागीं उम्मीदें सब से 'भगवन', पूछा न था वाये।

निगाहें हम वल

थे बुलंद हम बड़े, है बात केवल कल की।
थी इच्छा गर्म होती, कभी शीतल जल की।

ख़बर पास अपने, रहती हमे हरेक पल की।
निगाह 'भगवान', रहा करती हमारे वल थी।

खुल के गल

जागे, सोये, बिताये कर काम, सब पल।
रोटी, साथ सब्जी, रहे खाते कुछ फल।

था कठिन, मुंह से साथ जिन के बोलना।
खुल के, साथ उनके, हुई कभी न गल।

हमें भी ठोस पदार्थ पड़े चबाने कई बार।
करने को तरल कभी पीना पड़ा था जल।

रास्ता, अपनी मंज़िल का, था बहुत ही दूर।
सुस्ती के मारे, मत रुक, बोला सब ने चल।

लक्ष्मी की, जरूरत भी, हमेशा हमें पड़ी थी।
था मशवरा मिला, खोल दुकान पकोड़े तल।

था पढ़ाया खूब, कर खर्च, हमें भी माँ बाप ने।
पायी क़ाबिलीयत, कमाते कैसे, आया न वल।

बना कर चेला अपना, फिर भरमाया बाबों ने।
करवाई सेवा अपनी, उन हर आने वाले कल।

बच्चों ने भी, दिखाईं आँखें, अनुचित वक्त पर।
जब भी, मन में आया, उन बदल लिए थे दल।

था कर जो न सका कभी वो लगे करने हम भी।
विचार दर्शन 'भगवान' हमें देगा, भक्ति के बल।

नाना कोई दादा

पड़ा दबाव ज्यों ही, बन गया इरादा।
असर प्यार, हुआ अजीब, नहीं सादा।

ईर्षा, क्रोध, नाराजगी, थोड़ी व ज्यादा।
बना नाना भगवान', और कोई दादा।

निकले माहिर

मिला जो न कहीं से, वो यार उन दिया।
सब कुछ मगर, दिल से, प्यार न किया।

था किस्मत में जो भी, वो जब हमें मिला।
मर्जी खुदा, देखा उनका चेहरा न खिला।

चाहत तो उनकी थी औरों से ज़रा न कम।
देने में निकले माहिर, सारे हम को वे गम।

ख्याति सुनने में आया, थी फैली कोसों दूर।
बात, प्रेम से करते कैसे, थे बड़े ही मजबूर।

कोशिश, बदल वे जाएं, थी हुई हज़ारों बार।
टस से मस, वे हुए, नाही निकला कोई सार।

भटके लिए ख़ुशी उन, थे कार्य हर छोड़ कर।
लगे 'भगवान' को ध्याने, साथ मन जोड़ कर।

बिसारा जब

मुंह डाल खायी सब्जी, रोटी, चावल, व दाल।
आयी हर, क्रमानुसार ऋतु, सारा बीता साल।

बीमारियाँ कई आयीं, बचाया हो उस दयाल।
बिसारा, जब 'भगवान', बहुत हुआ बुरा हाल।

झंझट और विवाद

था प्यार में, शहद का, चंद रोज़ स्वाद।
मालूम न पहले, या फिर बना था साध।

मत अच्छी मारी, जो पैदा हुई औलाद।
खामखां के झंझट 'भगवन', व विवाद।

प्यार का फल

प्यारे. गये भूल, करना इनी, मिनी, मू।
पायी प्यार की प्यार में, प्यारी खुशबू।

देखा प्यार में, प्यार का, नाम ही रहा।
गया सुना, न कभी जो, प्यारे ने कहा।

प्यार में, नहीं दिखी, कभी मुस्कान थी।
प्यारे से प्यारी, काफी ही बुद्धिमान थी।

प्यार ने दिखाया, अपना सारा बल था।
करने का प्यार, मिलना उन्हें फल था।

प्यार में लगा, कुछ ही, लगाव रहता था।
पकड़ती, खिचड़ी को, हरेक सहता था।

समय अच्छा आयेगा, सोचा ये जाता था।
दर 'भगवान' भी, खटखटाया जाया था।

अखियन के तीर

बनना था कुछ, बन और ही गये।
आये दुःख, मुश्किल बड़ी से सहे।

देखने को तो सेठ, लगते अमीर थे।
घाव बहुत देते अखियन के तीर थे।

श्रद्धा धर्म में, हम भी. पूरी पायी थी।
फिर भी दुविधा सर ऊपर आई थी।

गरीबों की ओर रहा पूरा ख्याल था।
पल्ले अपने चाहे उतनाही माल था।

सत्संग, प्रवचन जा हर नगर सुना था।
हुआ विफल होना जिसे दस गुणा था।

भजन, संग, आरती, बाबे की गायी थी।
भगवाधारियों ने सेवा, खूब करवाई थी।

गाते गाथा रहो हमारी, मिलते आदेश थे।
बच्चे उन ब्रह्मा, विष्णु, अवतार महेश थे।

साथ, जब छूटा, आया नज़र से बाहर था।
बचाया 'भगवान', होने को कुछ क़हर था।

तजवीज़ सजा

बात कोई न थी, फिर क्यों खफा हो गये?
लाल बगुले लिये हम रूह अफजा हो गये।

दोषी ठहराया हमें, तजवीज़ सजा हो गये।
बंदी और गंदे बना 'भगवान' सफ़ा हो गये।

मुक्ति अवश्य

करेंगे न कुछ, तेवर उनके, पहचाने थे।
न करने के पास सैकड़ों उन बहाने थे।

वैसे तो, आदरणीय पूजा करवाने वाले थे।
अंध विश्वासी भक्त उनके, बड़े दीवाने थे।

कहते बेटा अपना जगह चरणों में देते थे।
अनाथ फिर समझ, बना गुलाम वे देते थे।

माननी जरूरी हरेक आज्ञा, उन्हें जो देते थे।
होते वो मन मत जो सर माथे न रख लेते थे।

शायद कोई अंग, अनोखे ही उन्होंने पाये थे।
दुविधा उनकी मिट जाये, भागे कई आये थे।

अपनो की, छोड़ परवाह, चले वहां आते थे।
मुक्ति मिलेगी, उन्हें अवश्य, गीत वे गाते थे।

दिमाग दिया जो ईश्वर ने, काम में न लाते थे।
कहते दाता जिन को, दे दान, धनी बनाते थे।

पाते अति आनन्द वहां, ठोक बजा बताते थे।
पाना था उन्हें 'भगवान', न जाने क्या पाते थे।

गैर सज्जन

वर्जित हुआ, रहना ख़ुश, तो करने इश्क लगे।
सोना रात को दुश्वार कठिनता से दिन में जगे।

बिन इत्तला, वे बढ़े आगे, और पीछे, हम भगे।
हम दुश्मन 'भगवन', गैर सज्जन और हुए सगे।

खुश किस्मत

बदला समय, तो ऊपर सर, आई सरकार।
हुक्म लगी चलाने, थी खुश किस्मत हमार।

हमारे ऊपर जो बीती, पूछो न हम से यार।
अर्पण किया सब कुछ, किया नहीं विचार।

नहीं नगद, तो की जरूरत पूरी, ले उधार।
सच्चे दरबार, की कृपा, हम पर अपरंपार।

बारे उन ही सोचो, दें आवाजें दिशाएं चार।
कहने लगे बेशर्मी से, किया बड़ा उपकार।

भूत भविष्य वर्तमान छोड़, ले जीवन सुधार।
सेवा दरबार की निरंतर, करती भव से पार।

अटके, भटके, लटके, खाये खूब हम झटके।
'भगवान' को पुकारा, हुए उन से दूर हट के।

करना हलाल

बकरा करना हलाल, हर पहचान लिया था।
फिर, अति गोपनीय अध्यात्म ज्ञान दिया था।

मिलेगी मोक्ष उसे, संसार छोड़ देने के बाद।
उस किया विश्वास, न कोई प्रमाण लिया था।

कर गुलामी बेटे बोले उसे दासानुदास सब।
मानी, आज्ञा उन की, और प्रणाम किया था।

जीने का उसे मिल पाया और न कोई लक्ष।
शब्द माने मंत्र, व लगा मन ध्यान किया था।

आये याद उनकी, सताये रात, दिन, बराबर।
मिल जाये दर्शन, छोड़ घर प्रस्थान किया था।

हो कुछ सेवा, धन पहुंचे पास उनके अवश्य।
मिलेंगे 'भगवान', उन ऐसा, वरदान दिया था।

कोई न ईजाद

बोझा हद से ज्यादा, सर पे लिया लाद।
आस पास चम पे थी दिखने लगी दाद।

सोचा व विचारा कोई निकली न ईजाद।
इस तरह 'भगवान' जीवन किया बर्बाद।

कृपा रही तिहारी

जिंदगी में, पड़े देखने, जो आये, उतराव चढ़ाव।
झेल लिए, नफे, नुकसान, सब हानि, और लाभ।

रिश्ते, नाते, संबंधी, और बचपन के, लँगोटी यार।
थे पड़ें छोड़ने हम को सारे, शुरु जब हुआ प्यार।

पढ़ाई, लिखाई, नौकरी, छोकरी, धंधा, व व्यापार।
लक्ष्मी से कभी फटी न पूरी, हमें लेना पड़ा उधार।

दाढ़ी से, हुईं मूँछें लंबी, पड़े निभाने सब किरदार।
दुःख के आये पल बथेरे, थे ख़ुशी के कभी न चार।

प्यार में भी, सब पाया, था जिस का, आया न विचार।
मझधार में फंसी ऐसे नौका, थी कठिन लगानी पार।

पूजा, पाठ, व आरती, भजन, से मिली शांति अपार।
जिंदगी कटी, जैसे प्रभु चाही, पायी जीत, कभी हार।

ईश्वर से नहीं शिकायत, हाथ उस सर पे रहे हमार।
'भगवान' तेरी गाऊं महिमा, बड़ी कृपा रही तिहार।

छोड़ा भगवान

बजने लगी प्यार की, ज्यों ही अपनी धुन।
जिस जब चाहा दिया सर अपने को मुन।

होगी सोचा मीठी, निकली कड़वी वे दवा।
किया भरपूर इलाज हम, दिया सब गवा।

किया न मालूम, किस में होगा, अपना भला।
मिला निर्देश जिधर का, ओर उधर ही चला।

दूर हुए, पास वाले, कोई और भी नहीं मिला।
कौड़ा कह कर मीठा, दिया हरेक हमें पिला।

कर न पाया कुछ, हर बार, किया गया मनाह।
शिकवा, शिकायत, हर बात पे होती थी गिला।

हैं केवल वे ही निराले, मिला करती थी सलाह।
निपुण किसी नहीं बताया, थे वे करने में कलह।

घर वाले शत्रु, दुश्मन, बनाये बाहर के चाह वान।
कुछ लिए तो उन्होंने. छोड़ा पूजना भी 'भगवान'।

सफ़ेद खून

चाहत से भी, मिला ज्यादा, फिर भी रोना धोना।
पैसा, चांदी, मकान, कपड़ा, व पहनने को सोना।

हुई संतुष्टि फिर भी नाही मिल पाया कभी सुकून।

जिन पर थे करते भरोसा, सफ़ेद वो निकला खून।

मित्र, साथी, वैसे बथेरे, जब तक, हम से था स्वार्थ।
हुआ पूरा, तो वे भागे, कर अचानक दिया कृतार्थ।

खाना पड़ा वहीं पे, हम देखी जहां कहीं भी परात।
खाया, पचाया, पूजा 'भगवान', वहीं बिता दी रात।

नाम जापा

बीता बचपन, गई जवानी, आया पश्चात बुढ़ापा।
रात दिन नई परेशानी, नित कोई नया सियापा।

सुन, बाबे डांटा, बोला क्या नाम दिया जो जापा?
सेवा करता हर पल 'भगवन' क्यों सुख न पाता?

कन्हैया छुपे

कन्हैया छुपे हो कहाँ, दी किसी न खबर।
नाम जप तेरा हारा, रखते कैसा हो जिगर।
कन्हैया छुपे ....

जान लेते, होता क्या, रहना, बिन तेरे जहां।
जी लेते हो खुशहाल, दिख जाते तुम अगर।
कन्हैया छुपे ....

लगा प्रीत पड़ा पछताना, निकला हठ कठोर।
मान, दीनन का रखवाला, केवल तेरे हूँ मगर।
कन्हैया छुपे ....

दुविधा में, हम सब पड़े, है सिर्फ आसरा तेरा।
संभाल लेगा, अवश्य इक दिन, पूरा है फकर।
कन्हैया छुपे ....

सुन कथाएं तेरी सारी, रहे होते आनंद विभोर।
कर क्रपा, हम पर भी थोड़ी, छलिया जादूगर।
कन्हैया छुपे ....

नाम तेरा ले तर गई मीरा, बनाया जहर अमृत।
विदुर के, भोग लगाए, हमारे कब आयोगे घर।
कन्हैया छुपे ....

अर्जुन के, बने सारथी, हूँ उसे 'भगवान' बताया।
दिखायो अपनी छवि न्यारी हम को भी दिलवर।
कन्हैया छुपे ....

आगे बढ़

हो आगे प्रभु चरनी जिस सीस झुकाया है।
हुआ सुखी, छुटकारा उस दुख से पाया है।
हुआ सुखी, छुटकारा उस दुख से पाया है।

दुनिया के झमेलों में, जो रहा, झूमता सदा।
बल शक्ति कर भक्ति उस प्रभु से पाया है।
हुआ सुखी, छुटकारा उस, दुख से पाया है।

घर बाहर की, छोड़ कर चिंता, इक दो पल।
ध्यान कुछ पल अपना जिस रोज लगाया है।
हुआ सुखी, छुटकारा उस, दुख से पाया है।

रख श्रद्धा, पूर्ण विश्वास, जिस प्रभु रिझाया है।
मन मंदिर में उस, प्रभु का, अनुभव पाया है।
हुआ सुखी, छुटकारा उस, दुख से पाया है।

देखा हरेक में, अंश प्रभु का, जिस भी यहाँ।
करता वे महसूस कि दिल में प्रभु समाया है।
हुआ सुखी, छुटकारा उस, दुख से पाया है।

विषय विकारों से हटा के अपनी सारी प्रीति।
लगाव अपना, साथ प्रभु के, जिस बढ़ाया था।
हुआ सुखी, छुटकारा उस, दुख से पाया है।

शुद्ध विचार, कर क्रम नेक, रख पापों को दूर।
जीवन में उस 'भगवान' बहुत पुण्य कमाया है।
हुआ सुखी, छुटकारा उस, दुख से पाया है।

शुभ क्रम

पूजा, पाठ हर कर देखा, समय आया किया प्यार।
हर मुश्किल का किया सामना, कभी न मानी हार।

पास धन तो यार बथेरे, था स्वार्थी यहाँ सारा संसार।
कर्म 'भगवान' कर शुभ ही, दूर होगा सब अंधकार।

शुभ मंगल

बीत गया पिछला, हवन अगले वास्ते करेंगे कल।
फिक्र नहीं कोई भक्तों, है 'भगवान' ते साढ़े वल।

www.ingramcontent.com/pod-product-compliance
Lightning Source LLC
LaVergne TN
LVHW052138041026
849558LV00042B/541
* 9 7 8 1 9 6 8 8 0 9 7 9 9 *